DELICES
PHYSIQUES CHOISIES,

OU

CHOIX

DE TOUT CE QUE

LES TROIS REGNES DE LA NATURE

RENFERMENT

DE PLUS DIGNE DES RECHERCHES D'UN AMATEUR CURIEUX,

POUR EN FORMER

UN

CABINET CHOISI

DE

CURIOSITEZ NATURELLES,

OUVRAGE COMMUNIQUE CY-DEVANT AU PUBLIC

PAR

GEORGE WOLFGANG KNORR

CELEBRE ARTISTE DE NUREMBERG

CONTINUE PAR

SES HERITIERS

AVEC LES DESCRIPTIONS ET REMARQUES

DE

PHILIPPE LOUIS STACE MÜLLER

PROFESSEUR PUBLIC ORDINAIRE EN PHILOSOPHIE A L'UNIVERSITE D'ERLANG

ET TRADUIT EN FRANCOIS

PAR

MATHIEU VERDIER DE LA BLAQUIERE,

CONSEILLER A LA CHAMBRE PROVINCIALE DE BAYREUTH.

A

NUREMBERG,

MDCCLXVI.

DELICIÆ NATURÆ SELECTÆ

oder
auserlesenes

Naturalien Cabinet

welches
aus den

drey Reichen der Natur

zeiget
was von

Curiosen Liebhabern

aufbehalten
und gesammlet zu werden verdienet.

Herausgegeben von

Georg Wolffgang Knorr

Nürnberg
1754.

DELICIAE
NATURAE SELECTAE

oder

auserlesenes

Naturalien-Cabinet

welches aus den

drey Reichen der Natur

zeiget,

was von curiösen Liebhabern aufbehalten und gesammlet zu werden verdienet.

Ehemahls herausgegeben

von

Georg Wolfgang Knorr

berühmten Kupferstecher in Nürnberg,

fortgesetzet

von

Dessen Erben,

beschrieben

von

Philipp Ludwig Statius Müller

öffentlichen ordentlichen Lehrer der Weltweißheit auf der Friedrichs Universität zu Erlang,

und in das Französische übersetzet

von

Matthäus Verdier de la Blaquiere

Hochfürstlichen Bayreuthischen Landschafftsrathe.

Nürnberg, A. 1766.

Der

Allerdurchlauchtigsten, Großmächtigsten

Fürstin und Frauen, Frauen,

Catharina der Zweyten,

Kayserin und Selbstherrscherin

aller Reussen zu Moscau, Kiow, Wladimir, Nowgorod.

Zaarin zu Casan, Zaarin zu Astrachan, Zaarin zu Siberien, Frau zu Plescau, und Großfürstin zu Smolensko, Fürstin zu Esthland und Liesland, Carelen, Twer, Jugorien, Permien, Wiatka, Bolgarien und mehr andern. Frauen und Großfürstin zu Nowgorod des niedrigen Landes, zu Tschernigow, Resan, Rostow, Jaroslaw, Belooserien, Udorien, Obdorien, Condinien, und der ganzen Nordseite Gebieterin, und Frau des Iverischen Landes, der Cartalinischen und Grusinischen Zaaren, und des Cabardinischen Landes, der Tscherkassischen und Gorischen Fürsten und mehr andern

Erbfrau und Beherrscherin,

und so weiter.

Unserer allergnädigsten Kaiserin und Frauen.

Allerdurchlauchtigste

Großmächtigste Kaiserin,

Allergnädigste Fürstin und Frau.

Wenn der reinste Glanz einer Majestät den erhabenen Thron in einem weiten Umfang umringet, so findet die zitternde Ehrfurcht keine Bahn, sich demüthigst hinzuzunahen, sondern bleibet schüchtern und erschrocken von weiten stehen.

In solcher Verfassung würden Ewr. Kaiserlichen Majestät allerunterthänigste, unten benannte Knechte sich befinden, wenn ihre tieffe Ehrfurcht nicht auch aus einer andern Quelle herstammete, die sie zugleich freymüthig machte, der reitzenden Klarheit, die Ewr. Majestät Kaiserlichen

)(

Thron

Thron umgiebet, näher zu treten, erst mitten in diesem Licht die blöden Augen nieder zu schlagen, und sich sodann ehrfurchtsvoll mit einem sehr geringen Opfer der Unterthänigkeit vor Allerhöchst Ewr. Majestät geheiligten Person niederzuwerffen.

Richten Ewr. Kaiserlichen Majestät allerunterthänigste Knechte ihre Augen auf diejenige Grösse, welche Allerhöchst Dieselben dem erhabensten Thron geben, so finden sie sich selbst viel zu klein und zu gering, auch nur die schwächsten Züge derselben zu entwerffen, und da die gröften Geister von ganz Europa dadurch in Bewunderung, wo nicht in Entzückung, gesetzet werden, so wäre es kein Wunder, wenn wir durch deren Anblick gleichsam betäubet, und abgeschrecket würden, diesen Schritt zu Allerhöchst Dero Thron zu wagen.

Vor die Augen einer Monarchin zu treten, die noch mehr durch die herrlichsten Folgen der allerweisesten und höchst beglückten Regierung, als durch alle Jahrbücher der Geschichte verewiget wird, und sich einem Thron zu nahen, wo jeder erhabene Ausspruch ein redendes Merkmahl eines hohen Geistes, eines reinen Geschmacks, und eines vor die Gerechtigkeit und vor die Religion wallenden Feuers ist, erreget in uns bey dem lebhaftesten Gefühl unserer Niedrigkeit eine Ehrfurcht, die unsre Tritte wankend macht.

Die

Die Spitze eines Gnaden Zepters zu küssen, welcher über viele Millionen Unterthanen in einem Umfang, der die Grösse aller Reiche übertrift, biß an die äusserste Ende der Weltmeere herrschet, und so leicht die Verwegene zu Boden stürzet, als die Demüthigen aufrichtet; Vor einem Purpur zu stehen, wo eine heilige Gesetzgebende Macht das Glück des Staats auf Pfeiler der Weisheit bauet, und aller Ungerechtigkeit zerschmetterende Blitze entgegen schicket; Sich vor eine Krone zu beugen, deren unschätzbarste Kleinodien, Recht, Wahrheit, Religion, Freyheit, Huld und Großmuth auch sogar biß in andere Reiche funckeln: Dieses sind, **Großmächtigste Kaiserin**, Gedanken, welche Ewr. Majestät unterthänigste Knechte bewegen sollten, in einer grossen Entfernung stehen zu bleiben, und sich nur mit diesem Glücke zu begnügen, daß sie von der ewigen Vorsicht zu eben der Zeit auf den Erdkreiß geführet worden, da sie den glorreichen Ruhm von Ewr. Kaiserlichen Majestät höchst weisen Regierung, der durch alle Länder gedrungen ist, mit einer besondern Gemüths-Regung anhören, und die bewundernswürdige Vorsehung des ewigen Wesens verehren, welche die entlegensten Völker mit Ewr. Kaiserlichen Majestät geheiligten Person beglücket hat.

Allein, **Großmächtigste Kaiserin**, durch die Anmuth der nie genug gepriesenen allerherrlichsten Folgen, welche derjenige Segen nach

)(2

sich

sich ziehet, womit der Himmel alle Fußstapfen Ewr. Kaiserlichen Majestät reichlich geschmücket, angereitzet, und durch die erhabenste Denkungs-Art, welche je eine mit der grösten Würde bekleidete Menschheit beseelete, aufmerksam gemacht, finden wir in uns alle Schüchternheit und Furcht gänzlich unterdrücket, und nahen mit eben so grosser Freymüthigkeit vor einen Thron, der durch die Weisheit gebauet ist, und wo lauter Gnade strahlet, als stark die Eindrücke und Würkungen sind, womit der hohe Glanz Ewr. Kaiserlichen Majestät unsere tiefste Ehrfurcht bis in unser Grab beschäftigen wird.

Ewr. Kaiserlichen Majestät demüthigste Knechte betrachten Allerhöchst Dero Thron als einen prächtigen Sitz der Minervá, und sehen ein Nördliches Athen in einem Russischen Griechenland aufgebauet. Zu eben der Zeit, da in andern Ländern hier traurige Religions-Vorurtheile die menschliche Erkenntniß an ihrem Wachsthum hindern, dorten des Regenten ganze Aufmerksamkeit nur allein auf Vermehrung des Reichthums seiner Staaten gerichtet ist, und jede Stunde verlohren zu seyn scheinet, welche auf Veranstaltungen zur Erweiterung der Wissenschafften und besonders der Naturgeschichte, (die jedoch die beste Quellen des zeitlichen Glücks und des Reichthums der Nationen sind,) verwendet wird; hierdurch aber die Sachen mehrentheils dahin zu kommen pflegen, daß die Entwürfe

zum

zum Besten der Gelehrsamkeit nebst deren Ausführung der Sorge einzelner
Privat - Personen überlassen, solche durch Entziehung der nöthigsten Hülfsmittel muthloß gemacht, und bey einer obwohl langwürigen, dennoch
vergeblichen Anstrengung ihrer Kräfte, so zu reden, sich selbsten gänzlich
zu verzehren vermüsiget, wo nicht gar gedrucket, und damit niederge-
schlagen werden; zu eben dieser Zeit geruhen Ewr. Kaiserlichen Majestät den sinkenden Wissenschaften mit einer Huld, welche nicht ihres
gleichen hat, die Allerhöchste Hand zu bieten, und solche aufzurichten.

Wir nehmen mit ganz Europa wahr, daß die erhabensten Wissenschaften sich unter dem mächtigsten Schutz Ewr. Kaiserlichen Majestät auf eine bewundernswürdige Art ausbreiten, und die höchsten Stuffen besteigen, welche sie jemals in irgend einem Reiche erreichet haben.
Ja wir bemerken mit Erstaunen, daß die gelehrtesten Gesellschaften unsrer
Zeiten, welche in andern Reichen unter dem Schutz der mächtigsten
Könige blühen, mit größter Begierde auf jene grosse Wahrnehmungen
und Entdeckungen hoffen, die in diesen Tagen nur allein durch die Großmuth Ewr. Kaiserlichen Majestät in den entferntesten Ländern Höchst
Dero weit ausgebreiteten Reiches veranstaltet werden, um als ein Morgen-

)( )(

glanz

glanz aus dem weit entlegenen Osten hervorzubrechen, und den abendländischen Völkern zu einem angenehmen Licht zu dienen, womit sie ihre Lehrsätze von dem Lauf, der Beschaffenheit und der Entfernung der Planeten und Himmelskörper bestärken oder erleuchten können.

So weit steiget der erhabene Geist Ewr. Kaiserlichen Majestät mitten unter den wichtigsten Staatsgeschäften der rühmlichsten Beherrschung unermeßlicher Länder empor, daß auch die Wohlfart der Nationen, soferne sie sich auf die Erweiterung der Menschlichen Erkenntniß gründet, allenthalben das Ziel Ewr. Kaiserlichen Majestät großmüthigsten Sorgen ist; So sehr verehren Allerhöchstdieselben die genaue Untersuchung von den grossen Werken einer anbetenswürdigen Allmacht, daß auch der blödeste Verstand durch ein so erhabenes Beyspiel gereißet werden muß, aufmerksame Blicke auf das Merkwürdigste in der Natur zu werffen; Ja so sind von Ewr. Kaiserlichen Majestät die Fußstapfen Höchst Dero glorreichen Vorfahren auf dem Wege der weisesten Regierung biß zur Unsterblichkeit fortgesetzet, und werden noch am Ende aller Jahrhunderte mit gröster Bewunderung gerühmet werden.

Welche Gründe, Mächtigste Selbstherrscherin, könnten vor uns wohl dringender seyn, mit heiterer Stirn uns vor Allerhöchst Dero

Thron

Thron niederzuwerfen, als diese? Da wir uns versichert halten, daß
Ewr. Majestät kraft einer angebohrnen Wissenschafts-Liebe, Großmuth
und Huld, wo nicht uns, als die nur Höchst Dero geringste Knechte sind,
wenigstens die Bemühungen in der Naturwissenschaft, in welcher wir einige,
obwohl sehr schwache Proben vor Allerhöchst Dero Füsse legen, mit Augen voller Gnade anzusehen geruhen werden.

Wir finden uns in diesem allerunterthänigsten Zutrauen bestärket,
wenn wir Ewr. Kaiserlichen Majestät als eine Beherrscherin eines so
grossen und mächtigen Reichs betrachten, Die aus der Allmachts-Hand eines ewigen Schöpfers auch den Zepter über eine Weltgegend erhielte, wo
die wunderbare Natur in ihren dreyen Reichen solche Seltenheiten hervorbringet, welche vielen andern Gegenden versaget sind, und deren genauere
Betrachtung den Naturforschern nur allein in Ewr. Kaiserlichen
Majestät mächtigen Staaten von der Vorsehung bestimmet worden.

Wie viele Beweise einer unendlichen Allmacht GOttes haben wir
nicht denjenigen Entdeckungen in der Natur zu danken, welche uns eine
Nachricht von den Meerwundern des Eismeeres und der ganzen nördlichen
Küste biß an die äusserste Spitze von Kamtschatka gegeben? Welche besondere Metallengewächse und Steinarten sind nicht dem reichen Siberien
durch die Allmachtshand geschenket? Welch eine Menge fremder und seltener

)( )(2

Kräu-

Kräuter lässet nicht das ewige Wesen in der Ewr. Kaiserlichen Majestät
unterworffenen Tartarey hervorwachsen? Wie wimmelt ein Königlicher Wol=
gastrohm in den Reichen von Casan und Astracan von lebendigen Creaturen
mancherley Art? Und welche Wunder spielen nicht in den Tiefen eines Caspi=
schen Meeres? Berge und Wälder frolocken, daß sie die Heimath so vieler
seltenen Thiere und Insecten sind, und die Luft, die Ewr. Kaiserlichen
Majestät herrliche Länder decket, schallet von dem Gesang so vieler Vögel,
deren Natur sich nur allein zu diesem nördlichen und östlichen Himmels=
strich reimet.

Unaufhörlich wird die Asche von Ewr. Kaiserlichen Majestät
glorreichsten Vorfahren verehret, welche durch die Erhebung der Wissen=
schaften in dem Russischen Reiche den Naturforschern die huldreichste Gele=
genheit gab, die Spuren eines höchsten Wesens in den seltensten Creaturen
der nördlichen Gegend aufzusuchen. Unaufhörlich, und doch nicht genug rüh=
met man den erhabenen Geist Ewr. Kaiserlichen Majestät, welcher
das grosse angelegte Gerüste von dem Tempel der Musen weiter ausbauet,
und vollständig biß in die Spitze aufführet. Unaufhörlich fragen und for=
schen die Liebhaber der Natur aus allen gelehrten Schriften des nördlichen
Athens, welche neue Creaturen unter Ewr. Kaiserlichen Majestät gnä=
digstem

digstem Schutz und mächtigsten Unterstützung durch die Bemühungen der
Rußischen Gelehrten entdecket oder bekannt gemacht, und mit Wahrnehmungen erläutert worden.

Ja wie viel bißher verborgene Geschöpfe, die sich in einer hundertjäh-
rigen Einsamkeit aufgehalten? Wie viele neue Stein= und Bergarten, die
die Tiefen noch vergraben? Wie viele wimmelende Thiere, welche in den Ab-
gründen der Gewässer stecken? Und wie viele Geschöpfe und Gewächse, die sich
in den dicksten Wäldern umzäunet haben, sind biß auf diese Zeiten verspah-
ret, um durch die allerweiseste und huldreichste Anstalten Ewr. Kaiserlichen Majestät zur Beförderung der Naturgeschichte und zur Ehre des
grossen Schöpfers an das Tageslicht gebracht zu werden? Damit jederman
in Höchst Dero Reich die königlichen Worte Davids lerne ausruffen:
Groß sind die Werke des HErrn, wer ihrer achtet, der hat
eitel Lust daran!

Glücklich wenigstens, ja vielmal glücklich sind allezeit diejenigen Naturforscher, welche gewürdiget werden, Werkzeuge zu solchen Untersuchungen
abzugeben, denn kein Peru kan so ergiebig an Schätzen, und kein Ort so ange-
nehm vor einen Liebhaber dieser Wissenschaft seyn, als derjenige, wo sein be-

)( )( )(

gieriger

gieriger Geist einen neuen Gegenstand findet, die Allmacht GOttes zu bewundern.

Ewr. Kaiserlichen Majestät geruhen also allergnädigst uns zu vergönnen, und wir wagen es, Großmächtigste Kaiserin, in tiefster Ehrfurcht vor den Thron Ewr. Kaiserlichen Majestät ein Buch niederzulegen, welches einige Abbildungen und Beschreibungen von etlichen Seltenheiten der Natur aus verschiedenen Claſſen vorstellet. Wir erkennen gar wohl, daß Ewr. Kaiserlichen Majestät reiner Geschmack und erleuchtete Einsicht in diese Wiſſenschaft, sowohl unsere Bemühungen überhaupt, als insbesondere die in diesem Werk befindliche Abbildung und Beschreibung als eine seichte, und sehr unvollständige Arbeit, die allenthalben ihre Mängel und Fehler hat, beurtheilen werden; Allein wir leben zugleich der demüthigsten Hofnung, Allerhöchst Dieselben werden gnädigst geruhen, mehr auf unsern Eyfer und Willen, als auf deſſen Ausführung die gnädigsten Blicke zu werfen, zumal, da Ewr. Kaiserlichen Majestät unterthänigste Knechte sich viel zu eingeschränkt befinden, ein Werk von der Art so vollständig und würdig auszuführen, wie der groſſe Umfang und die besondere Pracht der Natur es wohl verdienete, und wie ein Werk beschaffen seyn müſte, welches mit Recht würdig genennet werden könnte, einer so groſſen Monarchin allerunterthänigst zugeeignet zu werden.

Wir

Wir stehen dahero demüthigst, Ewr. Kaiserlichen Majestät
wollen gnädigst geruhen, nach Höchst Dero Großmuth das Unvollstän-
dige und Geringe dieses Werks zu übersehen, und dasselbige Allerhöchst
Dero mächtigen Schutzes zu würdigen, damit es einen freyen Eingang in
Ewr. Kayserlichen Majestät Reiche finde, und durch die Beschirmung
Höchst Dero Gnaden-Zepters gedecket sey.

Diese Allerhöchste Kaiserliche Huld wird uns ein ewiges Denk-
mal seyn. Wir werden nie aufhören, inbrünstige Seufzer vor das allerhöchste Wohlseyn Ewr. Kaiserlichen Majestät geheiligten Person
zu thun, daß die Göttliche Vorsicht Allerhöchst Dero herrlichste Regierung zum unausbleiblichen Glück Höchst Dero Unterthanen, zum
Flor des ganzen Rußischen Reichs, zur Aufnahme aller Wissenschaften,
und zu Allerhöchst Ewr. Kaiserlichen Majestät unsterblichen
Ruhm bis in das längste und späteste Ziel der menschlichen Tage mit
der ganzen Fülle alles erdenklichen Segens begleite, und Allerhöchst
Dero grose Denkungsart und Gesinnungen auch in der Person des
Allerdurchlauchtigsten Großfürsten und fernern Kaiserlichen
Nachkommenschaft auf alle Zeiten befestige und verewige; da wir es

 inzwi-

inzwischen uns zum gröſten Ruhm und zur höchſten Gnade ſchätzen, daß wir die allergnädigſte Erlaubniß haben, uns, ſo lange wir leben, in tiefſter Unterwerfung nennen zu dürfen

Allerdurchlauchtigſte

Großmächtigſte Kaiſerin,

Allergnädigſte Fürſtin und Frau.

Ewr. Kaiſerlichen Majeſtät

Nürnberg den 12. Septembr.
1768.

Allerunterthänigſte Knechte.
Der Verfaſſer,
Philipp, Ludwig, Statius, Müller.
Die Herausgebere und Verlegere,
Georg Wolfgang Knorr ſeel. Erben.

Verzeichniß

derer

Schriftsteller,

welche man bey Verfertigung des Textes mehrentheils zu Rathe gezogen.

Entworffen

nach denjenigen Original-Auflagen, oder derselben Ueberſetzungen,
die man zur Hand gehabt.

TABLE ALPHABETIQUE

DES

AUTEURS,

QU'ON A CONSULTÉ DANS CET OUVRAGE,

SELON

LES EDITIONS ORIGINALES OU LES TRADUCTIONS
QU'ON EN AVOIT.

A.

Abhandlungen der Naturforschenden Gesellschaft in Danzig. Danzig 1747. 4to.

Abhandlungen (Parisische) zur Natur und Chimie. Leipzig 1752. 8vo.

Acta Academ. Elector. Moguntinæ. Erford, et Goth. 1757. 8vo.

Acta Physico - Medica Naturæ curioforum. Norimb. 1727. etc. 4to.

Acta (nova) Phys. Medica Naturæ Curioforum Norimb. 1757. etc. 4to.

Acta Philofophica Societ. Regiae in Anglia. Leipz. 1675. 4to.

Adanfon Hiftoire naturelle des Coquillages du Senegall. à Paris 1757. 4to.

Æliani de Natura Animalium Libri XVII. cum animadverfionibus C. Gesneri D. W. Trilleri, curante A. Gronovio Heilbronnae 1765. 4to.

Agricola (Georgius) de re Metallica Bafiliae 1561. fol.

— — De Ortu, Natura et caufis fubterran. foffil. Metall. Wittemb. 1612. 8vo.

Albertus de Animalibus Venet. 1519.

Aldrouandi (Uliffis) Ornithologia. Bononiae 1599. Fol.

Aldrouandi (Uliffis) de Animalibus, Infectis, etc. Libri VII. Francof. 1623. fol.

— — Quadrup. bifulc. Hiftoria Bon. 1642. fol.

Anderfon (James) Hiftoire naturelle de l'Islande, à Paris 1750. 8vo.

Angeli (Baldi Abbatii) de admirabili Viperae natura etc. Hagae Com. 1660. 12mo.

Anfon (Lord und Admiral) Reise um die Welt. Göttingen 1763. 8vo.

Anzeigen (Erlangifche gelehrte) auf die Jahre 1749, 50, 51, 52. 4to.

D'Argenville Conchyliologie. à Paris 1757. klein fol.

Ariftotelis Opera omnia de animalibus, de partibus animalium et de generatione animalium graece et lat. Aureliae Ailobrog. 1605. Fol.

Artedi (Petri) Ichthyologia. f. opera omnia de Pifcibus. Lugd. Bat. 1738. 8vo.

d'Avity Defcription générale de l'Afrique. à Paris 1643.

B.

Baker (H.) het Mikroskoop gemakkelyk gemaakt. etc. en Berigt van Ontdekkingen etc. Amft. 1760, 8vo.

Baker, (H.) Natuurliyke Historyvan de Polypen. Amst. 1756. 8vo.

Baldaei (Philipp.) Beschreibung der Ost-Indischen Küste Malabar, Coromandel und Zeylon. Amst. 1672. Fol.

Barba (Al.) Traité de l'art metallique. à Paris 1730. 8vo.

Barbinais (L. G. de) Nouveau Voyage autour du Monde à Paris 1728. 8vo.

Bartholini (Thom.) Acta Medica et Philosophica Hafniae 1673. 4to.

Baubinus (Casp.) De Lapidis Bezaaris ortu, natura differentiis etc. Basil. 1625. 8vo.

Baumer (D. Joh. Wilh.) Naturgeschichte des Mineralreichs mit besonderer Anwendung auf Thüringen, in zwey Büchern. Gotha 1763. und 64. 8vo.

Baster Natuurkundige Uytspanningen. Haarlem, 1762. 4to.

Bayer (Joh. Jac.) Oryctographia Norica. Norimb. 1758. fol.

Becher (Joh. Joach.) Physica subterranea. Lips. 1703. 8vo.

Bechers, (Joh. Joach.) Mineralisches A.B.C. Nürnb. und Altorf 1723. 8vo.

Bekmanni (Joh.) de Hist. Naturali Veterum libellus primus. Petrop. et Göttingae 1766. 8vo.

Beckmann (Joh.) Anfangsgründe der Naturhistorie. Göttingen und Bremen 1767. 8vo.

Belon (Pierre du Mans) L'Histoire de la Nature des Oyseaux. a Paris 1555. fol.

— — (P. du Mans) Observations de plusieurs singularités et choses memorables trouvés en Grece. Paris 1588. 4to.

— — — la Nature et diversité des Poisons. à Paris 1555.

Bergwercken, (wahrer und klarer Unterricht von) Wittenberg. 4to.

Bernies, (Franc.) Voyages contenant la description des Etats du Grand Mogol. Amst. 1699. 8vo.

Bergen (de) Class. Conch. 4to.

Bertrand Diction. universel des Fossiles etc. à Avign. 1763. 8vo.

Beschreibung (ausführliche) des Fichtelberges, Leipzig 1716. 4to.

Bierings (Joh. Alb.) histor. Beschreibung des Mansfeldischen Bergwercks 1734. fol.

Blasii. (Gerh.) Anatomen animalium. Amst. 1681. 4to.

Bochardi Hierozoicon. Lond. 1664. Fol.

Bomare (Vallemont de) Dictionaire raisonné universel d'Histoire naturelle. à Paris 1765.

— — — Algemeen en Beredeneerd Woordenboek der Natuurlyke Hist. uyt het Fransch door Charles Papillon. Dordr. 1767. 4to.

Bonanni (P. Phil.) Recreatio mentis et oculi. Romae 1684. 4to.

— — Observationes. Romae 1691. 4to.

— — Museum Kircherianum. Romae 1709. Fol.

Bosmans Beschryving van Guine. Amst. 1718.

Bradley (R.) Wysgeerige Verhandeling van de Werken der Natuur. Amst. 1744.

Breßlauische Sammlungen.

Breynii (Joh. Phil.) Diss. de Polythalamiis. Gedani 1732. 4to.

Breynischen Naturalien-Cabinets (Verzeichniß des). Danzig.

Bromel (Magni von) Mineralogia Suecan. Stockholm und Leipzig 1740. 8vo.

Bruckmanni (F. L.) Epistolae itinerar. et Tractat. Var. 4to.

Bruyn (Corneille le) voyage par la Moscovie en Perse. Amst. 1718. fol.

— — voyage au Levant.

Buffon Hist. Naturelle du Cabinet du Roi, à Paris 1750. 4to.

Buttners (Dav. Sigism.) Coralliographia subterranea. Lips. 1714.

C.

Caesalpini (And. Aret) de Metall. Norimb. 1602. 4to.

Caji (Joan) de Canibus Brittannicis, et rarior. animal. et Stirp. Hist. Lib. unus. Lond. 1729. 8vo.

Cardani (Hier.) Opera Lugd. 1663. Fol.

Careri Voyage à Paris. 1727.

Catelanus vom Bezoarstein Franff. 1627. 8vo.

Catesby nat. hist. of Carolina. Lond.

Catrou et Rouillé Histoire Générale de l'Empire de Mogol. à Paris. 1705. 4to.

Chabraei (Dominici) Stirpium Icones Genevae. 1666. Fol.

Chambon traité des Metaux et des Mineraux. à Paris 1714. 8vo.

Chambre (de la) über der Thiere Erkentniß, Naturtrieb und Abscheu. Leipzig 1751. 8vo.

Chardin Voyage en Perse. à Rouen 1723. 8vo.

Charleton de nominibus et differentiis anim. Oxon 1677. Fol.

Charlevoix (Pierre Franc. Xavier) Hiſtoire de l' Isle Espagnole du Paraguai, du Japon etc.. à Paris 1731. 36. 56. 4to.

Chemnitz (Joh. Hieronym.) Beyträge zur Teſtaceotheologie. Nürnb. 1760. 4to.

Chomel (P. Noel) groſſes und vollſtändiges Oeconomiſches Lexicon. Leipzig 1750. Fol. 8. Theile.

Cluſii (Carol. Atreb.) rariorum Plantarum Hiſt. et Exoticorum libri X. Antw. 1601. Fol.

Commentarii Academiæ ſcientiarum Imperialis Petropolitanae. Petrop. 1728. etc. 4to.

Commentarii de rebus in ſcientia naturali et Medicina geſtis. Lipſiae 1750. etc. 8vo.

Commercium literar. Noricum. 1740. etc. 4to.

Condamine (de la) Journal du Voyage fait par Ordre du Roy a l' Equateur. Paris 1751. 4to.

Cranz (David) Hiſtorie von Grönland 8vo.

D.

Dale (Samuel) Pharmacologia ſeu Manuductio ad Materiam Medicam. Lond. 1693. 8vo.

Dampier (Guillaume) Voyage autour du Monde à Rouen 1723. 8vo.

— — a Voyage to New-Holland in the Year 1699. London 1709. 8vo.

Dapper (Olpher) Beſchreibung von Mogols Reich, Meſopot. Babylon, Aſſyrien, Syrien, Perſien, Georg. Mingrelien etc. Nürnberg 1681. fol.

— — Beſchreibung von America. Amſt. 1673. fol.

— — Aſia oder Beſchreibung des ganzen Syrien und Paleſt. Amſt. 1681. fol.

Dellon nouvelle relation d'un Voyage aux Indes orient. Amſt. 1699. 12.

Derham phyſ. theologia. Hamb. 1750. 8vo.

Deſcription des isles de l' Archipel. Amſt. 1703. fol.

Deſcription du Cabinet Royal de Dresde. a Dresde et Leipzic. 1755. 4to.

Deſcription of three hunderd animals Lond. 1734. 12mo.

Deuſignii (Anton) Exercitat. de nutritione et motu animalium Groningæ, 1660. 61. 12mo.

Diderot Encyclopedie. à Paris 1751. fol.

Donati. (Vital.) Auszug der Naturgeſchichte des Abriatiſchen Meeres Halle. 1753. 4to.

E.

Eckard. (Johann Gottl.) Experimental Oeconomie. Jena 1754. 4to.

Edward Nat. Hiſt. of Birds. Lond.

Ellis (Jean) Eſſai ſur l' Hiſtoire naturelle des Corallines etc. à la Haye 1756. 4to.

Entzels (Chriſtoph) Syſtema rerum Metallicarum. Francof. 1698. fol.

Ephemerides Academiae curioſorum. Lipſ. 1670. etc. 4to.

Erckers (Lazari) Aula ſubterranea Francf. 1684. 4to.

— — Beſchreibung der allerneueſten Mineraliſchen Erzte und Bergwerks-Ader. Frankf. 1580. fol.

F.

Fabricius de different. anim. Quadrup. Tigur. 1555. 8vo.

Fachſen (Modeſtin.) Probier Büchlein der Metalle. Leipz. 1689. 8vo.

Feuillée (R. S. Louis) Journal des Obſervations Phyſiques etc. à Paris 1714. 4to.

Franci Caſtrologia. Aug. Vind. 1685.

Franzii Hiſtor. animal. Sacr. Witteb. 1612. 8vo.

Frey (Herrm. Heinr.) Bibliſches Thierbuch. Leipzig 1595. 4to.

— — — Bibliſches Vogel-Buch. Leipzig 1595. 4to.

Friſch, (J. L.) Beſchreibung von allerley Inſecten in Deutſchland. Berlin 1730. etc. 4to.

— — Vorſtellung der Vögel nach einigen Claſſen. ibid.

G.

Gage (Thomas) les Voyages dans la Nouvelle Eſpagne. Amſt. 1695. 12mo.

Ganzii (Joh. Lud.) Coralliorum hiſtoria. Francf. 1669. 8vo.

Gennes (de) Voyage aux cotes d' Afrique. Amſt. 1699. 8vo.

Geſandtſchaft, (zweyte und dritte) der Oſtindiſchen Geſellſchaft nach Sina. Amſt. 1676. fol.

Gesneri (Conradi) Hiſtoria animalium. Tigur. 1554. fol.

— — de Avium Natura, Francof. 1617. fol.

— — Thierbuch, Fiſchbuch, Vogelbuch, Zürich 1583. fol. Frankf. 1598. fol.

— — Nomenclator aquatilium animantium. Zürich 1560. fol.

Gevens (Nic. Georg) Monathliche Beluſtigungen, Schneeſen 4to.

Gilberti (Guil.) Tractatus de Magnete, 4to.

Gillius deſcriptio Elephanti. Hamb. 1614.

— — de vi et natura animalium 4to.

Glauberus (Joh. Rud.) de Natura ſalium 1658.

Glauberus (Joh. Rud.) vom Ursprung der Metalle. Amst. 1653. 8vo.

Gmelins (Joh. Georg) Reise durch Siberien. Göttingen 1751. etc. 8vo.

Goedart (Joh.) Metamorphosis naturalis. Middelb. 8vo.

Grew Mus. soc. reg. angl. Lond. 1681. fol.

Gronovius (L. Th) Zoophylacium Lugd. Bat. 1763. fol.

— — Museum Ichthyologicum.

Gruzman de avibus paradisiacis. 1667.

Gualtieri (Nic.) Index testarum conchyliorum. Florentiae. 1744. fol.

Guet Histoire critique de l' ame des Bêtes. Amst, 1749. 8vo.

H.

Halle (Joh. Sam.) Naturgeschichte der Thiere. Berlin 1757. und 60. 8vo.

Hanows Erläuterte Merkwürdigkeiten der Natur. Danz. 4to.

Harvaeus (Guiliel.) De generatione animalium 1680. 1737. 12mo.

Hebenstreit, (Joh.) Museum Richterianum. Lipsiae 1733. Fol.

Helwingii (Georg. Andr.) Lithographia Angerburgica. Regiom. 1747. 4to.

Henkel (Joh. Fridr.) Pyritologia. Leipzig 1725. 8vo.

— — Flora Saturnizans. Leipzig 1722. 8vo.

— — kleine Schriften. Dresd. 1756. 8vo.

Herttwigs (Christ.) vollkommenes Bergbuch. Dresd. 1734. fol.

Heydt (Joh. Wolfg.) Schauplatz von Africa und Ostindien. Willhermsdorf 1744. 4to.

Hiemeri (Eberh. Friedr.) Caput Medusae nov. diluv. univ. monumentum. Stuttgardiae 4to.

Historia Plantarum generalis. Lugd. 1587. Fol.

Histoire de l'Academie Royale des Sciences. à Paris von Anfang biß 1760. 4to.

— — generale des Voyages. à la Haye 1747. 4to. nebst der deutschen Uebersetzung. Leipzig 1747. etc.

Hornii Elephas. Norimb. 1629. 4to.

Hübners (Joh.) Natur, Kunst-Berg-Gewerck- und Handlungs-Lexicon. Leipz. 1739. 8vo.

J.

Jacobai (Oligeri) Museum Regium Christ. V. Regis Dan. Hafn. 1696. Fol.

Imperati (Ferrandi) Historia naturalis. Col. 1695. 4to.

Jonston, Hist. nat. de Quadrup. Pisc. Av. Insect. etc. Francf. 1653. etc. fol.

Jugels (Joh. Gottfr.) von metallischen Samen 1755.

Jungius (Joach.) Hist. Vermium. Hamb. 1691. 4to.

K.

Kabinet der natuurlyke Historien, Wetenschappen, konsten etc. Amst. 1719. etc. 8vo.

Kaempferi (Engelberti) Amoenitates exoticae. Lemg. 1712. 4to.

— — Histoire Naturelle Civile et Ecclef. de l'Empire du Japon Traduit en François de J. G. Scheuchzer à la Haye 1729. Fol.

Kellners (David) nützliches Berg- und Salzwercksbuch. Franckf. 1702. 8vo.

Kircheri (Athanasii) Mundus subterraneus. Amst. 1677. Fol.

— — China illustrata. Amst. 1667. Fol.

Kirchmayers (Georg. Casp.) de Basilisco, Unicornu, Phoenice, Behemoth, Leviathan, Dracone, Aranco, Tarantula, et Ave Paradif. differt. Witteb. 1669.

Kleemann (C. F. C.) Beyträge zur Natur oder Insecten-Geschichte. 4to.

Klein (Jac. Theod.) Hist. nat. piscium Lipf 1741.

— — Mantissa de Sono et auditu Pisc. ib. 1745.

— — Histor. Avium Prodromus. Lub. 1750. 4to.

— — Hist. nat. quadruped. 1752. 4to.

— — Stemmata avium. Lipf. 1758. 4to.

— — tentamen Method. Ostracologicae. Lugd. 1753. 4to.

Koenig (Eman.) Regnum Minerale. Basil. 1684. 4to.

— — Regnum animale Colon. 1682. 4to.

Knox Relation ou Voyage de l'Isle de Ceylan. Amst. 1693. 12mo.

Knorr Lapides Diluvii univers. testes, oder Merkwürdigkeiten der Natur und Alterthümer des Erdbodens etc. Nürnb. Fol.

— — Augen- und Gemüths-Belustigungen rc. 4to.

Kolbens Beschreib. vom Vorgebürge der guten Hofnung. Nürnb. 1719. Fol.

Kräutermanns (Valent.) neu-vermehrtes regnum minerale. Franckf. 1726. 8vo.

— — Lexicon exoticorum. Arnst. 1730. 8vo.

Kundmanni (Joh. Christ.) Rariora naturae et artis. Breßl. 1737. fol.

Kund-

Kundmanni (Joh. Christ.) Promptuarium rerum Naturalium etc. Vratislav. 1726. 4to.

L.

Labat Voyage aux Isles de l'Amerique, à la Haye 1724.

Lahontan (de) Voyages dans l'Amerique Septentrionale à la Haye 1703. 8vo.

Lanzonius Zoologia parva 1738. 4to.

Le blanc (Vincent.) vermaarde Reisen. Amst. 1654. 4to.

Ledermüllers (Mart. Frob.) Microscopische Gemüths- und Augen-Ergötzungen. Nürnb. 1761. 4to.

Lehman (Joh. Gottlob) Einleitung in einige Theile der Bergwercks-Wissenschaft. Berlin 1751. 8vo.

— — Abhandlung von der Metallenmutter und Erzeugung der Metalle. Berl. 1751. 8vo.

Leo (Afric.) de l'Afrique et ses animaux. à Lion 1556. fol.

Lemery, (Nic.) Dictionaire, ou Traité universel des Drogues simples, Rotterd. 1727. 4to.

Lesser (Friedr. Chr.) Lithotheologia. Hamb. 1751. 8vo.

— — Insectotheologia. Franckf. 1740. 8vo.

— — Testaceotheologia. Leipz. 1756. 8vo.

— — kleine Schriften zur Geschichte der Natur. Nordh. 1754. 8vo.

Lexicon (allgemeines Oekonomisches) vermehret von Zincken. Leipzig 1753. 8vo.

— — grosses Universal, Leipzig 1731. biß 1749. fol.

Linckii (Joh. Henr.) de Stellis marinis Liber sing. Lipsiae 1733. fol.

Linnaei (Car.) Systema Naturae ad Edit. X. Holm. Halae Magd. 1760. 8vo.

— — Syst. Nat. ad edit. VI. Holm. Lips. 1748. 8vo.

— — Fauna Suecica sistens animalia regni suec. Holm. 1746. 8vo.

Linocier l'Histoire des Oiseaux 1584.

Lister (Mart.) Hist. sive Synopsis methodica conchyliorum. Lond. 1685. fol.

Löhneyß (Georg Engelh. von) Bericht von Bergwercken. Stockholm und Hamb. 1690.

Lucas (Paul) Voyage. Amst. 1714. et 1720. 8vo.

Ludolfs Hist. Aethiop. fol.

M.

Magazin (Hamburgisches) 1747. etc. 8vo.

Maji, brevis et accurata historia animalium in Sacro codice, etc. Erf. et Spirae 1685. 8vo.

Mailet description d'Egypte. Paris 1735. 4to.

Marcgravii, hist. nat. Brasil. fol.

Marii (Joan.) Castorologia, August. Vind. 1685. 8vo.

Marsilli (L. F. Comte de) Histoire Physique de la Mer. Amst. 1725. fol.

Martens (Friedr.) Spitzbergische, oder Grönländische Reisebeschreibung. Hamb. 1675.

Martiniere (Bruzen la) le grand Dictionaire Geograph. et critique à la Haye, Amst. et Rotterd. 1726. etc. Fol.

— — Introduction a l'Histoire de l'Asie, Afr. Amer. Amst. 1735. 12mo.

Mascrier (l'Abbé le) Description de l'Aegypte. à Paris 1735. 4to.

Massa, (Ant. a) Salis Anatomia. Wratisl. 8vo.

Maundrel (Henri) Voyage d'Alep à Jerusalem 1705. 12mo.

Melle (Jacob a) de Echinitis Wagricis. Epist. Lub. 1718. 4to.

Mercati (Mich.) Metallotheca vaticana, cura M. Lancisii. Rom. 1719. fol.

Merckleins Thierbuch 1739. 8vo.

Merian, (Mar. Syb.) Dissert de generatione et Metamorphosibus Insect. Surinamens. Hagae 1726. Fol.

— — Der Rupsen Begin, Voedzel en wonderbare Verandering. Amst. 4to.

Merret pinax rerum britannic. 1704. 8vo.

Muzleri, Bezoardic. anim. 1641. 12mo.

Misson (Maxim.) Voyage d'Italie. Amst. 1743. 12mo.

Monconys (de) Journal de Voyages. à Lion 1665. 4to.

Moro (Ant. Lazar.) Veränderungen des Erdbodens. Leipzig 1751. 8vo.

Moufeti (Thom.) Insectorum seu minimorum Animalium Theatrum. Lond. 1634. fol.

Museum Besleri, Hoefnagel. Norimb.

Museum (Brittisches) des Ritter Hans Sloane. Berl. 1764. 12mo.

Mylius, (Chr.) Beschreibung einer neuen Grönländischen Thierpflanze. Lond. 1753. 4to.

item. In dem Knorrischen Werk von Versteinerungen.

N.

Natuurlyke Historie volgens het Samenstel van Linnaeus. Amst. 1761. etc. 8vo.

Natuurkundige Vethandelingen uyt de nuwste Werken van de Societeiten. Amsterd. 1755. etc. 8vo.

Nieremberg Hist. Nat. Antvv. 1635. fol.

Nordten Reiſebeſchreibung nach Norden etc. Nürnb. 1728. 8vo.

Nylands, Schauplatz irdiſcher Geſchöpfe. Oßnabr. 1678.

O.

Olearii (Adam) Gottorfiſche Kunſtkammer. Schleßw. 1674. 4to.

— — Reiſebeſchreibung nach Moſcau und Perſien. Hamb. 1696. fol.

Oliger (Jacobaei) Muſ. Reg. Hafnienſe Hafn. 1696. fol.

Olon (v. St.) Beſchryving van het Keiſerryk van Marocco 's Gravenhage 1698. 8vo.

Onomatologia Hiſtoriae Naturalis, Franff. und Leipzig 1758. und 1761. 8vo.

Ovington (Jean) Voyages faits à Surate. à Paris 1725. 8vo.

P.

Pallas (P. S.) Elenchus Zoophytorum Hagae · Comitum. 1766. 8vo.

Paré (Ambroiſe) deux livres 1. de la generation de l'homme, etc. 2. des Monſtres tant terreſtres que marins avec leurs portraits. à Paris. 1573. 8vo.

Patriot (der Phyſical. und Oekonom.) oder Bemerkungen aus der Naturhiſtorie etc. Leipzig 1756. etc. 4to.

Paul. Deſcription Geogr. de l'Inde Orient. à Paris 1556. 4to.

Paulini (Chriſt. Frid.) Talpa Francof. & Lipſ. 1689. 12mo.

— — de lumbrico terreſtri ſchediaſma. Francof. 1703. 8vo.

— — de anguilla.

Paullini Curiöſes Cabinet ausländiſcher Merkwürdigkeiten. Franff. 1717. 8vo.

Peier Mericologia, ſeu de ruminantibus Baſil. 1685. 4to.

Petiver (Jacob) Muſeum. Lond. 1695.

— — Gazophylacii Nat. et artis decad. X. Lond. 1713.

— — Plantar. Italiae marinarum etc. Icones et nomina. Lond. 1715. fol.

— — Pterigraphia Americ. 1712.

Philoſophie (die natürliche) von Verwandlung der Metalle. Dreßd. 1724. 8vo.

Piſonis (Guilielmi) de Indiae utriusque re naturali. Amſt. 1658. fol.

Planci (Jani) de conchis minus notis Liber. Venetiis 1738. fol.

Plinii (ſecundi) Hiſtoria naturalis. Hagenoae. 1518. Francof. ad Moen. 1582. Colon. Allobrog. 1615. fol. Venet. 1580. 8vo.

Ploucquet (Godofr.) de Corp. Organ. Generatione Stutg. 1749. 4to.

Plucknet (Leonard) Phytographia. Lond. 1691. 92. fol.

Pomet Hiſtoire generale des Drogues. Paris 1694. fol.

Pontoppidans (Erich) Verſuch einer natürlichen Hiſtorie von Norwegen, Koppenhag. 1752. etc. 8vo.

Potter Thierbuch 1664.

Praetorius de Elephanto. Hamb. 1601. 8vo.

R.

Rallius (Georg. Fried.) de generatione animalium. Stetini. 12mo.

Raji (Joh.) Hiſtoria Inſectorum. Lond. 1710. 4to.

— — Synopſis methodica Animalium. Quadrup. et ſerpentini generis. Lond. 1693. 8vo.

— — Synopſ. etc. Avium et Piſcium. Lond. 1703. 8vo.

Reaumur Memoires pour ſervir à l'Hiſtoire des Inſectes. Paris 1734. 4to.

Recueil des Voyages au Nord. Amſt. 1731. 12mo.

— — de la Compagnie des Ind. Orient. Rouën 1725. 12mo.

Redi (Franciſci) Experim. circa generationem Inſectorum. Amſt. 1671. 12mo.

— — Experim. circa varias res naturales, quae ex Indiis afferuntur. Amſt. 1685. 12mo.

Regenfuß (Franz Mich.) Ausſerleſene Schnecken und Muſcheln etc. Kopenhag. 1758. fol.

Reiske (Joh.) de Gloſſopetris Luneb. Leipzig 1684. 4to.

Ritteri (Alb.) de Zoolitho dendroidis Guelph. 1736. 4to.

— — de itinere in Herciniae Montem Bructerum. Guelph. 1740. 4to.

Roeſel (Aug. Joh.) Inſecten-Beluſtigung. Nürnb. 1746. etc. 4to.

Rochefort Hiſt. nat. des Antilles. Rott. 1665. 8vo.

Rohr (Jul. Bernh. v.) Merkwürdigkeiten des Oberharzes. 8vo.

Rondeletii (Guilielmi) Libri de Piſcibus marinis. Lugd. 1553. fol.

— — univerſ. Aquatilium Hiſtoriae. Lugd. 1555. fol.

Roque (de la) Voyage de Syrie et du Mont Liban. Amſt. 1723. 8vo.

Roque

Roque, (de la) Voyage dans la Paléstine. Amst. 1718. 12mo.

Ruell (Joan) de natura Stirpium Bas. 1537. fol.

Rumph (G. Everhard) Herbarium Amboinense. Amst. 1750. fol.

— — Amboinsche Rariteytkamer. Amst. 1705. fol.

— — Amboinische Raritätenkammer von Schnecken und Muscheln, mit Zusätzen von Joh. Hier. Chemnitz. Wien 1766. fol.

Ruyschii theatrum omnium Animalium. Amst. 1718. fol.

— — Opera Amst. 1737. 4to.

S.

Sachse (Philipp. Jacob) Gammarorum vulgo Cancrorum consideratio. Francf. 1665. 8vo.

Sammlungen (Fränckische) aus der Naturlehre, etc. Nürnb. 1755. etc. 8vo.

Sartorius (Joannis) de Anima Brutorum. Witteb. 1680. 4to.

Schäffer, (Jac. Christ.) von den Polypen. Regensb. 1754. 1755. 4to.

Scheffers, Lapland. Frankf. 1675. 4to.

Scheuchzer, (Joh. Jac.) Physica Sacra, Aug. Vindel. 1731. etc. Fol.

— — Historia Naturalis Helvetiae. Zürch 1716. 4to.

Schmidelii, (C. C.) Ertz-Stuffen und Berg-Arten. Nürnb. 1753. 4to.

Scholtz (Joh. Friedr.) von der Seelenwanderung bey den Thieren. Helmst. 1753. 8vo.

— — Theorie von den natürlichen Trieben. Halle 1755. 8vo.

Schotti (Casp.) Physica curiosa. Herbip. 1662. 4to.

Scoti, Hist. animal. fol.

— — Rerum natural. Perscrutat. Francof. 1615. 12mo.

Schwenkfeld, Theriotropheum. fol.

Seba, (Alb.) locupletissimus rerum naturalium Thesaurus. Amst. 1734. etc. fol.

Seligmann, (Joh. Mich.) Sammlung verschiedener ausländischer und seltener Vögel. Nürnb. 1749. fol.

— — seltener Vögel von Catesby und Edward 1755. fol.

Sellii (G.) Historia Naturalis Teredinis Marini. Traj. ad Rhen. 1733. 4to.

Sennertus (Dan.) de origine animarum in Brutis, in Operib. Lugd. 1650. fol.

Severini (Marc. Aurelii) Diatribe de respiratione Piscium. Amst. 1661. fol.

Severini (Marc. Aurelii) Vipera Pythia, sive de Viperis. Patavii 1651. 4to.

— — Zootomia. Nor. 1645. 4to.

Shaw Voyages dans plus. Prov. de la Barbarie et du Levant. à la Haye 1743. 4to.

Sibbold (Robb.) Scotia illustr. Edimb. 1684. fol.

Sloane voyages to Jamaica.

Smidt, (Joh. Jac.) Biblischer Physicus. Leipzig 1748. 8vo.

Spectacle (le) de la nature. à Utrecht 1736. etc. 8vo.

Stellers (G. Wilh.) Beschreibung von sonderbaren Meerthieren. Halle 1753. 8vo.

Stobaei (Kiliani) opuscula. Dant. 1752. 4to.

Systeme Naturel du Regne Animal suivant Mrs. *Klein, Linnaeus & Artedi*, par M. D. L. C. D. B. à Paris 1754. 8vo.

Swammerdammi, (Joh.) Biblia Naturae. Lugd. 1737. et 38.

Swedenborgii (Eman.) opera Philosophica et mineralia. Dresd. et Lips. 1734. fol.

— — Miscell. observata circa res naturales. Lips. 1722. 8vo.

T.

Tachard Reise nach Siam. Hamb. 1709. 8vo.

Tavernier Reisebeschreibung. Genf 1681. Fol.

Tertre (du) Hist. Nat. des Antilles.

Thesaurus Imaginum piscium Testac. etc. Lugd. Batav. 1711. fol.

Theophrasti Paracelsi Opera omnia Genev. 1658. fol.

Tilas (Dan.) Schwedische Mineralhistorie. Leipz. 1767. 8vo.

Torrubia (Jos.) Aparato para la Historia natural Espannola. Madrid 1754. fol.

Tournef, (Joh. Pitton de) Relation d'un Voyage du Levant. Lyon 1727. 8vo.

Transactions philosophiques de la societé royale de Londres. Paris 1740. 4to.

Transformation Métallique. Lion, 1618. 8vo.

Trembley (Abr.) Memoires pour servir a l'Histoire d'un genre de Polypes etc. Leyde 1744. 4to.

Turneri Histor. praecipuarum avium 1544.

Turgot Memoire instructiv sur la maniére de rassembler, de préparer, de conserver, et d'envoyer les diverses curiosités d'Histoire naturelle, à Lyon 1751. 8vo.

Tyson Tajacu, seu aper Moschif. Mexic.

V.

Valentini (Mich. Bernh.) Historia simplicium reformata. Francof. ad Moen. 1716. fol.

— — India Literata. ibid.

— — Museum Museorum. Franckf. 1714. fol.

 Valen-

🜲 🜲 🜲

Valentini (Mich. Bernh.) Amphitheatrum Zootomi-cum. Francof. 1720. fol.

Valentyn (Francisc.) Verhandeling der Zeehoornkens, dienende tot een Vervolg op Rumphius. Amst. 1754. fol.

Venette, (Nicol.) Traité des Pierres dans les Terres et Animaux. Amst. 1701. 8vo.

Verſuch einer Beſchreibung des allerſchönſten Vogels Colibrit. Lüb. 1754. 4to.

— — und Abhandlungen der Naturforſchenden Geſellſchaft in Danzig 1752. etc. 4to.

Verulamio, (Bacon. de) Opera. Francof. ad Moen. 1665. fol.

Vogel (Rud. Auguſtin) Practiſches Mineralſyſtem. Leipz. 1762. 8vo.

Vosmar, Algemeen Natuurk. en Hiſt. Beſchryving der zeldſaamſte Schepzelen in het Cabinet en Diergarden van Zyne H. V. D. de Prins Erfstadhouder. Amſterd. 1766.

Urſinus Miſcell. de Avibus biblicis 1656. 8vo.

W.

Wagner (Pet. Chriſt.) Beſchreibung des Hochfürſtlichen Bayreuthiſchen Naturalien-Cabinets 1752. etc. fol. 8. Herausgaben.

Walch. (J. E. J.) Steinreich.

— — Beſchreibung des Knorriſchen Steinwerks, bekannt unter dem Titel: Lapid. diluvii univerſ. teſtes. fol.

Wallerius, (Joh. Gottſchalck) Mineralreich. Berlin 1763. 8vo.

Walpurger (Joh. Gottl.) Coſmotheologiſche Betrachtungen. Chemnitz 1748. 4to.

Wathonius (Mich.) Theatrum variar. Rerum. Bremae. 1663. 8vo.

— Experiences et obſervations pour ſervir à l'explication de la nature. à Paris 1748. 8vo.

Willughby (Franc.) Ornithologia. Lond. 1676. fol.

Willis (Thom.) de Anima Brutorum. Lond. 1672. 4to.

Woltersdorff, (Joh. Luc.) Mineral-Syſtem. Berlin 1748. 4to.

Wormius (Ol.) Hiſt. Anim. Norweg. Hafn. 1653. 4to.

— — Muſeum Wormianum. Lugd. Bat. 1655. fol.

Woyts, (Joh. Jac.) Gazophylacium Medico-Phyſi-cum. Leipz. 1761. 4to.

Z.

Zabarella (Jac.) de rebus naturalibus Lib. XXX. Francof. 1617. 4to.

Zanichelli, (Joh. Jac.) de Myriophyllo pelagico. Venez. 1714. 8vo.

Zinani de ovis et nidis avium. Venet. 1737. 4to.

Zoomorphoſe,(la)ou repréſentation des animaux vivans qui habitent les Coquilles. à Paris 1757. 4to.

Zorn, (Joh. Heinr.) Petinotheologia. Pappenh. 1742. und Schwab. 1743. 8vo.

Anmerkung.

Das obige Bücherverzeichniß enthält nur den wichtigſten Theil derer Schriftſteller, welche dasjenige abgehandelt haben, was in dieſem Werk vorkommt. Andere Schriften, die entweder ſehr kurz, oder nur zufällig von einem oder andern Artickel der Naturgeſchichte reden, ſind der Kürze halber nicht alle angeführet, wohin auch verſchiedene Diſſertationes, Catalogi und dergleichen gehören, die zuweilen etwas enthielten, daraus wir eine anſtändige Erläuterung bekamen. Viele hingegen ſind noch übrig, die wir nicht zur Hand gehabt, um uns daraus Raths zu erhohlen; daß aber übrigens faſt alle diejenige Schriftſteller, welche von der Kräuterlehre, von den Verſteinerungen und von den einfachen Steinen handeln, und deren Anzahl beträchtlich groß iſt, nicht in obigen Verzeichniß müſſen geſucht werden, ſolches wird ein jeder um deswillen leicht einſehen, weil dieſes Werk keine Gelegenheit dargebothen, von dieſen weitläuftigen Theilen der Naturgeſchichte zu handeln.

So wenig indeß alle in obigem Verzeichniß angegebene Schriftſteller mit einander übereinſtimmen, ſo wenig haben wir auch aus allen die nöthige Erläuterungen ziehen, oder das, was ſie berichten, uns bey unſerer Arbeit zu Nutze machen können. Ob wir aber in der Auswahl verſchiedener Nachrichten, Beſchreibungen, und Benennungen glücklich geweſen ſind, überlaſſen wir dem geneigten Leſer zur Beurtheilung. So viel iſt richtig, daß uns öffters die Vergleichung verſchiedener Naturalien aus einer Claſſe, welche wir in unſerer Sammlung zur Hand gehabt, ſodann die Correſpondenz und Unterredung, womit uns ſchätzbare Freunde und Gönner beehreten, in etlichen zweifelhaften Fällen das meiſte Licht gegeben. Alle neuere Schriftſteller aus dieſem Jahrhundert, und unter ſolchen die vortreflichen Syſtematici, wie auch diejenige, welche ihre Werke mit illuminirten Abbildungen begleitet haben, verdienen allerdings, überhaupt genommen, den Vorzug, wozu wir billig auch ſo viele einzelne leſenswürdige Abhandlungen der Akademien der Wiſſenſchaften rechnen, und da dieſe bereits das Beſte aus den alten Schriftſtellern in ihren Fächern hervorgeſuchet, ſo können viele Liebhaber, deren Gelegenheit es ohnehin nicht iſt, ſich in das Weitläuftige der Naturgeſchichte einzulaſſen, die Alten deſto leichter entbehren, wenn ſie die beſten aus den Neuern beſitzen.

Vorrede.

Den Liebhabern und Verehrern der Naturgeschichte wird in gegenwärtigem Werke eine Sammlung von den besten, vollständigsten und mit ihren natürlichen Farben prangenden Seltenheiten aus den dreyen Reichen der Natur vor Augen geleget, deren Originale hin und wieder in den Kabineten derjenigen hohen Gönner anzutreffen sind, welche uns solche zur Beförderung der edlen und reizenden Erkänntniß der Natur mitgetheilet haben, um sie durch lebhafte Abbildungen dem Schicksal der Vergänglichkeit zu entreissen, und die Vorstellungen davon um so mehr allgemein zu machen, da dergleichen Originale und Meisterstücke der Natur ihrer Seltenheit halber nicht in allen Kabineten pflegen beysammen gefunden zu werden.

Gleichwie wir zuförderst diese Gelegenheit ergreifen, unseren hohen Gönnern für diese hochgeneigte Mittheilung unterschiedener schöner Stücke den verbindlichsten Dank öfentlich abzustatten; also ermangeln wir nicht, den sämtlichen Liebhabern solcher Seltenheiten die Absicht, und Einrichtung dieses nicht ohne grosse Kosten verfertigten Werkes vor Augen zu legen.

Es hat sich nehmlich zu unseren Zeiten die Lust zur Naturgeschichte durch den Vorgang unterschiedener berühmter und geschickter Naturforscher mehr, als jemals, ausgebreitet, und allgemein gemacht. Dieser edle Trieb hat so gar solche Personen beseelet, denen ihr Stand und Beruf keine geschickte Gelegenheit an die Hand gab, Zeit, Mühe oder Kosten zur fernern Nachforschung und Untersuchung anzuwenden; und wir finden, daß sowohl Ungelehrte, als Gelehrte der Natur die gebührende Ehre erweisen, sie, zur Verherrlichung ihres Schöpfers, zu bewundern. Man hat also seit einiger Zeit mehr Sammler, als eigentliche Kenner der Naturgeschichte gefunden, welche durch die reizenden Schönheiten der Natur angetrieben wurden, sie mit grosser Begierde in ihren Besitz zu bringen. Alleine weil sie keine Gelegen-

heit

PRÉFACE.

On livre dans le présent Ouvrage à ceux qui ont du goût pour l'Histoire des Curiositez naturelles, & qui sçavent l'apprécier, une Collection des raretez de la nature les plus complettes, & les plus belles, toutes décorées des couleurs, qui leur sont propres, par une enluminure travaillée avec beaucoup de soin. Ces raretez ont été tirées des *trois Règnes de la nature*. Nous en avons l'obligation à différens Protecteurs, Possesseurs des Cabinèts où l'on conserve ces beautez, qui ont eû la bonté de nous en communiquer les Originaux, pour nous fournir les moyens d'en tirer les figures au vif, les arracher ainsi à l'oubli, & faciliter par là l'avancement des Conoissances humaines dans les secrèts admirables de la Nature. Il étoit d'autant plus convenable de mettre de cette façon une Etude aussi noble à la portée de tout le monde, que les Originaux & Chefs-d'oeuvre de la Nature, dont nous faisons ici part au Public, sont rares, & qu'on ne les trouve guères rassemblez dans un seul & même Cabinet.

Nous prions d'abord ces Personnes, qui ont bien voulu étayer nôtre *Collection choisie*, en nous communiquant les Originaux de diverses très-magnifiques pieces, d'agréer ici les justes remercîmens que nous reconnoissons leur devoir, & dont nous nous faisons un honneur de nous aquitter publiquement. Après celà nous allons rendre compte aux Amateurs des Curiositez naturelles de nôtre but, aussi bien que de l'Ordre & de l'Arrangement que nous nous sommes proposé d'observer dans cet Ouvrage, dont il est aisé de juger que nous ne sommes venus à bout qu'avec de très-grands frais.

Plusieurs Physiciens, aussi célèbres, qu'habiles, ont contribué par leur exemple à exciter l'inclination générale pour ce genre d'étude, & une noble émulation à cet égard a affecté jusques à des personnes, à qui leur état & vocation ne laissoient guères ni l'occasion ni le tems de s'appliquer à de pareilles recherches, ni en partie le pouvoir d'y employer la peine & les frais, qu'elles exigent, quand on veut les aprofondir, & nous trouvons que des Amateurs Lettrez & non-Lettrez y puisent des motifs d'admiration, qui tendent tous à la gloire du Créateur. Ainsi depuis un certain tems il est arrivé que plusieurs personnes touchées des beautez, que l'on observe sur ces thrésors de la Nature, se sont efforcées avidement d'en acquerir le plus qu'elles ont pû. Mais ces Personnes n'étant proprement que Collecteurs, & non Conoisseurs des ri-

chesses

heit und hinlängliche Anleitung hatten, den innern Werth und die Beschaffenheit der gesammleten Stücke einzusehen; so konten sie noch weniger etwas von ihrer Ordnung, Eintheilung und Benennung, am allerwenigsten aber von der Mannichfaltigkeit und Abweichung, oder von dem Ursprung, Vaterlande und Nutzen derselben, angeben. Ja selbst solche Gelehrte, deren Wissenschaft nicht unmittelbar auf die Untersuchung der Natur abzielte, die aber dennoch durch den vergnügenden Anblick natürlicher Seltenheiten gereizt wurden, auch Verehrer und Sammler zu werden, haben öfters gewünschen, einen ganz kurzen Wegweiser zu haben, um die Kunststücke der Natur genauer kennen zu lernen. Dann da ihnen die Schriften der berühmten Naturforscher nicht so häufig unter die Hände kommen, auch die Zeit zur Untersuchung solcher Schriften mangelte; so trugen sie billig nach einem Werke Verlangen, wo sie in den Stand gesetzt würden, ihre gesammleten Stücke, in den lebhaften und genau erleuchteten Abbildungen zu erkennen, und ihnen die rechten Namen beylegen zu können.

Dieses Verlangen wurde desto allgemeiner, je mehr einem jeglichen Liebhaber einleuchtete, daß ein dergleichen Werk für alle Sammler nützlich seyn, und zur fernern Ausbreitung der Erkäntniß der Naturgeschichte sehr vieles beytragen könte, zumahl wenn man zu einem solchen Werke, soviel es möglich ist, die auserlesensten Stücke mit ihren eigentlichen Farben nehmen, und dabey eine allzugrosse, verdrüßliche, und allzukostbare Weitläuftigkeit vermeiden würde.

Nun hat es zwar seit einiger Zeit an solchen Bemühungen nicht gefehlt, welche diesem Verlangen der Liebhaber in einem oder dem andern Fach der Naturgeschichte eine Genüge haben leisten können; und es sind hin und wieder illuminirte Abbildungen von besonderen Classen in einem oder dem andern Reiche der Natur, an das Licht getreten. (*) Allein hierdurch war dem Mangel einer allgemeinen Anführung zu allen dreyen Reichen noch nicht abgeholfen, und man sahe sich immer nach einem solchen Werke um, worinnen man die allerwichtigsten, schönsten und raresten Stücke, als auserlesene Muster der Arbeitsamkeit der Natur, mit samt den Benennungen zusammen finden mögte, woraus man sich hernach von den übrigen, und in anderen Werken weitläuftiger ausgeführten und vorgestellten Sachen einen fernern Begrif machen könte.

Den ersten Gedanken zu einem solchen Werke bekam der nun seel. berühmte Nürnbergische Künstler, Herr Georg

(*) Siehe unter andern unsere Herausgabe des Steinwercks in *Fol.* sub Titulo: *Lapides diluvii universalis testes.* Desgleichen das Muschelwerck in *quarto* sub titulo: *Vergnügen der Augen und des Gemüths etc.* in zwey Theilen, jeder 30. Kupfertafeln enthaltend. Sodann das Blumenwerck sub titulo: *Thesaurus rei herbariæ Hortensique universalis &c.* oder: *Allgemeines Blumen- Kräuter- Frucht- und Garten-Buch,* in *folio* in 300. Kupfertafeln bestehend, welche alle bey Georg Wolffgang Knorr Seel. Erben in Nürnberg zu haben sind.

chesses qu'elles rassembloient, & manquant d'occasion & d'instruction pour conoître le prix intérieur, & les proprietez des pieces, qui leur tomboient entre les mains, elles n'avoient aucunes lumières sur leur ordre, divisions, & dénominations, & encore moins sur leur diversité, & les anomalies, qui s'y rencontrent. D'où il s'est ensuivi que même des Sçavans, qui dans leurs Etudes n'avoient pas justement la recherche des Secrèts de la nature pour objèt principal & immèdiat, mais qui, attirez par la vûë de tant de beautez qui s'y trouvent, ne laissoient pas d'en être amateurs, & de travailler eux mêmes à des Collections, ont souvent souhaité d'avoir un guide, qui les conduisit par le chemin le plus court à parvenir aux Conoissances, qui leur manquoient. Car les ouvrages des plus célèbres Physiciens étant rares, & d'ailleurs manquant de tems pour examiner à fonds les Ecrits qui pouvoient leur tomber entre les mains, il étoit fort naturel à ces Sçavans d'en désirer un, qui les mit en état par des Figures vives & exactement enluminées au naturel de conoître le prix & à la dénomination juste des pièces dont ils se trouvoient en possession.

Ce désir est devenu d'autant plus général, que chaque Amateur a compris l'utilité dont un pareil Ouvrage seroit pour tous les Collecteurs, & combien il pourroit contribuer à étendre nos Conoissances dans le vaste champ de l'Histoire naturelle, sur tout en faisant un Choix des plus belles pièces, qu'il seroit possible de rassembler, & en les décorant exactement des Couleurs qui leur sont propres, sans oublier d'éviter une trop grande prolixité, souvent ennuyeuse, & toûjours coûteuse.

On a commencé à travailler dans ce goût pour la satisfaction des amateurs, & on a taché de les contenter en partie, en publiant des figures enluminées de quelques Classes particulières de l'un ou de l'autre Règne de la nature, ce qui éclaircissoit quelques articles de l'Histoire des Curiositez naturelles. (*) Mais tout cela ne supléoit pas suffisamment au défaut d'une Instruction générale relative à tous les trois Règnes de la nature, & l'on manquoit toûjours d'un Ouvrage, qui, en indiquant les pièces les plus rares, les plus importantes, & les plus belles, avec leurs denominations, livrât une *Collection choisie* de ces riches travaux de la Nature, & les preuves de son activité, & mît le Lecteur en état de se former une idée de tous les autres qu'on trouve décrits & spécifiez dans des Ouvrages plus étendus.

Le prémier qui forma le dessein d'exécuter un Plan pareil fut défunt *Monsieur George Wolffgang* KNORR,

(*) Not. Voyez entre autres l'Ouvrage *in folio* que nous avons donné au Public sur les pierres, sous le titre: *Lapides diluvii universalis testes,* de même que nôtre autre Traité *in quarto* des Coquilles, intitulé: *Delices des yeux & de l'Esprit,* &c. en deux Parties dont chacune contient 30. Planches en Taille-douce. On peut voir encore nôtre Traité des fleurs, qui a paru *in folio* sous le titre de *Thesaurus rei herbariæ Hortensique universalis* &c. enrichi de 300. Planches en Taille douce, ouvrages que l'on trouve tous à Nuremberg chez les Héritiers de George Wolffgang Knorr.

Georg Wolfgang Knorr, der wegen seiner andern nützlichen angefangenen Werke den Gelehrten bekannt genug ist. Sein Eifer und weitläuftiger Briefwechsel sowohl, als auch die große Gewogenheit seiner Gönner gaben ihm das Vermögen, einen solchen Anfang zu machen, oder einen solchen Grund von diesem Werke zu legen, daß dessen Erben vollkommen im Stande sind, das noch übrige hinzuzusetzen. Dann da er in seinem Leben bereits so vieles vorgearbeitet, und biß zur Ausgabe verfertiget hat; so ist es nicht mehr so schwer, seinen gemachten Plan gar hinaus zu führen.

Dieses nun ist die Absicht gegenwärtigen Werkes, und eben diese Absicht ist auch der Grund von der Einrichtung desselben. Man hat Abbildungen aus allen dreyen Reichen gegeben, aus der unzähligen Menge der Dinge nur das schönste, das vollkommenste und das seltenste gewählet, die minder bekanten Sachen den bekanteren und gemeinen vorgezogen, sich öfters nur mit einem einzigen Exemplar aus einem ganzen Geschlecht begnüget, und wo in andern illuminirten Werken ausführlichere Abbildungen vorkommen, alle Arten und Abweichungen weggelassen, um so viel möglich dieses Werk nicht weitläuftig und allzu kostbar zu machen, oder die Liebhaber mit einer Menge Sachen aufzuhalten, die sie ohnehin anderwerts antreffen. Nach eben diesem Endzwecke hat denn auch der Text und die Beschreibung, welche den Herrn Professor Müller in Erlang zum Verfasser hat, eingerichtet werden müssen. Denn die ganze Absicht gehet nur dahin, den Figuren die Benennungen und einige kurze lehrreiche Nachrichten beyzusetzen. Daher hat man sich mit den verschiedenen Meinungen vieler Naturforscher nicht viel einlassen, und dieselben prüfen können. Da auch die Figuren willkührlich und in keiner claßificirten Ordnung angebracht sind, damit sich nehmlich das Aug an der Abwechslung desto mehr ergötzen mögte; so fält eine systematische Eintheilung weg, welche sich um so viel weniger bey solchen Werken einführen läst, je mehr die Naturforscher in diesem Stück selber noch nicht einig sind, zu geschweigen, daß man in unserm Werke nicht alle Arten, sondern nur einige der vornehmsten Stücke hat vorstellig machen wollen. Nur dieses einzige ist beobachtet worden, daß man diejenigen Tafeln, welche lauter Sachen von einerley Hauptgattung vor die Augen legen, gleich hintereinander hat folgen lassen. Und diese Ordnung hat dem Herrn Verfasser Gelegenheit gegeben, in der Beschreibung, bey einer solchen Tafel, wo ein ganz anderes Fach der Naturgeschichte angehet, eine kurze, jedoch unterrichtende Einleitung über die ganze Hauptgattung, welche in den folgenden Kupfertafeln vorkömt, einzurücken, damit die Liebhaber, denen die natürliche Seltenheiten noch etwas unbekant sind, einen kurzen und leichten Wegweiser antreffen mögten, durch dessen Hülfe sie sich von den übrigen und in diesem Werke nicht abgebildeten Curiosis, und von deren Ordnung und Mannigfaltigkeit einen mehr ausgebreiteten Begrif machen können.

KNORR, celèbre Artiste de *Nuremberg*, assez connu dans la Republique des Lettres par les ouvrages utiles qu'il a entrepris. Son Zèle, sa Correspondance étenduë, & l'appui de plusieurs personnes de considération, qui l'estimoient, l'avoient mis en état de commencer cet Ouvrage, & d'y poser un fondement tel, qu'il est facile à ses Heritiers d'achever l'édifice, & de le conduire à sa perfection. Car ce que feu *Monsr.* KNORR avoit déjà travaillé pendant sa vie, & qui étoit avancé au point de le pouvoir mettre sous presse, fournit tous les moyens de complèter parfaitement ce qui manquoit encore à l'execution entière de son projet.

Voilà le Lecteur informé du but du présent Ouvrage, & ce même but servira de règle à l'arrangement qu'on y observera. Ainsi en donnant des figures tirées des trois Règnes de la nature, on s'est attaché à choisir parmi un nombre innombrable de piéces les plus belles, les plus parfaites & les plus rares; on a préféré celles qui sont moins connues à celles qui le sont davantage, & qui par cette raison sont plus communes; on s'est contenté souvent de ne produire qu'une seule piéce de toute une Classe, & à l'égard de celles, dont on trouve les figures enluminées dans d'autres Ouvrages, on s'est dispensé d'en allèguer toutes les espèces & anomalies, pour que cet Ouvrage ne devint ni trop prolixe, ni trop coûteux, & pour ne pas mettre aussi le Lecteur dans le cas désagréable de retrouver ici ce qu'il a vû ou pû voir autrepart. Le Texte & les Descriptions, qui ont *Monsr.* MÜLLER, Professeur à l'Université *d'Erlang* pour Auteur, ont eté dirigées selon ces Vûës. Car on ne s'est proposé de joindre aux Figures que les dénominations & quelques informations utiles. Par cette raison on n'a pû s'engager à raporter & à examiner les différentes opinions de plusieurs Physiciens. Et comme on a placé les Figures arbitrairement, sans s'arrêter à les ranger en Classes, & cela pour recréer davantage les yeux du Lecteur par une variation agréable, il ne faut point s'attendre à trouver ici une *Division Systématique*, qu'il est d'autant plus difficile d'employer dans un Ouvrage de cette nature, que les Sçavans ne sont pas encore d'accord sur cet article. D'ailleurs nôtre intention ne fut jamais de représenter toutes les espèces, mais seulement les principales pièces. Cependant on a observé de mettre de suite les Planches, dont toutes les pièces apartiennent à une seule & même Classe principale. Et de là Monsr. le Professeur à pris occasion de joindre toûjours à ses descriptions au devant de chacune de ces Planches, où commence un article tout-à-fait nouveau de l'Histoire des Curiositez naturelles, une Introduction instructive, quoiqu' abregée, à la Conoissance de la Classe principale entière des Pièces, qui se trouvent sur la Planche, afin que les Amateurs, à qui telle ou telle rareté naturelle pourroit encore être inconnue rencontrent ici un guide & un secours, au moyen duquel ils puissent se former aussi une idée plus juste & plus complette des autres Curiositez, qui ne sont point dépeintes dans le présent ouvrage, aussi bien que de leur ordre, & de leur diversité.

Vielleicht aber mögte uns der Vorwurf gemacht werden, warum wir eben nur diejenigen Stücke in diesem Werke zeigen, welche darinnen angetroffen werden, und keine andere? da doch sehr viele, und genug bekante Sachen in den Kabineten wären, die ihrer Structur und den Farben nach nicht minder ungemein prächtig sind, und eben so wohl eine genaue Abbildung verdienten? Ist nicht, werden andere sagen, der Ausdruck zu gros und zu prächtig, wenn wir die allhier abgebildeten Sachen Seltenheiten nennen, und dem ganzen Werke den Titel eines auserlesenen Naturalien-Cabinets geben, auch würklich behaupten, daß diese Sachen rar sind? Wer weis dann nicht, daß die Corallen, davon gleich zu Anfang etliche Kupfertafeln hintereinander folgen, überall in den Officinen und bey den Materialisten anzutreffen sind? Wer hat nicht gehört, oder gelesen, daß man in den Gegenden von Indien, wo sie am Strande häufig gefunden werden, Kalch davon brenne, um die Mauren damit aufzuführen? Werden sie nicht von den darauf folgenden Schnecken und Muscheln sagen, daß man oft in den Gärten den Boden und die Blumenfluren damit auszieret? Daß die Schmetterlinge in ihren Gegenden überall in Menge herumfliegen? Daß die Seeäpfel mehrentheils in grosser Menge verspeiset werden? Daß es ja fast durch ganz Europa Bergwerke gebe, wo man schöne Stuffen antreffe? Und werden sie nicht dadurch natürlich auf den Einfall gerathen, daß die vorgestellten Sachen eben nicht so selten sind, und dahero auch so gar kostbar nicht seyn können? Ob nun gleich die tägliche Erfahrung insonderheit dem lezteren Puncte, wenn man sich eine Sammlung machen wil, offenbar widerspricht; so wollen wir doch diesen und andern dergleichen Einwendungen zu antworten suchen. Wir werden dadurch eines Theils die Wahl der Stücke, die wir in diesem Werke getroffen haben, rechtfertigen, und anderen Theils ein ziemlich allgemeines Vorurtheil wegnehmen, welches diejenigen zu besitzen pflegen, die erst einen Anfang machen, Seltenheiten der Natur zu sammlen, und welche in der Einbildung stehen, daß man solche Curiosa sehr leicht, und mit wenigern Kosten erhalten könne, als wenn man sie in fremden Landen sucht.

Es hat allerdings seine vollkommene Richtigkeit, daß die Natur, wo sie ohne Hindernisse und gleichsam in der Stille ihre Kunststücke ausarbeiten kan, reich genug ist, nicht nur viele Veränderungen, sondern auch von jeder Veränderung eine unglaubliche Menge hervor zu bringen, und sie thut auch solches würklich, wo nicht mit allen, doch mit den meisten Sachen; aber wie groß sind nicht diejenigen Beschwerlichkeiten, womit wir zu streiten haben, ehe wir dieselben erlan-

Il y a quelques Objections qu'on pourroit nous faire, & que nous sommes bien aises de prévenir. On pourroit par exemple nous demander pourquoi nous avons justement donné les Figures qu'on trouve dans le présent ouvrage, & pourquoi dans nôtre choix nous n'en avons point admis d'autres? vû qu'il y a dans les Cabinets des Curieux quantité de pièces, & même des pièces assez conües, qui quant à leur structure & à leurs couleurs, ne sont pas moins magnifiques que les nôtres, & meriteroient tout autant d'être dessinées & énluminées avec la même exactitude. D'autres s'aviseront peut-être de nous reprocher que nous nous sommes servis d'une expression trop fastueuse en donnant le nom de *Raretez* aux pièces, dont nous présentons les Figures à nos Lecteurs, ou qu'il y a de la vaine gloire dans nôtre fait, quand nous voulons que nôtre Ouvrage soit considéré comme un *Recueil choisi, pour former un Cabinet de Curiositez naturelles*, & que nous soutenons que les Pièces qui le composent sont réellement *rares*. Car qui ne sait que les Coraux, dont nous livrons dés le Commencement quelques Planches de suite, se trouvent dans les Apoticaireries, & dans les boutiques des Droguistes? Qui n'a pas ouï ou lû que dans ces Contrées des *Indes*, où l'on trouve les Coraux en quantité sur le rivage, on en cuit de la Chaux, dont les habitans se servent pour bâtir des murailles? Ne peuvent-ils pas dire encore qu'on se sert des Coquilles & des Moules, qui viennent après ces Planches, pour embellir dans les Jardins les Allées & les Parterres? N'y peuvent-ils pas ajouter qu'on voit voltiger les Papillons en quantité chez eux? & des Herissons de Mer en abondance sur toutes les tables bien servies? Peut-on nier de plus que tous les Païs de l'Europe ne soient fournis de mines, d'où l'on tire les plus belles glèbes? Et toutes ces Considérations ne conduiront-elles pas ces Faiseurs d'objections à penser que nos pièces ne méritent pas tant l'épithète de rares, & ne sauroient par conséquent être si précieuses? Il n'y a point de Collecteur, qui ne sçache par sa propre expérience que ces raisons, & particulièrement la dernière, ne sont nullement fondées. Cela ne nous empêchera pas d'y répondre, non seulement parceque nous aurons par là le moyen de justifier le choix que nous avons fait des pièces qui composent le présent recueil, mais aussi parceque cela nous fournira l'occasion de détruire un Préjugé assez général, qu'ont ordinairement tous ceux, qui commencent à faire une Collection de Curiositez naturelles, & qui croient qu'on peut rassembler ces raretez avec facilité, & à peu de frais, sans les aler chercher dans les Païs étrangers.

Nous n'avons garde de disconvenir que la Nature, quand rien ne l'empêche de perfectionner ses opérations, & qu'elle peut ainsi parachever ses chefs-d'oeuvre sans obstacle, & tranquillement pour ainsi dire, est assez riche, pour produire non seulement des Ouvrages variez à l'infini, mais aussi pour fournir une quantité incroyable d'individus de chaque variation, & c'est ce qu'elle fait le plus souvent, si ce n'est à tous égards. Mais par combien de difficultez n'est-on

langen können? Wie unzugänglich sind die mehresten Gegenden, da diese Kunststücke der arbeitsamen Natur gefunden werden? Wie wenig gibt es Leute, denen man die Sorge in den entlegensten Welttheilen anvertrauen kan, diese Sachen zu suchen? Und wie viele Mühe und Kosten verursachet es hernach, die gefundenen Stücke auch sogar aus den Händen der Unwissenden zu lösen, und sie vor dem, auf allerhand Art möglichen Untergang in unsere Kabineter in Sicherheit zu setzen? Wir wollen nur einige Exempel, dieses zu erweisen, anführen, daraus sich leicht auf mehrere schliessen lässet. Man stelle sich die gefährliche Art, die Corallen zu fischen, einmal vor. Sie sitzen an den Klippen des Meeres in einer unterschiedenen Tiefe von vielen Klaftern. Die Gegenden ihres Aufenthalts müssen mehr errathen, als mit einer Zuverläßigkeit bestimmet werden. Es wird einige Mannschaft mit den gehörigen Barquen, Chaluppen, und andern Fahrzeugen, nebst einer grossen Menge von Stricken, Stangen, Kreutzhölzern, Netzen, Werkklumpen, Haken, und dergleichen, erfordert, eine Fischerey anzustellen. Mit diesem Aufzuge begiebt man sich auf das Meer, und wirft in der grösten Ungewißheit die mit Netzen bewundene Kreutzhölzer aus. Trift nun das Glücke, daß man etliche Corallengewächse zu packen bekömmt; so richtet die Gewalt, womit man die Stricke wieder in die Höhe winden muß, um die Corallen von den Klippen abzureissen, oft in den schönsten Stücken die gröste Zerstöhrung an. Und wann sie auch nur an den zartesten Spitzen abbrechen, so bestehet doch der ganze Fang in einer Menge unansehnlicher Trümmer. Zuweilen verwirren sich wohl gar Stricke und Netze in der Tiefe so unauflößlich, daß man alles im Stiche lassen, und abkappen muß. Wie ungemein selten trift es demnach, daß einmahl ein ganzes und auch nur einigermassen vollständiges Stück an das Tageslicht kömmt? Und wie bald verschwinden die wenigen Stücke vor den Augen der Privatliebhaber durch die Nachstellungen solcher hohen Personen, die nicht Ursache haben, den Beutel zu Rathe zu ziehen, und schon von langer Zeit her wachen, solche selten vorgefundene Cabinetstücke auch mit goldenen Hamen wegfischen zu lassen? Dieses sind nun schon die Schicksaale der in Fabriken und in den Officinen brauchbaren rothen und weissen Corallen, um welche noch häufige Fischereyen an den Küsten von Europa angestellet werden: Was werden wir uns erst von den so verschiedenen schönen Arten, von schwarzen, rothen, weissen, ächten und unächten Corallen vorstellen müssen, welche die entlegenen Indien zum Vaterlande haben? Um welche sich noch keine Handlung bekümmert hat, weil sie in den Officinen und Fabriken nicht gesuchet werden, sondern bloß zur Zierath der Cabineter dienen? Man findet überdieß in den dasigen Gegenden nicht Leute genug, die sich damit abgeben, und darum bewerben. Einestheils fehlet es ihnen an Erkäntniß der Stücke; anderntheils aber an Erkäntniß der Gegenden des Meeres selbst, woher dergleichen zu hohlen sind. Sie haben durchgängig an dem zu dieser Fischerey dienlichen und gehörigen Geräthe Mangel, und sehr oft fehlet es an dem zureichenden Verlag, um die Unkosten zu einer so ungewissen Sache in einem geldreichen Lande, wo alles sechsfach bezahlet werden muß, zu bestreiten. Daher schreiben Europäi-

sche

---

on pas arrêté quand on veut se procurer ces trésors? Et quelle stérilité ne rencontre-t-on pas dans la plûpart des Contrées-même où l'on croit trouver, de ces raretez? Veut on les faire venir des Païs les plus éloignez dans toutes les parties du monde connu, où trouvera-t-on des personnes à qui l'on puisse confier le soin d'une pareille recherche? Et quels travaux & quels frais n'en coute-t-il pas ensuite pour arracher les pièces trouvées des mains des ignorans, & les mettre en sûreté dans nos Cabinets, comme dans l'unique asyle, où elles puissent être en sûreté contre toute sorte de dépérissement. Illustrons ce que nous avançons par quelque exemple, d'où l'on puisse tirer des Conséquences ultérieures. Qu'on se représente d'abord tous les dangers qui accompagnent la pêche du Corail. Les Coraux sont attachez dans la Mer à des rochers, à profondeur inégale, mais qui est toûjours au moins de plusieurs brasses. Il faut deviner les Contrées où on en trouve, car il n'y a point de règle sûre à cet égard. Plusieurs Travailleurs y sont employez, avec les Barques, Chaloupe, & autres bâtimens nécessaires. Cette Pêche exige outre cela une grande quantité de Cordages, de perches, de barreaux en croix, de rêts, de pelotons d'etoupes de crocs & outils pareils. C'est avec cet attirail qu'on se met en Mer, & que, très-incertain du succès, on y jette les barreaux en croix garnis de leurs rêts. Suposé qu'on ait le bonheur de rencontrer quelques plantes de Corail, & qu'on veuille guinder les cordes, pour arracher les Coraux du Rocher, où ils se trouvent attachez, il arrive souvent qu'on en ruine & détruise les plus belles pièces, & quand on n'en briseroit que les bouts ou chevilles, toute la capture ne consiste alors que dans quelques morceaux rompus, qui ne sont d'aucune considération. Il arrive aussi quelquefois que les Cordages & les rêts s'entortillent & s'embrouillent tellement au fond de la mer, qu'il n'est plus possible de les démêler, & alors il ne reste d'autre parti à prendre que celui de tout abandonner, & de couper les Cables. Il est donc très-rare qu'on parvienne à tirer de la Mer un arbuste entier, ou tant soit peu complet, & le petit nombre de pièces pareilles est d'abord enlevé aux Personnes de Condition privée par celles de haut rang, qui sont à l'afut, & que leurs richesses mettent à même de prodiguer l'or pour se satisfaire & posséder de ces Pièces de Cabinet à l'aquisition desquelles on parvient si rarement. Il en arrive ainsi du Corail rouge ou blanc, pour lequel on envoye tant de gens en pêche sur les côtes d'Europe, pour l'usage des Fabriques & des Apoticaireries. A plus forte raison a-t-on de bien plus grands obstacles à vaincre pour se procurer la possession de tant de beaux Coraux divers, noirs, rouges, blancs, véritables & bâtards, qu'on ne peut trouver qu'aux Indes, & pour lesquels les Negocians ne se donnent aucune peine, parceque ces belles pièces ne sont d'aucun usage pour les Apoticaireries & pour les Fabriques, & qu'elles servent simplement à orner un Cabinet. Dailleurs on ne trouve pas facilement aux Indes des gens qui veuillent s'employer à cette

pêche,

B

sche Liebhaber wohl zehnmahl an ihre Correspondenten in den Indien, (welches abermahls nur ein Glück ist, Leute zu einem solchen Geschäfte zu bekommen,) ehe sie nur einmahl mit einem seltenen Werke der Natur erfreuet werden. Und wenn man sich gegen dergleichen Dienstfertigkeit nicht ungemein freygebig bezeiget; so muß man lange auf ein zweytes Stück warten. Gesetzt nun aber, man hätte diesen Punct in Richtigkeit gebracht; so finden die Correspondenten fast unüberwindliche Schwierigkeiten, das Verlangen der Liebhaber zu stillen.

Sich in den allerheißesten Gegenden weit vom Hause nach dem Strande hin zu entfernen, wo man öfters mit keinen Barquen, der Klippen halber, hinkommen kan, und welche man quer durch das Land über hohe Berge erst zu ersteigen hat; daselbst etliche ungeschickte Indianer, oder Sclaven zu Gehülfen zu haben, welche alles verkehrt angreifen, die gefundenen Stücke rohe und grob behandeln, die zarte Structur, daran den Liebhabern am meisten gelegen ist, durch Unvorsichtigkeit zerbrechen und verderben, und hernach unbehutsam etliche Meilen weit nach Hause tragen; ferner bey solchen nicht ohne viele Kosten angestellten Sammlungen anderweitige Geschäfte, oder Berufsarbeiten zu versäumen, oft, wo nicht das Leben, doch vielfältig die Gesundheit darbey in Gefahr zu stellen, und dergleichen, sind lauter solche Umstände, die nur grosse Herren in der Welt durch besondere und überwiegende Bewegungsgründe denjenigen zumuthen können, welche sonst Lust genug haben, zur Liebe der Entdeckungen in der Natur etwas zu wagen, und Mühe darum anzuwenden. Jedoch wir geben zu, daß auch diesen Schwierigkeiten abgeholfen werden könte; ist aber damit der Endzweck völlig erreichet? Die Natur hat einen grossen Theil ihrer Pracht versteckt. Man suchet oft eine ganze Woche, und findet doch nichts. Man fischet, und fängt nichts, welches alle die gemachten grossen Anstalten und erlittene Beschwehrlichkeiten belohnen kan. Denn man irret sich, wenn man glauben wolte, es lägen diese Seltenheiten in den Indien überall da, und man dörfte sie nur aufheben. Hat man denn endlich ein und andere Stücke zusammen gebracht, so sind sie noch lange nicht von der Beschaffenheit, wie diejenige, welche wir allhier abgebildet liefern. Bald sind sie schadhaft und abgebrochen, bald verwittert, oder mit einem kalchichten Seeschlam überzogen, bald mangeln ihnen die Farben, oder der Glanz, oder die feine Ausarbeitung der Natur, welche durch hundert Zufälle kan gehemmet worden seyn, oder es fehlet sonst etwas daran, daß sie sich nicht zu rechten Cabinetstücken schicken wollen, so, daß

es

pêche, & se charger d'un pareil travail, soit qu'ils-manquent des Conoissances nécessaires, soit qu'ils ne soient pas au fait des Plages de la Mer où il faut chercher le Corail. En général ils manquent tous des attirails & des outils nécessaires à cette Pêche, & trés-souvent des facultez qu'exigent les frais dont le succés est si incertain. Car dans ces païs où l'or & l'argent abondent, le travail des hommes est six fois plus cher que dans nos Climats. Delà vient que les Amateurs Européens, en cas-même qu'ils ayent le bonheur singulier d'avoir aux *Indes* quelque Ami, qui veuille bien pour l'amour d'eux se charger de s'employer à une pêche pareille, ce qui est déjà trés-difficile à trouver, écrivent bien dix Lettres à leur Correspondant *Indien*, avant d'en pouvoir tirer une seule pièce rare. Et s'ils ne sont pas prodigues dans leurs recompensent, & qu'ils ne payent pas libéralement le Correspondant qui les a servis, c'est en vain qu'ils s'attendront à un second Envoi.

Mais suposons que cet Article soit reglé à la satisfaction reciproque de celui qui donne & de celui qui reçoit, il y a bien d'autres difficultez presque insurmontables, qui s'oposent à la satisfaction des Amateurs, & mettent leurs Correspondans dans une espéce d'impossibilité de remplir leurs désirs. Car de se transporter dans ces Païs brulans de chez soi jusques à des rivages, dont fort souvent les barques ne peuvent s'aprocher à cause des rochers & des écueils, & auxquels mêmes on ne peut parvenir, qu'après avoir franchi de hautes Montagnes en traversant le Païs; n'avoir d'autre aide pour le travail que quelques Indiens ou Esclaves mal-adroits, qui font-tout à rebours, & qui en maniant avec rudesse & grossièrement les pièces trouvées, en rompent, brisent, & ruinent imprudemment la structure délicate & fine, dont la Conservation importe le plus à l'Amateur; qui d'ailleurs en portant ces pièces au Logis à la distance de quelques lieuës n'usent d'aucune précaution ni ménagement; négliger avec cela ses propres affaires & d'autres occupations pour s'employer à une Collection incertaine, & toûjours sujette à des frais considérables, hazarder souvent sa santé & quelques fois la vie, &c. forme un total de différens sacrifices qu'un grand Prince seul peut exiger. Encore faut-il qu'il employe pour cela les motifs les plus pressans, & que celui qu'il employe soit porté par sa propre inclination & par l'envie d'aquerir des Conoissances dans l'Histoire de la Nature, à hazarder quelque chose, & à braver tous les travaux. Accordons encore que cela puisse arriver ainsi. On n'a pas atteint entiérement le but pour cela. La Nature a caché une grande partie de ses richesses. On cherche des semaines entières sans rien trouver. On pêche, & on ne prend rien qui puisse dédommager des peines qu'on s'est donné, ni des incommodités qu'on a essuyé. Car on se tromperoit fort si l'on croioit, que ces raretez se trouvent par tout aux *Indes*, & que dans ce païs il n'y a qu'à se baisser & prendre. Je veux qu'aprés bien des frais & des travaux, on ait enfin ramassé quelques pièces, il s'en faudra encore de beaucoup que ces pièces puissent

sent

es in den Indien selbst, und an den Oertern, wo man die Stücke suchet, schon etwas seltenes ist, wenn man ein Exemplar ohne Tadel antrift. Aus diesem Grunde müssen wir uns oft mit solchen Stücken begnügen, die nur einigermaßen brauchbar sind, und froh seyn, wenn wir dergleichen besitzen können. So wie es nun mit den Corallengewächsen aussiehet, so ist es ebenfals mit anderen Seltenheiten beschaffen. Wer läuft in den heissen Indien den schönen Schmetterlingen so emsig nach, daß die Europäischen Liebhaber alle damit versorget werden können? Wie viele haben die Geschicklichkeit, oder Gedult, mit denselbigen so vorsichtig umzugehen, daß ihnen nichts von dem schönen Flügelstaub abgehet? Oder daß sie in gehöriger Stellung, ohne die Füsse, oder die Fühlhörner zu verlieren, aufgestecket werden? Oder auch, daß sie wohl verwahrt bleiben, damit sie nicht von den Motten, Ameisen, und anderen schädlichen Insecten noch vor der Absendung davon getragen werden? Wie selten werden die Schnecken und Muscheln in ihrer vollkommenen Schönheit gefunden, da bekant ist, daß keinem an dem Strand geworfenen und todten Schnecken die natürliche Pracht durch einige Kunst wieder kan mitgetheilet werden? Wie wenige wissen den frisch gefangenen die erste Schlamhaut, welche alle Schönheit verbirget, abzunehmen? Und wie wenige haben zu dieser mühsamen Arbeit Gedult? Wie viele hingegen begnügen sich, die verwitterten, halb zerbrochenen, durchlöcherten und sonst mangelhaften Schneckengehäuse den Europäischen Liebhabern zuzuschicken? Welche Mühe kostet es nicht, die grossen Seesterne in einer gehörigen Lage zu trofnen, daß sie nicht runzelicht und gebogen werden, oder daß ihre Erhöhungen nicht einfallen und niedersinken? Wie schwehr ist es, sie wider eine innere Fäulniß zu bewahren, und schädliche Insecten abzuhalten? Die zarte Structur aller Meeräpfel, die feinen Bänder und Fasern, wodurch ihre unzähligen Näthe zusammen werden gehalten, und ihre Stachel auf den Wärzgen feste sitzen, zeigen uns schon augenscheinlich, daß es eine überaus schwere Arbeit sey, vollkommene Exemplare zu erhalten, zu geschweigen, daß viele Arten sowohl von diesen als von andern vorbenannten Sachen darum äusserst rar sind, weil sie sich in einer untergründlichen Tiefe des Meeres aufhalten. Es hat zwar bey den Europäern nicht an Erfindungen gemangelt, den Indianern Mittel zu zeigen, wie sie die Naturalien an etwas seichteren Stranden sammlen sollen. Man hat auf Papier hinter einer Menge gemahlten Schnecken, Corallen, Seesternen und dergleichen, Schöpf, und Scharnetze abgezeichnet, aus welchen Zeichnungen man auch vermuthen solte, man müste Zug auf Zug einen wichtigen Fang thun. Die grosse Begierde, diese Sachen aus dem Meere heraus zu bringen, hat ferner die Liebhaber in den Indien selbst erwecket, sich solche Instrumente verfertigen zu lassen; allein die Mühe und Kosten sind schlecht vergütet worden. Denn bald zog man mit freudiger Begierde eine grosse Last aus dem Wasser, und siehe, es war ein abgebrochenes Stück von einer Klippe, oder etwa ein faulendes Gerippe eines Schwerdfisches, oder eines anderen Seeungeheuers; bald blieb Netz und Strick an den verborgenen Klippen hängen, und muste abgekappet werden; bald langete man nicht weit genug hinunter, oder es glitschete das Werkzeug über die am Sande feste anschliessende Meerthiere weg. Es bleibet also beständig eine mühsame Sache, welche nur durch grossen Aufwand erzwungen werden kan. Alle diese an-

sent être comparées à celles, dont nous présentons ici la figure à nos Lecteurs. Tantôt elles sont endommagées & rompuës, tantôt elles sont gâtées par les injures des saisons, ou couvertes d'un enduit visqueux qui est une espèce de chaux, tantôt elles sont défectueuses par les couleurs, par le brillant, ou parce que la nature n'y a pas mis la dernière main, ce que toutes sortes d'accidens peuvent interrompre, ou elles pèchent par quelque autre défaut, qui les exclut de tout Cabinet de pièces choisies. Car aux *Indes*, & aux plages même, où l'on a coûtume de chercher ces pièces, il est rare d'en trouver une seule, qui n'ait point d'imperfection. Cela nous met souvent dans le cas de nous contenter de pièces, qui soient tant soit peu présentables, heureux encore quand nous pouvons en aquérir de pareilles. Il en est des autres raretez, comme des Plantes coralines. Qui est-ce, qui dans le Climat brulant des *Indes* se resoudra à s'exposer aux ardeurs du soleil, pour courir à la Chasse des plus beaux Papillons, pour en fournir à tous les Cabinets des *Européens* qui font des Collections? Peut-on se promettre de trouver des Commissionnaires, qui ayent l'adresse, la patience, & la circonspection nécessaires, pour faire parvenir ces Papillons, en Europe, sans que cette poussière, qui fait toute la beauté des ailes, souffre aucun déchet? ou qu'en les empaquetant on use des précautions convenables pour qu'ils ne perdent en chemin ni jambe, ni corne? ou qu'on pourvoye à ce que les tignes, les fourmis, & d'autres Insectes malfaisans n'y puissent aporter aucun dommage, même avant l'envoi? Et pour parler d'un autre article, ne sait-on pas qu'il n'est pas possible de rendre par aucun art aux moules, ou aux Escargots morts, jettez sur le rivage, leur beauté naturelle, & par conséquent très-rare d'en avoir qui soient parfaits? Et quand on les a pris vifs, peu de gens s'entendent à leur ôter cette prémière peau visqueuse, qui cache toutes leurs beautez. Où prendre des gens qui veulent se charger d'une occupation si pénible? Le plus souvent le Commissionnaire se flatte d'avoir satisfait à tout ce qu'on peut exiger de lui, quand il a envoyé à ses Amis *d'Europe* quelques Coquilles gâtées par l'intempérie des élemens, à demi brisées, trouées, ou autrement défectueuses. Quelle peine n'en coute-t-il pas pour sécher les grands poissons formez en étoile, (*) dans la position convenable, pour qu'elles ne se rident ni ne se courbent, & pour que leurs élèvations ne s'affaissent pas? Quelles difficultez ne trouve-t-on pas à les garantir d'une pourriture intérieure, ou des Insectes nuisibles au dehors. La Construction délicate de tous les Herissons de mer, les ligamens & filets subtils, qui tiennent leurs sutures innombrables jointes, & leurs aiguillons affermis sur leurs bouts, sont autant de parties qui rendent très-difficile & très-rare le bonheur d'en aquerir, qui soient accomplis de tout point, sans compter qu'il n'est nullement ordinaire d'en trouver, par ce que ces animaux se tiennent au fond des abîmes de la Mer, où il n'est guères possible de pénétrer. Il est vrai que les *Européens* n'ont pas manqué d'Inventions pour enseigner aux *Indiens* les moiens de pêcher & de ramasser des Curiositez naturelles à des rivages, où la Mer est moins profonde. On leur a fourni des desseins d'épervier, de tramail; & d'autres filets derrière quantité de figures d'Escargots, de Moules, de Coraux, d'Etoiles de mer &c. dépeintes sur du papier, & en voyant ces desseins on est tenté de croire, qu'avec de tels secours on ne sçauroit manquer de faire coup sur coup des prises considérables. Le désir extrême de tirer ces raretez de la mer a aussi porté les Amateurs domiciliez

(*) en Latin: *Stella marina*, en allemand: *großer See-Stern.*

angegebene Beschwehrlichkeiten machen nur einen Theil der Hindernisse aus, warum die Cabineter nicht durchgängig mit ausgesuchten Stücken können versehen seyn. Oft findet man wohl gute Gelegenheit zu einer Sache; aber man vermisset wiederum hundert andere Vortheile dagegen, und man müste fast durch die ganze Welt Diener und Freunde haben, wenn man mit allen Arten der Sachen versorget seyn wollte. Es kommt über dieses ungemein viel auf die Geschicklichkeit an, die Curiosa zu packen. Wie leicht stösset die geringste Erschütterung eine Zinke von den Corallen herunter, oder sprenget die Seeaepfel auseinander, oder reibet die Polypenrinde von dem Horncoral herab? Wie gerne ziehen die Meersterne die Feuchtigkeit der Seeluft an sich, und faulen, aller Vorsicht unerachtet? Wie oft bekömmt man die Insecten von den Motten durchfressen? Wie oft wird des, was aus den Indien überschickt wird, durch die ungestümmen Wellen des Meeres in den Abgrund versenket? Oder wie oft mangelt es an einer getreuen Bestellung? Doch wir wollen nicht mehrere verdrüßliche Schicksaale, die der Naturgeschichte begegnen können, anführen.

Dasjenige, was wir bißher nur kürzlich vorgetragen haben, wird indessen, wie wir glauben, genug seyn, den Endzweck, und die Einrichtung unseres Werkes vollkommen zu rechtfertigen, und wir hoffen solche Stücke vor Augen geleget zu haben, die nicht jeder Sammler, oder Liebhaber besitzet, ja die nicht ein jeder, wenigstens nicht in vollkommener Pracht, gesehen hat. Wir behaupten auch, daß unsere Exemplare zum Theil nicht allezeit und überall so häufig und gemein zu haben sind, daß sie ein jeder Liebhaber, deren Anzahl ja alle Tage grösser wird, so bald zusammen bekommen werde. Wir theilen endlich Stücke mit, deren Ursprung, Name, Vaterland und dergleichen nicht einem jeden so sehr bekant seyn werden. Wenn wir demnach die vorkommenden Sachen gemählet haben; so ist es entweder ihrer vorzüglichen Schönheit, oder ihrer Seltenheit, oder der Beschwehrlichkeit halber, sie von anderen Arten zu unterscheiden, oder um Gelegenheit zu haben, von ihrer ganzen Classe etwas zu sagen, geschehen. Wir halten uns daher von der Erreichung unseres Endzweckes eben so überzeugt, als wie wir uns eine hochgeneigte Aufnahm dieser geringen Bemühungen in der Naturgeschichte bey denenjenigen Liebhabern versprechen, welche wissen, daß die Untersuchung der Natur noch nicht zum höchsten Gipfel gestiegen sey, und daß wir uns jederzeit mit demjenigen begnügen müssen, was indeßen die menschliche Erkäntniß und Mühe entdecken konte, biß eine weitere Untersuchung gelehrter Männer an das Tages Licht bringet, was biß hieher noch in der Natur vor unseren Augen verborgen geblieben ist.

aux *Indes* à se pourvoir de pareils instrumens. Mais leurs frais & leurs peines ont été peu recompensées. Tantôt la joye des Pêcheurs étoit excitée par quelque gros fardeau, dont la pésanteur encourageoit leurs espérances, & quand ils l'avoient tiré de l'eau à force de travail, ce n'etoit qu'une pièce détachée de quelque rocher, ou la charogne à demi-pourrie de quelque espadon, ou d'un autre Monstre marin; tantôt les filèts & les cordages s'accrochoient à des rochers cachez sous l'eau, de façon qu'on étoit forcé de les couper; d'autres fois on n'avançoit pas assez vers le fond, ou les outils glissoient sur les Animaux marins fermement attachez au sable. Tout cela prouve combien ces recherches sont pénibles, & qu'on ne peut s'en prometre quelque succès qu'en y sacrifiant de trés-grands frais. Avec cela toutes ces difficultez ne sont encore qu'une partie des obstacles, qui empêchent que tous les Cabinèts ne puissent être pourvûs de pièces choisies. Il se présente par fois une occasion favorable, pour avoir quelque bonne pièce, & en échange on manque autrepart cent autres avantages. Il faudroit avoir presque dans tous les païs du Monde des amis & des serviteurs à employer, si l'on vouloit avoir des pièces de toutes les espèces. Un point trés-important, c'est le talent d'empaqueter les Curiositez. Le moindre Cahotement peut mettre à bas un bout, ou Cheville, d'un Corail, ou briser un Herisson de mer, ou détacher l'Ecorce de Polype de dessus le Corail de nature de corne. Les Etoiles marines attirent beaucoup à elles l'humidité de l'air de la mer, ce qui les fait pourrir, malgré toutes les précautions qu'on peut prendre. Combien de fois n'arrive-t-il pas que les Insectes nous parviennent rongez par les tignes? ou que les Caisses entières périssent sur Mer, telles qu'on les a expèdiées des Indes, ou qu'un Expèditeur infidèle nous dupe? Mais c'est assez parlé des accidens facheux auxquels les Amateurs des Curiositez naturelles sont exposez, avant de parvenir à leur possession.

Ce que nous avons dit suffit pour justifier parfaitement nôtre Titre, de même que le but & l'arrangement de tout nôtre Ouvrage, dans lequel nos Lecteurs trouveront des pièces, que tout Collecteur ou Amateur ne possède pas, & que le plus grand nombre d'entre eux n'a peut-être jamais vûës, du moins dans ce dégré de perfection. Nous croions pouvoir ajouter que les pièces que nous livrons, ne se trouvent pas toûjours & par tout en assez grande quantité, pour que tous les Amateurs, dont le nombre croit journellement, puissent les rassembler aisément. Enfin nous communiquons des pièces dont l'Origine, les Noms, les Climats qui les produisent, & d'autres Circonstances accessoires se trouveront être encore inconnuës à plusieurs de nos Lecteurs. C'est ou la beauté extraordinaire des pièces, ou leur rareté, ou la difficulté de les distinguer de celles d'une autre espèce, qui nous a déterminé dans notre Choix, & nous avons toûjours pris occasion de dire quelque chose de la Classe entière de chacune. Ainsi nous nous persuadons d'avoir rempli nôtre Plan, & nous flatons que les Lecteurs, instruits que l'Etude de la Nature n'a pas été poussée encore à son plus haut dégré, voudront bien accueillir favorablement nôtre travail, sçachant que nous sommes obligez de nous contenter des Connoissances auxquelles il a été possible d'atteindre jusques ici, en attendant que quelque Sçavant laborieux aille plus loin dans ses recherches, & nous découvre des Secrèts que la Nature tient encore voilez à nos yeux.

Ein-

Einleitung
in
die Geschichte
der Corallen.

Diejenigen pflanzenartige, und sowohl harte, als biegsame Cörper, welche in dem Meer gefunden werden, sind schon von den ersten Zeiten ihrer Entdeckung an mit dem Namen Corallen beleget worden. Man theilte sie anfänglich in Steincorallen (Lithodendra) und Horncorallen (Keratophyta) oder hornartige Pflanzen ein. Man sahe sie auch alle mit einander für Pflanzen des Meeres an, wie solches aus den alten und neuern Schriftstellern, dem *Ovidius*, *Plinius*, *Cäsalpinus*, *Geßner*, *Bauhin*, *Imperatus* und anderen zu ersehen ist. Nur glaubte man, daß sie unter dem Wasser weich wären; aber auf die mindeste Berührung, oder wenigstens, wenn sie an die Luft kämen, steinhart würden. Diese Meinung hat man immer beybehalten, ohnerachtet man keine ordentliche Wurzeln, keine Blätter, keine Blüthen und keine Früchte daran bemerkte, biß daß sich der Graf *Marsilli* die Mühe nahm, ihre Structur näher zu untersuchen, und ihnen, als vegetabilischen Cörpern, auch eine in einem Gefäse mit Wasser wahrgenommene Blüthe zuschriebe. Hingegen sah *Reaumur* die Corallen für ein Gebäude von Würmern an; da viele andere in einer Unschlüßigkeit blieben, ob man diese Seecörper für Steinpflanzen, oder für Behausungen der Thiere zu halten habe. Der scharfsichtige Engelländer *Ellis* brach endlich mit der Sache hervor, und behauptete aus langwierigen genauen Wahrnehmungen, es wären alle Corallen, sowohl die Stein- als Horncoralle, mit Inbegrif der zartesten Seegewächse, nichts anders, als ein Gebäude von Thieren, oder Polppen, welcher Meinung von dem grossen *Linnäus* beygepflichtet wurde, daß er die Corallen, die er vormals unter die Pflanzen gesetzt hatte, zurück nahm, und ihnen eine Stelle im Thierreiche bey den Würmern anwies. Zuletzt kam auch der berühmte Italiäner *Vitaliano Donati* zum Vorschein, um diese Meinung auf einmahl auser allen Zweifel zu setzen, und gab aus seinen mit grosser Sorgfalt angestelleten Beobachtungen die Erläuterung, daß die ganze Coralle nichts anders, als ein Seethier, oder Polppe sey, welche sich durch eine beständige Vermehrung des Geschlechts zu einem solchen Cörper bilde, wie wir nunmehro die Corallen vor uns sehen. Diese Meinung haben nun hin und wieder die scharfsinnigsten Gelehrten angenommen.

Unsere Absicht gestattet es nicht, die Meinungen der angeführten unermüdeten und verdienstvollen Naturforscher weitläuftig anzuführen, oder ihnen mit unseren Augen biß unter ihre

INTRODUCTION
à
L'HISTOIRE
DES CORAUX.

On a donné le nom de Coraux aux Corps de nature végétale, qu'on trouve dans les mers, soit qu'ils soient durs & solides, soit qu'ils soient tendres & flexibles, dés-le tems qu'on en a fait les premières découvertes. On les distingua au commencement par les noms de *Lithodendra*, ou *Coraux pierreux*, & de *Keratophyta*, c'est à dire *Plantes qui tiennent de la nature de la Corne*. En général on les a considéré tous sans exception comme des Plantes maritimes, sur quoi on peut s'en raporter au témoignage des Auteurs anciens & modernes, tels qu'*Ovide*, *Pline*, *Cæsalpin*, *Guessner*, *Bauhin*, *Imperatus*, & autres. On étoit seulement dans l'idée que ces Plantes n'étoient tendres, qu'autant qu'elles étoient sous l'Eau, & qu'au moindre attouchement, ou au moins dés-qu'on les portoit à l'air, elles devenoient dures comme de la pierre. Et cette opinion a prévalu, quoiqu'on ne remarquât aux Coraux ni racines regulièrement formées, ni feuilles, ni fleurs, ni fruits, jusques à ce que le *Comte de* Marsilli se fut donné la peine d'en examiner la structure plus exactement, & leur eût attribué comme aux autres Végétaux, des fleurs qu'il avoit observées en les considérant dans un Vaisseau plein d'eau. *Reaumur* cependant les a pris pour des Amas de Vers, pendant que bien d'autres sont demeurez incertains s'il faloit décider que ces Corps Maritimes devoient être regardez comme des Vegetaux pierreux, ou comme des Habitations d'animaux. Tel étoit l'état de la Controverse lorsqu'*Ellis*, cet Anglois clairvoyant, trancha net la question, en soutenant d'après de longues, fréquentes, & d'exactes observations que tous les Coraux, tant pierreux que de nature de Corne, y compris les Végétaux maritimes les plus subtils, ne sont autre chose qu'un Composé d'Animaux ou de Polypes, sentiment que le grand *Linnaeus* adopta, en revoquant ce qu'il avoit avancé précédement en disant que les Coraux étoient des Plantes, & en leur accordant à présent une place dans le Règne animal parmi les Vers. Enfin *Vitaliano Donati*, célèbre Italien, parût sur les rangs, & pour mettre tout d'un coup cette nouvelle Opinion hors de tout doute, après des Observations faites avec beaucoup de soin, il dit que les Coraux entiers n'étoient autre chose qu'un Animal de Mer, ou Polype, lequel par une propagation continuelle de son espèce se formoit en corps, tel que nous voyons les Coraux. Les plus éclairez des Sçavans ont adhéré au même sentiment.

Le but du présent Ouvrage ne nous permet pas de nous étendre ici en raportant au long les Opinions des Sçavans dont nous venons de parler, dont les travaux infatigables

ihre Vergrösserungsgläser zu folgen, vielweniger, ihre Sätze zu beurtheilen, oder zu bestreiten. Allein es wird doch nöthig seyn, nur ganz kurz anzugeben, wohin ihre Beobachtungen abzielen, was sie in der Hauptsache sagen, und wie wir uns in Ansehung dieser Meinungen verhalten.

Ein einziger Polype setzet sich auf einen Stein, oder Schnecke oder einem anderen Cörper im Meere an, nähret sich, und bildet von seinem Safte eine Zelle, die ihn und seinem Cörper in einer nehmlichen Figur umschliesset. Dieser Saft erhärtet, wie derjenige, woraus die Schnecken ihre Häuser bauen. In dieser Zelle leget das Thier die Eyer, und aus diesem entstehen wieder andere Polypen, die auf eben die Art auch aus ihrem Saft ihre Kammern oben auf der ersten bauen. Und so wächset dann die äussere Schale immer fort, theilet sich in Aeste, oder breite Blätter, je nachdem die Fortpflanzung des Thieres vor sich, und gut von statten gehet. Da nun die Polypen, viele oder wenigere Strahlen haben, grosse, oder undenklich kleine, mithin in ihrer Art gewaltig von einander unterschieden sind; so entstehet daraus der grosse Unterscheid der Corallen, und ist die Ursache eben hierinnen zu suchen, warum die Farben, die Dichtigkeit der Masse, die Art der Sterne, oder der Durchlöcherung, und dergleichen, so sehr von einander unterschieden sind. Nach diesem angenommenen Grundsatze sind auch die Horncoralle Thiere. Das hornartige Wesen macht ihre Bestandtheile, und die Rinde die Haut aus, die diesen Thieren eben so unentbehrlich ist, als uns Menschen die unserige. Ja es soll von Natur kein Keratophyton ohne Crusta vorhanden seyn, und diejenigen, welche ohne diese Haut gefunden worden, sollen sie nur zufälliger Weise verlohren haben.

Dieses klinget freylich ganz anders, als man vor einiger Zeit von den Corallen noch glaubte. Und wer weiß, welche Wunder uns noch die Vergrösserungsgläser entdecken werden? Vielleicht sind die Wälder, in welchen wir täglich herum gehen, und die Bäume, die wir biß hieher für Pflanzen gehalten haben, auch Thiere? Denn es wird ihr Nahrungssaft zwischen den fibrösen Behältern, der durch das Leben des Baums, oder durch die zurückstossende und anziehende Kraft der kleinsten Theilchen, (wann wir etwa den tausendsten Theil davon an einem wachsenden Baum unter das Vergrösserungsglas bringen,) eine Bewegung, einen Cörper, ein Leben vorstellen, die man ja wohl mit leichter Mühe für eine andere Art von Polypen, oder Thierchen halten könte, welche die Holzfiebern nach und nach bauen, sich fast unendlich vermehren, und in Aeste ausbreiten, auch besondere Oberflächen und Rinden, grosse und kleine Luftlöcher haben, und dasjenige auf dem Lande verrichten, was andere im Meere thun? Ja vielleicht ist das ganze Wort Pflanze und Thier nur ein blosser Wortstreit, und könte man vielleicht das erste wohl ganz und gar entbehren? Gewißlich die neuesten Naturforscher sind auf dieser Bahn, und reden von Thierpflanzen, und Pflanzenthieren. Sie wollen nehmlich eine Kette der Geschöpfe behaupten, da die Creaturen allmählig von dem Pflanzenreiche in das Thierreich übergehen. Dieses aber ist eine Sache, die uns noch zu dunkel ist, von der wie uns selbsten noch keine rechten Begriffe machen, und die wie daher auch unmöglich deutlich bestimmen können. Denn so lange wir keine andern Definitiones von den Wörtern Pflanze und Thier haben, als bißher bekant gewesen sind;

so

ont assurément leur grand mérite, ni de suivre de nos yeux leurs Observations au travers de leurs Microscopes, & encore moins nous convient-il de critiquer ou de combattre leurs Ouvrages. Cependant il sera nécessaire de dire quelque chose en abregé du but de leurs observations, de ce qu'ils avancent sur la matière principale, & de ce que nous pensons nous-mêmes à l'égard de ces opinions.

Un Polype unique se pose dans la Mer sur une Pierre, sur un Escargot, ou sur quelque autre corps. Il se nourrit & se bâtit de son propre suc une Cellule, ou Loge, qui l'embrasse lui & son corps dans la même figure qu'il a lui-même. Ce suc se durcit tout comme celui dont les Escargots construisent leurs Coquilles. C'est dans cette Cellule que l'Animal pond ses oeufs, qui produisent d'autres Polypes lesquels se bâtissent aussi de leur propre suc des Chambrettes au dessus de la prémière. C'est ainsi que la Coquille extérieure reçoit son accroissement, & se partage en rameaux, ou feuilles étendues selon que la Propagation de l'Animal se fait, & succède. Ces Polypes diffèrent beaucoup entre eux, & ont plus ou moins de raïon, lesquels raïons sont ou grands, ou infiniment petits, ce qui indique la raison de la grande différence, qui se trouve entre les Coraux mêmes, qui sont si divers à l'égard de leurs Couleurs, de la solidité de leur Masse, de l'espece de leurs étoiles, des trous qu'on y remarque, & d'accessoires pareils. En acceptant ce principe, il faudra admettre que les Coraux qui, quant à leur consistance, tiennent de la nature de la corne, sont aussi des animaux. Cette substance semblable à la corne forme les Parties dont le Tout est composé, & l'Ecorce en est la peau, partie aussi essentiellement nécessaire à ces animaux, qu'elle l'est à l'homme. On pretend même qu'il n'existe absolument aucun *Keratophyton* sans croûte, & que ceux que l'on trouve denuez de cette envelope ne peuvent que l'avoir perduë accidentellement.

Il n'y a pas fort long tems que l'on étoit encore bien éloigné d'avoir de pareilles idées des Coraux. Et qui fait quelles merveilles nous pourrons encore découvrir par le moyen des Microscopes? Peut-être que les forêts, dans lesquelles nous nous promenons journellement, & ces arbres que nous avons pris jusques à présent pour des Plantes, sont aussi des animaux. Car en prenant, dirai-je la millième partie de ce suc nourrissier, qui pénètre a entre les loges & les fibres à travers la moëlle de l'arbre, ou travers la vertu attractive & repoussantes de ses plus petites particules, & la posant sous le Microscope sur un arbre qui croit, nous y remarquerons un mouvement, un corps, une espèce de vie, qui nous pourroit aisément conduire à penser qu'il y a là une autre sorte de Polypes, ou d'Animalcules, qui construisent peu-à-peu ces fibres des arbres, qui s'y multiplient à l'infini, & se divisent en rameaux, & ont leurs superficies & Envelopes particulières, de même que de grands & de petits soûpiraux, faisant sur le Continent les mêmes Opérations, que les autres Polypes dans les Mers? Qui sçait même si les termes de *Plante* & d'*Animal* ne reviennent pas à une pure Logomachie, & si l'on ne pourroit pas se passer absolument du prémier? Il est au moins de fait que les scrutateurs les plus modernes des secrets de la Nature sont déja sur les voycs, & commencent à parler d'*Animaux-Plantes*, & de *Plantes-Animaux*. Leur idée est de statuer une Chaine successive, ou une gradation des Créatures, selon laquelle *elles passent par dégrez du Règne végétal au Règne animal.* Mais c'est-là précisément l'hypothèse que nous trouvons encore enveloppée de nuages

épais,

so bleibt allemahl eine Pflanze himmelweit von einem Thiere unterschieden, und eine Thierpflanze, oder ein Pflanzenthier zu seyn, (nehmlich nach dem Verstande, darinnen die neuesten Naturforscher diese Benennung nehmen) enthält einen für uns unauflößlichen Widerspruch in sich, ohnerachtet wir übrigens wohl erkennen, daß die Stuffen der Creaturen sehr nahe an einander folgen, und keine grossen Lucken zwischen ihnen seyn können.

Wir verehren inzwischen die grossen Entdeckungen der jetzigen Gelehrten, wir bewundern ihren Fleiß und ihre Sorgfalt in so vielen mühsamen Beobachtungen, und sehen ihre Wahrnehmungen als einen Weg an, auf welchem wir zu einer tiefern Erkenntniß der wunderbaren Natur, und der grossen Werke des Schöpfers gelangen. Weil aber bey diesen neueren Entdeckungen die Sachen dergestalt in das kleine hinein laufen, wo noch nicht genug erforschet worden ist, was der Umkreis der Säfte vegetabilischer, oder animalischer Cörper, oder was die Millionenmahl verkleinerte anziehende oder zurückstossende Kraft der zur undenklich kleinen Quantität reducirten Masse, die wir unter das Vergrösserungsglas bey diesen Beobachtungen bringen, oder was die salzigten Theilchen des Meerwassers, die in einem jeden Kreißlauf mit allen ihren Spitzchen im Bewegung stehen, und was die Fehler eines blöden Gesichts uns vor Fehlbegriffe von den Bestandtheilen der Cörper, die wir unter unsere Vergrösserungsgläser legen, machen können; so wollen wir annoch behuthsam seyn, diesen grossen Entdeckungen vollkommen beyzupflichten, und, ohne Verletzung der Ehre und des Ruhms der sämtlichen Erfinder, die ganze Sache etwas mehr aus dem roben betrachten. Denn die Microscopia zeigen uns wohl eine Figur und Structur; aber nicht die Eigenschaft des Bestandwesens, mithin ist es möglich, daß Ellis und Donati etwas vegetabilisches vor etwas animalisches ansehen, gleich wie Marsilli umgekehrt, etwas animalisches vor etwas vegetabilisches unter seinem Vergrösserungsglas ansahe.

Ein vegetabilisches und ein animalisches Leben sind zwey unterschiedene Sachen. Sie können unseres Erachtens wohl in einer Masse beysammen stehen; aber nicht in einander übergehen, oder mit einander verwechselt werden. Wir erkennen vor als noch, und nehmen aus der äusserlichen Structur, aus den breiten Wurzelstücken, aus dem auch sogar an den Steincorallen wahrgenommenen faserigten Wesen, damit die ganze Masse sehr fein durchwebet zu seyn scheinet, und die öfters in den Klumpen noch sichtbar ist, ferner aus offenbahren Merkmalen der pflanzenartigen Augen und Aesten, und mehreren anderen Gründen, ein vegetabilisches Principium in allen Corallen, wenigstens in solchen die eine Pflanzenstructur haben, und nicht blosse Klumpen sind, an, und wir haben hierinnen viele grosse Gelehrten, die dieser Meinung annoch beypflichten; wir glauben aber dabey auch, daß die neueren Entdeckungen ein grosses Licht an der schon vor langer Zeit vermutheten und wahrscheinlich gewesenen Bewohnung der Polypen gegeben haben. Wenigstens ist dieses wohl

épais, dont nous ne pouvons pas nous former des idées distinctes & sûres, ni hazarder par conséquent une décision absolue, vû que tant que les anciennes *définitions* de ce qu'il faut entendre par *Plante* & par *Animal* subsisteront, la difference sera toûjours immense entre la *Plante* & l'*Animal*. Car l'*Animal-Plante*, ou la *Plante-Animal*, à prendre ces termes dans le sens qu'y attachent les plus nouveaux Auteurs, portent selon nous avec soi une Contradiction, qu'il ne paroit pas possible de lever, quoique nous reconnoissions dailleurs de bonne foi que les différens dégrez des Créatures se suivent de fort prés, & que les distances de l'une à l'autre ne sont pas extrémement grandes.

Tout cela ne nous empêche pas d'avoir en singulière vénération les grandes Découvertes dont nous sommes redevables aux Sçavans de nôtre tems. Nous admirons leur Aplication, & les peines qu'ils se sont données par tant d'opérations pénibles, pour mettre la verité dans un plus grand jour. Leurs Observations nous conduisent à une Conoissance plus profonde des Merveilles de la Nature, & des grands Ouvrages du Créateur. Mais comme toutes ces nouvelles Découvertes ne sont fondées que sur des Expériences en mignature, & que par conséquent, il n'a pas encore été mis encore assez au clair à quelles erreurs nous peuvent induire soit la Circulation des sucs dans les Végétaux & dans les Animaux, ou la vertu attractive & repoussante de la Masse reduite à une Quantité presque imperceptible, que nous mettons sous les Microscopes en faisant nos Observations, ou l'effet séduisant qui peut être causé par les parties salées de l'Eau de la Mer, dont toutes les pointes aiguës sont agitées à chaque Circulation, & les fausses impressions que nous pouvons prendre de là dans nos Observations Microscopiques-même, par raport aux parties dont chaque Corps est composé, par la foiblesse de nos yeux ; nous croyons devoir procéder avec précaution, & sans vouloir diminuer le moins du Monde la gloire ou le mérite de tous ceux auxquels on doit les grandes Découvertes, dont il a été parlé cy-dessus, nous nous dispenserons encore d'adhérer absolument & de tout point à leurs opinions, pour nous donner le tems d'examiner les choses de plus prés. Les Microscopes nous découvrent sans doute la figure & la structure de chaque Corps, mais non pas la propriété des Parties dont il est composé. Ainsi il est possible qu'*Ellis* ou *Donati* ayent pris comme apartenant au Règne animal ce qui est du Végétal, tout comme *Marsilli* peut avoir regardé, sous son Microscope comme apartenant au Règne Végétal ce qui apartient au Règne Animal.

Une Vie Végétative & une Vie Animale différent entre elles. Elles peuvent bien subsister ensemble dans un même corps, mais elles ne peuvent ni passer de l'une à l'autre, ni être confonduës. Nous reconnoissons dans tous les Coraux, du moins dans ceux dont la structure ressemble à celle des Plantes, & qui ne sont pas figurez en masse informe, ou en tapon, un Principe végétatif, & en ce point plusieurs Sçavans distinguez sont de même sentiment que nous. Leur structure extérieure, les Parties étenduës de la racine, les fibres qu'on remarque aux Coraux pierreux dont toute la Masse semble être finement tissuë, & qui paroissent visiblement lorsmême qu'ils sont simplement formez en Masse, les yeux & rameaux semblables à ceux des Plantes, & bien d'autres bonnes raisons apuyent cette opinion, ce qui ne nous empêche pas de penser que les nouvelles découvertes ont répandu beaucoup de lumiere sur toute cette matière particulierement à l'égard de l'opinion qui établit l'Habita-

wohl gewiß, daß die von dem Graf Marsilli wahrgenommene vermeintliche Blüthen wohl nichts anders, als Polypen, gewesen sind.

Solte es denn wohl so sehr ungereimt seyn, von den Steincorallen zu behaupten, daß eine ordentliche feine im Wasser auseinander gestreckte Seepflanze die erste Grundlage zu ihrer Structur gebe? Daß ferner diese mit einem zähen Seeschlamm überzogen und der Gegenstand worden sey, woran sich die unterschiedenen Seepolypen, deren ein unendlich grosses und verschiednes Heer seyn mag, angehangen haben? Daß sodann diese Polypen sich solche Zellen und Wohnungen zubereiteten, welche nach ihrer Structur figuriret sind, und aus dem Ueberfluß ihres Saftes ein steinschalichtes Wesen um die ganze Pflanze gezogen, und ihr eigen Geschlecht darinnen vermehret haben? Daß endlich durch die salzigte Schärfe die würklich vegetabilische Masse angegriffen, und in der dicken verhärteten Polyppenrinde verzehret worden sey, so, daß endlich nichts mehr, als die Schale der Polyppen daran übrig geblieben? Wenigstens glauben wir, noch allzuviele Gründe zu haben, als daß wir diese Meinung fahren lassen solten. Denn wir haben, um nur eines Grundes zu erwehnen, einen rothen Backstein mit der nehmlichen Corallenmasse in der Breite überzogen gefunden, da sonst an einem ordentlichen Corallenbäumchen die Masse in die Rundung und Höhe ansitzet. Wäre nun die ganze Würkung der Natur bey den Corallen bloß animalisch, und läge nicht auch etwas anders zum Grunde; warum ist denn die Baukunst der Polyppen an dem Backstein nicht eben so wie an andern ähnlichen Corallen beschaffen? Oder, um noch mehr zu sagen, wenn eine Coralle durch die erstaunlich starke Fortpflanzung des ersten Polyppen entstehet, warum höret denn diese ganze Fortpflanzung auf einmahl und an allen Zinken zugleich auf, wenn die Corallen, wie im' Adriatischen Meere, kaum einen Schuh hoch sind? Da man doch bey dem angenommenen Satz vermuthen solte, die Corallen könten wegen der fortdaurenden Ursache der Fortpflanzung ungeheuer groß werden? Solte also die wahre Ursache dieser bestimmten Grösse nicht diese seyn, daß ein Vegetabile, oder eine Pflanze, welche eine bestimmte Grösse hat, die Basis von der ganzen Coralle sey? Inzwischen wollen wir nicht läugnen, daß es Corallenmassen in unförmlichen Klumpen geben könne, da gar kein vegetabilisches Wesen stat findet. Denn es ist ja möglich, daß die Polyppen sich an einen rohen Stein, oder irgend einen anderen Körper, und eben nicht an einer solchen feinen Pflanze, ansetzen.

Es ist hiebey nicht nöthig, allezeit und bey allen Arten der Steincoralle eine vollkommene Seepflanze vorauszusetzen, die hernach erst durch die Polyppen incrustiret und bewohnt wird, sondern wenn wir in etlichen Corallen ein vegetabilisches und animalisches Principium miteinander verbinden, so kan man sich die Sache auch folgendergestalt als möglich vorstellen.

Sobald nehmlich aus einem Felsen ein Saft dringet, in welchem nach Art der Vegetation, (dergleichen im Mineralreich häuffig stat findet,) die vegetabilische Grundlage einer baumförmigen Structur enthalten ist, und sobald sich dieser Steinsaft auf der Oberfläche eines Klippen, es sey durch einen Trieb von unten, oder durch die anziehende Kraft desselben Theilchen einigermassen in die Höhe begiebet, sobald nestelt sich ein oder mehrere Polyppen, davon das Meer wimmelt, auf der annoch weichen Oberfläche dieses

dieses

tion des Polypes dans les Coraux, ce qu'on regardoit comme vraisemblable, & qu'on présumoit depuis long-tems. Du moins paroit-il trés-certain que les prétendues fleurs, que le Comte de *Marsilli* croioit avoir remarquées dans ses Observations, n'étoient autre chose que des Polypes.

Seroit-il donc si fort absurde de conjecturer à l'égard des Coraux pierreux qu'une Plante marine fine & étendue forme au fonds de l'eau la prémiére base de leur construction? que cette base couverte au fond de l'eau par un limon marin visqueux devient un Objèt auquel s'attachent les différens Polypes, dont il y a aparence que la Mer fourmille? que ces Polypes se construisent des Cellules & se forment des habitations, dont la figure répond à la structure & configuration de l'Animal, lequel enduit du superflu de son suc toute la Plante d'une Ecorce ou Envelope pierreuse, au dedans de laquelle il multiplie son espèce? qu'enfin une humeur acre & salée s'y insinue, & consume la Masse véritablement végetative, qu'elle trouve au dedans de l'Envelope ou de la Croute extérieure, épaisse & durcie, que les Polypes ont construite, laissant enfin cette Envelope absolument vuide? Nous croions avoir beaucoup de bonnes raisons pour ne pas rejetter cette opinion. Et pour n'en alleguer qu'une seule, nous avons trouvé une brique rouge enduite de la même Masse de Corail en large, au lieu qu'ordinairement aux arbrisseaux de Corail cette Masse se forme en rond & tend vers le haut. Or si toute l'Opération de la Nature dans les Coraux n'étoit dirigée que par les règles du Règne animal, & qu'il n'y eût pas là quelque autre principe agissant, d'où vient que l'Architecture des Polypes s'est à la brique altérée & qu'elle a cessé de produire les figures ordinaires? Ou, pour dire quelque chose de plus, pourquoi arrive-t-il, que dans les cas où la propagation du prémier Polype est extraordinairement forte, cette propagation cesse tout-à-coup, à la fois, & à tous les bouts de rameau ensemble, lorsque les Coraux ont à peine un pied de hauteur, ce dont le Golfe *Adriatique* fournit les exemples? Car selon l'hypothése, la Cause de la Propagation ne cessant pas, les Coraux devroient parvenir à un dégré de grandeur étonnant. Ne doit-on donc pas conjecturer que la véritable cause de ce dégré déterminé de grandeur n'a d'autre fondement, si ce n'est qu'un Corps vegetal, ou Plante, qui a aussi une dégré déterminé de Grandeur, fait la base de tout le Corail? Nous ne disconviendrons pas cependant qu'on peut trouver des Masses Coralines figurées en tapon informe, où l'on ne peut trouver aucune trace relative au Regne végétal. Car il est possible que les Polypes s'attachent aussi à une Pierre brute, ou à quelque autre corps, & non à cette Plante fine dont nous avons parlé.

Il n'est donc pas justement nécessaire de supofer toùjours & à toutes les espèces de Coraux pierreux une Plante marine parfaite habitée par des Polypes qui l'incrustent; il suffit d'établir dans quelques Coraux un principe vegetal allié au principe animal, & la possibilité de la chose peut être conçûe de la manière suivante.

Supofez qu'il sorte d'un rocher un suc dans lequel il y ait le Principe végètatif d'une structure en forme d'arbre selon le systéme de la Vegetation (ce qui a fort souvent lieu dans le Regne mineral). Dés-que ce suc pierreux dans son origine commence à s'élever sur la superficie du rocher, soit que cela arrivé par une impulsion du dedans, ou par une vertu attractive des parcelles dont il est composé, un ou plusieurs Polypes, dont la Mer abonde, viennent se nicher

| sur

dieses Saftes ein, weil es ein bequemes Bette dieser Thiere ist, und die Figur dieses Thieres drücket sodann diesem Saffte ein Model nach seiner Gestalt ein. Inzwischen wächset diese junge Steinpflanze allmählig in die Höhe, und bekommt, nach Art einer mineralischen Vegetation, neuen Zuwachs und Grösse; die Polyppen hingegen vermehren sich mittlerweile auch, und machen sich mit ihrer neuen Brut den jedesmahligen weichen Anwachs ihres baumförmigen Hauses ringeherum zu Nutze. Also wachsen dann die Corallen nach unerforschlichen Grundsätzen zu derjenigen Structur fort, die ihnen der Schöpfer nach ihrer Art in der Natur bestimmet hat, und wozu sie wachsen würden, wenn auch gar keine Polyppen in der Welt wären. Die Polyppen hingegen pflanzen sich in diesem, vor sie sehr bequemlichen Neste fort, und bekümmern sich wenig darum, welche Gestalt ihr Haus unter der Hand bekömmt, mithin bestimmet das Vegetabilische die Figur, wohin sich die Polyppen anbauen können, und die Polyppen bestimmen öfters durch ihre Menge die Figur des Vegetabilischen, wohin sich nehmlich der Zug oder der Anwachs des Steinsaftes wenden soll, mithin hilft eines dem andern, und wenn die Vegetation die überall ihre Schranken hat, zu Ende ist, so gehet die an den äussersten Spitzen folgende Brut der Polyppen aus Mangel eines bequemen Saftes verlohren, oder sucht sich andere Cörper auf, wo sie einen bequemen Saft, darinnen sie nisteln kan, findet.

Diese Erklärung möchte denenjenigen nicht unglaublich vorkommen, welche ihre Gedanken etwas näher über den Wachsthum des Baum- und Haarsilbers, oder der Figuren in den Dendriten oder Baumsteinen, oder auch über die Vegetation des Todtenkopfs vom Vitriol ergehen lassen, zumahl wenn sie die verschiedene Arten der Corallen, die jedoch einerley Sterne, mithin einerley Thiere zu Bewohner haben, gegen einander vergleichen. Denn wenn nichts vegetabilisches zum Grunde läge, und alles animalisch wäre, so würde eine gewisse Art der Thiere sich allzeit auf gleiche Art anbauen, gleichwie die Ameisen, die Wespen, die Bienen und unzählige andere ihre eigene Bauart beständig halten; allein das geschiehet bey den Corallen nicht, sondern die nehmlichen Sternchen, das ist, die nehmliche Polyppen-Brut sitzet hier an einer baumförmigen, da an einerblätterförmigen, und dort an einer Schwammförmigen Coralle, ja zuweilen lieget sie als eine flache Rinde hier auf den Felsen, da auf einer Muschelschaale, dort auf einem Backstein, oder auf einem Stück Holz, oder dergleichen.

Auf diese Art wäre denn das Vegetabilische mit dem Animalischen in einem Cörper verbunden, und dennoch in sich selbst unterschieden, indem man beyderley Leben nicht miteinander verwechselt. Ob aber das vegetabilische und animalische Leben würklich dem Wesen nach, oder nur dem Grade nach, oder auch nur gewisser Umstände halber von einander unterschieden sey? und ob aus dieser Betrachtung eine deutlichere Erklärung der sogenannten Thierpflanzen des Meeres entstehen würde? solches ist eine andere Frage, welche, da wir hier nicht ausführlich seyn können, und auch dergleichen in diesem Werk nicht zu beschreiben finden, nicht hieher gehöret.

sur la superficie encore tendre de ce suc, parcequ'ils y trouvent un lit qui leur convient, & l'Animal y imprime le modèle de sa figure. Cette jeune Plante pierreuse venant à s'élèver peu-à-peu s'agrandit & reçoit un nouvel accroissement, selon l'ordre de la Végètation minerale, pendant que de leur côté les Polypes se multiplient, & se prévalent avec leur nourrain de l'accroissement toûjours tendre de leur habitation formé en arbre, & de là les Coraux par une suite de principes incompréhensibles parviennent à la Configuration que le Créateur a déterminé dans la nature pour leur espèce, & à laquelle ils parviendroient de même, quand il n'y auroit point de Polypes au monde. Cependant les Polypes continuent à se multiplier dans ce nid qui leur est si commode, & se mettent peu en peine de la figure que prend en attendant leur habitation. Ainsi la partie végétative détermine la figure de la Loge où les Polypes peuvent construire leur édifice, & les Polypes déterminent souvent par leur nombre la figure de la partie végétative, c'est à dire le côté ou l'alignement vers lequel le suc pierreux doit s'accroître & s'étendre; de cette façon ils se prêtent reciproquement la main, & quand la Végétation, qui dans tous les cas a son terme, est parvenue à sa fin, le nourrain des Polypes, qui succède aux extrèmitez perit, faute d'un suc convenable, ou cherche sur d'autres corps un suc qui lui convienne, & où les Polypes puissent se nicher.

Cette explication ne paroîtra pas incroiable à ceux, qui méditent particulièrement sur l'accroissement de l'argent qui croit dans les mines en arbrisseau (*argentum nativum derdroides vel arbusculare*) ou de l'argent que la nature y produit en filamens, (*argentum nativum capillare*), ou des figures d'arbre exprimées sur la marne, ou cette espece d'Argille qui prend alors le nom de *dendrites*, ou sur la Végétation du *Caput mortuum* du Vitriol, sur tout en comparant ensemble les différentes espèces de Coraux, qui cependant ont des étoiles uniformes, & par conséquent pour habitans des animaux semblables. Car s'il n'y avoit ici rien de végetal, & que tout y fut Animal, ces animaux construiroient toûjours leurs habitations d'une même manière, ainsi que font les fourmis, les guépes, les abeilles, & un nombre innombrable d'autres Animaux, qui observent constamment les mêmes règles dans l'Architecture qui leur est propre; mais il n'en est pas de même des Coraux dont les mêmes Etoiles, c'est-à-dire les mêmes nourrains de Polypes s'attachent tantôt à un Corail en forme d'arbrisseau, tantôt à un autre qui est formé en feuille, ou encore à quelque autre qui a la figure d'un Champignon. Qui plus est, ils s'attachent encore à quelque écorce unie, ici sur un rocher, là sur une Coquille de Moule, sur quelque brique, sur une pièce de bois, ou sur d'autres matières semblables.

De cette façon la partie végètale seroit jointe à l'animale dans le même corps, quoiqu'en soi l'une diffère de l'autre, & que l'on ne confonde point la vie de l'une avec celle de l'autre. Mais de décider si la vie végétale diffère de l'animale réellement par son essence, ou seulement par une gradation, ou relativement à quelques Circonstances accessoires? ou, si en méditant là dessus on pourroit parvenir à quelque explication plus distincte de ce qu'on apelle *Animaux-Plantes* dans la mer? cela forme un autre objèt de question, sur lequel nous ne pouvons pas nous étendre ici, d'autant plus que nous ne trouverons point de description à faire, relativement à cet objèt dans le Cours du présent Ouvrage.

Was nun ferner die Horncoralle betrift, so sind wir ungemein geneigt, diese schlechterdings für ein vegetabilisches Wesen anzusehen, und nur ihre Rinde für ein Gebäude der Polypen zu halten. Die Verschiedenheit der Rinden aber achten wir nach der Verschiedenheit der Horncoralle für keine andere Erscheinung, als wann sich die Wolfsmilchraupe nur allein auf der Esula, und eine andere Raupe nur allein auf einem andern Kraut befindet. Ja wir sind schon zuverläßig benachrichtiget werden, daß es Gegenden in den Indianischen Meeren gebe, wo die nehmlichen Horncorallen, die anderwerts allerhand Polypen-Rinden haben, keine besitzen sollen, und ganz glat und kahl gefunden würden.

Daß auch, wie Marsilli angiebt, die Corallen unter sich wachsen sollen, halten wir nur für eine zufällige Sache, welche durch die Lage der Klippen zu Zeiten kan verursachet werden seyn; ordentlicher Weise aber wachsen sie, zufolge sichern Nachrichten und Erfahrungen, auch gerade über sich in die Höhe, wie alle andere Vegetabilia zu thun pflegen.

So viel haben wir geglaubet, unumgänglich nöthig zu seyn, von dem Ursprung oder Wachsthum der Coralle vorher zu erinnern, damit unsere Beschreibung der Figuren desto besser könne verstanden und von einem jeden Leser ferner nach Wohlgefallen erkläret werden, es sey nun daß er geneigt sey, die Coralle für blosse Polypengehäuse, oder auch zugleich mit für Pflanzen zu halten. Wir wollen wenigstens dasjenige getreu in der Beschreibung anmerken, was wir mit blossen Augen an den Stücken wahrnehmen; indem wir, obschon unsere Absicht nicht ist, microscopische Beobachtungen anzustellen, nichts verbergen wollen, was der neuen Meinung zu statten kommen kan.

Es werden übrigens die Corallen zu erst eingetheilet in Steincorallen, oder harte Corallen (Lithodendra oder Lithophyta) und Horncorallen, oder biegsame Corallen (Keratophyta). Das erste Geschlecht ist der Farbe nach in rothe, röthliche, weisse, graue, blaue und gelbe, der Güte, oder Dichtigkeit nach, in ächte und unächte, und der Structur nach 1) in Röhr-Corallen (Tubipora) 2) löcherichte, (Millepora) und 3) sternförmige, (Madrepora) zu unterscheiden. Von der ersten Art giebt es rothe, schwarze und weisse, mit gewundenen, geraden, parallel lauffenden und schiefen Röhren. Von der zweyten Art findet man staudenförmige, (Millepora ramosa); blätterichte (lobata); Hirschgeweyh artige (corniculata); Hühnerkamm artige (cristata); fingerförmige (digitata): Von der dritten Art findet man Madreporen mit grossen und kleinen, runden und länglichten, weiten und dicht aneinander stehenden, vertieften und erhabenen Sternen, deren Strahlen, acht, zehen, zwölf, sechzehn, vier und zwanzig oder mehrblätterich sind, die bald wie ein Schwamm (fungites), bald wie ein Irrgang, (labyrinthiformis), bald wie ein Gehirn, (Lithocerebrum), bald aber wie ein ästiges, oder blätterichtes Gewächse (amaranthus saxeus) oder auch wie das Corallium Abrotonoides, aussehen, oder sonst auch auf vielerley Art abweichen.

Pour en venir à présent aux Coraux, qui tiennent de la nature de la Corne, nous sommes trés-disposez à croire, qu'ils sont quelque chose d'absolument & purement végétal, & qu'il n'y a que leur écorce qui puisse être considérée comme l'ouvrage des Polypes. Quant à la Différence, qui existe entre les Ecorces ou Envelopes, nous pensons que, vû la différence qui subsiste entre ces Coraux-même, on n'en peut donner d'autre raison, si ce n'est la même, qui fait que la Chenille de l'Esule ne se pose jamais que sur l'Esule, & qu'une autre espècè de Chenille ne se place que sur une autre Plante uniquement. Nous avons d'ailleurs des Informations sûres que dans quelques plages de la Mer des *Indes* on trouve de ces mêmes Coraux de nature de corne, qui ayant par tout ailleurs des écorces de|Polype, n'ont point d'envelope du tout ici, où on les rencontre unis & tout nuds.

Il se peut, comme l'avance le Comte de *Marsilli*, qu'il y a des Coraux qui croissent & poussent leurs branches par en bas, mais nous croyons en tout cas que cela n'arrive qu'accidentellement, & ne peut être occasionné que quelque-fois par la position des rochers. Car nous sçavons par de bonnes informations, & par des expériences sûres, que régulierèment le Corail dans son accroissement tend en haut, comme tous les autres Végètaux.

Voilà ce que nous avons crû être indispensablement obligez de dire préliminairement sur l'Origine & l'Accroissement des Coraux, afin de rendre plus intelligibles les Descriptions que nous allons donner de leur figure. Il dépendra ensuite de chaque Lecteur d'expliquer chaque description à son propre goût, soit qu'il incline à croire que les Coraux ne sont que des habitations de Polypes, soit qu'il veuille leur accorder en même tems la qualité de Plantes. Du moins promettons-nous d'indiquer fidèlement tout ce que nous remarquerons *simplement des yeux*, & sans le secours du Microscope, dans les descriptions que nous donnerons, nôtre intention n'étant pas de publier des observations microscopiques, mais aussi de ne rien dissimuler de tout ce qui peut étayer les nouvelles découvertes.

On distingue dabord deux Classes de Coraux, sçavoir les Coraux pierreux, ou Coraux durs, qu'on apelle *Lithodendra*, ou *Lithophyta*, & les Coraux flexibles, ou de nature de Corne, qui portent le nom de *Keratophyta*. Quant à la Couleur de ceux de la prémière Classe, on en trouve de rouges, de rougeâtres, de blancs, de gris. A l'egard de leur bonté ou de leur solidité, il y en a de véritables & de bâtards, & selon leur structure on les subdivise en 1) *Tubipora*, ou Coraux en tuyau, 2) *Millepora*, Coraux trouez, & 3) *Madrepora*, ou Coraux en étoile. De la *première* de ces espèces il y en a de rouges, & de noirs & blancs. Les tuyaux en sont ou tordus, ou droits, ou parallèles, ou obliques. De la *seconde* espèce on en trouve en forme d'Arbuste (*Millepora ramosa*), en feuilles, (*lobata*), de formez en bois de Cerf, (*corniculata*), en forme de Crête de Coq, (*cristata*), ou faits comme des doigts, (*digitata*). A l'égard de la *troisième* espèce qui sont les *Madrepora*, leurs étoiles sont grandes ou petites, rondes ou oblongues, eloignées ou proches les unes des autres, enfoncées ou élevées, dont les feuilles sont au nombre de huit, de dix, de douze, de seize, de vingt-quatre, & davantage, & ressemblent tantôt à un Champignon (*Fungites*), tantôt à un labyrinthe *labyrinthiformis*), tantôt à une Cervelle (*Lithocerebrum*), tantôt à une Plante pourvûe de noeuds & de feuilles (*amaranthus saxeus*), ou

Marina.

Georg Wolffgang Knorr sculp. et excud.

Corail d'*Auronne* (*Corallium Abrotonoides*), ou ils font souvent de quelque autre figure anomale.

Die Keratophyta, oder Horncorallen find der Farbe nach schwarz, braun, röthlich, blaß, blau, aschgrau, der Rinde nach entweder glatt, oder gestreift; kahl, oder mit einer gelben, rothen, weissen, blauen, aschgrauen, purpurfärbigen, oder kalchartigen Polypenrinde überzogen, daran die Zellen entweder runde, länglichte oder sternförmige Löcher, oder auch länglichte Röhrchen und Löcher haben; der Structur nach aber find sie staudenartig, hoch und niedrig, breit, rund, oder plattstämmigt, mit und ohne Dornen und Stacheln, stumpf, oder in viele Fasern auslaufend, mit gabelförmigen, gegeneinander überstehenden, oder abwechselnden Vergliederungen versehen, öfters steckenförmig, sowohl gewunden, als gerade, oder auch netz- und fecherförmig, einfach, oder mit verdoppelten und auswachsenden Nebenfechergen versehen, wie wir solches bey der Beschreibung der Figuren überall anzeigen wollen, so daß man von den Corallen überhaupt wohl über hundert Arten zusammen bringen kan, davon eine immer merkwürdiger ist, als die andere, und einen aufmerksamen Liebhaber in eine vergnügte Verwunderung setzet. Alle diese Verschiedenheiten werden, ob sie gleich deutlich und merklich find, nicht allezeit von einem ieden Anfänger in der Naturgeschichte wahrgenommen. Denn bey niemand trift das Sprichwort: Sie haben Augen, und sehen nicht, mehr und häufiger ein, als bey dem, der erst einen Anfang machet, auf die Seltenheiten der Natur zu sehen; dahingegen diejenigen, die lange damit umgegangen find, nicht selten zu viel, und mehr, als vorhanden ist, zu sehen bekommen.

Les *Keratophyta*, ou Coraux de nature de Corne, font quant à la couleur noirs, bruns, rougeâtres, pâles, bleus, ou cendrez. L'Enveloppe en est unie ou rayée. On les trouve ou nuds ou garnis d'une Ecorce de Polype ressemblante à un enduit de chaux, ou de couleur tantôt jaune, rouge, blanche, bleuë, cendrée, de pourpre, dont les Cellules font ou rondes ou oblongues, ou formées en étoile. On y voit aussi par fois des petits Tuyaux, ou Trous de figure oblongue. La structure est celle d'un arbuste, tantôt haute tantôt basse, dont la tige est large, ronde, ou platte, avec ou sans épines ou aiguillons, qui se termine en pointes obtuses, ou s'étend en quantité de petits fils ou fibres, garnie de branches en fourchettes, dont les pointes font vis-à-vis l'une de l'autre, ou qui varient; souvent en forme de bâtons, tant lors que droits, ou en rêts, & en Loges, lesquelles font quelquefois simples, quelquefois accompagnées d'autres petites Logettes de coté, comme nous l'indiquerons plus particulièrement à la description de chaque figure. L'on pourroit dénombrer ainsi plus de cent sortes différentes de Coraux dont l'une seroit toûjours plus remarquable que l'autre, & qui ne peuvent sans exciter une admiration mêlée de plaisir en tout Amateur attentif. Quoique toutes ces différences foient remarquables & distinctément exprimées, elles ne laissent pas d'échaper souvent aux yeux de ceux, qui ne font que commencer à étudier l'Histoire des Curiositez naturelles. Car le Proverbe qui dit qu'*ils ont des yeux & ne voyent point*, ne peut jamais mieux être apliqué qu'aux Neophytes, qui ne font qu'entrer dans la Carrière des secrêts & des beautez de la Nature, pendant que ceux qui s'y font attachez long-tems y voyent assez souvent trop, & même plus qu'il n'y a.

Jedoch wir schreiten nun zur Sache selbst, und liefern die Beschreibung der in folgenden Kupfertafeln vorkommenden Stücke.

Il est tems à présent d'entamer l'Ouvrage en procédant à la Description des Pièces qu'on va voir sur les Planches suivantes.

TAB. A.

Fig. 1. Der Anfang dieser wunderbaren Geschöpfe wird mit einer ächten rothen Steincoralle aus dem Mittelländischen Meer gemacht, welche an Vollkommenheit, Stärke, Grösse und Farbe wenig ihres gleichen hat. Aldrovandus, Imperatus, Marsilli und andere nennen sie das Corallium verum rubrum arborescens. Die Wurzel, oder der Fuß, womit diese Coralle an den Klippen ganz dichte und feste anschliesset, ist durchgängig rund und nach den Erhöhungen des Steins umgebogen, scheinet auch eine mehr hornartige und faserichte Substanz zu seyn, die vermuthlich wohl vom Anfang eine rothe Farbe gehabt, solche aber nach und nach verlohren hat. Aus dieser, gleichsam wie Wachs am Stein angedruckten Substanz steiget eine runde Staude in die Höhe, die unten im Durchschnitt fast einen Zoll hält, und mehrentheils in einem ordentlichen Verhältniß dünner wird. Diese Staude theilet sich in etliche Haupt- und Nebendste ein, davon diejenige, die vollkommen ausgewachsen, oder von den Polypen ausgearbeitet find, sich mehrentheils in zwey kurze, stumpfe, auseinander stehende Spitzen endigen. Die äussere Oberfläche ist zart gestreift, wie etwa die Liniamenten an dem inneren und oberen Theil eines Fingers, und diese Streife begleiten den Ast oft bis über die Helfte, wo sie durch die Glätte und den Glanz verschwinden, und nicht anders, als durch ein Glas wieder zu sehen find. Die obern

PLANCHE A.

Figure 1. Dans nos Descriptions de ces Oeuvres merveilleuses du Créateur nous debutons par présenter à nos Lecteurs *un Corail pierreux rouge véritable* tiré de la Mer *mediterranée*, dont on aura peine à trouver le semblable, tant il est parfait, vû sa solidité, sa grandeur, & sa couleur; *Aldrovandus*, *Imperatus*, *Marsilli*, & d'autres le nomment *Corallium verum rubrum arborescens*. La racine, ou le pié, qui joint & lie fermement cet arbuste de Corail au Rocher, est absolument rond & ployé selon les élevations de la superficie du Rocher. Il paroit que ce pié est une substance composée de filamens de la nature de la Corne, & qu'originairement il à été rouge, mais que par succession de tems il a perdu sa Couleur. De cette substance, attachée au rocher pour ainsi dire comme un morceau de cire, s'élève un Arbuste rond, qui a au bas de sa tige presque un pouce de diamètre, & qui à l'ordinaire va toûjours en dim inuant dans une gradation proportionelle. Cet arbuste se partage en quelques gros rameaux, & en quelques branches, qui en font des rejettons. Les plus parfaits de ceux-ci qui ont fait leur crû complet, c'est-à-dire auxquels les Polypes ont achevé leur ouvrage, se terminent le plus souvent en deux pointes courtes & obtuses, séparées l'une de l'autre. La superficie extérieure est marquée de rayes subtiles, à peu près pareilles à celles qu'on observe au dedans d'un

und kleinern Aeste sehen vollkommen der Massa einer glatten Stange von dem feinsten rothen Siegelwachs gleich, und eben also sieht auch der innere Anbruch einer Coralle aus. Je älter und vollkommener die Coralle ist, je röther und schöner ist auch die Farbe; da die kleine und junge Corallen mehr blaß schwärzlich, oder mißfärbig, auch wohl fleischfärbig, oder wie Aepfelblüthe auszusehen pflegen, welche Farben aber alle verschwinden, wenn man die Coralle an das Feuer, oder in ein brennendes Licht hält. Gleichwie es nun auch rothe Corallen giebt, die äusserlich tief gefurcht, löchericht, und inwendig sternförmig ausgehöhlet sind; also nimmt man an dieser Art mit blossen Augen weder in- noch auswendig einige Löcher wahr, wohl aber etliche schwärzliche schlangenförmige Linien, oder Vertiefungen. Die Massa selbst ist so hart, wie ein Marmor, und lässet sich ungleichlich poliren; wie denn auch aus den Trümmern, Steine zu Ringen, oder zu einem Halsschmuck, die daher den eigenen Namen Corallen bekommen haben, verfertiget werden. Doch sind die vielfärbigen oder blaßrothen Corallen deswegen, weil sie noch jung sind, so hart nicht. Inwendig legt sich die Massa ringenweise um einen senkrechten Mittelpunct, oder Kern an, wie etwa die Jahrgänge im Holz; allein, man kan dieses mit blossen Augen nicht wahrnehmen, eben so wenig, als die Strahlen, die von den äusseren feinen Streifen aus dem Umkreiß nach dem Mittelpuncte zu gehen. Inzwischen findet man doch auch in der Asche von gebrannten Corallen noch gewebete Fasern. An selbigen nun sollen, wie *Donatus* will, noch überaus kleine Kügelchen hangen, welche den Polypen-Eyern vollkommen gleich, und von den Polypen abgeleget seyn sollen, woraus denn nebst Betrachtung der inwendig sich befindenden undenklich kleinen Zellen, die man als Polypennester ansehen will, der Schluß gemacht wird, daß die Coralle nur ein Product der Polypen sey. Uebrigens haben die Corallen eine versüssende und anhaltende Kraft, und werden deßwegen auch in der Medicin gebraucht.

Fig. 2. Gegenwärtige Coralle ist von der vorigen in nichts unterschieden, als daß sie noch jung ist, und aus diesem Grunde deutlichere Streifen hat, die noch nicht durch einen glatten Rindenschlamm ausgefüllet und vermittelst solcher natürlichen Politur unsichtbar worden sind. Wie denn auch die schwarze Farbe ein Beweiß der annoch unreifen, und noch nicht vollkommen ausgearbeiteten Corallenmaterie zu seyn scheinet.

Fig. 3. Allhier erblicken wir abermahls ein Product sowohl des Mittelländischen, als Indianischen und rothen Meeres, welches eine Röhrcoralle, oder Tubipora ist, die von dem Ritter *Linnæo* den Namen Musica bekommen, bey dem *Turnefort* aber Tubularia purpurea, und bey dem *Bauhin* Alcyonium fistulosum rubrum genennet wird. Diese Massa scheinet kein Vegetabile zu seyn, sondern ist mehr einem Neste, darinnen sich unzählige Schalenwürmer vermehret haben, ähnlich. Die Structur ist so reizend schön und niedlich, daß sie eine genauere Betrachtung verdienet. Es stehen nehmlich unzählige Röhrchen parallel neben einander, und sind allenthalben vermittelst etlichen quer durch die ganze Masse hinstreichenden Querbändern, als mit so vielen Zwergfellen, oder Scheidewän-

den

---

doigt à sa partie supérieure, & ces rayes accompagnent le rameau jusques au delà de sa moitié, ou elles sont eclipsées soit par le brillant, soit par le poliment du Corail, & ne peuvent plus être observées, si ce n'est au travers d'un verre. Les branches supérieures & plus petites ressemblent à la Masse d'un bâton bien poli de la plus fine cire d'Espagne, ressemblance qui a aussi lieu par raport aux bouts intérieurs, quand on rompt l'un & l'autre. Plus cet arbuste de Corail est vieux & parfait, plus sa couleur rouge est belle & éclatinte, au lieu que les petits Coraux, qui sont encore jeunes, sont plus pâles, noirâtres ou d'autre couleur désagreable, ou quelque fois couleur de chair ou de celle des fleurs de pomme, lesquelles couleurs disparoissent toutes, quand on aproche le Corail du feu, ou qu'on le tient sur une bougie allumée. Or on a des Coraux rouges, qui sont garnis par dehors de sillons profonds, & de trous, & cavez intérieurement en forme d'étoile, mais à la présente espèce de Corail les yeux ne découvrent aucun trou ni cavité, ni au dehors, ni au dedans, mais seulement quelques lignes noirâtres ou cavitez qui vont en serpentant. La Masse elle-même est dure comme du Marbre, & l'on peut lui donner un poliment incomparable: aussi en emploie-t-on les petits morceaux à des bagues, où on les met en oeuvre, à des Carcans, & à d'autres bijoux de femme. Cependant les Coraux à plusieurs couleurs, ou dont le rouge est pâle, n'ont pas la même dureté parcequ'ils sont encore jeunes. Au dedans la Masse se forme en anneaux, autour d'un Centre, ou d'un cœur perpendiculaire, à peu près comme les années sont marquées aux arbres, mais c'est ce qu'on ne sçauroit voir avec les simples yeux, non plus que les rayons, qui partant des fines rayes extérieures vont de la Peripherie au centre. Cependant on trouve même dans les Cendres des Coraux brulez encore des filamens tissus, auxquels sont attachez selon *Donatus* des globules extraordinairement petits, qui ressemblent à des oeufs de Polype, & qu'on prétend avoir été pondus par des Polypes, d'où l'on croit pouvoir conclure, en y joignant l'observation des Cellules infiniment petites qui se trouvent dans le Corail, & qu'on donne pour des nids de Polype, que le Corail est un Produit de l'industrie des Polypes. Au reste le Corail a une vertu adoucissante & astringente, qui fait qu'on s'en sert dans la Médécine.

Figure 2. Cet arbuste de Corail ne diffère du précédent qu'en ce qu'il est *jeune*, & que par cette raison les rayes dont il est marqué sont plus distinctes, n'étant encore ni remplies par ce limon visqueux uni, qui forme l'écorce ou l'envelope, ni renduës invisibles par ce poliment naturel, tout comme la couleur noire, qu'on y observe, sert de preuve qu'ils ne sont pas encore parvenus à leur maturité, ni la matière qui les compose à sa perfection.

Figure 3. Ceci est encore un Produit de la *Mer mediterranée*, qu'on trouve aussi dans celle des *Indes*, & dans la *Mer rouge.* C'est un *Corail à tuyau (tubipora)* que le Chevalier *Linnæus* a nommé *Musica*, mais à qui *Tournefort* a donné la dénomination de *Tubularia purpurea*, & *Bauhin* celle de *Alcyonium fistulosum rubrum*. Cette Masse ne paroit nullement être un Végétal; ressemblant beaucoup plûtôt à un nid, où un nombre infini de vers à coquille se sont multipliez. La structure en est si belle & si fine, qu'elle mérite bien une observation un peu détaillée. On y voit une infinité de petits tuyaux rangez en lignes parallèles, qui sont tous liez entre eux l'un à l'autre par des ligamens, qui traversent toute la Masse, comme par autant d'attaches transversales, ou de parois.

Chaque

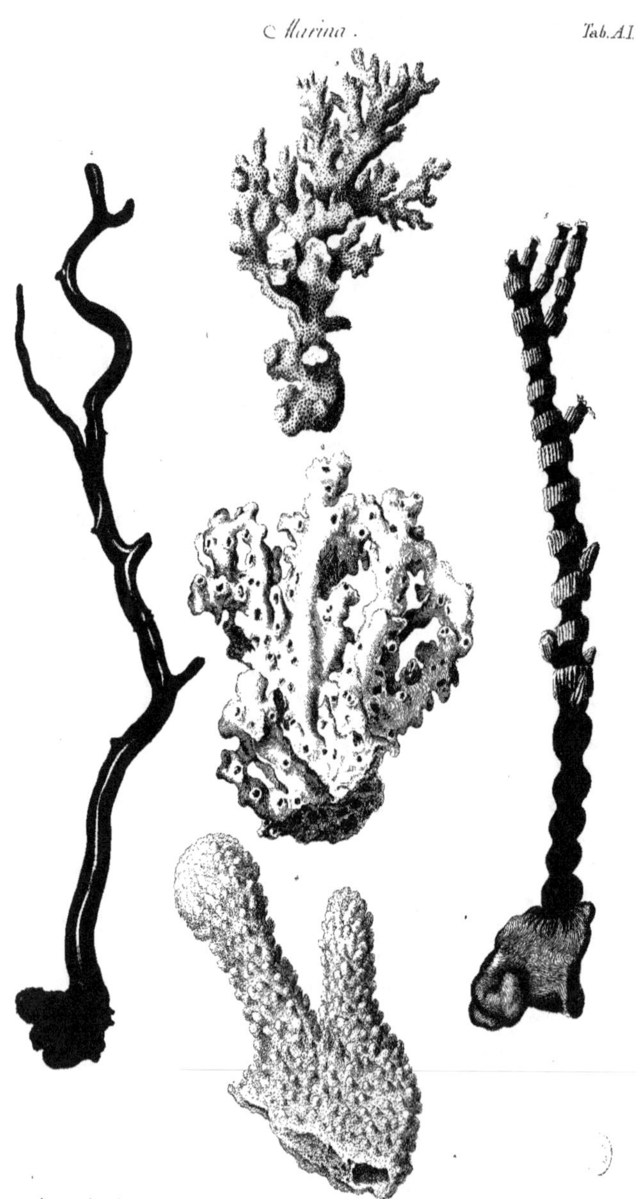

Ioh. Fried. Dietsch ad nat. pinxit.   G. W. Knorr excud. Norib.

den aneinander zu einer Massa verbunden. Jedes Röhrchen ist biß unten zu hohl, und so weit, daß man mit einer Stecknadel biß hinunter kommen kan, aber dabey sehr dünne, und leicht zerbrechlich. Das merkwürdigste aber ist, daß ohnerachtet die Röhren parallel neben einander stehen, (doch so, daß sie einander nicht berühren, sondern durch die unterschiedene Zwischenwände von einander gehalten werden) dennoch nicht alle Röhren biß ganz hinunter zur Basin der Massa lauffen, sondern von unten aus andern Röhren entspringen, biß daß ganz unten alle Röhren nach und nach zusammen in wenige, oder wohl gar nur in eine einzige, die die erste und älteste Röhre war, auslauffen. Inzwischen ist die eine Röhre so weit, wie die andere, und giebt einen niedlichen Anblick. Von den Zwischenwänden aber kan man sich keinen besseren Begrif machen, als wenn man sich etliche Stücke rothe und sehr hohle, in einer gewissen Erhöhung über einander gelegte Leinwand vorstellet, durch deren vier Ecke solche Röhrchen dicht aneinander gestecket wären, die sich aber unten mit einer kleinen Krümmung in einander senken, und also durch diese doppelte Verbindung, sowohl durch die Zwischenwände, als durch die untere Vergliederung, zu einer Massa aneinander gewachsen sind.

Diese Scheide-Wände sind ein wenig blasser, als die Röhren selbst, aber übrigens von nehmlicher Substanz.

TAB. A. I.

Fig. 1. Auf dieser Tafel pranget bey der ersten Figur eine der raresten Corallen, welche im Mittelländischen Meer selten, etwas häuffiger in Ost-Indien bey Amboina, Bantam und Macasser, weniger aber in West-Indien gefunden wird. Man nennet sie durchgängig die schwarze Coralle, ist aber keinesweges zu den Stein-Corallen zu rechnen, sondern verdienet unter den Horn-Corallen (Keratophytis) den allerersten Platz, denn sie ist von zäher, biegsamer, jedoch sehr harter Substanz, auswendig schwarz, glatt, und glänzend wie schwarzes Siegelwachs, inwendig aber matt, wie schwarzes Ebenholz anzusehen, und auf dem Anbruch nicht so ganz dichte, wie die rothe Coralle, sondern ordentlich mit unterschiedenen über einander liegenden Rinden, zwischen welchen nicht selten ein starker Zwischenraum ist, anzusehen. Die äussere glatte Haut hat auch faserichte Striche, die gleichsam gewunden schief um die Corallenstange in die Höhe lauffen, als ob man die Wurzel fest gehalten, und den obern Theil der Stange einmahl herum gedrehet hätte. Man nennet sie auch die schwarze unächte Coralle, Corallium nigrum adulterinum, und ist des Plinii Antipathes, welche Benennung sie deswegen soll erhalten haben, weil sie der Härte halber im Gehen als ein Stock kan gebraucht werden, und bey dem aufstehnen widerstehet. Wenigstens wächset diese Art in den Indien oft zu dicken gerade in die Höhe gehenden Stöcken, davon etliche ganz gerade ausgestreckt, andere bogigt, wie diese, noch andere knotigt, und eine rare Art wie ein Propfenzieher umgewunden, jedoch auch über sich in die Höhe wachsen. Die Wurzel ist allerdings mehr einem holzigten Wesen gleich, der Stiel ist nicht allezeit recht, sondern mehrentheils, wie an dieser, platt- oder gedruckt rund. Die Aestgen sind kurz, dicke und wenig an der Zahl, die Farbe und Härte aber ist nicht an allen die nehmliche, und alsdann gehet diese Art in die gemeinere braunlichte Horncoralle über.

Chaque tuyau est creux ou cave du haut en bas, de sorte qu'on peut y fourrer une épingle jusques au fond, mais ils sont fort minces & fort fragiles. Ce qu'il y a de plus remarquable, c'est que quoique tous ces tuyaux soient disposez en lignes parallèles, (de façon pourtant qu'ils ne se touchent point, les différentes parois mitoïennes les tenant séparez les uns des autres) ils ne s'étendent pourtant pas jusques à la base de toute la Masse, mais qu'ils sortent d'autres tuyaux inférieurs, jusques à ce qu'ils se terminent tout à faitau bout à un petit nombre de tuiaux, ou quelquefois en un seul, qui est alors le prèmier & le plus vieux de tous. Cependant un tuyau a autant de diamètre que l'autre & cela forme un total, qui réjoust la vûë. Quant aux parois mitoïennes, on ne peut s'en former mieux une idée, qu'en se reprèsentant quelques pièces de toile rouges & creuses disposées verticalement, au travers des quarrez desquelles on auroit passé ces petits tuyaux l'un contre l'autre, lesquels se rejoignent en bas par une petite courbure, & sont crûs ensemble en une seule & même Masse par cette double liaison, sçavoir tant par les parois mitoïennes, que par les jointures inférieures.

Ces Parois mitoïennes sont un peu plus pâles en couleur que les tuiaux même, mais au reste de la même substance.

PLANCHE A. I.

Figure 1. L'on voit briller ici dans la première figure de cette Planche un des plus rares Coraux. On en trouve de pareils, mais peu, dans la *Mer méditerrané*, & encore moins aux *Indes occidentales*. En revanche on en rencontre plus souvent aux *Indes Orientales* près d'*Amboina*, de *Bantam* & de *Macasser* ou *Macassar*. Cette pièce est nommée d'un commun accord le *Corail noir*. Ce n'est point un Corail pierreux, mais il mérite la prémière place parmi les *Coraux de nature de corne*, (*Keratophyta*), car quoiqu'il soit d'une substance très-dure, il est néanmoins flexible & a quelque chose de coriace. Sa Couleur extérieure est noire, unie, & luisante comme de la cire d'Espagne, mais au dedans il est noir & mat comme de l'ebène. Là où il est entamé on remarque quelques écorces couchées l'une sur l'autre, mais moins serrées qu'aux Coraux rouges, entre lesquelles il y a assez souvent un intervalle considérable. L'Envelope extérieure unie est garnie de rayes en filamens qui sont comme torses & vont du bas en haut en faisant obliquement le tour de l'arbuste, tout comme si en tenant ferme le bas de l'arbuste on en avoit tordu le bout supérieur. On lui donne aussi le nom de Corail noir bâtard, (*Corallium nigrum adulterinum*). *Pline* l'apelle *Antipathes*, nom qu'on prétend avoir été donné á ce Corail, parceque, vû sa dureté, on peut s'en servir comme d'une Canne, & qu'il résiste quand on s'y apuye. On en voit aux *Indes* de cette espèce, qui croissent en bâtons épais & hauts, dont quelques uns sont droits, d'autres courbes, d'autres noueux, & d'autres, mais qu'on rencontre rarement, sont tournez en Tire-bouchon, tirant cependant toûjours vers le haut. La matière de la racine à quelque chose de la nature du bois. La tige n'en est pas toûjours égale, mais le plus souvent platte, comme à la pièce figurée ici, ou d'une rondeur comprimée. Les petits rameaux sont courts, épais, & en petit nombre, mais leur Couleur & dureté n'est pas en tous la même. On met ceux, qui dége-

Fig. 2. Die in dieser Figur abgebildete Masse ist die gemeine weiße augigte Coralle des Dauhin, oder Corallium album oculatum offic. welche in den Nordischen Meeren häufig angetroffen und in den Apothecken gebraucht wird. Die Masse selbst ist von harter, dichter, und weißer Substanz, beym Anbruch nicht vollkommen glatt, sondern etwas gestreift und löcherich, äuserlich aber ist sie glatt und gleichsam poliret, jedoch trift man auch solche an, die auf der glatten Oberfläche gewundene, aber zarte Striche haben. Diese Massen sitzen in ziemlich unförmlichen Klumpen mit einer breiten Fläche auf den Felsen in der Tieffe des Meeres feste. Das Wurzel-Stück ist durchgängig einem verwirrten Klumpen ähnlich, aus welchen etliche Fingers dicke und mannichfaltig gebogene Aeste bald gerade, bald schief, bald einzeln, bald mit andern verwachsen, herausstretten. Diese Aeste werden in der Höhe, die öfters über einen Schuh reichet, zwar je länger, je dünner, haben aber so viele dicke Knoten, und unförmliche Vergliederungen, und sind dergestalt an einander gewachsen, und wieder von einander mit allerhand Krümmungen abgebogen, oder durch- und in einander geschoben, daß man keine ordentliche Pflanzenartige Structur herausbringen kan. An allen Aesten befinden sich von unten bis oben eine Menge Löcher, oder Augen, die erstlich nur einen viertels oder drittels Zoll weit von einander entfernet sind; darnach finden sie sich nur an zweyen gegen einander überstehenden Seiten und zwar eins ums andere; drittens brechen sie mit einer Erhöhung, oder einem Knoten in die Oberfläche aus, und viertens gehen sie aus der Mitte von jedem Ast schief in die Höhe. Die Structur aller dieser Augen ist bey einem, wie bey dem andern rund sternförmig; aber an den Seiten der Aeste stellen sie ein länglichtes oder geschobenes Rund vor. Die innere Bauart dieser Augen, welche macht, daß sie sternförmig erscheinen, bestehet darinnen, daß die bis in die Mitte von jedem Ast hineingehende Höhlung voller zarten schieferichten Scheidewände stehet, welche alle aus dem Mittelpunct nach dem Umfang der Höhlung gehen, wie die Radii eines Zirkels. Oben aber, wo sich das Aug auf der Oberfläche bildet, sind diese sternförmige Scheidewände etwas abgenutzet, und verbinden sich erst schräg hinunter in einiger Vertiefung mit ihrem gemeinschaftlichen Mittelpunct.

Die Anzahl dieser bis in dem Mittelpunct aneinander befestigten Scheidewände beläuft sich rings herum auf sechs, die alle in einer gleichen Entfernung von einander stehen; zwischen diesen aber hangen an dem Umfang der Höhlung eins ums andere nech sechs andere dünne Scheidewände, die nicht bis an den Mittelpunct reichen, und zwischen allen diesen, so wohl ganzen, als halben blätterichten Scheidewänden trift man noch zwölf erhabene Striche in der innern Rundung an.

Die dicken Aeste des Wurzel-Stücks sind durchgängig ganz hohl, und scheinen Röhren zu seyn, in welchen sich die alten Scheidewände abgenutzet haben, jedoch findet man in diesen ziemlich weiten Röhren kleine Oefnungen, die sich hernach auf der Oberfläche in vielen sternförmigen Augen offenbahren. Wiewohl etliche dieser grosen Röhren ganz dichte, glatt, und mit einer

---

dégenèrent à cet égard & passent la Classe des Coraux de nature de corne, dont la couleur tire sur le brun.

Figure 2. La Masse représentée dans cette figure est le *Corail-commun plein d'yeux, de couleur blanche,* que *Dauhin* nomme *Corallium album occulatum officinale.* On le trouve abondamment dans les Mers septentrionales, & les Apoticaires en font usage. La Masse en est en elle-même d'une substance dure, compacte, & blanche en couleur; elle n'est pas parfaitement unie à l'entamure, quand on en rompt un morceau, car on y voit des rayes & des trous, mais au dehors elle est unie & a une espèce de poliment, mais on en voit aussi, qui sur cette surface unie ont de plus des fine lignes torses. Ces Masses se trouvent au fond de la Mer attachées aux rochers dans une étenduë assez large, en tapons informes. Ce qui en forme la racine ressemble de tout point à un Peloton embrouillé, d'où l'on voit sortir quelques rameaux, epais de quelques doigts et courbez en divers sens, tantôt en droite ligne, tantôt en ligne oblique, tantôt seuls, tantôt attachez à d'autres dans leur accroissement. Ces rameaux à mésure qu'ils croissent en hauteur, ce qui s'etend quelquefois à plus d'un pied, vont sans doute en diminuant, & deviennent plus minces selon qu'ils s'élèvent, mais ils ont d'ailleurs tant de gros nœuds, & d'articulations informes entrelacées les unes dans les autres, de même que des Courbures entremélées qui se dépassent reciproquement, qu'il n'est pas possible d'y trouver la structure telle qu'elle est ordinaire aux végètaux. Il y a à tous ces rameaux du bas en haut une quantité de trous, ou d'yeux, qui d'abord sont à un quart ou à un tiers de pouce de distance l'un de l'autre, on les trouve ensuite en vis-à-vis aux deux côtez, en troisieme lieu ils percent la superficie avec une elevation ou un nœud, & quatrièmement ils sortent du milieu de chaque rameau en ligne oblique, tendant en haut. La structure de tous ces yeux est également à toutes les pièces formée en etoile ronde, excepté aux côtez ou ils se présentent en rond oblong, ou lenticulaire. La Construction intérieure de ces yeux, & celle qui fait qu'on les voit formez en étoiles, consiste en ce que leurs cavitez, qui vont depuis la surface extérieure jusques au milieu de chaque rameau, sont garnies de plusieurs parois mitoïennes fort fines, écaillées, qui partant du Centre atteignent jusques à la périphèrie, tout comme les rayons d'un Cercle. Mais en haut, où l'Oeil se forme à la surface, ces parois se trouvent un peu usées, & ce n'est qu'au dedans à un certain dégré de profondeur, qu'elles vont en ligne oblique se réunir à leur centre commun.

Le nombre de ces parois attachées les unes aux autres jusques au centre va jusques à six, qui sont toutes disposées à distance égale l'une de l'autre; mais entre ces parois mitoïennes on en remarque encore six autres plus minces à l'entrée de la cavité, qui n'atteignent pas jusques au centre, & entre toutes tant parois entières que demi-parois feuilletées, on observe dans la cirsonférence intérieure encore douze rayes élevées.

Les rameaux les plus épais de la racine sont absolument & entièrement creux, & il y a lieu de conjécturer que ce ne sont plus que des tuiaux dont les vieilles parois mitoïennes se sont usées; cependant on trouve encore dans ces tuiaux qui sont assez larges de petites ouvertures, qui vont se déclarer à la superficie en quantité d'yeux formez

en-

eigenen Masse überzogen sind, dergleichen die sogenannten Röhrschnecken besitzen, andere aber noch etliche häutige Stücken, als Ueberbleibsel eines Wurms bey sich führen.

Fig. 3. Von einer ganz anderen Bauart ist die in dieser Figur abgebildete weiße gestirnte Coralle des *Bauhin,* die auch in des *Sloane* Jam. Tab. 18. Fig. 4. angetroffen und Corallium album stellatum genennet wird, da jenes ein Corallium oculatum war. An der Wurzel ist diese Coralle bey den mehresten hohl, und man siehet daselbst, daß unterschiedene grosse, inwendig mit einer glatten Masse überzogene Röhren hineingehen, sodann aber die äussere Masse sich in Schichten und Lagen übereinander geleget hat. Das obere Gebäude tritt aus der Wurzel mit mannichfaltigen kurzen dicken und stumpfen Aesten heraus, die alle nicht zugespitzet sind, sondern sich als runde kurze Stümpfgen an den Hauptästen endigen, welches ohngefehr wie der ausgewachsener Blüte herausgeschossene Blumenkohl anzusehen ist. Dem Anbruche nach bestehet diese Coralle aus eben den Bestandtheilen, welche die vorbeschriebene hatte; aber sie ist mit unzähligen Löchern versehen, dergleichen sich auf der Oberfläche zeigen. Alle diese Löcher stehen so dichte aneinander, daß nur eine Scheidewand zwischen ihnen ist, und kommt ihre Bildung einer etwas groben Spitze, die ein pures Gewebe von kleinen Aeuglein ist, sehr gleich. Ein jedes Aeuglein ist ungemein zart gestirnt, fast auf die nehmliche Art, wie wir vorher beschrieben haben; an statt aber daß die schieferichte Blätter, welche den Aeuglein die Sternförmige Gestalt geben, sich in einem Stück tief in die Röhrchen hinunter senken sollen, so sind sie gleich mit einem Boden die Quere unterlegt, welcher die obere Zelle, oder den obern Stern in der Röhre von dem tiefer hinunter stehenden und darauf folgenden Stern unterscheidet; und dergleichen Querlagen haben wir in einem Röhrchen bey dem Anbruch wohl fünfe übereinander liegen sehen, eben als ob man einen hohlen Cilinder mit verschiedenen sternförmigen Aufsätzen anfüllete, die alle durch einen eigenen Boden von einander unterschieden sind.

Fig. 4. Diese Massa scheinet einem abgebrochenem Stück von der im Mus. Besler. Tab. XXIII. abgebildeten Planta saxea alba sehr ähnlich zu seyn, und ist vor des *Bauhin* Planta saxea Abrotonoides zu halten. Es hat nemlich diese Coralle eine Traubenförmige Gestalt, daran nur die Spitzgen mit einem Kalcha(r)tigen Seeschlamm dicke überzogen und nicht deutlich sind, ohne Zweifel aber unter die Madreporen oder Corallen mit sternförmigen Aeuglein muß gerechnet werden. Doch weil auf der folgenden Kupfertafel ein deutlicheres Exemplar vorkommen wird, so wollen wir eine nähere Beschreibung von dieser Art biß dahin verspahren.

Fig. 5. Es gehöret diese Staude unter die Hornartige Seegewächse, und ist bey den Kräuterlehrern, als beym *Bauhin, Clasius* und anderen unter dem Namen Hippuris saxea bekannt. Sie ist zwar ungemein hart, zwischen den Vergliederungen glatt und schwarz glänzend, wie Ebenholz, hat aber nichts steinichtes an sich. Es sitzet dieser Corallen-Stamm auf einem Stück von einem Felsen, den er mit einem hornartigen und faserichten Wesen umschliesset, feste, gehet sodann gleichsam gewunden, und mit knotigten Vergliederungen in die Höhe.

en étoiles. quoiqu'il soit de fait aussi, que quelques uns de ces grands tuyaux sont fort compactes, unis, & couverts d'une Masse, qui leur est propre, comme on en voit aux Escargots en tuyau, comme on les nomme, au lieu que l'on trouve dans quelques autres des restes de pellicules, qui paroissent dénoter qu'un Ver y a eû son habitation.

Figure 3. Le Corail, dont nous venons de parler, porte le nom *d'oculatum,* à cause de la quantité de ses yeux. Celui que nous voyons dans la figure présente est d'une toute autre structure. *Bauhin* l'apelle le *Corail blanc étoilé,* & on le trouve dans *Sloane, Jamaica,* Planche 18, fig. 4. sous le nom de *Corallium album Stellatum.* La racine de ce Corail est creuse le plus souvent, & l'on y voit entrer divers grands tuyaux, qui au dedans sont enduits d'une Masse unie, pendant que la Masse extérieure est stratifiée & rangée en couches l'une sur l'autre. Divers rameaux courts, épais, & obtus partent de cette racine & forment le reste de l'édifice. Aucun de ces petits rameaux ne se termine en pointe, mais en moignons ronds par le bout, & courts, qui vont aboutir vers les gros rameaux, à peu près comme se présente la fleur des Choux-fleurs, qui germent, quand elle pousse. Quand on en rompt un morceau, on remarque que ce Corail est composé de la même substance que le précédent, mais on y observe un nombre infini de trous comme à la superficie. Tous ces trous sont si près les uns des autres, qu'une seule paroi mitoïenne peut avoir place entre-deux, par où ils ressemblent assez à une dentelle grossière, qui n'est qu'un tissu composé de petits yeux. Chacun de ces petits yeux est finement étoilé, presque comme ceux dont nous avons donné la description cy-dessus. Mais au lieu que le feuilletage, & l'écaillement, qui forme à ces yeux la figure d'étoile devroit descendre tout de suite jusques au fond des petits tuyaux, ils sont dés le haut garnis d'un fond en travers, qui sépare la Cellule ou l'étoile supérieure de celle qui suit. Nous avons trouvé ainsi dans un seul & même petit tuyau jusques à cinq de ces couches en travers, l'une au dessus de l'autre, comme si l'on avoit rempli un Cylindre d'autant d'étages en forme d'étoile, tous séparez l'un de l'autre par un fond pareil.

Figure 4. Cette masse paroît être un morceau rompu du Corail que l'on trouve figuré dans le *Museum Beslerianum,* Planche XXIII. sous le nom de *Plante pierreuse blanche,* en latin *Planta Saxea alba,* & nous tenons que c'est ce que *Bauhin* apelle *Planta Saxea Abrotonoides,* ou *Plante pierreuse d'Aurone.* Ce Corail est figuré en *raisin,* dont les pointes sont couvertes d'un limon visqueux épais, qui tient de la chaux. Quoique ces pointes ne soient pas bien distinctes, on doit cependant mettre cette pièce sans doute au rang des *Madrepora,* ou *Coraux, qui ont de petits yeux en forme d'étoile.* Mais comme on en verra sur la Planche suivante un, qui est exprimé plus nettement, nous renverrons à cet article-là la description que nous en voulons donner.

Figure 5. La présente Plante apartient à la Classe des Coraux de nature de Corne, & est celle que les Auteurs Botaniques, comme *Bauhin, Clusius,* & d'autres nomment *Hippuris Saxea.* Quoiqu'elle soit très-dure, & dans l'intervalle des articulations unie, & d'un brillant noir comme celui de l'ébène, elle n'a cependant rien de pierreux. Cette tige de Corail se trouve fermement attachée sur quelque rocher qu'elle embrasse en travers d'une matière, qui tient de la corne, & de la elle s'élève en figure torse, où l'on observe

Die Gelenke oder Absätze der Glieder sind von aschgrauer Farbe, oft einen halben Zoll und darüber breit, und auswendig voller Rinnen oder Hohlkehlen, die alle senkrecht stehen. Zwischen diesen Gelenken, die wie Ringe um den Stamm stehen, und zwischen dem eigentlichen Stamm, treten hin und wieder Neben-äste aus, die eben so, wie der Haupt-Stamm vergliedert sind. Man findet sie in den Ost-Indianischen Meeren wohl über zwey Schuh hoch, und mit nambaften Nebenästen versehen, doch werden sie weit seltener, als andere Horngewächse angetroffen.

plusieurs articulations noüeuses. Les jointures, ou articulations qui séparent les intervalles, sont de couleur cendrée, souvent larges d'un demi-pouce ou de davantage, & au dehors garnies de quantité de petits canaux, ou cannelures, toutes disposées en ligne perpendiculaire. Entre ces jointures, qui embrassent la tige comme des anneaux, & la tige même, on observe de petites branches de côté, qui ont les mêmes articulations que la tige principale. On en rencontre qui sont hauts de plus de deux pieds dans les Mers des *Indes orientales*, pourvûs de plusieurs de ces rameaux de côté, cependant il est vrai qu'on trouve beaucoup plus rarement de ces Coraux-ci, que d'autres Plantes de nature de corne.

TAB. A. II.

PLANCHE A. II.

Fig. 1. Bey der vierten Figur der vorhergehenden Kupfer-tafel versprachen wir, von der Planta saxea Abrotonoides eine nähere Beschreibung zu geben, und die in jetziger Figur abgebildete prächtige Zinke giebt uns nunmehro dazu Gelegenheit. Es ist aber dieselbige das Corallium album porosum muricatum maximum, so bey dem Sloane Jam. Tab. 18. fig. 3. gefunden wird, oder auch die Madrepora Abrotonoides major, deren *Clusius* und *Daubin* Erwehnung thun. Zuförderst ist anzumerken, daß diese und alle dergleichen Corallen unter die unächten gezehlet werden, weil sie nicht von einer solchen dichten und harten Masse, wie die vorher beschriebene rothe, oder wie die officinelle weisse Augen- und Sterncorallen, zusammen gesetzet, sondern mehr Kalch-artig auch mürber und brüchiger sind.

Figure 1. Nous avons promis en parlant de la figure quatrième de la Planche précédente de donner ici une description détaillée de la *Plante pierreuse d'Auronne*, (*Planta Saxea Abrotonoides*), & la branche superbe de Corail dépeinte dans la présente figure nous fournit l'occasion d'effectuer nôtre promesse. Ceci est le *grand Corail blanc poreux qui a des pointes en chausse-trape*, ou *Corallium album porosum muricatum maximum* qu'on voit dans *Sloane, Jam.* Tab. 18. fig. 3. & c'est le même, dont *Clusius* & *Daubin* font mention sous le nom de *Madrepora Abrotonoides major*, c'est à dire, le *grand Corail étoilé d'Auronne*. Il faut d'abord observer que ce Corail, & tous ceux de la même espèce, doivent être comptez parmi les bâtards, parceque leur Masse n'est pas aussi dure & aussi compacte que celle du *Corail rouge* ou des *Coraux blancs à yeux & à étoiles*, dont on fait usage en Médécine, & dont nous avons donné plus haut la description, cette Masse-ci tenant plus de la nature de la chaux, & étant aussi plus frèle & plus fragile.

Was aber nun die Structur und Bauart dieser Baum-förmigen, rauhen oder stachelichten Coralle betrifft, so ist gegenwärtiges Exemplar ein abgebrochener Ast von einer solchen Corallenpflanze, die oft allein, oft aber mit vielen anderen zugleich, Büschweise, und wie eine kleine Waldung auf einem Felsen sitzet. Ein solches Wurzel-Stück bestehet in einer Decke von gleicher hohlen Bauart, wie die Corallenstaude selbst ist, und welche einen Theil des Felsens, als ein Kleid bedecket. Aus dieser Decke treten denn ein, oder mehrere Aeste gerade in die Höhe, die unten oft zwey Zoll dick sind, und in einem vegetabilischen Verhältniß abnehmen. Aus diesen Aesten gehen schon von unten an Nebenäste heraus, die zuweilen mit den Aesten des benachbarten Stammes verwachsen, so daß sich also etliche Stämme mit einander verbinden, welches einen reizenden Anblick giebt, zumahl wenn diese Coralle, wie oft geschiehet, zwey Schuh und darüber hoch ist.

Pour parler à présent de la pièce que nôtre figure depeint, & que nous apellons le *Corail raboteux, ou à aiguillons formé en arbrisseau,* (*) ceci est une branche rompué d'une de ces Plantes de Corail, que l'on trouve souvent seules, & souvent aussi en quantité ensemble, fermement attachées sur quelque rocher, comme des buissons, ou de petits bocages. Quant à sa structure, la pièce où la racine tient consiste en une Couverture, tout aussi creuse que l'arbuste-même, laquelle couvre, comme le pourroit faire un habillement, une partie du rocher. De cette Couverture sortent un ou plusieurs rameaux, qui s'élèvent vers le haut en ligne droite, & ont en bas souvent jusques à deux pouces d'épaisseur, allant ensuite peu à peu en diminuant, selon la proportion, qui a ordinairement lieu dans le Règne végétal. Plusieurs rejettons proviennent de ces rameaux en commençant dès-le bas, lesquels se joignent quelquefois aux branches de la tige voisine, & croissent avec elles en une même masse, ce qui forme un coup d'oeil charmant, sur tout quand ces Coraux ont deux pieds & davantage de hauteur, ce qui arrive souvent.

Der Anbruch dieser Coralle, welcher einen halben Zoll im Durchschnitt hält, zeiget nichts anders, als ein schwammichtes Wesen von unordentlich stehenden unzähligen Löchern, die kaum eine Stecknadel-Spitze einlassen. Es sieht der Anbruch einem abgebrochenen Stück Zucker nicht ungleich, doch ist die Masse dichter, je mehr sie sich dem Kern oder Mittelpunct nähert. Die äussere Oberfläche der Aeste ist ganz wunderbar anzusehen, denn sie siehet über und über einem hart gewordenen feinen Salpeter-

Schim-

L'Entamure de ce corail, qui a un demi-pouce de diamètre, présente une Masse spongieuse garnie d'une infinité de trous disposez sans ordre, où l'on peut à peine fourrer la pointe d'une épingle. Cette entamure a assez de ressemblance avec un morceau de sucre rompu, avec cette différence pourtant que la Masse devient toûjours plus compacte, à mésure qu'elle aproche du centre, ou de la moelle. La superficie extérieure des branches excite l'admiration,

quand

(*) *Die baumfuermige raube oder flachelichte Coralle.*

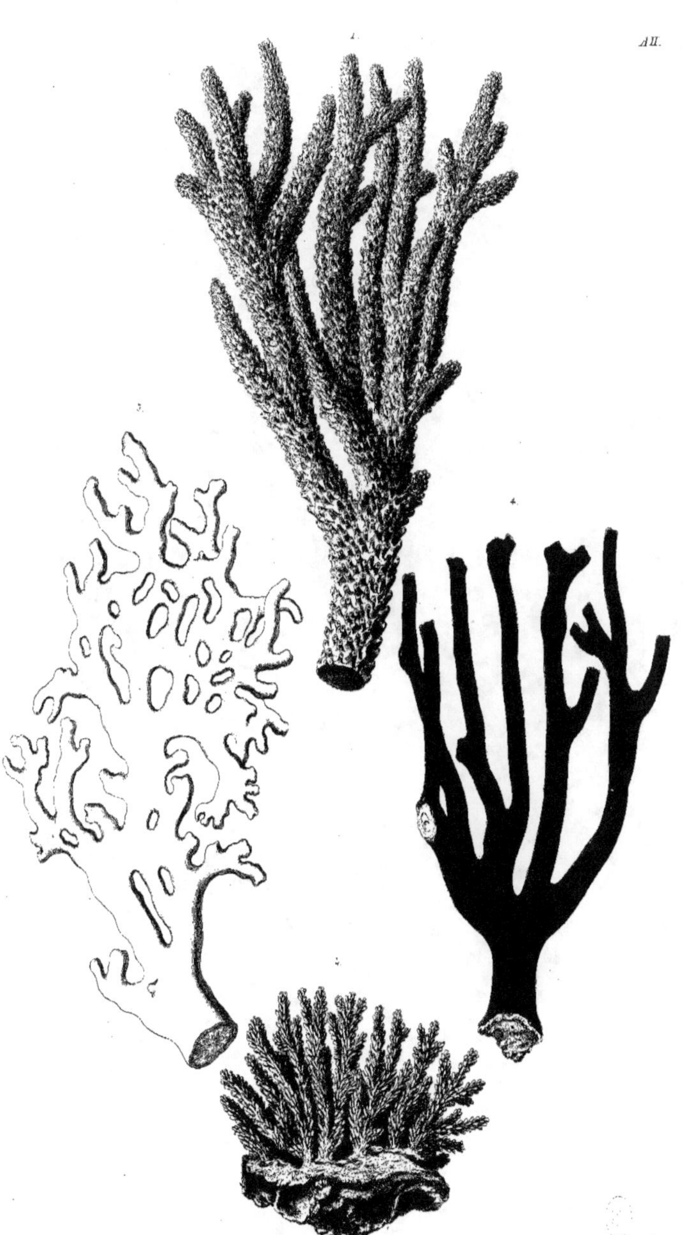
1.
2.
3.
4.
5.
A II.

Schimmel gleich, indem die ganze Rinde aus Millionen kleinen fast unsichtbaren Blätterchen zu bestehen scheinet, die alle ordentlich, und parallel neben einander liegen, und derselben das Ansehen geben, als ob sie so durchlöchert wäre. Vielleicht ist dieses die Ursache, warum der berühmte Ritter Linnæus diese Art unter die Milleporas gezehlet hat, ohnerachtet die Oberfläche gar keine Poros oder runde Löcher, wohl aber, undenklich feine und unzählich viele Furchen zwischen diesen zarten Lamellis oder Blätterchen hat. Daß aber diese Coralle vielmehr zu den Madreporis, oder sternförmigen Corallen gehöre, zeiget die fernere Structur, die wir jezt beschreiben wollen. Es tretten nemlich rings herum an allen Aesten aus dieser vorbeschriebenen Oberfläche oder Rinde eine grosse Menge kleiner und kurzer Röhrchen heraus, die ganz dichte, jedoch eins ums andere beysammen stehen, und die alle oben platt und hohl sind. An diesen Röhrchen gehen von auffen ringsherum die vorher beschriebenen zarten Blätter parallel in die Höhe; inwendig aber bildet jede Oefnung an diesen Röhrchen ein Sternchen, welches, wie bey den vorigen Figuren schon ist erkläret worden, lediglich aus den, von dem Umfang nach dem Mittelpunct zu lauffenden Schieffern oder Scheidewänden bestehet, jedoch mit diesem Unterscheid, daß die an dem inneren Umfang der Röhren stehende Blätter gar nicht bis an den Mittelpunct reichen, folglich auch nicht zusammen kommen. Alle diese Röhrchen sind an der ganzen Coralle überein, und man nennet sie deßwegen Corallium Muricatum.

Was die Unterarten oder Abweichungen dieser Corallen betrift, so sind sie sowohl der äusserlichen Structur, als der Farbe nach unterschieden. Denn man findet baumförmige, wie diese, staudenförmige, Hirschgeweyh-ähnliche, einzelne Stangen, und endlich auch eine nicht minder schöne Art, die in grossen breiten Lappen oder Schilden bestehet, welche entweder ganz flach und wunderbarlich mit Löchern und Ringen durchbrochen, oder ganz krumm zusammen gerollet, oder auch mit Schwibbogen eingekrauset und ausgezackt sind. In Ansehung der Farbe aber giebt es schneeweisse, aschgraue, äpfelblüthähnliche, hellgelbe, dunkelgelbe, und blaue, die aber doch alle beym Anbruch gegen die Mitte oder den Kern weißlicht sind, welche Farben alle wohl mehrentheils von dem Unterschied des Meerwassers in den unterschiedenen Meerbusen, wo man sie findet, herrühren; weil die Stoffe, daraus diese Masse entstehet, nichts anders, als ein kalchartiger Meerschlamm ist, in welchem die Polypen, wenn er noch weich ist, sich einnisteln, und ihm nach ihrer eigenen Structur eine solche Gestalt geben. Endlich aber finden wir diese nehmliche Bauart auch noch als eine incrustation, oder Rinde um eine gewisse Horncoralle, welche man auch deßwegen Keratophyton crusta muricata nennet, und deren Crusta schlechterdings in allen Umständen mit dieser Bauart übereinstimmet, wie wir bey der Kupfertafel A. VI. mit mehreren anzeigen werden.

quand on la considère, car elle ressemble de tout point à de la fine Ecume de Nitre, qui s'est durcie, toute l'envelope, ou écorce, paroissant être composée d'un million de petites feuilles, presqu'invisibles toutes régulièrement disposées à côté l'une de l'autre en ligne parallèle, & qui la font paroître comme si elle étoit ainsi percée. Peut-être est-ce là la raison qui a déterminé le célèbre Chevalier *Linnæus* a mettre cette espèce au rang des *Millepora* (*), quoi qu'on ne remarque à la superficie ni pores, ni trous ronds, au lieu dequoi on observe entre ces petites feuilles, ou petites lames subtiles, une infinité de sillons d'une finesse inexprimable. Mais une preuve que ce corail doit être plûtôt compté parmi les *Madrepora*, ou *Coraux étoilez*, est tirée de la structure qui suit, & que nous allons décrire. Car on voit à la superficie ou Ecorce, dont nous venons de donner l'idée, tout autour, & à tous les rameaux, une quantité de petits tuyaux courts, tous plats & creux par le haut, & serrez de près l'un contre l'autre, quoique séparez. C'est autour de ces petits tuïaux qu'on voit ces feuilles ou écailles subtiles, que nous avons décrites cy-dessus, & qui s'élèvent vers le haut en lignes parallèles. Au dedans de ces petits tuïaux chaque ouverture présente une petite étoile, ce qui ne provient, comme nous l'avons expliqué à l'occasion des figures précèdentes, que de ces Ecailles ou Parois mitoïennes, qui vont de la Péripherie au Centre, cependant avec la différence, que les feuilles qu'on trouve à la peripherie intérieure, n'atteignent point au centre, & ne parviennent par consequent pas à se réunir. Tous ces petits Tuyaux du présent Corail sont égaux, & c'est de là que lui vient le nom de *Corallium Muricatum. Corail à pointes.*

Pour ce qui concerne les espèces subalternes, ou Anomalies de cette sorte de Corail, elles diffèrent tant par raport à la structure extérieure, qu'à l'égard de la couleur. Car on en a en forme d'arbrisseau comme celui-ci, il s'en trouve en buisson, ou en arbuste, d'autres semblables à des Bois de Cerf, quelques uns en simples bâtons, & encore une autre sorte tout-aussi belle, qui se présente en grands & larges lambeaux, ou écussons, qui se trouvent être ou plats, & percez d'une façon singulière en trous & en cercles, ou courbez & roulez, ou friséz en arc & dentelez. Quant à la couleur il y en a qui sont blancs comme neige, d'autres sont cendrez, ou couleur de fleur de pomme, ou d'un jaune clair, ou d'un jaune foncé; il y en a aussi de bleus; cependant en cas d'entamûre tous sont au bout blanchâtres vers le milieu, ou vers la moelle. Toutes ces couleurs ne proviennent en grande partie que de la différence de l'eau de la Mer dans les différens golfes, où les pièces se trouvent. Car le fond de leur masse n'est autre chose qu'un limon marin, qui est une espèce de chaux, dans lequel, lorsqu'il n'est pas encore durci, les Polypes se nichent, & lui font prendre cette figure, selon leur propre structure. Enfin nous retrouvons la même Construction dans la forme d'une incrustation ou écorce autour d'un certain Corail de nature de corne, auquel on donne par cette raison le nom de *Keratophyton crusta muricata*, c'est à dire *Corail de nature de Corne à pointes*, dont la croûte est à tous égards conforme à l'Architecture qu'on voit ici, comme nous aurons occasion de le démontrer plus amplement, quand nous viendrons à la Planche A. VI.

(*) Il faut toujours entendre par *Millepora* les Coraux qui sont marqués d'un nombre infini de points.

Fig. 2. Die in dieser Figur vorgestellte Madrepora scheinet nichts anders, als nur eine kleine und Buschweiß angebaute Stern-Coralle zu seyn, welche von der, in voriger Figur weitläuftig beschriebenen Art in nichts, als nur der Grösse nach unterschieden ist, daher wir uns bey selbiger nicht aufhalten.

Fig. 3. Den Madreporis wird ein ander Geschlecht von unächten Corallen beygefüget, welche Milleporæ genennet werden, und wir treffen in der angezeigten Figur eine dergleichen an. Was die Structur dieser Corallen betrift, so sind sie auf gleiche Weise von einem kalchartigen, und sehr brüchigen Wesen, bey dem Anbruch sehr löcherict, doch von dem Umfange nach dem Mittelpunct zu etwas strahlicht. Diese Strahlen aber entstehen von den feinen Poris, die von der Oberfläche in die Masse ziemlich tief hinein dringen. Die Millionenweise auf der Oberfläche befindlichen Löcherchen oder Pori sind nicht an allen Milleporis gleich rund, sondern etliche sind auch länglicht oder geschoben rund, stehen auch nicht überall gleich weit von einander, oder in einer gewissen Ordnung, sondern dichte und unordentlich beysammen. Bey einigen ist eine feine Oefnung unmittelbar an der andern, bey anderen aber stehen sie in einer kleinen Entfernung von einander, sehen aber überhaupt aus, wie ein Papier, das mit der allerfeinsten Stecknadel allenthalben durchlöchert ist. Am zierlichsten aber sehen diejenige aus, deren Pori in ein reguläres Fünfeck stehen, so daß allemahl eine grosse Oefnung in der Mitte und fünf kleine in der Rundung gleich weit von einander stehen, eben als ob eine alte Polype mit so vielen Jungen darinnen wohneten, oder als ob ein fünfstrahlichter undenklich kleiner Seestern sich mit dem Cörper in dem mittleren, und mit den fünf Armen in den umherstehenden Puncten aufhielte.

In Ansehung der Figur aber weichen diese Milleporæ gewaltig von einander ab, ohnerachtet bey ihnen die innere Bauart zuweilen vollkommen einerley ist. Denn etliche sind ordentlichen Bäumen mit Aesten ähnlich, die bald rund bald platt gedruckt erscheinen, und zuweilen frey stehen, zuweilen aber mit einander, und durcheinander verwachsen sind. Andere bestehen in grossen breiten Lappen, die entweder in eins durchgehen, oder wiederum in kleinere Lappen und Blätter unterschieden sind. Wiederum andere haben auf dem oberen Rande lange fingerförmige Zinken stehen, oder sind, wie ein Hühnerkamm gekräuselt, oder tragen eine Menge sehr grosser Hirschgeweyh-ähnlicher Hörner, oder haben vermischte Endigungen wie die gegenwärtige Coralle, deren Aeste an einander verwachsen, platt gedruckt und von vermischten Endigungen sind. Der Farbe nach sind sie weis, grau, hellgelb, oder auch dunkelgelb wie diese, und stehen durchgängig alle auf einem breiten kalchartigen Fuß, der weiter hinunter felsicht und steinigt wird.

Von eben dieser nemlichen inneren Bauart, und von solchem Gewebe sind nun auch besonders die Rinden von sehr vielen Horncorallen, ja wir haben Stücke von diesen harten Steincorall-

Figure 2. Le Corail de l'espèce des *Madrepora*, dont nous produisons ici la figure, ne nous paroit être autre chose qu'un petit *Corail étoilé* construit en plante de buisson, qui ne diffère en rien du précédent, dont nous venons de donner une ample description, si ce n'est qu'il est plus petit; ainsi nous ne nous y arréterons pas.

Figure 3. On a coûtume de joindre aux *Madrepores* une autre sorte de Coraux bâtards, qu'on apelle *Millepores*, & tel est celui, qui est dépeint dans la présente figure. Quant à la structure de cette espèce de Coraux, leur Masse tient comme aux autres de la nature de la chaux, & est d'une matière trés-fragile. Quand on en rompt un morceau, l'extrèmité de l'entamure se trouve être pleine de trous, cependant on y remarque aussi quelques rayons, qui vont de la périphérie au centre. Ces rayons proviennent des pores fins, qui de la surface pénétrent assez avant dans l'intérieur de la Masse. Les Pores, ou petits trous, qu'on remarque à la superficie par millions, ne sont pas à tous les Millepores d'une rondeur égale, car on en trouve d'oblongs, ou de figure lenticulaire, ils ne se présentent aussi pas sur tous les Millepores à une distance égale l'un de l'autre, ni dans un certain ordre, car on voit qu'ils sont serrez, & sans aucun arrangement. A quelques uns ces ouvertures fines sont immédiatement contiguës l'une à l'autre, à d'autres on remarque une petite distance entre deux, & en général le tout ressemble à un Papier qu'on auroit piqué par tout avec l'épingle la plus fine, sans observer aucun ordre. Les Coraux de cette espèce, qui se présentent dans le plus beau point de vûë sont ceux dont les Pores forment un Pentagone regulier, de façon qu'il y a au milieu une Ouverture un peu plus grande, autour de laquelle on en voit cinq plus petites à distance égale l'une de l'autre, tout comme si c'étoit l'habitation d'un vieux Polype & de cinq de ses Petits, ou comme si une Etoile marine à cinq rayons d'une petitesse imperceptible s'y étoit logée, le Corps dans le Pore du milieu, & les bras dans les cinq points, qui forment le Pentagone tout autour.

Mais à l'égard de la figure, ces Coraux diffèrent beaucoup les uns des autres en diverses manières, quoique leur construction intérieure soit quelquefois parfaitement semblable. Car tantôt ils ressemblent dans les formes à des arbrisseaux ordinaires, pourvûs de rameaux, lesquels sont quelquefois ronds, quelquefois applatis, quelquefois isolez, & d'autres fois joints & entremêlez ensemble. Tantôt ce ne sont que des lambeaux grands & larges, qui occupent de suite toute la figure, ou qui sont separez par d'autres petits lambeaux & feuilles. Il y en a encore d'autres, sur les bords desquels on voit de longues chevilles, ou bouts, en forme de doigts, ou qui sont frisez comme des crêtes, ou qui sont surchargez de grandes cornes ressemblantes à des bois de Cerf, ou qui se terminent en extrémitez entremélées, comme à la présente figure, qui dépeint *le Corail dont les rameaux sont joints ensemble & cris en une même Masse, comprimez en figure platte, & à extrèmitez mêlées.* Pour ce qui concerne la couleur, il y en a de blancs, de gris, d'un jaune ou clair, ou foncé, comme l'est celui-ci, & tous sans exception sont postez sur un pied large, qui ressemble à de la chaux, & qui plus bas tient de la pierre & du rocher sur lequel il se trouve attaché.

Les Ecorces, ou Envelopes d'un grand nombre de Coraux de nature de corne, ont intérieurement la même construction, & sont formez de même. Nous dirons outre

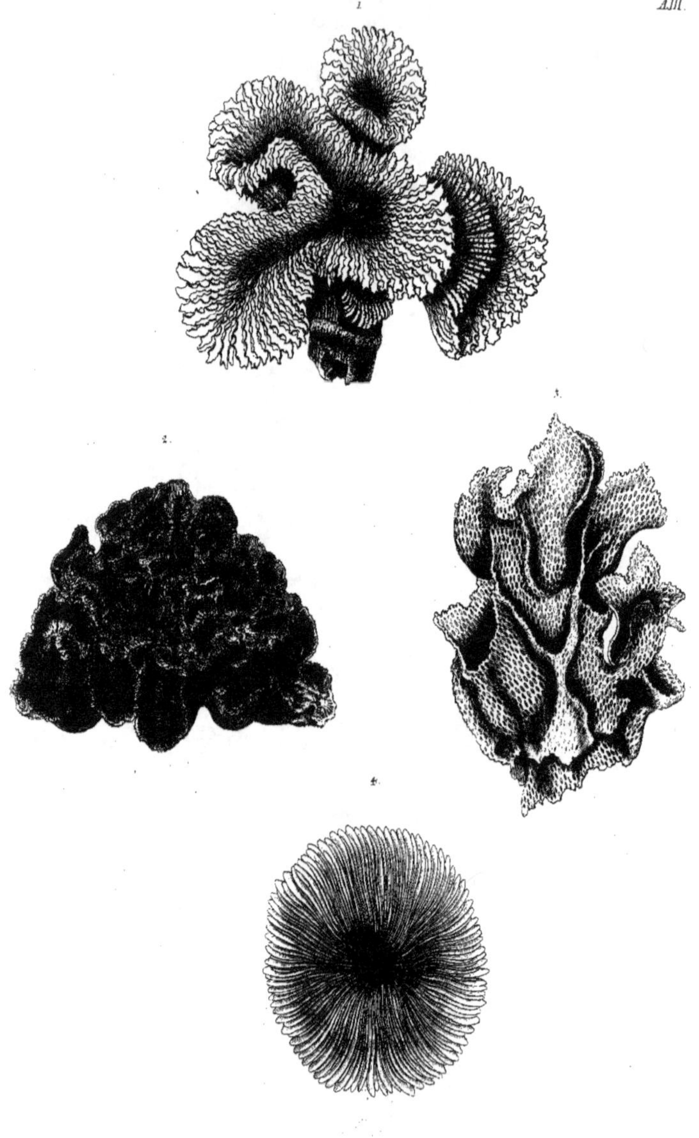
1
2
3
4
G. W. Knorr ad. Nat. fec. et exc.
18.

len angetroffen, wo in dem Kern noch würklich eine ganze horn-artige Coralle stack, oder da der Kern durch Ringe und andere dergleichen Merkmahle die Spuren gab, daß vorzeiten eine baumförmige Coralle den Grund zu ihrer baumartigen Stru-ctur geleget habe, welche aber durch die kalchartige Schärfe erstickt, weggebeitzet, und von diesem Schlamm durch die In-secten mehr und mehr überzogen worden. Wie man denn auch sogar andere Cörper, als Backsteine und Ziegel am Strande mit Madreporen und Milleporen überzogen findet. Was end-lich die Größe dieser Milleporen betrift, so werden sie von ganz kleinen Stücken an, bis zu zwey, drey und mehrere Schuhe hoch angetroffen, vermuthlich nach dem Verhältnus, nach dem die Horncoralle, oder andere Meerpflanzen groß waren, um wel-che sich dieser Corallenartige Meerschlamm, und mit demselben die Millionen Polypen, anlegeten, davon die Antillischen Insuln sehr reich und ergiebig sind.

Fig. 4. Ein mehr hornartiges, als steinigtes Corallen-Ge-wächse wird uns in dieser Figur vorgestellet, welches ein Litho-phyton aureum punctatum genennet wird. Es ist im Anbruch mit vielen runden Ringen, dergleichen die Jahrgänge am Holz sind, versehen, welche sich durch ihre aschgraue Farbe in einem weislichten Grunde deutlich machen. Die Masse ist zwar hol-zigt und fasericht, jedoch dergestalt mit der Corallen Stein-Masse durchdrungen, daß sie daher dicht und hart worden. Die äussere Oberfläche ist ziegelroth und zuweilen etwas mehr gelb-licht, dabey aber voller Puncte, welche nicht tief hinein zu gehen scheinen. Uebrigens ist die äussere Structur, die Vergliederung der Aeste, und derselben Ausgang an den Spitzen jener rothen Coralle sehr ähnlich, die wir auf der ersten Tafel betrachtet ha-ben, wie sie denn auch ebenfalls in dem Mittelländischen Meer gefunden wird.

TAB. A. III.

Fig. 1. Wir kommen nunmehro auch an die Corallen-Schwämme, die allerdings wunderbar und merkwürdig sind. Ueberhaupts werden sie zwar unter die Madreporen gerechnet, (einige wenige ausgenommen, die auch Milleporen genennet werden) allein die wenigsten unter ihnen haben auf der obersten Oberfläche sternförmige Oefnungen, obgleich sonst der mehreste Theil ihres Gebäudes aus lauter solchen Blättern und Schie-fern bestehet, die in anderen Corallen die Sternchen ausmachen; denn bey den mehresten Schwämmen liegen die Schieffer in ei-ner anderen, länglichten, und keineswegs vollkommen sternför-migen Lage. Wir werden hievon mit mehreren überzeuget wer-den, wenn wir diese Figur etwas genauer betrachten.

Es zeiget sich nehmlich allhier ein bey den alten Schriftstel-lern sogenannter Amaranthus Saxeus, welcher auch wohl der See-Blumen-Kohl genennet wird, daran wir die Wurzel, den Stiel und die Krone zu untersuchen haben.

Die Wurzel ist ein kalchartiger Klipstein, auf welchem al-lerdings zu erst ein blätterichter Stern den ersten Boden aus-macht.

F 2

cela que nous avons rencontré des pièces de ce Corail dur & pierreux, dans la moëlle desquelles il y avoit un Corail entier de nature de corne, & où des anneaux & d'autres vestiges faisoient conjecturer, qu'originairement un Corail de forme d'arbrisseau avoit posé les fondemens de cette structure en arbre, lequel prémier Corail a peu-à-peu été étouffé, maceré, & consumé par un humeur acre, quitient de la chaux, limon, dont les Insectes ont de plus en plus couvert & enduit la plante, ce qui devient d'autant plus vraisembla-ble, quand on considère qu'il se trouve d'autres corps, tels que des *briques* & des *tuiles* sur le rivage, couverts ainsi de *Madrepores* & de *Millepores.* A l'égard enfin de la grandeur de ces Millepores, il y en a de toutes sortes, depuis les plus petites pièces jusques à deux, ou trois pieds & davantage de hauteur, vraisemblablement selon la proportion de la grandeur du Corail de nature de corne, ou d'autres Plantes marines, où ce limon de mer coralin & des Millions de Polypes s'attachent. On en trouve abondamment aux *Iles Antilles.*

Figure 4. Cette Figure représente une Plante Coraline, qui est beaucoup plus de nature de corne que pierreuse: on l'apelle cependant *Lithophyton aureum punctatum,* ou le *Corail pierreux d'or à points.* Elle est marquée à l'entamure de plusieurs anneaux ronds, pareils à ceux qui dénotent dans le bois l'age des arbres. Ces anneaux paroissent distincté-ment par leur couleur cendrée sur un fond blanchâtre. La Masse a à la vérité quelque chose de la nature du bois, & on y observe des filamens; cependant elle est tellement imbi-bée de la Masse pierreuse coraline, que cela la rend com-pacte & dure. La superficie est de couleur de tuile, tirant pourtant quelquefois sur le jaunâtre, de toute pleine de points, qui ne paroissent cependant pas pénétrer fort avant dans l'intérieur. Au reste quant à sa structure extérieure & à l'arrangement de son branchage, aussi bien que des extrèmitez qui le terminent, elle ressemble beaucoup à ce beau Corail rouge que nous avons vû sur la prémière Plan-che, & on trouve aussi celui-ci de même dans la Mer mé-diterranée.

PLANCHE A. III.

Figure 1. Nous voici arrivez aux Champignons coralins, qui sont assurément d'une figure merveilleuse & remar-quable. Il est vrai que généralement on les met dans la Classe des *Madrepores,* (en en exceptant un petit nombre auquel on donne aussi le nom de *Millepores*); cependant il y en a bien peu où l'on trouve des Ouvertures en forme d'é-toile à la superficie, quoique d'ailleurs leur structure consiste pour la plus grande partie en des feuilles & écailles, qui à d'autres Coraux forment les petites étoiles. Car à la plû-part des Champignons, ces écailles sont disposées en une au-tre figure oblongue, qui n'est nullement propre à former une étoile parfaite. C'est dequoi nous pourrons mieux nous convaincre en examinant de plus près la présente figure.

Nous y trouvons ce que les anciens Auteurs avoient coûtume de nommer *Amaranthus saxeus,* l'*Amarante pierreuse,* qu'on apelle aussi le *Choufleur marin* (*). Ce que nous trou-vons à y observer, c'est là racine, le pédicule, & la cou-ronne.

La Racine est une Pierre de roche d'une nature sembla-ble à celle de la chaux, sur laquelle une Etoile feuilletée, ou

(*) En Allemand: *der See-Blumenkohl.*

macht. Diese Blätter stehen gerade in die Höhe, und gehen von dem runden Umfang bis an den Mittelpunct, so, daß sich wenigstens zwölf Blätter, als Radii daselbst in der Mitte vereinigen. Zwischen diesen ganzen Blättern stehen zwölf kürzere, die nur den halben Radium ausmachen, und zwischen allen diesen, sowohl ganzen, als halben Scheidewänden, sind an dem Umfang noch vier und zwanzig kleinere Blätter sichtbar. Von allen diesen Blättern sind an dem äusseren Theil des Umfanges nur die ganzen und halben vermittelst einer durchtrettenden Nath sichtbar, so daß sich die äussere Rundung nunmehro, als ein ordentliches vier und zwanzig Eck hervor thut. Auf dieser Wurzel gehet nunmehro ein langer Stiel von gleicher Bauart in die Höhe, indem die Blätter, der Mittelpunct, und der Umfang ununterbrochen so in die Höhe steigen, wie die Basis war, nur mit dem Unterscheid, daß der Stiel je länger, je dicker und breiter wird; dahero sich denn auch natürlicher Weise die Radii oder Blätter verlängern. Bis dahin hat nun dieser Steinschwamm eine verwitterte Gestalt. Sodann aber folget die Crone in einer solchen ausführlichen und prächtigen Bauart, als vermuthlich auch am Stiele statt hatte, ehe derselbige entweder lebles, oder verwittert worden ist.

Diese Crone bestehet aus vielen blätterlichten Bogen und Krümmungen, die einer Krause nicht ungleich sehen, und folgendergestalt entstehen: Es scheidet sich nemlich der Mittelpunct des Stiels in vier, fünf bis zwölf und mehrere Aeste, wie ein Kohl. Mit allen diesen abgesonderten Mittelpuncten, oder Kerngängen fangen auch die Blätter oder Schieffer an, nach allen Seiten, um jeden abgesonderten Mittelpunct einen länglichen Zirkel zuschliessen. Diese Absonderung gehet bis zur Oberfläche fort, wo selbst sich jeder Ast in die Fläche dehnet, so daß der runde Umfang sich verändert, und der Kern nunmehro auf der Oberfläche lange Gänge macht, zu deren beyden Seiten die nemlichen Blätter in einer weit vermehrtern Anzahl stehen, und sich beyderseits an den Kerngang vereinigen.

Nunmehro ist die sternförmige Figur verschwunden. Wo zuvor der runde Umfang zwölf ganze, zwölf halbe und vier und zwanzig kleine Blätter enthielte, da ist nun ein länglichter Gassenförmiger Umfang entstanden, in welchem zu beyden Seiten über hundert ganze noch mehr halbe, und mehr, als noch einmahl so viel kleine Blätter stehen. Sie folgen aber nicht mehr so ordentlich auf einander, sondern es stehen bald zwey ganze, bald vier, oder fünf kurze Blätter beysammen. Bey dieser Wahrnehmung bleibet es uns nun ein würkliches Räthsel, wie dieses zugehe, wenn ein oder mehrere Polypen dieses Gebäude aufführen sollen, daß sie erst durch eine acht und vierzigeckigte Gestalt den Stamm bauen und hernach von der alten Structur so sehr abweichen, welches unmöglich geschehen kan, wenn das Thier nicht auch selber metamorphosiret wird. Die Blätter oder Schieffer selbst betreffend, so sind sie so dünne als Papier, an den Enden oder an ihrem eigenen Umfang gezackt und eingekerbt, so, daß sie von aussen und von oben und nach innen zu mit unzähligen scharfen Spitzen und Stacheln am Rande besetzet sind, welche Stachel oder Zacken jedoch nicht gleich gros, und auch nicht gleich weit von einander entfernet sind. Die
Farbe

ou écaillée, pose le prémier fondement de cette pièce. Les feuilles s'élèvent en haut en droite ligne, & s'arrangent depuis la circonférence, qui est ronde, jusques au centre de telle façon, qu'on y peut compter tout au moins jusques à douze feuilles, qui se réünissent au milieu, comme autant de rayons. Entre ces feuilles, dont la grandeur est entière, il s'en trouve encore douze plus courtes, qui ne forment que des demi-rayons, & entre toutes ces parois mitoïennes, tant entières que courtes, on remarque encore vingt-quatre feuilles plus petites à la périphérie. Il n'y a de visibles à l'extrèmité de la circonférence que les feuilles entières, par une coûture, qui va tout au travers, de manière que toute la rondeur représente un Polygone à vingt-quatre angles dans toutes les formes. De cette racine part un long pédicule, de structure conforme, puisque les feuilles, le centre, & la Circonférence croissent & s'élèvent sans interruption selon la figure de la base, avec cette unique différence, que le pédicule grossit & s'élargit à mésure qu'il s'allonge; ce qui naturellement fait aussi allonger les rayons ou feuilles. Jusques-là ce Champignon pierreux se présente sous la forme d'une Production gâtée par les intempéries de l'air. Mais ensuite se montre la Couronne dans une structure aussi complette & aussi pompeuse, qu'avoit vraisemblament le Pédicule avant d'avoir perdu son principe de vie, ou souffert les injures des saisons.

La Couronne est composée de plusieurs arcs & parties courbes feuilletées, ne ressemblant pas mal à une fraise, telle qu'on portoit anciennement autour du Col, & se forme de la manière suivante. Dabord le centre du pédicule se partage en quatre ou cinq rameaux & davantage, comme un chou. C'est de ces parties séparées du centre ou de ces rayons d'étoile que partent les feuilles, ou écailles, vers tous les cotez, pour former autour de chaque rayon séparé un rond oblong. Cette separation continuë ainsi jusques au bout, où chaque branche s'étend en s'aplatissant, de sorte que la Circonférence, ronde auparavant, change ici de figure, & que la moëlle, ou le suc vital, se forme sur la superficie de longs canaux, aux deux cotez desquels les mêmes feuilles se trouvent fort augmentées en nombre, & se réünissent de part & d'autre au canal principal de la moëlle.

Voilà la figure d'étoile disparue. Là-même, où une périphérie ronde contenoit douze feuilles entières, autant de demi-feuilles, & vingt-quatre petites, on ne voit plus qu'un Contour oblong en forme de ruë, où l'on remarque plus de cent feuilles entières, encore plus de demi-feuilles, & plus du double des petites. Mais elles ne se suivent plus dans le même ordre. Tantôt on voit ensemble deux feuilles entières, tantôt quatre ou cinq courtes. A cet égard nous ne pouvons nous empêcher de dire que c'est véritablement une énigme pour nous, que de penser qu'un ou plusieurs Polypes puissent avoir construit tout ce Composé, & avoir formé la tige en figure angulaire à quarante huit coins, & qu'ensuite ils se soient si fort écartez de l'ancienne structure, ce qui ne peut absolument pas avoir lieu, à moins que l'Animal même ne se métamorphose aussi. Quant aux feuilles, ou aux écailles mêmes, elles sont minces comme du papier, & dentelées, ou entaillées, au bout, ou à leur propre circonférence. Depuis le déhors & la partie supérieure en tirant vers l'intérieur on observe une infinité de pointes aiguës & d'aiguillons au bord, lesquels aiguillons ou
dens

Farbe ist mehrentheils weis, oder aschgrau, oder gelb, und ganz oben allezeit am lebhaftesten und am besten ausgearbeitet. Man findet einige, die im Durchschnitt einen Schuh halten.

Fig. 2. Dieser Corallen-Schwamm ist von ganz anderer Art als der vorige. Denn da jener sich in die Höhe bauet, und da an demselbigen die Blätter Bogenweise in die Höhe stehen, so machet hingegen dieser aus seiner ersten, auf vorbeschriebene Art sternförmigen Wurzel, gleich den Augenblick, eine breite Fläche, welche sich inwendig in einen Hauptgang und viele Quergänge eintheilet, und in welcher die Blätter bogenweiß ausgehöhlet sind, folglich hineinwärts und vertieft stehen, wie das innere Gebäude eines Schiffes. Alle diese Blätter und Schieffer sind gleich breit, indem man darunter keine längere und kürzere, wie in dem vorigen Corallen-Schwamm antrift, jedoch sind sie rundum ungemein zart gezackt, davon eine Zacke eben so gros, wie die andere, und jedes Blat vollkommen wie eine Säge beschaffen ist. Man findet sie braun, weis, und gelb.

Fig. 3. Die allhier vorgezeigte Eschara marina retiformis, oder nezförmiger See-Grind des Raji, so vom Bauhin, Imperatus und andern Eschara reticulata, retepora, auch Porus reticulatus, von dem Ritter Linnæus aber Millepora cellulosa genennet wird, ist ein breitblätterichter, gebogener und gekrauster, dem Salat ähnlicher Corallen-Schwamm. Aus der breiten Wurzel gehen sogleich breite Blätter mannigfaltig gebogen in die Höhe. Diese Blätter sind so dünne, wie ein Papier, ungemein zerbrechlich, und über und über mit unzähligen länglichten Löchern, wie eine Spitze, ganz durchbrochen. Die Farbe ist braunlicht, aschgrau oder schneeweis, und von eben dieser Gattung wird noch eine Nebenart gefunden, welche in ordentliche Zweige ausgehet, an denen ebenfalls solche, aber etwas kleinere Blätter sitzen, und frondipora Eschara, auch Porus corallo affinis genennet wird; doch aber noch von einem andern Corallen-artigen Product des Meeres zu unterscheiden ist, welches man das Netz, oder rete marinum nennet.

Fig. 4. Es stellet sich auch in dem Meer eine Art Stein-schwämme dar, die in der Bauart schlechterdings mit den Erdschwämmen, die wir in unseren Wäldern antreffen, überein kommt, nur mit dem Unterscheid, daß die blätterichte Structur die bey den Erdschwämmen unten ist, bey den Steinschwämmen oben stehet. Wir finden allhier ein Exemplar vor uns, welches der Fungus marinus lapideus oder Madrepora fungites genennet wird. Dieser blätterförmige, platte Seebiltz lieget flach auf den Felsen ohne Stiel und bestehet aus lauter dünnen, in die Runde herum stehenden Blättern, welche den Blättern, so sich an den Erdschwämmen von unten befinden, vollkommen gleich sind, ausgenommen, daß sie eine ungemein steinigte Härte haben. Diese Blätter sind oben glatt, und nicht gezackt. Ihr oberer Rand gehet nicht in einer geraden Linie, sondern überhaupt etwas nach dem äussersten Rande zu herunter gebogen, und ist wellenförmig. Zwischen jedem ganz durchlauffenden Blat stehen allezeit ein, oder auch wohl zwey kleinere, niedrigere und nicht bis an den Mittelpunct hinreichende Blätter, eben wie an den Erdschwämmen. Alle diese Blätter aber liegen keinesweges dichte aneinander, denn man kan durch sie alle hinsehen, sondern es tretten seine Zacken aus ihren Flächen heraus, damit sie jedesmahl die benach-

dens ne sont cependant pas de grandeur égale, ni en distance pareille l'un de l'autre. La Couleur de ces Plantes est ordinairement blanche, ou cendrée, ou jaune, & toûjours trés-vive & parfaite vers le haut. On en trouve qui ont un pié de diamètre.

Figure. 2. Ce Champignon Coralin diffère de tout point du précédent. Car au lieu que le dernier va toûjours en s'élèvant, & que ses feuilles tirent vers le haut en arc, celui-ci forme dés sa prémière racine, qui selon nôtre description a la figure d'une étoile, *une face large*, qui est divisée intérieurement en un Canal principal, & plusieurs Canaux en travers, où les feuilles formées en arc sont caves & par conséquent tournées *vers l'intérieur & enfoncées*, semblables par là à la construction intérieure d'un Navire. Toutes ces feuilles & écailles sont de largeur égale. On n'en voit aucune qui soit plus longue & plus courte, comme au Champignon Coralin précédent. Cependant elles sont dentelées finement tout autour, & les dens sont aussi grandes l'une que l'autre, ce qui fait que chaque feuille ressemble parfaitement à une scie. Les Champignons de cette espèce sont ou bruns, ou blancs, ou jaunes.

Figure 3. La figure représentée ici est ce que *Rajus* apelle *Eschara marina reticulata*, ou *la Croûte galeuse marine* formée en rêts. *Baubin*, *Imperatus*, & d'autres lui donnent le nom d'*Eschara reticulata*, ou *retepora*, ou celui de *Porus reticulatus*, & le Chevalier *Linneus* celui de *Millepora cellulosa*. C'st un Champignon coralin à feuilles larges, courbes, & frisées, comme de la salade. Des feuilles larges, & recourbées en differens sens, s'élèvent de la racine, qui est large aussi. Ces feuilles sont minces comme du papier, trés fragiles, & toutes percées comme une dentelle par une infinité de trous, dont la figure est oblongue. La couleur en est brunâtre, ou cendrée, ou blanche comme neige. Il y a encore un Champignon coralin à peu près de la même espèce, pourvû dans les formes de rameaux, qui ont aussi de pareilles feuilles, mais un peu plus petites, auquel on donne le nom de *frondipara Eschara*, ou celui de *Porus corallo affinis*, ou le *Pore aprochant du Corail*. Il faut distinguer celui-ci d'une autre Production de la Mer, de nature coraline, qu'on apelle le *Rets*, ou *Rete marinum*.

Figure 4. On trouve encore dans la mer une espèce de de *Champignons pierreux*, qui par raport à la structure ressemblent de tout point aux Champignons, qui croissent dans nos forêts, avec cette unique différence, que le feuilletage, qui à nos Champignons terrestres est au dessous, se trouve placé au dessus aux Champignons pierreux de la mer. Celui qui est dépeint ici s'apelle *Fungus marinus lapideus* ou *Madrepora fungites* (*). On rencontre ce Champignon marin, que nôtre Auteur nomme en allemand *der blaetterfoermige platte Seebiltz* (**), tout à plat sur les rochers, sans pédicule. Il n'est composé que de feuilles minces, dont on voit les pareilles tout autour, & qui ressemblent parfaitement aux feuilles que nos Champignons terrestres ont au dessous, excepté que celles des prémiers sont trés-dures, à l'égal de la pierre. Ces feuilles sont unies en haut & n'ont point de dens. Leur bord supérieur ne va point en ligne droite, mais en géneral en ligne un peu courbée en descendant vers le bord extérieur, en onde. Entre chacune des feuilles qui s'étendent autant que le diamètre, il y en a toûjours une, ou

G   quel-

(*) Le Champignon de mer pierreux, ou le Corail étoilé pierreux, forme en Champignon.

(**) Le Champignon de mer plat & fait en feuille.

nachbarten Schieffer berühren, und vermittelst derselben gleichsam an einander geküttet sind. Kehret man diesen Steinschwamm um, so findet man daselbst an der untern Seite alle Blätter fein gezackt, und man nimmt ordentliche Ringe wahr, welche von den Zacken herrühren, wodurch die Blätter in den Flächen an einander fest halten. Will man sich von der Bauart an der untern Seite einen Begrif machen, so darf man nur eine Scheibe von einem gemeinen Rettig herunter schneiden, und dieselbe ins Wasser legen, so hat man vor unbewafnete Augen die nehmliche Structur. Uebrigens aber giebt es in dieser Art der Steinschwämme gewaltig viele Abweichungen, etliche sind ganz flach, andere mehr erhöhet, noch andere aber hochgethürmet wie die Hanswursten-Hüthe, und ihre Größe steiget wohl zu einem halben Schuh im Durchschnitt. Bey einigen gehen die beschriebene Schieffer als ein gerader Radius aus dem Mittelpunct, bey anderen aber sind sie alle miteinander geschlängelt und gehen gleichsam wie ein nicht gar zu krummes Lateinisches S. nach dem Rande zu hinaus. In Ansehung der Farben sind sie auch, wie die vorige, von der Beschaffenheit des Schlammes im Meerwasser weis, gelb, oder braun.

TAB. A. IV.

Fig. 1. Nunmehro kommen wir zu einer Art steinigte Corallen-Schwämme, welche, wie sie mannigfaltig und verschieden sind, auch mannigfaltige Benennungen bey den Schriftstellern führen. Die gemeinesten Benennungen sind Madrepora Labyrinthiformis, Mæandrites, Mesenterites, Cerebrites oder Lithocerebrum, und diese Benennungen werden nicht allen ohne Unterscheid beygeleget, sondern jede Nebenart bekömmt ihren eigenen Namen von diesen vieren. Nunmehro aber bleibet es ein Räthsel, welche Art Mæandrites, welche Labyrinthiformis, und welche Mesenterites oder Lithocerebrum heissen sollen. Denn die Unterscheidungs-Zeichen sind bey den mehresten Schriftstellern nicht vollkommen deutlich angegeben, (welches auch in der That bey solchen Meisterstücken der Natur eine peinliche Arbeit ist,) und die hin und wieder anzutreffende Kupfer sind nicht zart und fleißig genug ausgearbeitet, daß man sich einen sicheren Begrif von jedem Exemplar machen könte. Ueberhaupt kommen alle Arten darin überein, daß sie Irrgänge und Krümmungen haben, und würklich wie ein liegendes Gehirn, oder wie ein Gekröse aussehen. Wir wollen den allersichersten Weg gehen, und die in unserer Figur abgebildete Madrepora Labyrinthiformis erst beschreiben, sodann mit kurzen Worten den Unterscheid der Neben-Gattungen zeigen, und endlich drittens dem Leser selbst überlassen, welchen Schwämmen aus diesem Geschlecht er den Namen Labyrinth-Gehirn- oder Gekrös-Coral geben wolle.

quelquefois deux autres plus petites, plus basses, & qui n'atteignent pas jusques au centre, tout comme aux Champignons de terre. Il faut observer que ces feuilles ne font point serrées les unes contre les autres, car on peut voir tout l'entredeux, où l'on remarque des dens fines, qui sortent de leurs bords, qui touchent les écailles voisines, & font par là pour ainsi dire comme cimentées & mastiquées ensemble. En tournant ce Champignon pierreux, on trouve que toutes ses feuilles font finement dentelées, & l'on y remarque des anneaux réguliers, qui proviennent de ces dens là, & qui tiennent les feuilles affermies l'une à l'autre dans leur emplacement. Si l'on veut se former une idée de la structure de la partie inférieure, on n'a qu'à couper une rouëlle d'un raifort ordinaire, & la mettre dans l'eau! on y vera la même structure simplement avec les yeux nuds, c'est-à-dire sans le secours d'aucun Microscope. Au reste il y a quantité de variations & d'anomalies à remarquer à l'égard de cette espèce de Champignons pierreux. Quelques uns font absolument plats, d'autres plus élevez, d'autres tout à fait hauts en forme de tour, ou de Chapeau de Jean Potage (*), & ils s'accroissent d'ailleurs jusques à un demi-pied de diamètre. A quelques uns les écailles, que nous avons décrites, vont du centre au bord en rayon droit, à d'autres elles font le même chemin en serpentant un peu dans la figure d'une grande *S* qui ne seroit pas trop recourbé. Pour la couleur elle dépend, comme au précedent, de la qualité du limon de la mer, & selon cela elle est ou blanche, ou jaune, ou brune.

PLANCHE A. IV.

Figure 1. Nous parvenons ici à une sorte de Champignons coralins pierreux, auxquels les Auteurs ont donné diverses dénominations, eû egard a leur diversité & aux variations qu'on y observe. Les noms les plus ordinaires sont: *Madrepora labyrinthiformis, Mæandrites, Mesenterites,* & *Cerebrites* ou *Lithocerebrum.* Mais tous ces noms ne se donnent pas à tous les Champignons coralins de cette sorte, car chaque espèce particulière de cette Plante pierreuse a un nom particulier, mais toûjours pris des quatre que nous venons d'exprimer. Il s'agit seulement de décider la question à quelle espèce on doit affecter le nom de *Mæandrites,* à quelle celui de *Labyrinthiformis,* à quelle celui de *Mesenterites,* & à quelle enfin celui de *Lithocerebrum.* Car la plûpart des Auteurs, qui ont écrit sur cette matière, n'ont pas indiqué les caractères distinctifs de chaque espèce avec assez de précision, & c'est en effet un travail pénible à l'égard ce ces Chefs d'oeuvre de la nature, que d'assigner à chacun le véritable nom qui lui convient. D'ailleurs les figures, qu'on en a cûes jusques ici en taille-douce, ne font pas travaillées avec assez de soin, d'exactitude, & de finesse, pour qu'on puisse se former une idée juste de chaque pièce. En général toutes font uniformes en ce point, qu'on y voit des *labyrinthes,* & qu'elles ressemblent en effet à une *cervelle couchée,* ou à une *fraise de veau.* Pour aller au plus sûr, nous donnerons d'abord la Description de la présente figure, apelée sans contestation *Madrepora labyrinthiformis,* & ensuite nous examinerons en quoi les autres espèces en différent, & enfin en troisième lieu nous laisserons à nos Lecteurs liberté toute entière d'affecter à ces Champignons coralins
pier-

(*) en allemand *Hans Wurst.* C'est le Personnage comique des Comédies allemandes. Il porte un Chapeau dont la forme est fort haute.

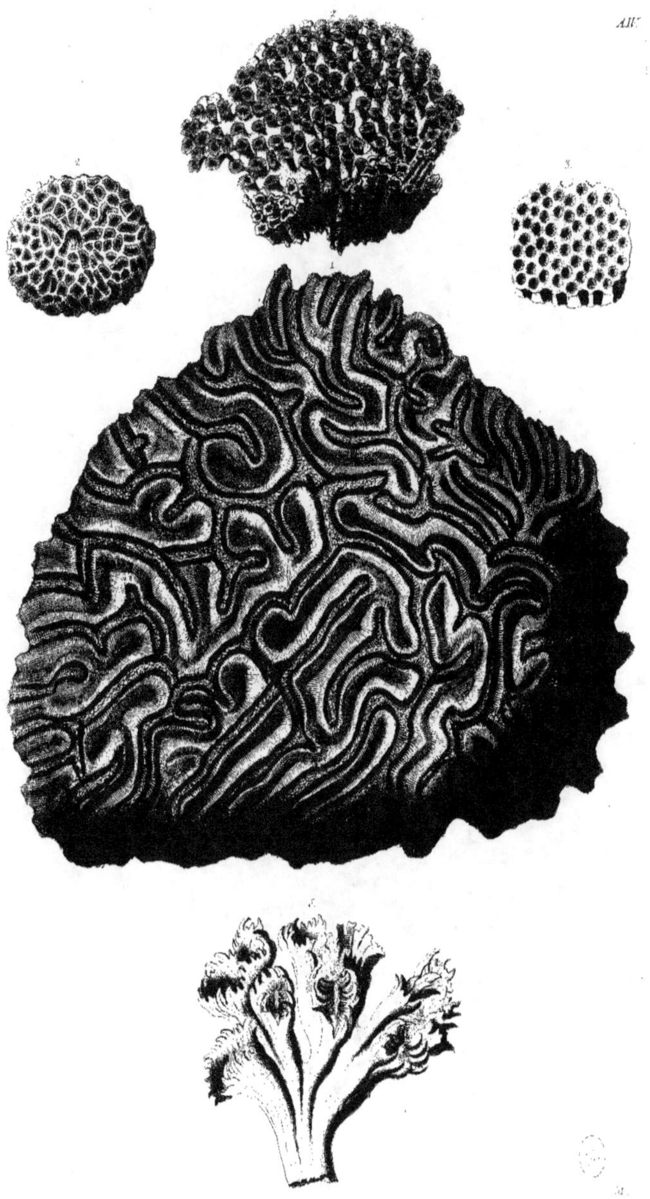

pierreux les noms additionels, de Labyrinthe, de Cervelle, ou de Fraise, selon le jugement qu'il en portera lui-meme.

Es hat nemlich dieser Klumpe einen sehr breiten Boden oder Fuß, mit welchem er auf dem Felsen so fest aufsitzet, als ob er mit demselben ein einiges Stück ausmachte. Gleich an diesem breiten Boden nimmt man schon einen Mittelpunct wahr, aus welchem weite Gänge, als Strahlen nach dem Umfang zu geben, und dieses ist schon genug ihn eine Madrepora zu nennen. Ein jeder Canal, der von dem Mittelpunct nach dem Umfange zu gehet, bestehet in zwey geraden, parallel liegenden Blättern, oder Schieffern, dergleichen wir vorher genug beschrieben haben. Diese Blätter sind mit sehr vielen Scheidewänden an einander geheftet, wodurch ein jeder Canal vielkammericht wird. Solcher Kammern giebt es, nachdem der Klumpe groß ist, in einem einzigen Canal oder Radio des Zirkels wohl über hundert, und die Anzahl der Canäle ist an dem Umfang wohl gegen die tausend stark. So wie nun diese Basis beschaffen ist, so setzet sich die ganze Structur in dem ganzen Klumpen fort, das ist, es bestehet die ganze Masse in nichts anders, als in solchen parallelen, und durch Kammern an einander gewachsenen Blättern. Gegen der obersten Oberfläche aber fängt sich nunmehro eine Veränderung an, die darinnen bestehet, daß die zuvor horizontal gelegene Schieffer nach und nach perpendicular zu stehen kommen, bey welcher Abwechselung ihrer Lage sich hin und wieder eine sehr starke und Messers-Rücken dicke Scheidewand darzwischen einsenket, welche mit gewaltig vielen Krümmungen und Bögen alle diese Blätter in der ganzen Masse der statt durchführet und sie von einander trennet, daß die Blätter oder Schieffer sich nach den Krümmungen der dickeren Scheidewand richten und sich daselbst anhalten müssen. Nunmehro macht die dickere, gekrauste und wie ein Labyrinth gestaltete Scheidewand eine Oberfläche, oder sie steiget von allen Seiten gleich hoch in die Höhe. Die dünnen schiefferichten Blätter aber, die allenthalben zwischen der Scheidewand stehen, reichen nicht so hoch, sondern bleiben ein Achtentheil eines Zolles unterhalb der übrigen Oberfläche stehen. Dieses macht nun nothwendig auf der Masse vertiefte Gänge, und weil diese Gänge eben so krumm lauffen müssen, als die dicken und höher stehenden Scheidewände, so hat man darum diesen Massen den Namen eines Labyrinths oder Maeandriten beygeleget.

Alles, was wir jetzo gesaget haben, findet sich auch bey allen Neben-Gattungen. Nunmehro aber ist der Unterscheid in der dicken und in vielen krummen Windungen bestehenden harten Scheidewand, welche durch den ganzen Klumpen durchführet, zu suchen. Es ist nemlich diese Scheidewand, an welcher allezeit die dünnen Blätter parallel anstehen, 1) entweder sehr breit und verursachet also, daß es nur wenig vertiefte Gänge auf der Masse geben kan, (wie gegenwärtiges Exemplar zeiget) oder 2) diese Wand ist etwas schmähler und überall gleich breit, oder 3) sie tritt mit einem scharffen Rand hervor, oder 4) sie ist gar nicht auf der Oberfläche sichtbar. Im ersten Fall ist es ein Labyrinthstem. Im anderen Fall wären wir geneigt, es einen *Maeandriten* zu nennen, weil nicht nur zwischen der Scheidewand überall ein sehr tiefer Gang gehet, der rundum mit sehr zart gezackten Blätterchen beleget ist, sondern auch sogar oben auf der Wand selber noch eine vertiefte Furche, als ein Gang herum lauft. Im dritten Fall, da die Wand scharf ist, und beyderseitige Blätterchen oben an der scharffen Wand spitzig zusammen lauffen, möchte man die Masse einen *Mesenteriten* oder *Madrepora areolata*, nennen. Im letzten Fall aber, da die zur Seiten stehende Schieffer in einem Bogen über die Scheide-

wand

Cette Masse a une base au fond très-large, par laquelle elle se tient si fortement attachée au rocher, qu'elle semble ne former avec lui qu'une seule & même pièce. On remarque d'abord sur ce large fond un centre, ou point du milieu, d'où partent de larges canaux comme des rayons, qui s'avancent vers la circonférence, ce qui suffit pour donner à cette production de la nature le nom de *Madrepora*, ou *Corail à étoiles*. Chaque canal, qui va ainsi du centre à la périphérie, consiste en deux feuilles droites, ou écailles, couchées en lignes parallèles, que nous avons déja fréquemment décrites. Ces feuilles sont liées l'une à l'autre par un grand nombre de parois mitoiennes, par où il arrive, que chaque Canal a plusieurs Chambres. Selon l'étendue de la Masse le nombre de ces Chambres est plus ou moins grand. Il y en a, où chaque Canal ou rayon du cercle en renferme plus de cent, & la quantité des Canaux va quelquefois à la périphérie jusques à près de mille. Or tout comme cette structure se trouve faite à la base, elle continue ainsi au travers de toute la Masse, qui n'est donc composée que de ces feuilles parallèles, & des Chambres par lesquelles elles sont liées l'une à l'autre. La superficie supérieure présente une variation, en ce que les écailles, disposées auparavant horizontalement, s'arrangent ici peu-à-peu en ligne perpendiculaire, & dans ce changement de position il s'insinue dans cette surface une paroi mitoienne forte & de l'épaisseur d'un écu, qui par un très-grand nombre d'arcs & de courbures passe à travers toutes les feuilles de la Masse, & les force de façon que les écailles & feuilles sont comme forcées de suivre cette paroi plus épaisse dans son cours, & de s'y tenir. C'est dans cet ordre que cette paroi plus épaisse, frisée & arrangée en labyrinthe forme une superficie, où elle s'élève de tous les côtez en dégré égal. Mais les feuilles écaillées, placées par tout entre les contours de la paroi, n'atteignent pas si haut, & demeurent enfoncées à un huitième de pouce plus bas que n'est le reste de la superficie. Cela ne peut que former nécessairement au dessus de la Masse des Allées enfoncées, qui sont les mêmes tours que les parois mitoiennes plus épaisses & plus élevées, & c'est ce qu'on a pris occasion de donner à ces Masses le nom de *Labyrinthe* ou de *Méandrites*.

Tout ce que nous avons dit jusques ici est applicable à toutes les autres espèces de cette classe. Il s'agit à présent d'en examiner les différences qu'il faut chercher dans cette paroi mitoienne dure & épaisse, qui par tant de Contours & de courbures traverse toute la masse en tant de sens différens. Or cette paroi mitoienne, dont les feuilles minces suivent toûjours le cours en ligne parallèle est 1) ou fort large, d'où il résulte qu'il ne peut y avoir qu'un petit nombre d'Allées enfoncées sur la Masse, comme on en peut voir l'exemple à la piece figurée ici, ou 2) cette paroi est un peu plus étroite, & cela par tout également, ou elle a 3) un bord aigu, ou enfin 4) elle n'est point visible du tout sur la superficie. Dans le *premier* cas c'est absolument une *Pierre à labyrinthe*. Dans le *second* cas nous sommes fort tentez de lui donner le nom de *Méandrite*, non seulement parceque l'on remarque par tout entre les Contours de la paroi une Allée fort enfoncée, garnie de tous ses côtez de petites feuilles finement dentelées, mais aussi, parcequ'il y a même au dos de la paroi encore un sillon enfoncé, qui fait le même tour. Dans le *troisième* cas qui est celui, où la paroi se termine en tranchant, & où les petites feuilles des deux côtez vont se joindre en pointe au dessus de ce tranchant,

on

wand heraus fahren, (dergleichen uns die folgende Tab. A. XI. zeigen wird) so daß man die Scheidewand selbst nicht auf der Oberfläche zu sehen bekommt, wäre der Masse der Name *Cerebrites*, oder *Lithocerebrum* wegen der Aehnlichkeit mit einem liegenden Gehirn, beyzulegen.

Nunmehro nenne der Leser seine Stücke, wie es ihm selber am besten gefällt. Denn die Benennung wäre willkührlich, wenn man die öfters gar zu kurz und zweydeutig gerathene Beschreibung der Schriftsteller nur verstehen, und einsehen könte, welche Art sie jedesmahl meynen; zumahl da die Natur allezeit an diese Stücken noch eine besondere Kunst gewendet hat, die sich viel besser selbst mit Augen ansehen, als durch Worte beschreiben lässet. Um jetzt nicht der häufigen, seltsamen Abweichungen in Ansehung der Figur zu gedenken, denn es sind etliche dieser Gehirn, oder Labyrinth-Corallen so rund wie eine ordentliche halbe Kugel, andere sind länglicht und schmal wie ein dicker Ast eines Baumes, noch andere haben unterschiedene hohe Berge, und Höcker, oder sind ganz flach. Und was die Größe betrift, so werden sie von einem Zoll an, biß zu anderthalbe Schuh im Durchmesser groß gefunden.

Fig. 2. Dieser kleine Schwamm ist eine Madrepora favosa, und siehet einem Bienenstock sehr ähnlich. Das innere Gebäude kömmt mit der vorigen Art sehr überein, denn das weisse stellet in der Figur die dicke Scheidewand, und die schwarze Flecken, die sternförmig mit dünnen Blättern ausgefüllte Gruben vor. An statt aber, daß bey den vorher beschriebenen die Scheidewand beständig von einander tritt und Irrgänge macht, so läuft sie allhier beständig zusammen, und schliesset die Blättchen in unordentliche Stern-Gestalten ein.

Fig. 3. Gleiche Bewandnus hat es mit gegenwärtiger Madrepora Astroites, oder dem Sternstein. Es sind aber die Zwischenwände allhier sehr dicke, die Röhren stehen senkrecht und vereinigen sich nach und nach unten am Fuß, daß zulezt eine einzige den Anfang zu allen scheinet gemacht zu haben, jede Röhre ist mit sternförmigen und in einem Zirkel gestellten Blättern angefüllet, und da diese Blätter auf der Oberfläche nicht ganz hinauf reichen; so stellen sie allezeit vertiefte Löcher vor. Von dergleichen Stern-Steinen giebt es nun fast so viele Arten, als man sich Größen von Sternen in dem Raum eines halben Zolles vorstellen kan. Denn wir haben dergleichen mit ungemein kleinen und feinen, auch andere mit sehr grossen Sternen von einem halben Zoll im Durchschnitt angetroffen. Etliche von solchen Sternsteinen haben die Sterne dichte an einander, etliche aber weit, und bey einigen stehen sie über einen Zoll weit auseinander. Oefters sind diese Sterne Zirkelrund, oft sind sie eckigt, und liegen entweder nur oben auf, oder gehen in einen Köcher ganz durch; nicht selten sind sie länglicht rund; desgleichen auch von ganz unordentlicher Figur, als ob jedesmahl zwey Sterne zusammen gelauffen wären, und solche Stern-Massen sind zuweilen eine halbe Elle hoch und breit. Von dieser Art leiten wir diejenigen Jaspis-artigen Sternsteine her, welche man unter den edleren Steinen aufhebet. Sie sind eine Versteinerung dieses Corallen-Schwammes.

on peut apeller cette Masse *Mesenterites* (*), ou *Madrepora areolata*. Mais dans le *quatrième* & dernier cas, c'est-à-dire celui, où les écailles, qui sont à côté, s'élèvent en arc au dessus de la paroi, comme nous en verrons cy-dessous un exemple à la Planche A. XI., de façon qu'on ne peut plus la voir sur la superficie, alors on peut donner à la Masse le nom de *Cerebrites*, ou *Lithocerebrum*, à cause de sa ressemblance avec une cervelle couchée.

Il est libre à présent au Lecteur de donner aux pièces qu'il possède le nom qu'il voudra. Car cette dénomination seroit entièrement arbitraire, s'il ne dévenoit nécessaire de la déterminer pour l'intelligence des Auteurs, dont les descriptions sont souvent trop courtes, ou tellement équivoques, qu'on est quelquefois dans le cas de deviner quel peut être leur véritable sens, d'autant plus que la nature a toûjours employé à ces pièces quelque art de plus, qu'on peut voir plus facilement, qu'on ne l'exprime par des paroles, pour ne rien dire des fréquentes & singulières anomalies quant à la figure, qu'on rencontre dans les pièces de cette espèce. Car on voit de ces Coraux à labyrinthe, ou à cervelle, qui sont ronds comme un demiglobe, d'autres oblongs & étroits, comme pourroit être la branche épaisse d'un arbre, d'autres encore, qui portent de hautes montagnes, ou des bosses, ou d'autres enfin qui sont plats. Pour la grandeur on en trouve depuis un pouce jusques à un pied & demi de diamètre.

Figure 2. Ce petit Champignon est une *Madrepora favosa* fort semblable à un *gateau de ruche*. Sa structure est très-conforme à celle du précèdent; car ce qu'il y a de blanc dans la figure représente la paroi mitoienne épaisse, & les fossettes en forme d'étoile remplies par des feuilles minces sont figurées par le reste. Mais au lieu qu'à la Plante précédente la paroi mitoienne se sépare souvent, & forme des allées en labyrinthe, ici elle est par tout continue, & environne de toutes parts les petites feuilles en étoiles de figure irregulière.

Figure 3. On peut dire la même chose de la présente figure, qui est une *Madrepora astroites*, ou *Pierre etoilée* (**). Mais les parois mitoiennes sont ici fort épaisses. Les tuiaux sont disposez perpendiculairement, & se réünissent peu-à-peu au pied, de façon qu'un seul tuiau semble être l'origine de tous les autres. Chaque tuiau est rempli de feuilles formées en étoiles & posées en rond, & comme ces feuilles n'atteignent pas jusques à la superficie, elles ne paroissent que comme des trous enfoncez. Or il y a presque autant d'espèces de ces Pierres étoilées, qu'il est possible de s'imaginer d'Etoiles de diverse grandeur dans l'espace de la moitié d'un pouce, c'est à dire, de la plus petite espèce jusques à la plus grande. Car nous en avons trouvé dont les étoiles étoient extraordinairement petites & fines, & d'autres où les étoiles étoient très-grandes, & avoient un demipouce de diamètre. A quelques unes de ces pierres étoilées, les étoiles sont fort près l'une de l'autre, à d'autres elles sont éloignées, & il y en a où l'intervalle emporte presque un pouce de distance. Souvent ces étoiles sont rondes comme un cercle, il n'est aussi pas rares d'en trouver d'angulaires, quelquefois simplement couchées sur le haut de la pierre, d'autres fois perçant la pierre de part en part en figure de trousse, ou de carquois, assez souvent d'un rond oblong, & d'autres fois de figure très-irrégulière, comme si

(*) à cause de sa ressemblance avec le Mesentère.
(**) en allemand *Stern-Stein*.

Ex Museo Excell. D.D. Christ. Jac. Trew. f. f.

deux étoiles s'étoient combinées. On rencontre de ces Masses à étoiles, qui ont jusques à une demi-aune de hauteur, & autant de largeur. Selon nous, c'est de cette espèce de pierres étoilées que proviennent celles qui ont un peu de la nature du Jaspe, & qu'on a coutume de conserver parmi les pierres précieuses. Elles ne sont qu'une Pétrification de ce Champignon coralin.

Fig. 4. Zu eben bemeldetem Geschlecht gehöret auch die Art, die in dieser Figur abgebildet wird. Sie unterscheidet sich aber darinnen, daß jeder Köcher, in welchem die Blätterchen sternförmig stehen, ein besonderes Gehäuse vor sich selbst ausmacht, und also nicht mit der ganzen Masse vor ein einziges Stück kan gehalten werden. Dahero reichen auch alle Köcher einzeln und besonders aus der Masse, die gleichsam in einem kalchartigen Fundament steckt, heraus, und sind nur durch ein schiefferichtes Wesen mit einander befestiget. Es kömmt dieses Stück bey dem Linnæus unter dem Namen Madrepora fascicularis, und beym Imperatus unter dem Namen Milleporus vor.

Figure 4. Il faut mettre au rang de la pièce précédente celle que la figure présente dépeint. Ce en quoi celle-ci diffère de l'autre, c'est que la trousse ou le carquois, où se trouvent les petites feuilles en forme d'étoile fait un étui séparé, & n'est par conséquent pas une seule & même pièce avec le total de la Masse. C'est par cette raison que chaque carquois dépasse la Masse entière, qui est comme envelopée dans un fondement, qui tient de la chaux, & l'un n'est lié à l'autre que par une substance écaillée. On trouve cette pièce dans *Linnæus*, sous le nom de *Madrepora fascicularis*, ou *à faisceaux*, & *Imperatus* lui donne celui de *Milleporus*.

Fig. 5. Endlich beschließt die besondere Nebenarten die sich in dem Geschlecht der Steinschwämme finden, der auf vorhergehender Tafel Fig. 1. beschriebene Amaranthus Saxeus. Er ist nemlich bey dem Anbruch am Stiel mit einem einzigen grossen Stern ausgefüllet, welcher sich hernach in vier Aeste ausbreitet, die in ihren grossen und tiefen Höhlungen, wie sternförmige Trichter aussehen, wenn man nemlich von oben hinein schauet. Die am inneren Umfang stehende Blätterchen treten oben mit Zacken und Krausen aus jeden Trichter heraus, daher der ganze obere Rand gekräuselt zu seyn scheinet. Auswendig aber ist die Oberfläche glatt, und gleichsam wie ein Horn, als ob sie mit einem Corallenartigen Seeschlamm überzogen wäre. Wegen der grossen Höhlung ist diese Art nicht schwer, sondern ungemein leicht. Die Farbe ist gelblich, zuweilen auch weiß, und die Länge pfleget wohl einen halben Schuh zu erreichen.

Figure 5. Enfin voici l'*Amaranthus Saxeus*, par où nous finirons ce que nous avions à dire des espèces particulières, qui apartiennent à la Classe des *Champignons pierreux*. Nous en avons déjà parlé à la Planche précédente, fig. 1. On voit qu'une seule grande étoile remplit toute l'entamure du pédicule, qui de là s'étend en quatre rameaux, lesquels par leur cavité grande & profonde ressemblent, quand on y regarde du haut en bas, à un entonnoir formé en étoile. Les petites feuilles, qui se trouvent à la circonférence intérieure, sortent hors de chaque entonnoir dentelées, & garnies de frisure, ce qui donne un air frisé à tout le bord supérieur. Mais au dehors la superficie est unie, & ressemble à de la corne, tout comme si elle étoit couverte & enduite du limon coralin de la mer. Les pièces de cette espèce sont très-legères, ce qui provient de leurs grandes cavitez. La Couleur en est jaunâtre, quelquefois blanche, & quant à la longueur elle va communément jusques à un pied.

TAB. A. V.

Fig. 1. Auf gegenwärtigen Felsen-Klumpen erblicket man des Mercati sogenannte Isidis palma. Es ist aber dieselbige ein sehr zartes Horngewächse oder Keratophyton von aschgrauer, etwas ins braune fallender Farbe, dessen Nebenästgen nicht stärker als ein dickes Pferde-Haar, und gleichsam durchsichtig sind. Um die ganze Pflanze aber befindet sich eine kalchartige Rinde, welche aus lauter Knötgen, oder Wärzigen zusammen gesetzet zu seyn scheinet. Diese Rinde bestehet aus einer unendlichen Menge an einander gesetzter Pünctgen, welche ein deutliches Merkmahl sind, daß so viele Thierchen in denselben, als in ihren Zellen wohnen. Der Klumpe selbst aber ist ein Stück eines Felsens, an welchem sich vermittelst des kalchartigen Seeschlammes eine grosse Menge Röhrenwürmer von allerley Gattung angesetzet, und ihre runde, röhrigte Schaalen daran haben sitzen lassen.

Fig. 2. Diese Coralle ist ebenfalls ein baumförmiges Horngewächse, aber von schwarzer Farbe, und sehr ästig, welches bey dem Beßler unter dem Namen Erica marina, oder See-Heydekraut vorkommt. Die schwarze hornartige Substanz ist nicht nöthig näher zu beschreiben, weil sie mit derjenigen überein kömmt, die wir Tab. A. I. fig. 1. beschrieben haben; nur ist sie nicht so glatt, sondern man siehet auf der Oberfläche

PLANCHE A. V.

Figure 1. On voit sur ce morceau de rocher ce que *Mercatus* apelle *Isidis palma*, ou la *Palme d'Isis*. C'est une *Plante de nature de corne*, ou un *Keratophyton* très-delicat, de couleur cendrée tirant un peu sur le brun. Les rejettons qui en sortent ne sont pas plus épais qu'un gros crin de cheval. La Plante entière se trouve enduite, ou envelopée, d'une écorce de nature de chaux, qui paroit n'être compofée que de petits noeuds, ou de petits boutons. On voit sur cette écorce une infinité de petits points posez l'un contre l'autre, ce qui indique autant de petits animaux qui y habitent, comme dans leurs cellules. La Masse même n'est qu'un tapon de rocher, auquel se font attachez moiennant un limon de mer, qui tient de la chaux, une grande quantité de vers à tuyau de toute espèce, & qui y ont ensuite laissé leurs coquilles rondes faites en tuyau.

Figure 2. Le Corail de cette figure est aussi *une Plante de nature de corne en forme d'arbrisseau*, mais noir de couleur, & très-branchu. *Besler* la nomme *Erica marina* (*). Comme sa substance noire de nature de corne est de tout point conforme à celle dont nous avons donné la description cydessus en parlant de la prémière figure de la Planche A. I. il est superflu d'en rien dire ici; si ce n'est que celle-ci est moins

(*) en allemand *See-heyde-kraut*, c'est à dire *la bruyère de mer.*

flåche mehrere Striche, die einem faserichten Wesen ähnlich
sind. Die Rinde aber, die sich noch mehrentheils daran befindet, ist von einer Farbe, wie Aepfelblüte, zähe wie ein Leder, aber mit unendlichen Puncten, als eine Millepora durchbrochen, und streisicht. Eben diese nemliche Rinde befindet sich
auch an braunen, aschgrauen und anderen Horngewächsen, und
sowohl an glatten als stachlichten, rund ästigen und platt-ästigen.
Denn es giebt eine grosse Menge verschiedener Arten dieser Horncoralle, die hernach in der Art ihrer Ramification abermahls
abweichen, indem etliche breite, andere schmale Vergliederungen haben, und an denen die Aeste Staudenförmig oder Gabelförmig
heraus tretten. Alle diejenigen Keratophyta nun, welche mit
einer Polyppen-Rinde umgeben sind, werden besonders von dem
Boerhave *Titanoceratophyta* genennet.

Fig. 3. Eben ein dergleiches Keratophyton, aber ohne Crusta
wird uns in dieser Figur gezeiget, welches eine braunrothe Farbe
und keine Rinde hat, und da es ein schadhaftes Exemplar ist,
dessen zartere Aestgen abgebrochen sind, so kan es vermuthlich
die Rinde verlohren haben. Indeß wollen wir keinesweges dadurch behaupten, und es als eine ausgemachte Sache annehmen, daß alle Horngewächse von Natur eine Rinde haben mü-
sten, und daß diejenige, welche diese Rinde nicht besitzen, solche
durch einen Zufall unwidersprechlich verlohren hätten. Denn
man hat Meeres-Gegenden, oder Meerbusen gefunden, da alle
Horngewächse keine Rinde haben, vielleicht deswegen, weil das
Gewässer daselbst keinen Schlamm bey sich führte, der sich
anlegen konte, und den Polyppen eine Herberge verschaffte. Auch
werden nicht allenthalben die Polyppen so häufig zugegen seyn.
Wir können auch nicht läugnen, daß die Meinung, als ob sogar
die Horngewächse ein Gebäude der Thiere sey, und die Rinde
deßwegen ihre unumgängliche Haut ausmachen müsse, darum
uns sehr zweiffelhaft vorkomme, weil einerley Horncorall, allerhand Art von Rinden haben kan. Denn wir haben schwarze
Keratophyta mit einer Rinde von Madreporen, und auch von
Milleporen, desgleichen mit vermengter Rinde, und auch ganz
und gar ohne Rinde, und doch unbeschädigt gesehen. Ja in den
steinigten unächten weissen dicken Baumcorallen haben wir mehrentheils ein Keratophyton gefunden.

TAB. A. VI.

Fig. 1. Ein vollständiges Exemplar eines schwarzen Horn-
Gewächses zeiget sich allhier in dieser Figur, welches des Rum-
pfens Acarbaricum nigrum ramosum ist. Das hol-
zigte Wesen dieser Staude ist sehr streifigt, und scheinet gewunden, oder gedrehet zu seyn, als ob die Fasern oder Fi-
bern von einander gewichen wären. Die Masse ist dicht,
hart, und kohlschwarz; an den jüngeren Spitzen aber nur etwas
bräunlicht und durchsichtig. Das Stück des Felsens, worauf
es sitzet, ist mit einer Corallen-Masse besetzet, in welcher man
grosse aber gleichsam abgenutzte Sternaugen siehet. Diese
Masse gehöret unter die Astroiten und wird vom *Linnæus* Madrepora Ananas genennet.

---

moins unie que celle-là, y ayant sur la superficie plus de
raïes, qui ressemblent à une matière composée de filamens.
Mais pour ce qui concerne l'écorce, qui s'y trouve encore
en grande partie, la couleur en est semblable à celle des
fleurs de pommier. D'ailleurs cette écorce est coriace,
comme le cuir même, & percée d'un nombre infini de trous
comme une *Millepora*, au reste raïée. Cette même écorce
se trouve à des Plantes de nature de Corne brunes, cen-
drées, & autres, soit qu'elles soit unies ou non, & que les
branches en soient rondes ou plattes. Car il y a une quantité d'espèces de ces Coraux de nature de corne qui diffèrent ensuite encore par leur branchage, puisqu'on en rencontre dont les articulations sont larges, tandis qu'à d'autres elles sont étroites, & qu'aux uns le branchage croit
en arbuste, à d'autres en fourche. *Boerhave* donne en
particulier à tous les *Keratophytes* envelopez d'une écorce
de Polypes le nom de *Titanoceratophyta*, c'est-à-dire, Corail pierreux tenant de la nature de corne, & ayant quelque
chose de semblable à la chaux.

Figure 3. Un *Keratophyton* pareil paroit ici, mais sans
Croûte. La couleur en est rouge tirant sur le brun. Il n'y
a point d'écorce. Comme ceci est une pièce endommagée,
dont les rameaux les plus fins se sont rompus, il est à présumer qu'elle peut avoir perdu son écorce. Cependant nous
ne prétendons point dire par là, ni donner pour un axiome,
que toutes les Plantes de nature de corne doivent nécessairement avoir une écorce, ni que celles, où cette écorce ne
se rencontre pas, doivent absolument l'avoir perduë par
quelque accident. Car il y a des plages de la Mer, & des
Golfes, où toutes les Plantes de nature de corne sont dé-
nuées d'écorce, parceque l'eau y est privée de ce limon nécessaire pour couvrir les Plantes, & fournir aux Polypes
les matériaux de leur habitation. D'ailleurs les Polypes
n'abondent pas par tout en quantité égale. De plus, nous
conviendrons de bonne foi que l'opinion que les Plantes
de la nature de corne sont aussi un édifice construit par des
animaux, & que par cette raison l'écorce en doit absolument constituer l'envelope ou la peau, ne nous paroit pas
fondée sur un raisonnement fort assûré, vû que des Coraux
de nature de corne d'une même espèce peuvent avoir toutes sortes d'écorces. Car nous avons vû des *Keratophyta*
de couleur noire ayant une Ecorce de *Madrepores*, ou aussi
de *Millepores*, ou encore d'une écorce mêlangée, & de
même tout-à-fait dénuez d'écorce, & cependant non-en-
dommagées. Outre cela nous avons trés-souvent trouvé
un *Keratophyton* dans les Coraux pierreux bâtards épais de
couleur blanche, qui sont formez en arbrisseaux.

PLANCHE A. VI.

Figure 1. La figure que nous présentons ici à nos Lecteurs est une Plante de nature de corne, noire de couleur,
& cette pièce est complette. C'est celle que *Rumpff* nomme *Acarbaricum nigrum ramosum*. (*) La partie de cet arbuste
qui a quelque chose de la nature du bois, est garnie de beaucoup de rayes, & paroit être tordue ou tournée, tout comme si les fibres ou filamens s'étoient écartez les uns des autres. La Masse est compacte, dure, & noire comme du
charbon, mais aux rejettons plus jeunes elle n'est qu'un peu
brunâtre & transparente. Le lieu du rocher, où cette Plante est attachée est couvert d'une Masse coraline, où l'on
observe de grands yeux étoilez, mais qui paroissent comme
ulez.

(*) Cet Acarbaricum est aussi apellé par *Linnæus* ‹p. Lithophyta›.

Ex Museo Excell. D.D. Chrift. Jac. Trew. J.J.

G.C. Killer ad nat. pinxit.

33.

Ex Museo Excell. D.D. Christ. Jac. Treu. J.J.

C.N. Kleemann ad nat. pinxit.

Fig. 2. Ist ein Keratophyton mit zurückgebogenen Aesten, das mit einer Rinde versehen, und von eben der Bauart ist, als die Tab. A. II. fig. 1. beschriebene Madrepora Abrotonoides; nur sind die sternförmigen Köcherchen der Rinde merklich zarter. Das Keratophyton selbst aber hat keine runde sondern ganz platte und breite Aeste, die sich mit gewissen breiten braunen Flächen oder Fortsätzen vergliedern, und übrigens völlig schwarz sind.

Fig. 3. Allhier wird uns ein aschgraues Keratophyton mit knotigten Vergliederungen gezeiget, an welchem besonders die hin und wieder sitzende dicke Rinde merkwürdig ist. Denn diese Rinde ist eine steinigte Corallen-Masse mit unzählichen Löchern, und schlechterdings mit jener Millepora einerley, die, und dergleichen wir Tab. A. II. fig. 3. weitläuftiger beschrieben haben. Wir zweifeln gar nicht, daß dieses Keratophyton, wenn es im Meere stehen geblieben wäre, dergestalt mit dieser Corallen-Massa überzogen worden wäre, daß man nach etlichen Jahren dieses nemliche Stück unter die Hirschgeweyh-ähnliche Milleporen, und folglich unter die harte Steincoralle hätte zählen müssen; und da vermuthlich das Keratophyton durch Alter und kalchartige Schärfe, innerhalb der übrigen Corallen-Masse, alsdann würde verzehret und unsichtbar geworden seyn, so würde ja niemand eine solche Coralle, dem Ursprung nach, vor ein Horngewächse ansehen, sondern, wie der Gebrauch jetzo ist, behaupten; es hätten sich die Polypen also baumförmig angebauet.

TAB. A. VII.

Fig. 1. Eine ächte rothe Coralle, dergleichen wir Tab. A. Fig. 1. beschrieben haben, wird uns in dieser Figur vorgestellet, wie sie nemlich in den Felsen steckt, und durch denselben durchsetzet. Wenn hier die Coralle den Felsen nicht durchbohret hat, so muß der Fels um sie herum gewachsen seyn, da nun aber der Stein des Felsens, seiner Härte nach, vor älter, als die Coralle zu halten ist, so kan das leztere nicht statt haben; ist aber das erstere, und hat sich die Coralle durch den Felsen durchgebohret, so weiß ich nicht, wie die Polypen die so weich und ungemein zart sind, (wenn sie nemlich, wie man will, diese Zinken selber bauen,) damit zurechte kommen können, ihr Gebäude durch einen so harten Gegenstand aufzuführen. Wenigstens wird man, um den Widerspruch zu heben, auf Ausflüchte sinnen müssen, darüber sich noch eine Weile disputiren lässet; zumahlen wenn man die Frage verlegen wollte, wie die erste Polype, die den Anfang zu den Corallen soll gemacht haben, mitten in die Masse des Felsens bey solchen Stücken gekommen sey, da die Wurzel der Zinken drey, bis vier Zoll tief inwendig in dem Felsen steckt? Uebrigens bestättiget sich des Grafen von Marsigli Meinung nicht überall, als ob die Corallen unter sich wüchsen, denn man findet auch hier, man mag den Klumpen drehen wie man will, Zinken über sich und unter sich, und seitwärts stehen.

Figure 2. C'est un *Keratophyton* à rameaux courbez en arrière, & garni d'une écorce toute pareille à celle dont nous avons donné la description cy-dessus en parlant du *Corail étoilé d'Auvonne*, (*Madrepora Abrotonoides*) voy. Pl. A. II. fig. 1. Ce en quoi celle-ci diffère, c'est que les petites trousses ou gaines en forme d'étoiles sont ici beaucoup plus fines. Les rameaux de la Plante même ne sont point ronds, mais tout à fait plats & larges, & se joignent au moyen de quelques articulations à d'autres rejettons larges & bruns. Au reste la couleur en est absolument noire.

Figure 3. On produit ici un *Keratophyton* de couleur cendrée, *à articulations noueuses*, particulièrement remarquable par l'écorce épaisse qu'on y voit en divers endroits. Car cette écorce est une Masse coraline, marquée d'une infinité de trous, & absolument la même que la *Millepora*, & d'autres semblables que nous avons amplement décrit cy-dessus, voyez Pl. A. II. fig. 3. Nous ne doutons nullement que si cette même Plante de nature de corne fut demeurée plus long-tems dans la Mer, la Masse coraline qu'on y observe çà & là l'auroit entièrement couvert, de façon qu'après quelques années, on n'auroit pû se dispenser de la comprendre sous l'espèce des *Millepores formez en bois de cerf*, & de la mettre ainsi au nombre des *Coraux pierreux durs*. Et comme il est probable, que soit par laps de temps, soit par cette acreté de nature de chaux que l'eau de la Mer renferme, ce *Keratophyton* auroit été consumé & détruit au dedans de la Masse coraline de manière à ne laisser aucun vestige, personne ne se seroit avisé de regarder cette pièce comme ayant été originairement une Plante de nature de corne; on n'auroit pas manqué au contraire de soutenir, *selon la façon de penser reçue aujourdhui*, que des Polypes auroient construit ainsi cette pièce en arbrisseau.

PLANCHE A. VII.

Figure 1. Voici un véritable Corail rouge pareil à celui que nos Lecteurs ont vû sur la Pl. A. fig. 1. La présente Pièce est toute enfoncée dans le rocher qu'elle perce de part en part. Si l'on ne veut pas admettre l'hypothèse, que le Corail a percé le rocher, on se trouvera obligé de supposer que le rocher a fait son crû peu-à-peu autour des branches du Corail. Or cette dernière supposition ne peut point être admise, puisque naturellement la pierre du rocher est plus dure & plus ancienne que le Corail: & quant à la prémière hypothèse suivant laquelle le Corail doit avoir percé à travers le rocher, il est assez incompréhensible que les Polypes, si tendres & si délicats ayent pû (puisqu'on prétend qu'ils sont eux mêmes les Architectes du Corail) construire leur habitation, au travers d'un Corps aussi dur, & où ils n'ont pû manquer de trouver une résistance invincible. Tout-au-moins, on se trouvera reduit, si l'on veut lever cette objection, à recourir à des faux-fuians, sur lesquels il y aura bien des argumens à alléguer pour ou contre, sur tout si l'on met en question comment le prémier Polype, par lequel on prétend que l'édifice de la Plante du Corail a été commencé, a pû pénétrer en pièces aussi grosses jusques au milieu de la Masse du rocher, vû que la racine des branches s'y trouve avancée de trois jusques à quatre pouces au dedans du rocher? Au reste le sentiment du Comte de *Marsigli*, que les Coraux poussent vers le bas ne trouve point d'apui ici, car do quel sens qu'on tourne & qu'on considère la présente Masse,

on verra qu'il en sort des Chevilles ou bouts, en haut, en bas, & par les côtez.

Fig. 2. Diese röhrenförmige Stern-Masse ist des Imperati Porus matronalis ramosus. Sie nimmt aus einem einzigen Daumens dicken sternförmigen Stamm ihren Ursprung, und aus demselben gehen allenthalben zur Seiten Fingers dicke Aeste, als eine junge Brut aus, die sich hernach wiederum in Aeste, eines Federkiels dick, zertheilen. Sie haben alle inwendig eine gestirnte Köcher-Figur, oben aber zeigen sie sich allezeit platt abgeschnitten, und offen. In diesen Oefnungen trift man vielfältig ein häutiges Wesen, als Beweise des ehemahligen Baumeisters und wurmförmigen Polypen an, und ist hier ein solcher Ursprung nicht zu läugnen.

Figure 2. Imperatus donne à la présente *Masse étoilée à canaux* le nom de *Porus, matronalis ramosus.* Une seule Tige en forme d'étoile & épaisse d'un pouce en fait le commencement & de là partent par tout vers les cotez des rameaux de l'épaisseur d'un doigt, comme un jeune nourrain, qui produit d'autres petits rameaux, lesquels ne sont pas plus gros qu'un tuyau de plume. Ils ont tous intérieurement la figure d'une trousse ou gaine faite en étoile, & sont coupez & ouverts en haut. On trouve assez souvent dans ces ouvertures des restes d'une espèce de pellicule, qui prouve que le prémier Architecte de cette habitation, nous entendons par là un Polype formé en ver, y a fait sa demeure, ce qu'il n'est pas possible de contester.

TAB. A. VIII.

Fig. 1. Wir treffen allhier ein ansehnliches Stück knotiges Horncorall an, welches von eben der Art ist, wie wir bereits Tab. A. I. n. 1. unter den Namen Antipathes beschrieben haben. Man hat vormahls noch dickere Stücken gefunden, allein jetzo sind dergleichen ziemlich selten. Vom gegenwärtigen ist der Herr Steding, Apothecker in Nürnberg, Besitzer.

Fig. 2. Ist eine Art von dem ächten rothen Steincorall, mit durchbrochener Oberfläche. Die Masse ist inwendig ziemlich dichte, und wo man auch eine Zinke von einander bricht, so findet sich nur eine geringe Spur von einer Zelle, die einigermassen sternförmig scheinet gewesen zu seyn. Die Oberfläche ist ringsherum mit Streiffen und Furchen besetzet, welche der Länge nach an den Aestgen herunter gehen. Sie ist ferner mit Grübgen versehen, und gleichsam durchbrochen. Diese Grübgen scheinen ebenfalls verloschene Sternchen zu seyn, und haben alle die Grösse, wie ein Kopf einer kleinen Stecknadel, wie solches an dem Original des Herrn Stedings in Nürnberg zu ersehen ist.

Fig. 3. Ist vermuthlich eine jüngere Corallen-Zinke von der nemlichen Art, dergleichen Tab. A. fig. 2. ist beschrieben worden. Denn die Farben verändern sich mit dem Alter. Es ist nemlich möglich daß sich immer mehrere rothe Theilchen von nemlicher Art anlegen; wenn nun immer eine fleischfarbene Masse mit nemlichen gefärbten Theilchen mehr und mehr getränket wird, so erhöhet sich zulezt die Farbe. Auch dieses Stück wird bey mehr gemeldeten Herrn Steding aufgehoben.

Fig. 4. Von nicht minderer Schönheit ist eine dergleichen Corallen-Zinke aus dem Cabinet des berühmten Herrn Hofraths Trew (welchem wir so viele ausnehmende *Originale* in dieser Sammlung zu danken haben) und die hier in dieser Figur gezeiget wird. Sie ist besonders wegen der freyen Ausbreitung ihrer Aeste merkwürdig.

Fig. 5. Ein nicht minder vortreffliches Stück ist uns von dem Herrn Prediger Schadelock in Nürnberg mitgetheilet worden, das in dieser Figur vorgezeiget wird. Da dergleichen bisher noch nicht vorgekommen, so ist nöthig, daß wir es näher beschreiben. Es ist nemlich ein sternförmiger Steinschwamm mit

PLANCHE A. VIII.

Figure 1. Nous trouvons ici une pièce considérable d'un Corail de nature de corne noueux de la même espèce dont nous avons déja parlé cy dessus, Pl. A. I. fig. 1. sous le nom d'*Antipathes.* Autrefois on trouvoit des pièces encore plus épaisses de la même sorte, mais à présent elles sont rares. Le Sr. *Steding,* Apoticaire à *Nuremberg,* est Possesseur de l'original de celle-ci.

Figure 2. Ceci est une espèce du *Corail rouge pierreux véritable* à superficie percée. La masse au dedans en est assez compacte, & lors même qu'on en rompt une cheville on ne remarque à l'entamûre, qu'à peine le petit vestige d'une cellule, qui en quelque façon paroit avoir eû la forme d'étoile. Tout le tour de la superficie est marqué de rayes & de cannelures, qui descendent tout du long à côté des petits rameaux. La Plante a d'ailleurs des fossettes, dont elle semble comme percée. On peut conjecturer que ces fossettes ont aussi été des petites étoiles dont la figure s'est effacée. Elles sont assez grandes pour qu'on puisse y faire entrer la tête d'une petite épingle, comme on le peut voir à l'original que le Sieur *Steding* de *Nuremberg* possède.

Figure 3. Selon les aparences c'est la petite branche d'un jeune Corail de la même espèce que nous avons décrite cydessus, voy. Pl. A. fig. 2. Car les couleurs changent à mésure que le Corail vieillit. On conçoit qu'il s'attache toûjours davantage de particules rouges de la même espèce à la plante. Or quand une Masse, qui est originairement couleur de chair, continuë de plus en plus à être imbibée de particules colorées homogènes, il est naturel qu'à la fin la couleur s'exhausse. La présente pièce est aussi entre les mains du Sr. *Steding.*

Figure 4. Nous devons à Monsieur le Conseiller Aulique Trew quantité de superbes originaux qu'on voit dans la présente Collection. En voici un qui représente une branche de corail, qui n'est pas de moindre beauté que la précédente, & qui est aussi tirée du riche Cabinet de ce Sçavant. Celleci est particulièrement remarquable par l'extension dégagée de son branchage.

Figure 5. Une pièce toute aussi admirable que la précédente nous a été communiquée par Monsr. *Schadelook,* Prédicateur à *Nuremberg.* On la voit dépeinte dans la présente figure. Comme nôtre Collection n'en a jusques ici point produit de pareille, il conviendra d'en parler un peu en détail.

Ex Museis Excell. D.D. Trew, summe venerabilis D. Schadeloock,
& D. Steding.

C.N. Kleemann ad. nat. pinxit.   40.

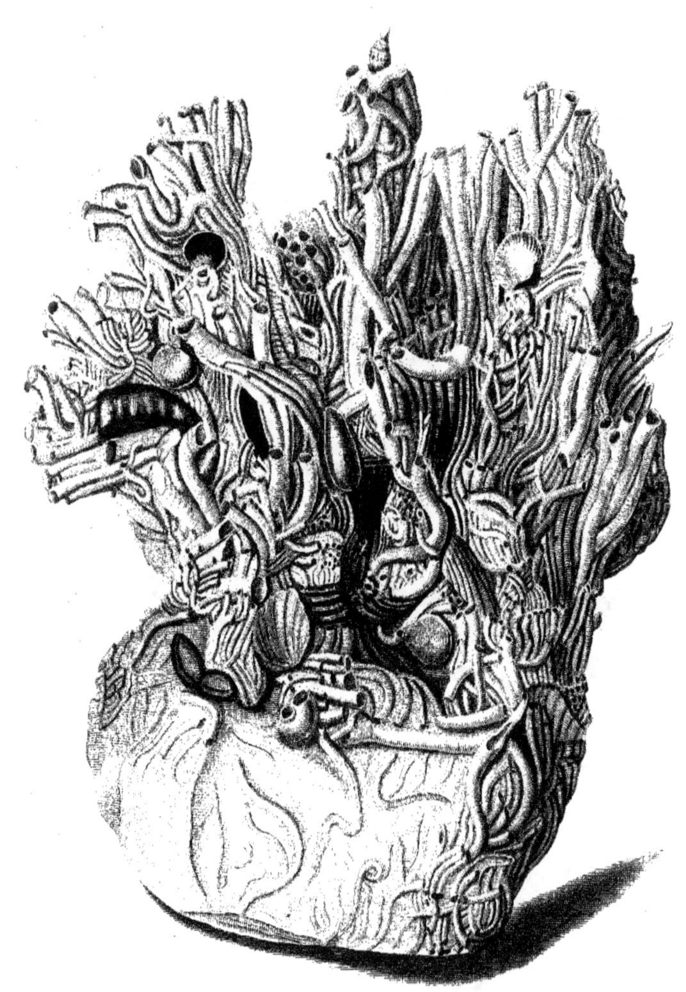

Ex Museo Excell. D.D. Christ. Iac. Trew. S.S.

C. N. Kleemann ad nat. pinxit.

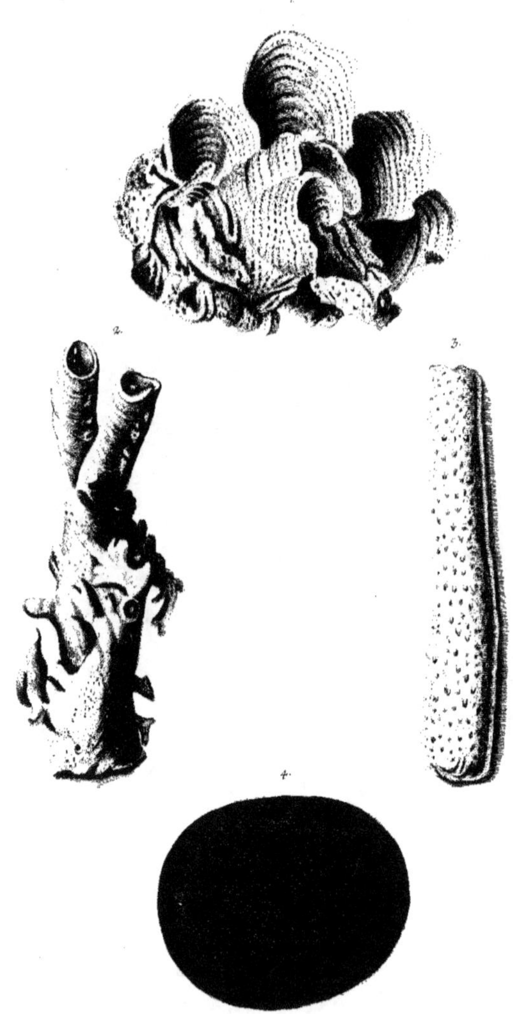

Ex Museo Excell. Dom. P. L. St. Mülleri, Philos. D. et Profess. ord. Erlang.

Christian Leinberger ad nat. pinxit.

mit gezackten Blättern, und die Bauart ist eben die, welche wir schon von den Stern-Figuren mehrmahlen angezeiget haben. Denn zwischen zwey hohen Blättern stehen drey andere niedrige, davon das mittlere wiederum das höchste ist. Die Zacken sind vollkommen einer Säge gleich, und sind an den grosen Blättern sehr ansehnlich, an den kleinen aber sehr zart. Inwendig ist eine grose runde Höhlung und die Blätter stossen nicht, (wie sonst in vielen Madreporen geschiehet,) in einem Mittelpunckt zusammen. Die Farbe der Schieffer ist weis. Diese blätterichte Krone stehet auf einem kurzen und fast eben so dicken Stiel, welcher aber mit vielen solchen sternförmigen Köchern angefüllet ist, die sich endlich in den obern einzigen und allgemeinen sternförmigen Ring endigen. Man nimmt auch an dem äusseren Umfang des Fusses gewisse Decken, oder steinharte Häute wahr, woraus erhellet, daß sich immer eine neue Krone über der andern angesetzet habe. Diejenige nun, welche die Corallen nur für ein Gebäude von Thieren ansehen, schreiben diesem Exemplar einen Polyppen zum Einwohner zu, dessen Cörper in der Mitte lieget, und der so viele Arme hat, als es harte Schieffer giebt, zwischen welchen das Thier diese vielen Arme hält, und sie zurücke ziehet, wenn es Gefahr bemerket.

TAB. A. IX.

Diese Kupfertafel stellet uns nur eine einzige, aber sehr wunderbare Figur dar. Es sind nemlich unzählige Röhren oder Würmer-Gehäuse die theils untereinander, theils gemeinschaftlich an einem Felsen fest sitzen. Diese Structur rechtfertiget schon den allgemeinen Namen Tubularia; jedoch ist sie schwerlich unter die Classe der Corallen zu bringen. Denn die Masse ist nicht so, wie an anderen Corallen beschaffen. Die Röhren sind unten enge, und werden nach und nach weiter. Sie scheinen aus lauter Queer-Ringen zu bestehen, die sich nach und nach auf einander angesetzet haben. Doch inwendig ist jede Röhre glatt, und gleichsam mit einem röthlich braunen und hart gewordenen Schlamm überzogen. Von diesen Röhren stehen mehrentheils viele auf einem Fuß, und sind wenig, oder mehr durch einen Meerschlamm, der sie gleichsam überzogen hat, an einander gekittet. Uebrigens aber schlingen sie sich durcheinander, und weichen einander aus, wie sie nemlich am besten haben Platz finden können. Wegen der Masse, womit diese Röhren mehrentheils überzogen sind, könte dieser Klumpe wohl vor des Marsigli Corallium Tubulosum, oder Tubularia alba, gehalten, noch besser aber einem Halcyonio duro beygefüget werden. Eben dergleichen Röhren finden sich oft einzeln, so wohl an Felsen, wie man an dem untersten Theil dieses Klumpen siehet, als auch an Schnecken, Muscheln, Schiffen, Pfählen, und anderen Körpern; eben wie auch auf dieser Masse allerhand Meer-Muscheln und Schneckgen ja sogar Asteriten und dergleichen feste sitzen.

TAB. A. X.

Fig. 1. Eine ungemein niedliche blätterförmige mit unzähligen Sternchen besetzte Corallen-Masse wird in gegenwärtiger Figur

tail. C'est un *Champignon pierreux en forme d'étoile à feuilles dentelées,* & sa structure est la même que celle des autres figures étoilées, dont nous avons souvent eû occasion de faire mention. Car on y observe entre deux feuilles élevées trois autres basses, dont celle du milieu est encore la plus haute. Les dens en sont de tout point semblables à celles d'une scie, grandes aux grandes feuilles, & trés - sines aux petites. Au milieu il y a une grande cavité ronde, car ici les feuilles ne se réunissent pas au centre, *comme cela arrive à quantité de Madrepores.* La couleur des feuilles ou écailles est blanche. Cette *Couronne feuilletée* est posée sur un pedicule court & trés épais, qui est rempli par un grand nombre de trousses ou gaines en forme d'étoile, qui vont se terminer enfin à l'unique anneau général, qu'on voit en haut, lequel est aussi figuré en étoile. On observe en même tems à la péripherie extérieure du pied certaines couvertures, ou écorces dures comme de la pierre, d'où il paroît que successivement une Couronne s'est toûjours posée sur l'autre. Ceux qui sont pour le sistème, que les Coraux sont un édifice construit par des animaux, attribuent à cette pièce un Polype pour habitant, dont selon eux le corps se tient au milieu, & qui a autant de bras que cette pièce a de feuilles ou d'écailles dures, entre lesquelles l'Animal étend ses bras nombreux, & les retire, quand il soupçonne quelque péril.

PLANCHE A. IX.

Cette Planche ne produit aux yeux du Lecteur qu'une Figure unique, mais d'une structure merveilleuse. On y voit une infinité de tuyaux, ou d'habitations de vers, attachées à un rocher, tantôt sans ordre & entremêlées, tantôt en commun. Cette structure indique déja la raison pour laquelle on donne à cette pièce le nom général de *Tubularia* ou *Corail a tuyaux.* Cependant nous ne croyons pas qu'on la doive regarder comme un Corail, parceque sa Masse n'a pas les qualitez des autres Coraux. Les tuyaux sont étroits en bas & vont peu-à-peu en s'élargissant. Ils ne paroissent être composez que d'anneaux en travers, qui se sont posez successivement l'un sur l'autre. Cependant dans l'intérieur chaque tuyau est uni, & comme enduit d'un limon brun tirant sur le rougeâtre, qui s'y est durci. Ces tuyaux reposent pour la plus grande partie sur un pied & sont plus ou moins mastiquez l'un à l'autre par un Limon de mer, dont ils sont comme couverts. Au reste ils s'enlacent entre eux, ou gauchissent, selon que la place le permet. Quant à la Masse, qui couvre la plus grande partie de ces tuyaux, il y a lieu de croire que c'est ce que *Marsilli* apelle *Corallium tubulosum,* ou *Tubularia alba,* c'est-à-dire le *Corail à tuyaux,* ou la *Masse à tuyaux de couleur blanche;* mais nous estimons qu'on feroit mieux de la joindre à l'*Alcyonium durum,* le nid d'*Alcyon.* (*) On trouve aussi souvent de pareils tuyaux seuls, ou séparez, comme on peut voir à la partie inférieure du présent tapon, & qui se rencontrent également sur des Coquilles de toute espèce, sur des navires, des pilotis, & d'autres corps; tout comme on aperçoit sur cette Masse-ci toutes sortes de Coquilles de mer, de petits Escargots, & mêmes des *Asterites,* & pièces pareilles fermement attachées.

PLANCHE A. X.

Figure 1. *Une Masse coraline à feuilles garnie d'un nombre infini de petites étoiles,* paroit ici, & mérite bien par sa beauté extra-

I

(*) *Alcyon,* petit Oiseau de mer qui fait son nid parmi les roseaux.

Figur vorgezeiget, und sie ist werth, daß wir sie genauer betrachten. Auf einem sternförmig durchlöcherten, theils felsichten, theils Corallenartigen Fuß richten sich unterschiedene gekrümmt an einander stehende breite Blätter in die Höhe, welche eine solche Lage haben, wie die Baum-Schwämme, oder Lerchen-Schwämme zu wachsen pflegen, dahero auch diese Corallen-Masse den Namen Madrepora agaricites führet. Diese Blätter sind in- und auswendig mit erhöheten Wulsten dergestalt liniret, daß jeder Wulst ein neuer Aufsatz zu seyn scheinet. Gleich über jedem Wulst, oder jeder Rippe ist allezeit eine vertiefte Furche, in welcher ein zierlicher Stern in einer ordentlichen Linie an dem andern stehet. Diese Sterne bestehen aus lauter ungemein feinen Blätterchen, welche in der Rundung stehen, und sowohl über sich, als unter sich über die folgenden Rippen hin, und in die andere Reihe Sterne hinein lauffen, daß dadurch die ganze Masse von allen Seiten sehr zart liniret zu seyn scheinet. Bey dem Anbruch siehet man, daß die Sterne von beyden Seiten nicht ganz bis in die Mitte der Blätter dringen, die Blätter selbst aber sind von der nemlichen Dichtigkeit, oder von eben solchen Bestandtheilen, wie die harten weissen Corallen, die in den Officinen gebraucht werden, und haben mit den dicken Scheidewänden in den Labyrinth-Schwämmen viele Aehnlichkeit. Ihre Abweichungen in der Lage der Blätter sind ungemein mannigfaltig; ja man trift die nemliche Art als flache Pfannenkuchen, oder Teller, oder auch wie ein fucus fimbriatus an. Der Farbe nach sind sie, wie diese weis, oder gelb, oder blau, oder auch fast schwarz. Zuweilen sind auch Backsteine, Muscheln, und andere Körper mit der nemlichen Masse, als mit einer Decke überzogen.

extraordinaire d'être considérée de près. Diverses feuilles larges & courbées, posées l'une à côté de l'autre, s'élèvent sur un pied percé en forme d'étoile, qui tient autant de la nature du rocher, que de celle d'une Masse coraline, postée de la même façon que croissent les Champignons d'arbre, ou les agarics, ce qui a fait donner à cette pièce le nom de *Madrepora agaricites*. Ces feuilles sont garnies en dedans & en dehors de bourrelets élevez, rangez en lignes, de façon que chaque bourrelet semble avoir été posé comme une pièce nouvelle sur celui qui le précède. Au dessus de chaque bourrelet, ou de chaque côté, se voit un sillon sur lequel se trouvent plusieurs étoiles fines rangées au cordeau. Ces étoiles ne sont composées que de petites feuilles extrêmement fines posées en rond, qui tant au dessus qu'au dessous, passant d'une côte à l'autre, vont se joindre à la rangée suivante d'étoiles, & font paroître la Masse comme étant marquée finement de tous les côtez d'étoiles à la ligne. L'on remarque à l'entamûre que ces étoiles d'un côté comme de l'autre ne pénétrent pas jusques au milieu des feuilles; mais les feuilles en elles-mêmes sont tout aussi compactes, & composées de la même substance que les Coraux durs de couleur blanche, dont on se sert dans les Apoticaireries, & ont beaucoup de ressemblance avec les parois mitoiennes épaisses des champignons à labyrinthe. On trouve beaucoup d'anomalies & de variations eû égard à la position des feuilles. Car il y en a de cette espèce qui ont la figure d'une omelette platte, ou d'une assiete, ou aussi celle d'un *fucus fimbriatus*, ou *mousse de mer bordée*. Quant à la couleur, ces Plantes sont ou blanches, comme celle-ci, ou jaunes, ou bleues, ou quelque fois presque noires. On rencontre par fois des briques, des coquilles, & d'autres corps couverts de cette même masse, comme d'un enduit.

Fig. 2. Diese Figur stellet eine gedoppelte und um einander geschlungene Wurm-Röhre vor. Sie ist vollkommen cilindrisch, inwendig röthlich und glatt, eines Fingers dick, und mit einer Milleporen-Masse incrustiret und überzogen, woran sich nach Art der Milleporen kleine Aestgen befinden. Unten werden die Röhren kleiner, ob sie aber zuletzt in einander lauffen, lässet sich nicht beurtheilen, weil die Wurzel, oder Basis mangelt.

Figure 2. Ceci représente un *tuyau à ver, double & entrelacé.* Sa figure est entièrement cilindrique. La pièce est intérieurement rougeâtre & unie, épaisse d'un travers de doigt, & incrustée, ou couverte, d'une Masse de *Millepores,* où l'on trouve des petits rameaux, comme on a coûtume de les rencontrer aux Millepores. Les tuyaux deviennent plus petits en bas, mais nous ne pouvons décider si à la fin ils se réunissent en un seul, parceque la racine, ou la base nous manque.

Fig. 3. Von den baumförmigen Madreporen befindet sich allhier eines Daumens dickes Stück von einem Ast, welcher eine besondere Art zu erkennen giebt. Denn es bestehet die Masse nicht nur aus einem ganz ungemein steinharten Wesen; sondern ist über dies mit sehr feinen tief hineingehenden Sternchen versehen, scheinet auch nicht von der Art der Madreporæ abrotonoides zu seyn, weil an derselben die Sternchen nur in den Köchern, die auf der Oberfläche sitzen, gefunden werden, hier aber dringen sie fast bis an den Kern durch. Von eben dieser Art giebt es Corallen-Stämme, die Arms dick, und über fünf Schuh hoch sind, wie diejenigen uns versichern, die sie in den Antillen gesehen haben.

Figure 3. Nous produisons ici une pièce de rameau d'un *Madrepore en arbrisseau,* épaisse d'un doigt, qui nous découvre une espèce particulière de ces sortes de Coraux. Car cette Masse a non seulement une substance extraordinairement dure, à l'égal de la pierre, mais elle est aussi garnie d'étoiles très-fines, qui pénétrent fort avant dans la pièce, & de plus elle ne peut être regardée comme une *Madrepore d'Auronne,* parcequ'à celles de cette espèce on ne trouve les étoiles que dans les trousses, qui sont visibles à la superficie, au lieu qu'à la présente pièce les étoiles percent presque jusques au coeur, ou à la moëlle. Il y a des troncs de cette espèce gros comme le bras & hauts de plus de cinq pieds,

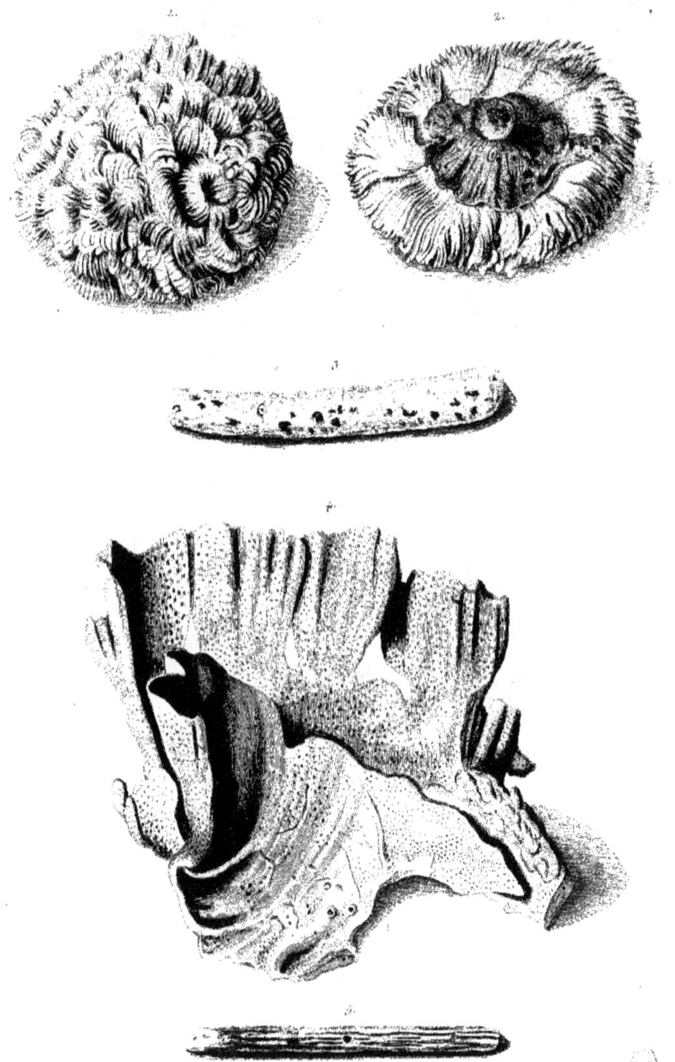

Ex Museo Excell. Dom. P. L. St. Mülleri, Philos. D. et Profeß. ord. Erlang.
Christian Lemberger ad nat. pinxit.

pieds, à ce que nous ont assûré ceux qui prétendent en avoir vû de pareils aux *Jles Antilles.*

Fig. 4. Von nicht minderer Seltenheit ist diejenige kugelförmige Madrepora, welche wir hier vor uns sehen. Die Wurzel dieses Stückes, oder der Ort, wo es an dem Felsen fest saß, ist nicht grösser, als ein Ducate, von da an aber ist der ganze Klumpe mit einer braunen sternichten Haut umgeben, die sich überall gleich ist, indem ein Stern, wie der andere beschaffen ist, nur stehen die Sterne am Original viel dichter beisammen, so, daß gleichsam ein Stern aus dem andern fließt. Bey Durchsägung einer ähnlichen Masse haben wir gefunden, daß die Sterne von allen Seiten Strahlen nach der Wurzel zu machen, und daß einer seinen Ursprung aus dem andern bekommen habe. Der Klumpe ist der unendlichen Zäckgen halber rauh anzufühlen, denn es hat jedes Sternchen wohl vier und zwanzig Blätterchen, und jedes Blat ist fein und fast unsichtbar gezacket. Es giebt von dieser Art weisse und blaue, die einen Schuh im Durchschnitt halten.

Figure 4. Une rareté, qui n'est certainement pas de moindre prix, c'est la *Madrepore en boule*, que nous voyons dépeinte ici. La racine de cette pièce, ou l'endroit par lequel elle se trouve attachée au rocher, n'est pas plus grand qu'un Ducat, mais de là toute la Masse est envelopée d'une peau brune, toute parsemée d'étoiles, & par tout égale, les étoiles étant absolument semblables l'une à l'autre. Il faut pourtant avertir ici le Lecteur qu'à l'original les étoiles sont beaucoup plus près l'une de l'autre qu'à la figure, & semblent même naître l'une de l'autre. Et en effet en sciant en deux une Masse pareille, nous avons trouvé que de tous les côtez les étoiles jettent des rayons vers la racine, & que l'une a tiré son origine de l'autre. La Masse est rude à toucher, & cela provient d'une infinité de pointes, qui y sont, car chaque petite étoile a bien vingt-quatre petites feuilles, & chaque feuille est dentelée, quoique ces dens soient fort fines & presqu'invisibles. Il y a des pièces de cette espèce, qui sont blanches, ou bleues, & qui ont jusques à un pie de diamètre.

TAB. A. XI.

PLANCHE A. XI.

Fig. 1. 2. Wir haben bereits bey der Tab. A. IV. fig. 1. erkläret, was wir unter Cerebrites und Lithocerebrum verstehen. Die gegenwärtigen Figuren 1, 2, zeigen uns nun ein dergleichen sowohl von der untern als obern Seite. Man trift fast unter allen Corallen-Massen keine so prächtige und reizend schöne Bauart an, als in eben diesem Stück. Die Wurzel ist nicht über Fingers dick, etwas erhaben, verloschen sternförmig, und giebt allenthalben aschgraue Strahlen ab. Inwendig ist die ganze Masse blätterich, doch trift man darin, wie in anderen Labyrinthsteinen, eine dickere und in weiten Bogen durcheinander herumlauffende Scheidewand an. Diese Scheidewand theilet oder spaltet sich oben in zwey dünne Blätter, die etwa vier Linien weit von einander stehen, und allenthalben mit einander parallel in vielen Bogen herum lauffen. An diesen dünnen Scheidewands-Blättern stehen unzählige gleich grosse fein gezackte Schieffer, die mit einem Bogen über die dünne Scheidewand in gleicher Höhe herüber fahren, und zwar in der Ordnung, daß diejenigen Schieffer, die sich an der einen Scheidewand befinden, mit den andern Schieffern so an der andern parallel lauffenden Scheidewand feste sitzen, eins ums andere zu stehen kommen; und weil sie beyderseits über ihre Wände herüber springen, einander allezeit etwas vorbey fahren.

Figure 1. & 2. Le Lecteur aura la bonté de se souvenir qu'à l'occasion de la prémière figure de la Planche A. IV. nous avons expliqué ce que nous entendons par *Cerebrites & Lithocerebrum*. Les figures 1. & 2. de la présente Planche nous font voir comment est fait un Corail de cette espèce en haut & en bas. La structure en est pompeuse & belle à ravir, & de toutes les Masses coralines, il n'y en a point qui puisse être comparée à celle-ci, relativement à la beauté de sa construction. La racine n'a pas plus d'un travers de doigt d'épaisseur; elle est un peu élevée, formée à la verité en étoile, mais un peu usée, & lance de tous côtez des rayons, qui sont de couleur cendrée. Au dedans toute la Masse est feuilletée; cependant on y trouve comme à d'autres *pierres à labyrinthe* une paroi mitoïenne un peu plus épaisse, & qui en fait le tour en arc en s'entrelaçant. Cette paroi mitoïenne se partage en haut en deux feuilles minces, éloignées l'une de l'autre à peu près de quatre lignes, qui font le tour en plusieurs arcs, mais toûjours en parallèle. On remarque à ces deux feuilles minces de la paroi mitoïenne un nombre infini d'écailles finement dentelées, de grandeur égale, qui dépassent en arc la paroi mitoïenne mince en même hauteur, & cela dans un tel ordre que les écailles qui tiennent à l'une des parois sont posées alternativement avec les écailles attachées à l'autre paroi parallèle, & comme elles passent les unes & les autres leurs parois, il en résulte qu'elles se dépassent aussi reciproquement quelque peu entre elles.

Die Masse an sich selbst ist hart, weil es aber eine gar zu dünne und künstliche Arbeit ist, so sind die zarten Blätterchen ziemlich bröchig. Man trift sie, (aber ungemein selten,) einen Schuh

La Masse en elle même est dure, mais comme les piéces, dont elle est composée sont extrêmement minces, & finement travaillées, les feuilles délicates, qui en font partie, sont allez

Schuh gros im Durchschnitt, und auf einen ansehnlich hohen Stamm, oder Wurzel an. Etliche sind auch von gelber Farbe.

Fig. 3. Dieses Stück ist von der nemlichen Art, als bey der dritten Figur der vorigen Kupfertafel ist beschrieben worden. Nur treffen wir hier einige rothe Flecken an, dergleichen sich öfters an Corallen-Massen zeigen, und wovon wir nur haben erinnern wollen, daß selbige nichts anders, als eine *Eschara millepora minima crustacea* sind. In dieser Eschara befinden sich nach der Wahrnehmung des berühmten *Ellis* löcherförmige Höhlen, die alle in einerley Ordnung und fast parallel neben einander stehen, und sind oft die Corallen ganz dick damit besetzet.

Fig. 4. Von den Milleporis haben wir oben im Beschreibung der Tab. A. II. fig. 3. gesaget daß etliche in vielen breiten Lappen bestehen, die wiederum in kleinere Lappen und Blätter unterschieden sind. Das Exemplar, welches wir in dieser Figur vor uns sehen, ist von der Art, und folglich eine *Millepora lobata*, besonders nehmen sich die Blätter, deren oft vierzig auf einem Stamm beysammen stehen, und zuweilen wunderbar gebogen sind, sehr heraus. Diese Art ist es vorzüglich, daran die Pori, wie schon an obgedachtem Ort ist gesagt worden, in einem ordentlichen Fünfeck stehen, und ob gleich die Oberfläche gelb ist; so ist doch der Anbruch weis. Nicht selten steigen auch an diesen Blättern in der Masse und folglich noch unter der äusseren gelben Decke lange Röhren von Seewürmern oder Polypen hinauf, so daß man von aussen die löcherförmige Erhöhung wahrnehmen kan, welches vorzüglich alsdann niedlich aussiehet, wenn sich diese Röhren, wie ein Netz durcheinander geflochten haben.

Fig. 5. Das allhier befindliche Exemplar ist eben so merkwürdig, als die vorigen Stücke. Es ist nemlich eine *Gorgonia simplicissima recta* von einer Substanz, wie die Horncoralle, doch so hart, wie die ächte Steincoralle, und gleichsam mit der nemlichen Masse durchdrungen. Der Anbruch zeiget einige Ringe und einen Kern, wie ein Holz, und auf der Oberfläche zeiget sich ein bräunlichter Flecken, der einem Ast in einem harten Holz nicht ungleich siehet. Von dieser Art haben wir Stangen zu drey Schuh lang angetroffen, die ganz gerade, und einem Stiel von den allerlängsten Tabackspfeiffen ähnlich sind. Obgleich nun die Masse weis und steinhart ist, so zählen wir diese Art doch zu den Horn-Gewächsen, und mögten sie gerne derjenigen an die Seite setzen, welche *Baculus Marinus* genennet wird.

assez fragiles. On en trouve, qui ont un pied de diamètre (mais cela est extrèmement rare) & qui sont posées sur une racine ou tige de hauteur considérable. Il y en a aussi de couleur jaune.

Figure 3. est une pièce semblable à celle dont nous avons donné la description en parlant de la troisième figure de la Planche précédente. Ce qui se trouve ici de plus, ce sont quelques taches rouges, qu'on voit assez souvent sur d'autres Masses Coralines, dont nous dirons seulement qu' elles sont ce que les Auteurs apellent *Eschara millepora minima crustacea*, c'est-à-dire, *la plus petite Millepore à croûte galeuse.* Le célèbre *Ellis* remarque qu'il y a à cette *Eschara,* ou Croûte galeuse, diverses cavitez faites en trousse ou en gaine, toutes arrangées dans le même ordre & presque en ligne parallèle l'une à côté de l'autre, dont les Coraux sont souvent garnis en grand nombre.

Figure 4. Nous avons dit cy-dessus en parlant de la troisième figure de la Planche A. II. qu'il y avoit quelques *Millepores composés de plusieurs larges lambeaux, lesquels se subdivisoient en d'autres lambeaux & feuilles de moindre grandeur.* Cette figure-ci représente un Corail de cette espèce, qui par conséquent doit être nommé *Millepora lobata,* ou *Millepore à lambeaux.* Les feuilles, qui se trouvent souvent au nombre de quarante sur une même tige bizarrement recourbée, s'etendent considérablement. C'est principalement cette espèce, où les Pores, comme nous l'avons dit au lieu cité, sont disposez en Pentagone regulier, & quoique la superficie en soit jaune, l'entamure ne laisse pas d'être blanche. L'on remarque assez fréquemment au dedans de la Masse de ces feuilles, & par conséquent encore au dessous de la couverture jaune, de longs tuyaux de Vers de mer, ou de Polypes, dont la hauteur est aperçue au dehors en forme de trousse, ce qui ne produit jamais un plus bel effet à la vûe, que lorsque ces tuyaux sont entrelacez à la façon des rêts.

Figure 5. Voici une pièce, qui est tout aussi remarquable que les précédentes. C'est une *Gorgonia simplicissima recta,* d'une substance pareille à celle des Coraux de nature de corne, & cependant aussi dure que celle des Coraux pierreux, de laquelle cette pièce-ci semble avoir été imbibée. On voit à l'entamûre quelques anneaux & un coeur ou moëlle, comme au bois, & l'on peut observer sur la superficie une tache brunâtre, qui ressemble beaucoup à un noeud, tel qu'on en trouve au bois dur. Nous avons vû des pièces de cette espèce, longues de trois pieds, droites comme un jonc, & semblables à un tuyau de pipe extrèmement long. Quoique sa Masse soit blanche, & dure comme de la pierre, nous croyons pourtant que cette pièce doit être mise au rang des *Plantes de nature de corne,* & qu'on pourroit la mettre à côte de celle qui porte le nom de *Baculus marinus,* ou *Bâton de mer,*

Ex Museo Excell. D. D. Christ. Jac. Trew. S. S., & Excell. D. D. P. L. St. Mülleri.

C. N. Vogel. in ad nat. pinxit.

TAB. A. XII.

Fig. 1. Gleichwie es Keratophyta fruticosa und ramosa, oder Staudenförmige und ästige Horncorallen giebt, also findet sich auch eine ungemein schöne Gattung, welche flabelliformia, oder Fächerförmige genennet werden. Ihre Structur ist sonderbar. Es gehen nemlich aus einer breiten fast lederartigen, und aus unzähligen holzigten Fasern zusammen gewebten flachen Wurzel, die oben auf dem Felsen ansitzet, unterschiedene, mit einander verwachsene, Fingersdicke Aeste in die Höhe, die aber alsobald dünner werden, sich von einander scheiden, und in einer geraden Fläche bis in die Spitzen hinauslauffen. Diese Hauptäste, welche sich oben in der Dicke eines Fadens endigen, geben auf beyden Seiten Nebenäste in der Dicke eines Federkiels ab, die bis an den Rand mit einer zarten Spitze ausgehen, und alle flach wie ein Fächer liegen. Nunmehro aber steigen aus den dicken Hauptästen, und aus den dünnern Nebenästen, von der Wurzel an, bis zur Spitze und nach beyden Seiten hinaus, eine unzählige Menge sehr dünner, mit den Aesten mehrentheils parallel lauffende Fasern in die Höhe, so, daß die ganze Fläche und der Raum zwischen und zu den Seiten der Hauptäste damit angefüllet ist, und zwischen jeder Faser etwan nur ein Abstand von einem Achtels-Zoll leer bleibt. Diese parallel lauffende Fasern und Aeste werden sodann von unten auf, bis an den Rand, mit noch feinern quer liegenden Fasern verbunden, die alle auch einen Achtels-Zoll ohngefehr von einander stehen, und also mit denen in die Länge lauffenden Fasern durchbrochene Quadrate, wie ein Netz machen, von welcher Structur man sich gleich einen Begrif machen kan, wenn man einen netzförmig gestrickten seidenen Geldbeutel auseinander zerret.

Alle diese Fasern liegen nun ordentlicher Weise flach, wie ein Bogen Papier; jedoch giebt es auch solche Fächerförmige Corallen, die hinten und vorne mitten aus den Aesten kleine und grosse netzförmige Ausschüßlinge haben, die wiederum als junge Fächer parallel hinter der Mutter stehen. Alle Aeste und Fasern sind hornartig, dunkel-braun, nach dem dünneren Rande zu etwas röthlich, und durchsichtig, und im Meer sind sie, wie alle Keratophyta, weich wie Leder, biegsam wie Peitschen, und schwanken mit den Wellen.

Ob nun gleich alle See-Fächer einerley Bauart zu haben scheinen, der unzähligen Abweichungen jetzt nicht zu gedenken, so sind doch drey verschiedene Arten vorhanden. Bey der einen sind alle Aeste und Fasern mehrentheils rund. Bey der anderen sind die Aeste und Fasern platt gedruckt, und zwar so, daß sich die Flächen der Aeste und Fasern nicht von vorne oder von hinten zeigen, indem sie daselbst einen spitzigen Rucken haben, sondern von der Seite, wie die Schilde eines Fächers stehen wenn derselbe zugeschlagen ist. Bey der dritten aber sind die Aeste und Fasern nach der Fläche des ganzen Netzes gedruckt und platt, so wie die Schilde eines Fächers liegen, wenn er aufgemacht ist, da sie von vornen und hinten breit erscheinen. Von den beyden lezteren Arten wird eine Gorgonia Ventalina, und die andere Gorgonia Flabellum bey dem berühmten Ritter Linnäus genennet. Endlich ist auch anzumerken, daß viele dieser See-Fä-

cher

PLANCHE A. XII.

Figure 1. Tout comme il y a des *Keratophyta fruticosa & ramosa*, ou des *Coraux formez en arbustes & branchus*, de même il s'en trouve une espèce tout-à-fait belle, qu'on nomme *flabelliformia*, ou *faits en éventail*. La structure en est très-particulière. La racine en est plate, large, composée d'une masse coriace, & d'une infinité de filamens de la nature du bois, & attachée au haut du rocher. On voit partir de cette racine divers rameaux, qui s'entrelacent en croissant, épais d'un doigt d'abord, diminuant bientôt, qui se séparent après, & poussent ensuite en droite ligne jusques enhaut. Ces rameaux principaux, qui à l'extrémité supérieure ne sont pas plus épais qu'un fil, fournissent auparavant des branches de l'épaisseur d'un tuyau de plume, qui vont aboutir au bord en une pointe fine, & sont toutes plattes, comme les côtes d'un éventail. De là l'on voit s'élever un nombre infini de filamens extrêmement minces, qui sortent tant des gros rameaux que des moindres branches, & s'étendent jusques à la pointe & des deux côtez, allant le plus souvent en ligne parallèle avec les branches, & remplissant tous les espaces, de sorte qu'il ne reste toûjours entre deux filamens qu'un petit vuide d'environ la huitième partie d'un pouce. Ces filamens, de même que les branches avec lesquelles ils sont disposez en ligne parallèle, sont traversez par d'autres filamens encore plus fins rangez horizontalement, aussi dans la distance d'un huitième de pouce l'un de l'autre, ce qui forme une quantité de petits Quarrez semblables à ceux des filêts, sous lesquels on prend les oiseaux. Pour se faire une idée juste de cette structure, il n'y a qu'à prendre une bourse de soie tricotée en rêts, & à en écarter les mailles en la tirant comme pour l'étendre.

Tous ces filamens donc sont regulièrement posez à plat, comme une feuille de papier; on voit cependant des Coraux de cette espèce formez en éventail, où quelques rejettons tant grands que petits, aussi faits en forme de rêts, sortent du milieu du branchage, & se rangent de même en ligne parallèle derrière la Plante-Mère, comme autant de jeunes éventails. Tous les rameaux, branches, & filamens sont de nature de corne, de couleur brune foncée, un peu rougeâtre vers le bord où ils sont plus minces, & transparens. On observe que dans la Mer ils sont, comme tous les *Keratophyta*, tendres comme du cuir, flexibles comme une gaule, & que les ondes de la Mer les agitent.

Or quoique tous ces *éventails marins* semblent être de structure égale, sans parler des variations innombrables, qu'on y rencontre, il est à remarquer qu'il y en a principalement trois espèces. A l'*une* tous les rameaux & filamens sont le plus ordinairement ronds. A la *seconde* les mêmes Rameaux & Filamens sont comprimez & plats, & cela de façon que la partie platte des rameaux & des filamens ne paroît ni devant ni derrière, où l'on ne voit que du tranchant, mais seulement de côté comme les Côtes d'un Eventail, quand il est fermé. Mais à la *troisième* espèce les Rameaux & les filamens paroissent comprimez & plats dans toute l'étendüe de la figure, comme on voit les côtes d'un éventail, quand il est entièrement ouvert, de sorte que la Plante se présente aussi large par devant que par derrière. Des deux dernières espèces le celèbre Chevalier *Linnæus* nomme l'une *Gorgonia Ventalina*, & l'autre *Gorgonia Flabellum*. Enfin il y a encore à remarquer que beaucoup de ces Eventails marins ont une

Ecorce

cher mit, und viele ohne einer Polyppen Rinde oder Eschara die wiederum mannigfaltig ist, gefunden werden.

Was nun dasjenige Exemplar betrift, so in dieser Figur vorgezeiget wird, so sind die Aeste mehrentheils rund, inwendig schwarz braun, und auswendig mit einer weissen Rinde überzogen, in welcher sich Millionen Löcherchen zeigen, die in einem gewissen Verhältnis gegen einander stehen. Hin und wider ist diese Rinde abgefallen, weil sie sich sehr leicht absondert, und wann sie trocken ist, sehr bald abbrockelt. Hin und wider trift man auch heraustrettende und doppelte Blätter an, welche aus der Mitte der andern Aeste seitwärts heraus wachsen.

Fig. 2. Gegenwärtige *Corallina reticulata* bestehet aus einem nezförmigen Gewebe einer zarten hornartigen Coralle, welche aus lauter schwarzen Fasern bestehet, und mit einer purpurrothen Eschara überzogen ist. Diese Eschara bestehet aus lauter eins ums andere und in vier Reihen dichte an einander gesezten Wärzgen, daher die Fasern alle viereckigt erscheinen. In jedes Wärzgen gehet ein Grübgen hinein, und kommt der Structur nach mit der Eschara überein, die wir Tab. A. V. fig. 1. beschrieben haben. Die nezförmigen Blätter stehen theils flach, theils sind sie aus den andern in die Quere heraus gewachsen, und werden auch deswegen See-Bouquetgen genannt.

TAB. A. XIII.

Fig. 1. Da wir schon bey der vorhergehenden Tafel eine weitläuftige Beschreibung von den See-Fächern gegeben haben; so ist von diesem weiter nichts anzumerken, als daß er aus vielen dicken schwarzen Stämmen bestehe, die an den äussersten Spitzen roth-braun sind, vermuthlich aber auch mit der Zeit daselbst schwarz werden. Es hat dieses Exemplar gar keine Rinde. Im Fall nun der Saz seine Richtigkeit hätte, daß es gar keine Horngewächse von Natur gebe, die keine Rinde haben, weil dieselbe ihnen gleichsam zur Haut dienet, (woran wir doch aus vielen Ursachen zweiffeln) so hat dieses Exemplar die Rinde durch einen Zufall verlohren. Denn es ist uns nicht unbekannt, daß es nicht nur in Indien unter den Corallen-Fischern, sondern auch würklich unter Sammlern in Europa Personen gebe, die diese Art Corallen mit der grösten Sorgfalt und mit ausnehmendem Eifer von ihrem Unrath, (wie sie es nennen,) säubern, und mit Bürsten puzen. Es gehöret aber dieses Verfahren unter die Sünden der Unwissenheit.

Fig. 2. Dieser kleine See-Fächer ist wegen der goldgelben Rinde oder Eschara zu betrachten, indem dieselbe sich wie eine lederartige Haut um die Aestgen und Fasern angeleget hat. In dieser Haut befinden sich unzählige länglichte, ohne Ordnung stehende Löcher, als ob sie mit einer Stecknadel eingestochen wären, daher die Eschara unter die Milleporen gehöret. Sie wird zuweilen roth, zuweilen aber auch violetfärbig gefunden.

TAB. A. XIV.

Fig. 1. Den Beschluß aller Corallen-Gewächse macht endlich diese Tafel mit einigen zarten Corallen-Gewächsgen, welche am Vorgebürg der guten Hofnung, und in den Meeren, um

Ecorce de Polype, ou *Eschara*, & que beaucoup d'autres n'en ont point, & que cette écorce a aussi ses variations.

Quant à la pièce dépeinte dans la présente figure les rameaux en sont pour l'ordinaire ronds, de couleur brune tirant sur le noir au dedans, & au dehors couverts d'une Ecorce blanche dans laquelle on observe un million de petits trous disposez & arrangez entre eux, dans une certaine proportion. Par-ci par-là l'écorce en est tombée, parce qu'elle se sépare facilement du tronc, & se brise par morceaux, lorsqu'elle est sèche. On rencontre aussi sur cette Plante des feuilles doubles, qui sortent du milieu des autres branches, s'étendant vers les côtez.

Figure 2. Ceci est ce qu'on apelle *Corallina reticulosa*, ou *Coraline en rêts*. C'est un Corail fin de nature de corne, tissu en forme de rêts tout composé de filamens noirs, qu'une *Eschara* ou Croûte de couleur de pourpre enduit. Cette croûte est couverte de petits boutons disposez alternativement en quatre rangées, & fort serrez les uns contre les autres, ce qui fait paroître tous les filamens en figure quarrée. Une fossette entre dans chaque petit bouton, ce qui fait ressembler cette *Eschara* à celle que nous avons décrite cy-dessus Pl. A. V. fig. 1. Les feuilles formées en rêts paroissent en partie à plat, & en partie elles sortent des autres en travers. La figure qui resulte de là a aussi fait donner à cette piece le nom de *petit bouquet de mer*.

PLANCHE A. XIII.

Figure 1. Comme à l'occasion de la Planche précèdente nous avons donné une ample description des *Eventails de Mer*, nous n'aurons pas beaucoup à dire de cette piéce-ci, si ce n'est qu'elle consiste en quantité de tiges épaisses noires, qui aux extrémitez de leurs pointes paroissent d'un brun rougeâtre, à quoi probablement la couleur noire auroit aussi succèdé avec le tems. Cette Plante n'a point d'écorce du tout. Ainsi en admettant l'hypothèse qu'originairement il ne croît point de Plante de nature de corne qui n'ait son écorce, laquelle leur sert de peau pour ainsi dire (ce dont nous doutons cependant par plusieurs raisons), il faut qu'on supose aussi que la présente pièce a perdu son écorce par quelque accident. Car il ne nous est pas inconnu que non seulement aux *Indes* quelques Pêcheurs de Coraux, mais aussi en *Europe* quelques Collecteurs de Curiositez naturelles, ont grand soin & se peinent pour nettoyer cette espèce de Coraux de ce qu'ils nomment leurs ordures, & les brossent beaucoup dans cette vûë, procedé qu'on ne peut se dispenser d'apeller un péché d'ignorance.

Figure 2. Ce *petit Eventail de mer* est remarquable par son Ecorce, ou *Eschara* couleur d'or, qui envelope les branches ou filamens comme une peau, ou comme un cuir. On observe sur cette envelope un nombre infini de trous oblongs disposez sans aucun ordre, qui semblent y avoir été piquez avec une épingle. On met par cette raison cette *Eschara* au rang des *Millepores*. On la trouve aussi quelquefois rouge, & quelquefois violette.

PLANCHE A. XIV.

Figure 1. Nous allons finir nos descriptions des Plantes Coralines par quelques petites piéces fines qu'on trouve au *Cap de bonne espérance*, & dans les Mers qui environnent

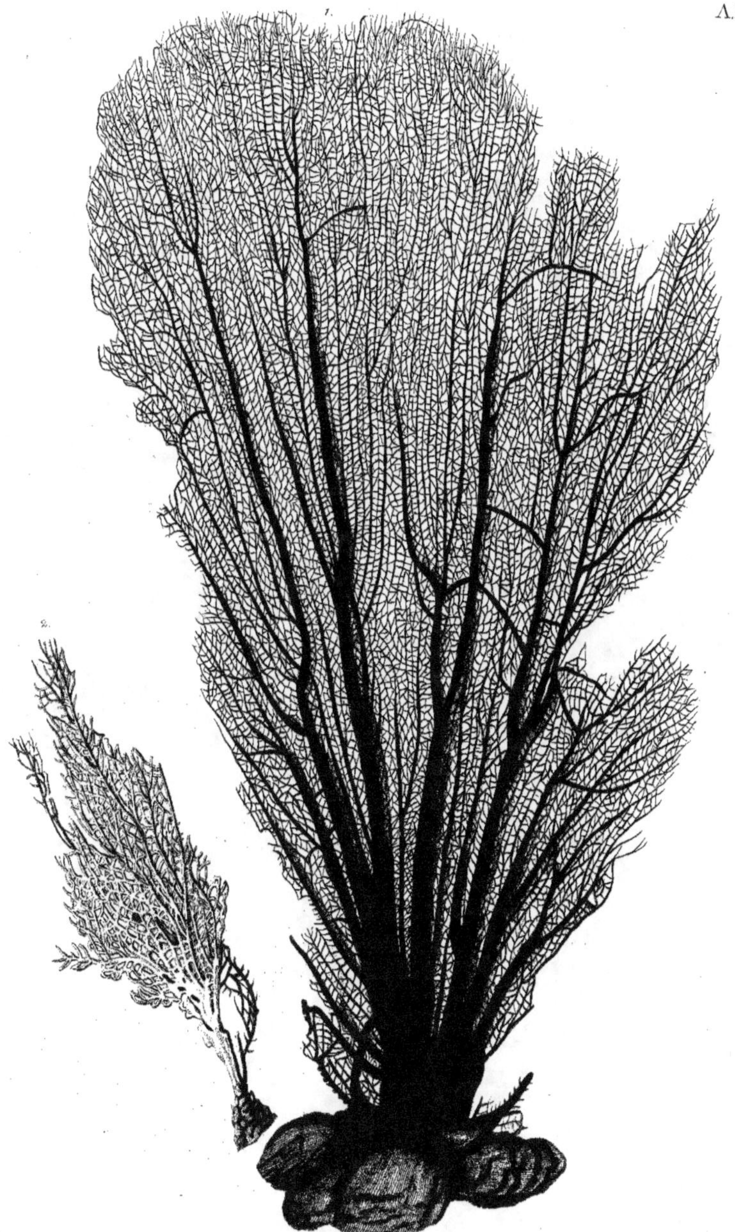

Ex Museo Excell. D.D. Chrift. Iac. Trew. S.S. & Excell. D.D.P.L. St. Mülleri.

C.N. Kleemann ad nat. pinxit.

44.

Ex Museo Excell. Dom. P. L. St. Mülleri, Philos. D. et Profess. ord. Erlang.

Christian Leinberger adnat. pinxit.

45.

der Spitze von Africa herum, gefunden worden. Dasjenige, was diese Figur vorstellet, ist eine zarte roth und gelbe Horncoralle deren Spitzgen blasenförmig und sehr fein sind. Die Aestgen sind theils gegen einander über, theils eins ums andere vergliedert und fast durchsichtig.

Fig. 2. Ist ein dergleichen Keratophyton, aber nur der Farbe nach unterschieden; indem es durchsichtig gelb ist, bey den Schriftstellern aber den Namen Keratophyton album tenuiter ramosum apicibus bullatis führet.

Fig. 3. Dieser Fucus longifoliis fimbriatus, ist zwar von nemlicher hornartiger Substanz, aber ungemein breit, und dünne wie Postpapier. In der Mitte der Blätter gehet gleichsam ein Kern in Gestalt einer weislichten Faser in die Höhe. Am Rande sitzen überaus feine Zäckgen mit blasenförmigen Knöpfgen. Diese Coralle ist ebenfalls durchsichtig und fleischfärbig.

Fig. 4. Fast von eben der Art ist auch dieser Fucus, nur sind die Blätter breiter, haben keine faserichte Ader, sondern sind wie eine dünne Blase durchsichtig. Die Blätter haben keine Zacken, sondern sind eingekerbt, und überall, wo die Kerbe hineingehet, sitzet eine Blase, oder ein Knötgen. Die Farbe ist braun-roth. Auf der Oberfläche des Blats hat sich eine ganz feine Sertularia, des Ritters Linnæi Lichenastrum, angesetzet.

Fig. 5. Endlich macht noch eine Sertularia pennata folliculis bidentatis den Beschluß. Die Aestgen sind hornartig, schwarz, eins ums andere vergliedert, dünne, und oben an einer Seite mit Fäserchen, oder mit einem Bart, gleich einer Feder, besetzt.

Dieses sey genug zu einem Muster der Hauptarten der Corallen. Wollten wir eine Nachricht von allen Arten, Nebenarten und Abweichungen geben, so müßten wir ein ganzes Buch davon schreiben.

nent la pointe méridionale de l'*Afrique*. Celle que la présente figure dépeint est un Corail de nature de corne de structure fine, rouge & jaune en couleur, dont les petites pointes sont formées en vessies, & extrèmement subtiles. Les petits rameaux sont en partie arrangez les uns vis-à-vis des autres; quelques uns pourtant sont entrelacez & joints ensemble par des articulations. Ils sont presque transparens.

Figure 2. est un *Keratophyton* de la même espèce. Il ne diffère du précédent que par la couleur, car celui-ci est jaune & transparent. Les Auteurs l'appellent *Keratophyton album tenuiter ramosum apicibus bullatis*, c'est-à-dire, *le Corail de nature de corne blanc à rameaux minces & a pointes qui se terminent en vessie.*

Figure 3. Le *Fucus longifoliis fimbriatus* ou *Mousse de mer à longues feuilles & bordée*, est à la vérité aussi d'une substance pareille à celle des autres Végétaux de nature de corne, mais il diffère des précédens en ce qu'il est extraordinairement large & mince comme du papier de poste. Au milieu des feuilles il s'élève une espèce de coeur ou de moëlle, comme un filament blanchâtre. Des dens très-fines bordent ces feuilles & sont garnies de petits boutons semblables à des vessies. Ce Corail est également transparent & couleur de chair.

Figure 4. Voici encore un *Fucus*, qui est presque de la même espèce, cependant ses feuilles sont plus larges, & on n'y remarque point de veine en forme de filament, car elles sont transparentes comme une Vessie mince; elles ne sont outre cela point dentelées, mais entaillées, & à chaque entaillure il y a une vessie, ou un petit bouton. Une *sertularia* très-fine, qui est le *Lichenastrum* du Chevalier *Linnæus* s'est posée sur la superficie de la feuille.

Figure 5. Enfin une autre *Sertularia pennata folliculis bidentatis*, Sertularia (*) *à barbe de plume & petites vessies sur deux pointes* ferme ici la marche. Les rameaux en sont de nature de corne, noirs de couleur, à articulations qui se suivent, minces, & garnis en haut d'un côté de barbes telles qu'on en voit aux plumes.

Ce que nous avons dit jusqu'ici suffit pour donner à nos Lecteurs une *idée des plus belles, des plus rares, & des principales espèces de Coraux.* Si nous entreprenions de parler de chaque espèce & sous-espèce en particulier, de même que de toutes les anomalies & variations qu'on rencontre, nous nous mettrions dans le cas d'écrire des volumes.

(*) *Sertularia* est une espèce de Mousse marine.

<table>
<tr><td>

Einleitung
zur Erkäntnis
der Schnecken
und
Muscheln.

Man findet nicht nur in dem grossen Welt-Meer, sondern auch in Flüssen und süssen Wassern, ja auch auf dem Lande eine Art harter Schalen, worinnen Thiere wohnen, und welche Schnecken und Muscheln genennet werden. Man rechnet zwar auch die See-Aepfel und See-Sterne zu den Schalen-Thieren; allein von diesen letztern Arten werden hinten einige besondere Tafeln folgen. Jetzo ist von der erstern Art die Rede.

Man nennet nemlich diejenigen, welche um einen Mittelpunct einen Schnecken-Gang beschreiben, Schnecken, die andern aber, die nur in flachen, minder oder mehr bäuchigten Schalen bestehen, nennet man Muscheln. Es klinget daher wiedrig, wenn manche Liebhaber die ganze Sammlung dieser beederley Thiere mit dem einzigen Namen Muschel-Sammlung belegen, oder das, was eigentlich eine Schnecke ist, eine Muschel nennen. Weil ferner diese harte Schalen in Ansehung ihrer Structur und Bauart auf eine verwundernswürdige Art von einander abweichen und unterschieden sind, so hat man sich längst bemühet, sie in gewisse Classen einzutheilen; wie aber dieses wegen der ungewissen Grenzen der Geschlechter eine schwere Sache ist, so sind auch nicht alle Schriftsteller gleich glücklich darinnen gewesen; zumahlen wenn sie viele Abweichungen unter ein Geschlecht haben bringen, und die Regel beobachten wollen, daß man nicht ohne Noth die Geschlechter bey einer systematischen Eintheilung vermehren müsse. Andere hingegen haben durch allzuviele Eintheilungen diese Wissenschaft viel weitläuftiger gemacht, als nöthig ist, und nur blosse Abweichungen als ein besonderes Geschlecht angegeben. Unsere Absicht leidet nicht die verschiedenen Eintheilungen der Schriftsteller anzuführen, oder zu prüfen. Es sind unter andern Bonanni, Rumpf, Lister, Klein, Linnäus, d'Argenville, Lesser und andere bekannt genug, und wer von allen diesen berühmten Schriftstellern einen kurzen und zureichenden Unterricht in Ansehung der Art, wie sie die Schnecken und Muscheln eingetheilet haben, sehen will, darf nur des Herrn von Bergen Classes Conchyliorum lesen, der in wenigen Blättern einen schönen und deutlichen Auszug aus sehr vielen Schriftstellern zusammen getragen, und an das Licht gegeben hat. Um indeß, so viel zu unserem Zweck dienet, einige Nachricht von den mancherley Arten der Schnecken und Muscheln zu geben, so stimmen die besten Schriftsteller durchgängig und in den mehresten Fällen in nachfolgender Eintheilung zusammen.

Es

</td><td>

INTRODUCTION
A LA CONOISSANCE
DES
ESCARGOTS
OU
LIMACONS, & des MOULES.

On trouve non seulement dans l'Océan & dans toutes les Mers du Monde, mais aussi dans les fleuves & autres Eaux douces, & même dans le Continent & sur Terre ferme des Coquillages durs, habitez par des Animaux, auxquels on a donné le nom d'*Escargots* ou de *Limaçons*, (*) & celui de *Moules*. Quelques Auteurs mettent à la vérité aussi les *Herissons de Mer* & les *Etoiles marines* au nombre des Animaux testacez; mais comme nous donnerons cy-dessous quelques Planches particulières de ceux-cy, nous y renvoyons le Lecteur, ne prétendant parler ici que des deux prémiéres sortes.

Les *Limaçons* sont ceux où l'on voit un Conduit, qui fait en ligne spirale le tour d'un centre, au lieu que les *Moules* n'ont que des Coquilles plattes, plus ou moins ventruës. Nous ne pouvons par cette raison approuver ceux, qui apellent en general simplement *Collection de Moules* ce qui est une Collection de ces deux sortes d'Animaux, où qui donnent le nom de *Moule* à ce qui n'est proprement qu'un *Limaçon*. La diversité merveilleuse qui règne dans la structure & conformation de ces Coquilles a excite il y a longtems des Amateurs zèlez à les ranger en certaines Classes, mais tous n'ont pas réussi également dans cet ouvrage, que les variations & déterminations incertaines des Classes rendent très-difficile. Les uns, s'attachant à la règle, que dans une Division Systématique on ne doit pas multiplier les Classes sans nécessité, ont fourré trop de variations dans la même Classe, pendant que d'autres, multipliant plus que de raison les Divisions, & faisant une Classe separée, de ce qui n'en est qu'une espèce variée, ont rendu cette science trop diffuse. Nôtre but présent ne nous permet pas d'alléguer & encore moins d'examiner la Méthode qu'il a plû à chaque Auteur de suivre dans ses divisions. *Bonanni, Rumpf, Lister, Klein, Linnæus, d'Argenville, Lesser* & d'autres, sont des Ecrivains connus. Quiconque voudra être informé plus en détail de la manière dont il a plû à chacun de ces hommes célébres d'en user dans la Division des Limaçons & des Moules n'a qu'à lire les *Classes Conchyliorum* de Monsr. *de Bergen*; lequel a publié la dessus un Extrait, tiré de quantité d'Auteurs, & fait avec beaucoup de clarté & de précision. Pour donner cependant, autant qu'il convient à nôtre dessein, une idée des différentes sortes de Limaçons & de Moules, nous dirons que les meilleurs Auteurs en général s'accordent ou se ra-

L   pro-

</td></tr>
</table>

(*) *Escargots*, ou *Limaçons*, sont en quelque façon synonimes, quoique quelques Auteurs n'apellent Escargots que ceux que nous mangeons en Europe.

Es werden nemlich zuerst drey Ordnungen angenommen, nach welchen man sie in Einschalichte, Zweyschalichte und Vielschalichte eintheilet. Jede Ordnung wird nun wiederum in Haupt-Gattungen und Geschlechter eingetheilet, und jedes Geschlecht hat ihre Arten, jede Art aber hat, wenigstens meisten-theils, ihre Unterarten und Abweichungen.

Was die erste Ordnung oder die Einschalichten betrift, so wird diese erst in drey Haupt-Gattungen eingetheilet; zu der ersten gehören diejenige, die eine Windung, oder einen Schneckengang um einen Mittelpunct haben, und die eigentlich Schnecken genennet werden; zu der anderen rechnet man solche, die flach und nicht gewunden sind, und zu der dritten diejenigen, welche den Röhren gleich sind. Diese Haupt-Gattungen haben nun ihre Geschlechter folgender Gestalt:

Die erste Haupt-Gattung der ersten Ordnung, welche aus solchen bestehet, die gewunden sind, hat wenigstens eilf Geschlechter, als da sind: 1) Nautili, die Schiffskuttel, 2) Cochleæ lunatæ, die Mondschnecken, 3) Cochleæ valvatæ, die Klappenschnecken, 4) Cassides, die Sturmhauben, 5) Cochleæ globosæ, die Kugelschnecken, 6) Buccina, die Kinkhörner, 7) Strombi, die Nadelschnecken, 8) Volutæ, die Regelschnecken, 9) Alatæ, die Flügelschnecken, 10) Porcellanæ majores & minores, die Porzellanen, 11) Cylindri, die Rollen.

Die andere Haupt-Gattung enthält zwey Geschlechter, nemlich die Aures marinæ, Meer-Ohren, und Patellæ, die Klipkleber.

Die dritte Haupt-Gattung aber enthält alle einschalichte Solenes oder Röhrenschnecken.

Was die zweyte Ordnung, oder die zweyschalichten betrift, so heissen diese eigentlich Muscheln, und man hat folgende Geschlechter. 1) Chamæ, Gienmuscheln, 2) Pectines, Kammuscheln, 3) Tellinæ, Telmuscheln, 4) Solenes bivalvi, Röhrmuscheln, 5) Mituli, Mießmuscheln, 6) Pinnæ, Steckmuscheln, 7) Ostreæ, Austern.

Endlich folget die dritte Ordnung, welche aus den Vielschalichten bestehet: diese dritte Ordnung enthält zwey Geschlechter 1) die Balanos, See-Tulpen, und 2) Conchas Anatiferas, Langhälse, welchen andere hernach noch die Echinos marinos, oder See-Aepfel, und Stellas marinas, oder See-Sterne beyfügen; die aber in diesem Werk eine besondere Sammlung ausmachen werden.

Diese Eintheilung, welche so wenige Geschlechter macht, als einigermassen möglich ist, beruhet nun lediglich auf der äussern Structur der Schale, nicht aber auf der Beschaffenheit des Bewohners, welche eigentlich die Geschlechter am besten bestimmen könnten. Allein wir müssen uns einstweilen damit begnügen, weil bisher die Thiere, so sich in diesen Schalen aufhalten, noch nicht so genau untersuchet worden sind; wir wollen inzwischen gerne gestehen, daß die Structur mancher Schale, besonders bey den Schnecken, räthselhaft ist, ob man sie zu dem einen oder anderen Geschlecht rechnen soll, weil sie öfters mit zwey unterschiede-

prochent dans la plûpart des cas en faveur de la Division, dont nous allons rendre compte.

On supose d'abord *trois Ordres* de Conques ou Coquilles, qui sont les *Univalves*, les *Bivalves*, & les *Multivalves*. Chaque Ordre a ensuite ses Classes principales & Genres, chaque Genre ses Espèces, & chaque Espèce a le plus souvent ses Sous-espèces & ses variations.

Quant au *prémier Ordre*, qui est celui des *Univalves*, on en fait trois *Classes principales*. Les Coquilles de la *prémière* ont un Tour, ou une Voye spirale autour d'un centre, & c'est ce qu'on nomme proprement *Limaçons*. Les Coquilles de la *seconde* sont plattes, & n'ont point de Tour en ligne spirale, & enfin celles de la *troisième* ressemblent à des tuyaux caves. Ces Classes principales ont leurs Genres.

On peut compter tout au moins onze Genres ou Familles dans la *prémière Classe principale* du prémier ordre, qui ont un Tour spiral, sçavoir 1. Les *Nautiles* ou *Voiliers*, lat. *Nautili*, 2. les *Coquilles en Lune*, *Cochleæ Lunatæ*, 3. *Coquilles à valvules*, lat. *Cochleæ valvatæ*, 4. *les Casques*, lat. *Cassides*, 5. les *Conques sphériques*, ou *bulles*, lat. *Cochleæ globosæ*, 6. les *Buccins* ou *Trompes*, lat. *Buccina*, 7. les *Strombes*, ou *Coquilles en vis*, ou *la Vis*, lat. *Strombus vel Terebra*, 8. les *Coquilles en cone*, ou *Volutes* lat. *Volutæ*, 9. les *Coquilles ailées*, lat. *alatæ*, 10. les *Porcelaines majeures & mineures*, lat. *Porcellanæ majores & minores*, 11. les *Rouleaux*, lat. *Cylindri*.

La *Seconde Classe principale* ne renferme que deux genres, qui sont les Oreilles de mer, en latin *Aures marinæ*, & les *Patelles*, ou *suceurs de rocher*, en latin *Patellæ*.

Tous les *Limaçons à tuyaux*, ou *solenes univalves*, ou *Manches de Couteau*, forment la *troisième Classe principale*.

Venons au *second Ordre*, qui est celui des *Bivalves*, & ce sont là proprement les *Moules*. Nous trouvons ici les Genres suivans. 1. Les *Cames*, ou *Moules béans*, lat. *Chamæ*, 2. les *Peignes*, en latin *Pectines*, 3. les *Tellines*, ou *Conques anatifères*, lat. *Tellinæ* 4. les *Solenes bivalves*, ou *Tubulaires*, ou *Coquilles en Tuyau*, en latin *Solenes bivalvi* 5. les *Coquilles à mousse marine*, ou *Consalmes marines*, lat. *Mituli*, (*) 6. les *Moules en pieu*, ou *Pinnes*, en latin *Pinnæ*, 7. les *Huitres*, lat. *Ostreæ*.

Le *troisième Ordre* ne consiste qu'en *Multivalves*. Nous n'y trouvons que deux Genres, qui sont 1. les *Glands de mer*, ou *Tulipes marines*, en latin *Balani*, & 2. les *Conques anatifères à long cou*, lat. *Concha anatifera*, à quoi quelques autres Auteurs joignent encore les *Herissons de mer*, & les *Etoiles marines*, dont nous ferons dans cet Ouvrage une Section particulière.

Cette division, qui ne consiste qu'en un aussi petit nombre de genres qu'il a été possible, n'a pour objèt que la structure extérieure des Coquilles, & non la Conformation intérieure & les proprietez de l'Animal qui y habite, selon les qualitez duquel il seroit bien plus facile de déterminer les Genres. Mais la Nature de ces Animaux n'ayant pas été suffisamment approfondie jusques ici, il faut bien nous arrêter encore aux coquilles. Nous avouöns au reste de bonne foi que la structure de ces Coquilles, sur tout aux Limaçons, est

(*) On les apelle aussi en françois *Muscles*.

schiedenen Geschlechtern gleichviel Aehnlichkeit hat; dahero es denn auch leicht möglich gewesen, daß die Schriftsteller nicht nur in der Eintheilung, sondern auch in der Benennung sehr von einander abgegangen sind.

Es wäre übrigens vieles von der Lebensart, Fortpflanzung, Haushaltung und Nutzen der Schnecken und Muscheln zu erinnern. Da aber solches schon durch andere Schriftsteller, als Rumpf, Lesser und noch mehrere geschehen, vorzüglich aber in dem ungemein vortreflichen Regenfußischen Werk sehr viele Erläuterungen und ausführliche Beschreibungen zu finden sind, so werden wir allhier nur einige Gedanken von dem Wachsthum der Schnecken, welches allerdings wunderbar ist, mittheilen.

Es ist eine jede Schnecke oder Muschel nach Art aller Thiere in der Welt anfänglich fast unsichtbar klein, und wird aus Eyerchen erzeuget, die sich in einem gewissen Schaum, der aus der Schnecke oder Muschel heraustritt, befinden. Dieser Schaum bestehet in vielen Zellen oder Höhlungen, fast wie die verwirrten Wespen-Nester, und wird Melicera genennet. Die allerkleinste Schnecken, oder Muscheln haben sogleich ihre Schalen, die aber im Anfang so dünne, welch und schwach, wie das dünnste Frauen-Glas sind. Das Thier selbst ist vom Anfang schon gebildet, wie dieses zugehe ist freylich ein Geheimniß, vor welchem uns noch ein dichter Vorhang vorgezogen ist, gleichwie wir auch noch keine hinlängliche Wahrnehmung von der Art der Begattung aller Schnecken haben. Inzwischen ist jede Schnecke oder Muschel-Einwohner der Baumeister seiner Schale, wovon wir uns, obgleich dieser Satz jemanden bey dem dünnen Nautilus noch etwas zweifelhaft scheinen möchte, folgenden Begrif machen, so weit nemlich Wahrnehmungen und Schlüsse hinreichen wollen, etwas davon zu behaupten. Es bestehet nemlich das Thier aus verschiedenen musculösen, faserichten, häutigen und anderen Theilen, hat unterschiedene Eingeweide, Absonderungs-Gefässe, Säfte und Schweislöcher, und das schleimigte Wesen, welches das Fleisch der Schnecke oder Muschel allenthalben umgiebt, und sie glatt machet, ist nichts anders, als ein Saft, der vielleicht durch Millionen Löcher allenthalben und beständig aus dem Cörper dringet, und wenn er auf der Oberfläche des Cörpers erscheinet, daselbst, weil er kalchartig ist, erhärtet, sich auch ferner, weil immer ein anderer weicher Saft nachfolget, von dem Cörper ablöset, und gleich einer Decke oder Schale um das Thier liegen bleibet. Es ist wohl zu vermuthen, daß diese Schale nicht durch und durch dichte ist, sondern unsäglich viele Zwischenräumchen habe, die wahrscheinlich in eben einer solchen Lage neben einander stehen, als die Pori des Thieres, aus welchen der Saft, der die Schale bildete, drang; daher ist denn auch glaublich, daß von dem neuen Saft sich nicht nur immer etwas von unten gegen die Schale anleget, sondern auch würklich durch die Poros der Schale bis zu derselben Oberfläche dringe, wodurch denn die Schale immer dicker und stärker wird.

Diese Schale nun muß nothwendig die nemliche Structur haben, wie die Oberfläche des Thieres beschaffen ist, mithin glatt höckerigt, gestreift, gekräuselt, stachlicht oder gerunzelt seyn, wenn das Thier selber eine solche Structur hat. So bald aber das Thier im Wachsthum so groß ist, daß es sich nicht mehr in der Schale aufhalten kan, so gehet auch das Wachsthum der Schale auf folgende Art vor sich: Was das Thier von seinem
Fleisch

est quelquefois tellement problématique & équivoque, qu'il est difficile de resoudre à quel Genre elle doit être attribuée, parce que souvent telle Coquille se trouve, qui a une ressemblance égale avec les Coquilles de deux Genres différens. De là vient la diversité d'opinion des Auteurs, tant par raport aux divisions à faire, qu'à l'égard de la dénomination des pièces.

Au reste la façon de subsister, la Propagation, l'économie, & l'utilité des Limaçons sont autant d'objèts, qui fourniroient une ample matière à étendre nos descriptions, si plus d'un Auteur ne nous avoit déjà prévenu à cet égard, comme *Rumph*, *Lesser*, & d'autres, particulièrement Mr. *Regenfus* dans son excellent Ouvrage, où l'on trouve un grand nombre d'éclaircissemens & d'amples descriptions à ce sujèt. Nous pouvons donc nous dispenser d'entrer dans ce détail, nous contentant de dire ce que nous pensons sur ce qu'il y a de merveilleux dans l'accroissement des Limaçons.

Soit Limaçon, soit Moule, ces animaux ont cela de commun avec tous les animaux du monde, c'est qu'au prémier moment de leur existence ils sont petits, au point d'être imperceptibles. Ils s'engendrent de très-petits oeufs, lesquels se trouvent dans une certaine écume qui sort du Limaçon, ou du Moule. Cette écume qui porte le nom de *Melicera* (*) consiste en un grand nombre de Cellules, ou de Cavitez qui en corps ressemblent à un nid de guêpes confusément arrangé. La Nature pourvoit d'abord les plus petits Limaçons & les plus petits Moules de leurs coquilles, mais ces Coquilles sont au commencement aussi minces, aussi fragiles, aussi fines, que la pierre spéculaire la plus deliée. L'Animal a dès-sa naissance sa figure complette. Si l'on nous demande comment cela se fait, nous ne pouvons que répondre qu'un voile epais nous cache jusques ici ce mystère, & nous empêche de même de pousser nos observations jusques à la manière dont tous les Limaçons s'aparient. Nous croyons cependant que chaque Moule ou Limaçon est le propre Architecte de sa Coquille, & quoique cette proposition soit sujette à quelque doute par raport au *Voilier* ou *Nautile* dont la Coquille est si mince, nous croyons pourtant en suivant pié à pié les observations que nous avons faites, & les conséquences qui en découlent, pouvoir hazarder les conjectures suivantes. C'est que l'Animal étant composé de plusieurs parties musculeuses, filamenteuses, membraneuses, & autres, a aussi différens intestins, il a ses Vaisseaux de séparation (**), ses Sucs, ses pores; or cette matière visqueuse qui environne de tous côtez la chair du Limaçon ou du Moule, & la rend si glissante, n'est autre chose qu'un Suc, qui sortant du corps perce sans cesse au travers peut être d'un million de petites ouvertures vers la superficie, ou il se durcit, par ce qu'il est de nature calcaire, & se pare du corps, d'où il sort continuellement du suc nouveau, & tendre encore, auquel le prémier cède la place & demeure autour de l'Animal en forme de Couverture ou de Coquille.

Il est aisé de présumer que cette Coquille n'est pas absolument compacte, & qu'il y a une infinité de petits intervalles, lesquels se trouvent vraisemblablement rangez l'un à coté de l'autre, dans la même position que ces Pores, d'où sort le suc qui forme la coquille. Il est donc aussi croisa-
ble

(*) *Melicera*, espèce de sang corrompu, épais, gluant, & blanchâtre.
(**) *Vasa secretoria.*

Fleisch nicht mehr in der Schale verbergen kan, strecket es vorne zur Mündung hinaus und schlinget sich, (wenn es eine Schnecke ist,) um seine eigene Schaale. Die Oberfläche des blos liegenden Thieres lässt eben einen solchen Saft von sich, als vorher, dieser erhärtet wieder, schliesset sich an der alten Mündung vollkommen an, und wird ein neuer Ansatz der Schaale der auf einmahl so gross, dicke, und breit ist, als derjenige Klumpen Fleisch gross ist, den das Thier gezwungen war, wegen des engen Raums entblösset heraus zu strecken. Wo sich aber das Thier an der untern Seite um die Schale geschlungen und fest gehalten hatte, da löset der Saft des Thieres die alten Höcker der Schale, die da waren, auf, und macht sie glatt. Auf diese Weise entstehen bey den Schnecken-Häusern die Gewinde, bey den Muscheln aber die Ringe, deren Absätze, oder Anwuchs allezeit noch zu sehen sind, es mag sich auch der neue Saft an den alten Rand der Schale noch so fein angeleget haben und erhärtet seyn. Weil auch ferner etliche dieser Thiere, wann sie ein gewisses Alter erreichen, an dem äusseren Rand eine andere Structur, oder ganz neue Lappen bekommen, und darinnen mit vielen anderen Thieren etwas gemein haben, die erst in einem gewissen Alter, zum Exempel, gewisse Hörner oder Zähne erhalten; so bekommt auch ihre Schale alsdann an der Mündung eine andere Gestalt. Es ist dieses zum Exempel an den Fleisch-Hörnern, oder Schweitzer-Hosen zu sehen, die, da sie erst eine gerade und gleichsam abgebrochene Mündung ohne Rand haben, endlich einen grossen breit heraustretenden Lappen bekommen, und alsdann Lapphörner oder Flügel-Schnecken genennet, auch von vielen Schriftstellern als ein neues Geschlecht angesehen werden, ohnerachtet sie würklich mit den andern das nemliche Geschlecht ausmachen. Es ist dieser Irrthum eben so beschaffen, als wann man einen Hirsch mit Geweihe zu einem ganz anderen Geschlecht rechnen, und ihn von einen Hirschkalb, das noch keine Ende hat, unterscheiden wolte.

Was nun die zierlichen Farben und Zeichnungen der Schnecken und Muscheln betrift, so glauben wir, daß solche aus den vorbeschriebenen Wachsthum der Schalen leicht erkläret werden können. Wir haben nemlich gesagt, daß das Thier von sich einen Saft zur Schale lasse, dieser Saft muß nothwendig in dem nemlichen Thier nach Art der verschiedenen Bestandtheile und Absonderungs-Gefässe unterschieden seyn, wie bey anderen Thieren das rothe Blut, die grüne Galle, der gelbe Urin, der weisse Eyter, u.d.m. Wenn nun die Absonderungs-Gefässe und die von denselben bis zur Oberfläche herabgehenden Röhrchen in gewissen Ringen, ...en, Figuren oder Puncten liegen, so kan unmöglich der ver...dene Saft anders als in den nemlichen Figuren auf der ...verfläche zu liegen kommen. Wenn nun dieser erhärtet, und ...ermittelst beständigen Zuwachses durch die Zwischenräumchen der
Schale

ble qu'une partie du nouveau suc, qui sort des Pores de l'animal, s'attache toûjours non seulement au bas de la coquille, mais qu'il pénètre aussi de là à travers les pores de la coquille jusques à sa superficie, ce qui la rend de plus en plus forte & épaisse. Il s'enfuit de tout cela que la Coquille ne peut être conformée que selon la direction de la structure qu'a l'Animal à sa superficie, & être ainsi unie, tuberculée, rayée, frisée, pourvuë d'aiguillons, ou ridée, selon que l'Animal est fait lui-même. Mais dés-que l'Animal est parvenu à un point d'acroissement, qui lui rend son habitation trop étroite, alors la Coquille commence à croitre à son tour, & cela de la façon suivante: L'animal étend cette partie de sa chair, qui ne trouve plus de place dans son habitation, hors de la coquille, au devant de l'embouchure, & quand c'est un Limaçon il monte sur sa propre coquille. La superficie du Limaçon, qui se trouve là à découvert rend un suc pareil à celui dont nous avons parlé, ce suc se durcit encore, & s'ajuste à la vieille embouchure: de là se forme la Continuation de la coquille, laquelle aquiert par là tout d'un coup le degré de longueur, d'épaisseur, & de largeur nécessaires pour que cette partie de sa chair, que l'animal avoit été forcé de laisser dehors faute de place au dedans, y puisse rentrer. Du coté inférieur, là où l'animal s'étoit attaché en faisant le tour de sa Maison, le même suc de l'Animal dissout les anciennes élévations & les rend unies. C'est ainsi que se forment aux coquilles de Limaçon les Contours, & aux Moules les Zones ou Anneaux qu'on peut toûjours remarquer, & voir par conséquent comment s'est formé successivement l'accroissement de la Coquille, quelque finement que le nouveau suc se soit attaché & durci à son bord. Mais comme ces Animaux, quand ils parviennent à un certain dégré de vieillesse, changent de structure au bord, où il leur vient des lambeaux tout nouveaux, ce qui leur est commun avec d'autres animaux, qui par exemple parvenus à un certain age prennent des tubercules, ou mettent des dens toutes nouvelles; de même aussi leur Coquille prend une nouvelle conformation à l'embouchure. C'est ce qu'on peut observer, pour en fournir un exemple, aux *Limaçons charnus*, autrement dits *Culottes de suisse*, lesquels n'ayant eû au Commencement qu'une embouchure droite, & comme coupée, sans bord, prennent enfin en vieillissant un lambeau grand & large, qui s'avance au dehors, ce qui a seduit plusieurs Auteurs, lesquels les regardant alors comme étant d'une espèce toute nouvelle, les apellent *Limaçons à Lambeaux*, ou *Limaçons ailez*, quoiqu'ils soient toûjours du même Genre que les autres, erreur semblable à celle dans laquelle tomberoit un homme qui prétendroit qu'un Cerf qui a son bois n'est pas de la même espèce d'animaux que le Fan, qui n'en a point encore.

Pour ce qui concerne la beauté des couleurs & des desseins qu'on remarque sur les Limaçons & sur les Moules, nous croyons qu'on en peut dériver l'origine avec probabilité du même accroissement des coquilles que nous venons de décrire. Nous avons dit que l'animal lache un suc, qui va à la coquille, & ce suc est nécessairement divers dans le même animal, selon les parties & vaisseaux de séparation, par ou il passe, comme on voit en d'autres animaux que le sang est rouge, le fiel verd, l'Urine jaune, le pus blanc, &c. Or quand les Vaisseaux de séparation, & les petits tuyaux, qui en descendent jusques sur la superficie de la Coquille, se trouvent dans une certaine position, rangez en certains anneaux, lignes, figures, ou points, il faut nécessairement que le suc divers opère sur la superficie des desseins, qui ré-
ponden

Schale vermehret und noch vollkommener aufgelöset und ausgearbeitet wird, so muß endlich die Zeichnung der Schale die würkliche Lage der Fasern, Haarröhrchen und Luftlöcher des Thieres verrathen. Daß aber diese Thiere würklich solche Structur haben können, darf uns nicht fremd vorkommen, da wir schon auf dem Lande und in feuchten Kellern allerley bunt gestreifte Schnecken, die keine Gehäuse haben, als auch andere mit Gehäusen, vor unsern Augen haben, auch solches täglich an vielen Arten der Raupen sehen. Weil nun ferner die Farben von der Brechung der Lichtstrahlen, und diese von der Beschaffenheit der Schiefer auf jeder Oberfläche, solche aber von der Art der Auflösung der feinsten Theilchen entstehet, so tragen wir gar kein Bedenken, die Farben der Schnecken und Muscheln aus der Structur ihrer Absonderungs-Gefässe herzuleiten. Wie aber ein jedes Thier in der Welt gewissen Krankheiten unterworfen ist, da sich die Farbe seiner Säfte und Oberfläche, das ist, des Verdauungs-Auflösungs- und Absonderungs-Geschäfte ändern kan, also gehet es ohne allen Zweifel auch bey diesen Meer-Geschöpfen zu, und ist Ursache von vielen Abweichungen der Farben. Daher glauben wir, daß derjenige, welcher zum Exempel eine braune, eine gelbe, und eine schwärzliche Herz-Tuete hat, diese drey nicht eben vor drey Unter-Arten halten müsse, wohl aber vor drey Stücke, davon das eine Thier gesünder, als das andere gewesen, oder vielleicht in einem besondern See-Clima gelebet, oder auch eine eigene Nahrung genossen hat.

Eben solche Schlüsse sind auch in Ansehung der Figuren und Zeichnungen, oder kleinen Abweichungen der Structuren zu machen, denn es kan bey einem Thier eine üble Bildung des Körpers, oder der Fasern statt haben; es kan enge und weite Schweislöcher besitzen, dahero muß denn auch, wenn dergleichen sich bey diesen Thieren ereignet, die Schale nothwendig eine andere Gestalt oder Zeichnung bekommen, und sie ist deswegen nicht gleich von einer andern Gattung, oder Unter-Art; welches wir darum anführen, weil es etwas beytragen kan, die Geschlechter und Arten der Schnecken und Muscheln in den systematischen Eintheilungen derselben nicht allzu sehr und nicht ohne Noth zu vermehren.

Was nun diejenigen Kupfertafeln betrift, die wir von den Schnecken und Muscheln in diesem Werke mittheilen, so finden wir nöthig zu berichten, daß, da dieses Fach der natürlichen Seltenheiten schon in unserm Schnecken- und Muschelwerk in 4to, wohin wir auch den geneigten Leser verweisen, ausführlicher ausgearbeitet worden, wir uns damit begnügen, aus jedem Geschlecht nur eine oder zwey von den vornehmsten oder schönsten Schnecken oder Muscheln vorzuzeigen; da wir denn bey jeder Schnecke oder Muschel, die unter ein anders Geschlecht gehöret, Gelegenheit nehmen werden, einige Erläuterung und Nachricht von solchem Geschlechte zu geben, und die Haupt-Arten, die in demselbigen vorkommen, nur dem Namen nach zu berüh-

pondent à la position des tuyaux & à la couleur du suc qui est sorti de chacun. Lors donc que ce suc s'est durci, quand par l'accroissement continuel, qu'il reçoit à travers les petits intervalles qui sont dans la coquille, il s'augmente, & qu'il est bien dissous & préparé, il n'en peut resulter d'autre conséquence, si n'est que les Desseins qu'on voit sur la coquille décèlent la véritable position & l'arrangement des filamens, des petits tuyaux capillaires, & des Pores ou autres ouvertures dont l'Animal est composé au dedans. Nous ne devons nullement être surpris que ces animaux puissent être conformez ainsi, puisque nous voyons, même aux endroits de la Terre ferme que nous habitons, dans des caves humides, non seulement toutes sortes de Limaçons, rayez de couleurs variées & denuez de coquilles, mais que nous en trouvons aussi d'autres pareils, pourvûs de coquilles, & que la même chose paroît sur plusieurs espèces de chenilles. A l'égard des couleurs, comme elles proviennent de la refraction des rayons de la lumière, laquelle dépend de la qualité & de la position des écailles qui couvrent chaque superficie; ce qui s'opère par la façon dont les parties les plus fines s'y dissolvent, nous ne trouvons aucune difficulté à chercher l'origine & la qualité des Couleurs qu'on remarque sur les Limaçons & sur les Moules dans la structure de leurs vaisseaux de séparation. On sçait au reste que tous les animaux du monde sont sujets à de certaines maladies, pendant lesquelles la couleur de leurs sucs & de leur superficie peut changer, parcequ'alors l'opération de la digestion, de la resolution, & de la séparation intérieure des alimens souffre une altération, & la même chose arrive sans doute aussi à ces Créatures marines, à quoi on doit attribuer les variations fréquentes des couleurs. Ainsi nous croyons qu'un Collecteur qui se trouve avoir dans son Cabinet *trois Cornets en Coeur*, l'un *brun*, l'autre *jaune* & l'autre *noirâtre*, ne doit pas se figurer d'abord que ce soient trois Sous-espèces différentes, mais il doit juger que ce sont trois individus de la même espèce, ou sous-espèce, dont l'un des animaux étoit moins sain que l'autre, ou bien que les Climats où ils ont été pêchez ne sont pas les mêmes, ou encore que leur nourriture a été différente.

On doit raisonner de même relativement aux figures, aux desseins, & aux petites variations qu'on remarque quelquefois dans la structure. Car il se peut qu'un animal soit mal conformé, ou quant au corps, ou eû egard aux filamens; il peut avoir des Pores étroits & larges, & lorsque cela arrive, il est naturel que la Coquille prenne une forme & des desseins anomales, ce qui ne prouve absolument point qu'elle soit d'une autre sorte, ou d'une Sous-espèce; ce que nous disons parce que cela peut contribuer à empêcher que l'on ne multiplie sans nécessité dans une Division Systématique les Genres & les Espèces des Limaçons & des Moules.

Nous avons à dire ici encore un mot touchant les Figures des Limaçons & des Moules, que nous communiquons au Public. C'est-qué, comme nous avons déjà traité amplement la matière des Coquillages, & cette Partie de l'Histoire des Curiositez de la Nature, dans nôtre Ouvrage in 4to (*) où nous renvoyons le Lecteur, nous nous contenterons de produire sur chaque Planche du présent Ouvrage une ou deux des principales & plus belles pièces, soit Limaçon soit Moule de chaque Genre, & prendrons de la occasion de donner une information & explication générale de ce qui concerne ce Genre, nous bornant au reste à en nommer simplement les espè-

M

(*) Delices des yeux & de l'Esprit.

rühren, damit es den Liebhabern als ein Wegweiser dienen könne, sich in Sammlung dieser Seltenheiten darnach zu richten. Denn es ist gewiß, daß es unter den angegebenen Haupt-Gattungen und Geschlechtern wohl vierhundert und funfzig Arten, und wohl zwölfhundert und mehr Unter-Arten und Abweichungen gebe. Ja wenn man auf die Veränderungen der Farben und Zeichnungen sehen wolte, so dürfte sich die Anzahl der verschiedenen Schnecken und Muscheln wohl über zwey tausend belaufen, zu geschweigen, wie viele Arten sich noch in den unergründlichen Tieffen des Meers aufhalten mögen, die jetzo vor uns verborgen sind, und deren Daseyn man doch aus vielen Versteinerungen schliessen muß.

Uebrigens aber müssen wir die Versicherung geben, daß die abgezeichneten Originale wie etwa einem, der nicht viel schöne Stücke gesehen hat, vorkommen möchte, nicht verschönert oder hochfarbigter vorgestellet sind, sondern wie man der Natur nach aller Möglichkeit gefolget ist, so ist öfters die Kunst nicht einmal im Stande gewesen, der Natur vollkommen nachzuahmen, und sind manche Originale noch weit vortreflicher und prächtiger in ihrem Glanz, Zeichnung, und Farben, als man es auf dem Papier vorstellen konte, welches alle zugeben werden, die die Originalia zu sehen bekommen.

Wir schreiten also nunmehro zur Beschreibung der Geschlechter nach Anleitung der Figuren.

TAB. B.

Fig. 1. Das Geschlecht der Schiffskuttel hat fast bey allen Schriftstellern die Ehre oben anzustehen, und macht auch hier den Anfang. Man zehlet eigentlich zu diesem Geschlecht alle vielkammerichte Schnecken und einige wenige, die zwar nur eine Kammer haben, aber doch viele äusserliche Aehnlichkeit mit den übrigen besitzen. Vielkammerichte sind der Dicke, so wohl grosse, als kleine Nautilus, einige Ammons-Hörner, und das Posthörnchen. Eine Kammer haben nur der grosse und kleine Papier-Nautilus, oder die Kammertuch-Haube, das Qualleborgen, oder der Holothurier, und etliche Ammons-Hörner. Die Ursachen, warum man diese unter ein Geschlecht bringet, ist nicht einerley, und dahero die Eintheilung auch gar nicht richtig. Denn etliche gehören zwar, als Vielkammerigte zusammen; aber weil der dünne Nautilus, der nur eine Kammer hat, auswendig dem dicken Nautilo einigermassen in Ansehung der Krümmung und der Mündung gleich kömmt, so wird er mit zu diesem Geschlechte gezehlet. Nun aber schwimmet oder segelt der dünne Nautilus, und das thun die Holothurier auch, daher zehlet man denn auch diese unter das Geschlecht der Schiffskuttel, obgleich die Schale, die sehr dünne ist, mehr einer gemeinen Erdschnecke gleich siehet. Hat aber iemand Belieben, die Geschlechter, so wie von allen, also auch von diesen Schnecken in einer solchen Deutlichkeit genau auseinander gesetzet zu sehen, als bisher noch von niemand geschehen ist, der lese das Systema Naturæ des grossen Ritters Linnæi. Wir berühren nur, wie mehrmahlen erinnert worden, einige der vornehmsten, die gewöhnlich zu einem Geschlechte gezehlet werden, damit dieses Werk einigermassen dienen könne, den Liebhabern eine Gelegenheit zu verschaffen, bey Erblickung der allhier vorkommenden Figuren einige fernere Anleitung zu den übrigen Stücken zu finden, auf welche man bey Sammlungen vorzüglich zu sehen hat.

Es

espèces principales, ce qui suffira pour guider les Amateurs dans ce qu'ils ont à observer pour faire leurs Collections avec fruit & avantage. Les Classes principales qu'on conoît, & leurs Genres contiennent au moins quatre cent cinquante Espèces, où l'on trouve encore bien douze cens ou plus de Sous-espèces & de variations. Que si l'on s'attache à éplucher scrupuleusement les différences des couleurs & des desseins, le nombre des Limaçons & des Moules de sortes diverses s'étendra à plus de deux mille, sans parler de la quantité immense d'espèces que la Mer renferme sans doute outre cela au fond de ses abîmes, & qui sont encore cachées à nos yeux, quoiqu'un grand nombre de Pétrifications serve de preuve à leur existence.

Tel Lecteur au reste, qui n'a pas encore eû occasion de voir beaucoup de belles pièces, pourroit peut être s'imaginer que les nôtres sont flatées dans les figures que nous en donnons, & que ces figures rendent les pièces originales plus belles, & plus brillantes en couleurs, qu'elles ne font en effet. Pour prévenir cette erreur nous pouvons assûrer qu'on a taché d'imiter la nature au juste, autant qu'il a été possible, mais qu'on n'en a pas toûjours parfaitement atteint la beauté, y ayant des originaux, qui par leurs couleurs, par leurs desseins, par leur brillant, sont réellement beaucoup plus magnifiques que le burin & le pinceau n'ont pû les rendre, ce que tous ceux qui ont vû les pièces mêmes dans les Cabinets où elles se trouvent, ne refuseront pas d'attester.

Procédons à présent à la description des Genres en suivant l'ordre de nos Figures.

PLANCHE B.

Figure 1. Presque tous les Auteurs mettent dans leurs Ecrits le *Nautile*, ou le *Voilier* à la tête de leurs Coquillés. Pour ne lui pas ôter la possession de ce rang nous allons commencer par là. On met dans ce Genre tous les *Limaçons à plusieurs chambres*, & un petit nombre de ceux qui n'ont à la verité qu'une seule Chambre, mais qui ne laissent pas de ressembler beaucoup extérieurement aux prémiers. Ceux qui ont plusieurs chambres sont le *Nautile épais*, tant grand que petit, quelques *Cornes d'Ammon*, & le petit *Cornet de Poste*. Ceux qui n'ont qu'une chambre sont le grand & le petit *Nautile de papier*, ou *de Cambresine*, la *Carène des holothures*, & quelques *Cornes d'Ammon*. Ce sont des raisons différentes qui font ranger toutes ces pièces dans une seule & même Classe, & c'est la un défaut à cette division. Car les Coquilles à plusieurs chambres doivent à la vérité être mises ensemble, mais le Nautile mince, qui n'a qu'une Chambre n'est mis au même rang que parceque par sa courbure & par son embouchure il imite le Nautile épais. Or le Nautile mince nage ou va à la voile, c'est ce que fait aussi la Carène des Holothures, & c'est par cette dernière raison qu'on la tolère dans la Classe des Voiliers, quoique sa Coquille qui est trés-mince ait beaucoup plus de raport avec celle du Limaçon terrestre ordinaire. Il n'y a qu'à lire le *Systema Naturæ* du grand *Linnæus*, pour être au fait du détail de toutes les Classes, & par conséquent de celle-cy, & y trouver des lumières qui ne se rencontrent nulle autre part. Nôtre but ne nous engage, comme nous l'avons dit, qu'à indiquer les principales pièces d'une même Classe, pour guider les Amateurs, & leur fournir par les figures que nous leur présentons un enseignement pour le choix des pièces, qui méritent le plus d'être recherchées, quand il s'agit de suire une Collection.

La

1

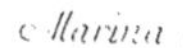

2

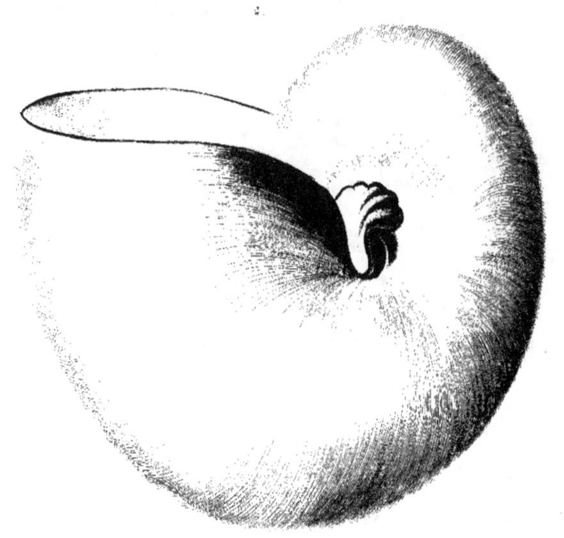

B. P. Dietzsch ad. nat. pinx. G. W. Knorr sculp. et exc.

Es ist also in dieser Figur ein vollständiger grosser dicker Nautilus zu sehen, so wie er in seiner äusseren Haut von Natur pranget, ohne daß die Kunst weiter etwas daran gethan, als daß der Meerschlamm, der ihn zuweilen umgiebt, davon genommen ist. Dunkelrothe Wellen und Flammen ergiessen sich auf einen hellen Grund. Die Schwärze, die sich an dem Bogen zeiget, wo die Gewinde hineinwärts gehen, ist natürlich, und rühret von dem Saft her, den das Thier, so sich oben in der Mündung als ein dicker Klumpe aufhält, nach Art der Blackfische von sich giebt. Das Thier selbst ist ein Polypus oder Vielfuß, und sitzet nur durch eine dünne Schnur, die vermittelst einer Röhre, durch alle Kammern gehet, an den Mittelpunct feste, davon wir bey der Fig. 1. der folgenden Tafel mehrere Nachricht geben werden. Der Kiel dieser Schnecke, welche oft auf dem Wasser zu schwimmen pfleget, ist rund. Sie wachsen vielmahls in der Grösse von ein bis anderthalb Schuh im Durchschnitt, die Schale aber wird niemahls dicker, als ein Louis d'Or. Man findet sie am häufigsten an der Spitze von Africa bey dem Vorgebürge der guten Hofnung, wo sie nach dem Sturm auf der Höhe des Meers schwimmen, und nur durch ein Glück von Fischern erhaschet, oder durch einen Zufall, wenn das Thier abreisset, und heraus schleudert, an dem Strand geworffen werden.

Fig. 2. Der oben erwehnte dicke Nautilus erscheinet in dieser Figur ohne der äussern bunten Decke, und ist abgezogen, dabey denn nicht zu läugnen, daß diese untere Haut mit der obern um den Vorzug streitet. Keine Perlenmutter kömmt dem Ansehen dieser Schale gleich. Eine hellglänzende Silberfarbe mit grünen Flammen, über welche sich ein Roth, wie Apfelblüte ausbreitet, das bey jeder Wendung in Regenbogenfarben spielet, giebt dieser Schnecke ein sehr prächtiges Ansehen.

In den vorigen Zeiten haben sich die Künstler sehr damit abgegeben, sie zierlich zu schneiden und mit erhabener oder durchbrochener Arbeit auszuzieren, oder sie auch nur zu stechen, und die Linien mit Kohlenstaub einzureiben, da man denn öfters die ganze Schale mit Hieroglyphischen Figuren, Bachanalien, Jagden, Fischereyen, Blumenwerk, biblischen und profanen Geschichten, Wahlsprüchen, Wappen, Namen und dergleichen besetzet findet. Diese also zubereitete Schalen wurden denn ferner in Silber und Gold gefasset, auf einen Fuß gesetzet, und zu Trinkgeschirren gebraucht, weil sie öfters mehr, als ein Maas Getränke halten können. Inwendig werden auch öfters die Kammern bis auf den Mittelpunct durchschnitten, und daselbst eine sehr niedliche Figur eines Helms angebracht.

An der gegenwärtigen Figur nimmt man unter andern in der Mitte einen grossen mußfärbigen Flecken wahr, davon wir nothwendig eine Erklärung zu geben haben, weil derselbe ein gewisses Unterscheidungszeichen zwischen dem Schifskuttel und einem Ammenshorn ist. Denn bey allen Ammonshörnern sind an dem nehmlichen Ort alle Gewinde oder Umläufe der Schnecke bis in den Mittelpunct des ersten Umlaufs zu sehen, bey dem Schifskuttel aber ist die Schale daselbst zugewachsen. Von den Ammonshörnern, besonders von den grossen, bekömmt man genug in Versteinerungen, aber wenige, oder gar keine in Natur zu sehen,

da

La présente Figure est donc un *Nautile* épais de la grande sorte, pourvû au dehors de cette envelope brillante, qu'il a recûé de la nature, sans que l'art y ait eû d'autre part que d'en ôter le limon de la mer qui le couvre quelques fois. Des ondes & des flammes d'un rouge foncé y sont repandues sur un fond clair. Ce qu'on voit de noir à l'arc de l'embouchure où les Contours rentrent, est naturel, et provient du suc que l'animal, lequel se tient en tapon épais au haut de l'embouchure, rend, à la facon des Seches (*). L'animal même est un Polype, qui se tient attaché au milieu de la coquille par un cordon mince, lequel passe au moyen d'un tuiau par toutes les chambres, dont nous parlerons plus amplement quand nous viendrons à la prémière figure de la Planche suivante. La quille de ce Limaçon, qui nage souvent sur l'eau, est ronde. Cet animal grandit souvent jusques à un pié, ou un pié et demi, de diamètre, mais la Coquille ne devient jamais plus épaisse qu'un Louis d'or. L'endroit où l'on trouve ces Limaçons en plus grande quantité est le Cap de bonne espérance, à la pointe méridionale de l'Afrique, où ils ont coûtume de nager sur l'eau après les tempêtes. Ils sont difficiles à prendre, et quand un Pêcheur en attrape quelqu'un ce n'est que par bonheur, à moins que le Limaçon ne se détache par accident & qu'en s'elançant il ne soit jetté sur le rivage.

Figure 2. Voici le même Nautile, ou Voilier épais, dépouillé de cette Envelope extérieure, bigarrée, & avec laquelle on ne sauroit nier que la peau inférieure, qu'on voit ici, dispute de beauté. Aucune Nacre de Perle, si belle soit-elle, n'aproche de cet éclat. Un fond de couleur argentine claire sur lequel des flammes vertes, & un rouge pareil à celui des fleurs de Pommier, se jouent, avec les couleurs de l'Arc-en-ciel, toûjours nouvelles, de quel biais qu'on tourne la coquille, & donnent à cette piece un dehors pompeux.

Autrefois les Artistes se sont fort peinez pour donner à cette coquille un nouveau prix par les traits de leur art. Les uns y ont entaillé des figures, d'autres les ont travaillées en relief, & à jour, d'autres se sont contentez d'y buriner toutes sortes de desseins, dont ils noircissoient les lignes avec de la poussière de charbon, de sorte que l'on voyoit souvent de ces coquilles & qu'on en trouve encore, ornées de tous les cotez de figures hieroglifiques, de bacanales, de chasses, de pécles, de bouquèts ou autres ramages, d'histoires saintes & profanes, de sentences, d'emblèmes, d'Armoiries, de noms, &c. On mettoit ces Coquilles, decorées ainsi, en oeuvre en or ou en argent sur un pied de même metal, &, comme elles tiennent souvent plus d'une pointe, on s'en servoit comme d'un vase à boire. On coupe quelques fois les Chambres par le milieu jusques au centre, & alors la Coquille représente un héaume trés-élégamment figuré.

Ici le Lecteur voit entre autres vers le milieu une tache de couleur sombre, dont nous lui devons nécessairement rendre raison, parceque cette tache est un caractère distinctif entre le Nautile & la Corne d'Ammon. Car à la Corne d'Ammon on peut voir au dit endroit tous les Contours du Limaçon jusques au centre du prémier Tour, au lieu qu'au Nautile la Coquille est fermée au même endroit. Les Cornes d'Ammon petrifiées, sur tout les grandes, se trouvent en abondance, mais on en voit tres-rarement de

naturel

(*) Poisson fort baveux, latin *Sepia.*

da sie sich vermuhlich in den grösten Tieffen des Meeres aufhalten. Es besitzet indeß der Herr Prediger Schadelock in Nürnberg in seiner vortreflichen Sammlung ein dergleichen Ammonshorn, das der Größe nach diesen Schifskuttel übertrifft, an Schönheit aber demselben vollkommen gleich kömmt. Die Schale ist dem Schifskuttel ähnlich, aber es sind alle Gewinde in einem Wirbel ganz deutlich und vollkommen zu sehen, wie an solchen, die versteinert sind.

Was übrigens die schönen Striche anbelanget, die aus vorerwehnten mißfärbigen Flecken bis zum Umfang hinauslauten, so sind selbige noch Merkmahle, wie die Schaale selbst jedesmahl einen neuen Zuwachs bekommen hat, und von Zeit zu Zeit grösser worden ist.

TAB. B. I.

Fig. 1. Der auf der vorhergehenden Tafel vorkommende Schifskuttel wird nunmehr allhier im Durchschnit gezeiget, und zwar so, daß alle Kammern bis zur kleinsten, die im Mittelpunct ist, erscheinen. In dem Mittelpunct sitzet der Einwohner mit einer Schnur feste. Diese Schnur gehet durch alle Kammern vermittelst einer Röhre, die überall in der Mitte der Scheidewände befestiget ist, bis in die förderste und weiteste Kammer durch, welche die eigentliche Wohnung des Thieres ist. Wir haben oben schon gesagt, daß das Thier ein fleischichter Klumpe und ein Polypus ist, und halten davor, daß es nicht nur von eben die Schale durch einen neuen Zuwachs vergrössere, sondern auch jedesmahl, so oft das Thier weiter hervor rücket, mit dem Hintertheil des Körpers, daran die Schnur befestiget ist, durch den Saft einen neuen Boden lege, wodurch denn immer eine Kammer nach der andern entstehet. Nun scheinet es zwar, als ob die vorher gebauten Kammern dem Thier hernach nicht mehr nutzen; allein es ist glaublich, daß sich das Thier in selbigen zum Theil verbergen und sich auch mit grosser Fertigkeit heraus begeben könne. Es ist nemlich bekannt, daß der fleischichte Klumpe des Thieres oft die ganze Förderkammer ausfüllet, dahingegen bey Gefahr, oder wenn es gehaschet wird, sich sehr klein macht und zusammen kriecher. Was kan hier wohl anders vorgehen, als daß die Schnur des Thieres in den Kammern aufschwillet, eine grosse Menge von den Feuchtigkeiten des Thieres in sich lässet, und daher die Massa desselben nothwendig verkleinert? Diese Beschäftigung der Bewohner kan ihnen dazu dienen, sich schwer zu machen, und die Schale und derselben erste Kammer mit mehreren Wasser anzufüllen, damit sie sinken und unsichtbar werden können. Dahingegen im andern Fall die Kammern wieder leer und leichter, auch also die Bewohner zum schwimmen und seegeln tüchtig gemacht werden.

Fig. 2. Gegenwärtiger Schifskuttel ist nur eine kleine Art des vorbeschriebenen grossen, welcher Tab. B. Fig. 1. zu sehen war, und die selten grösser wird. Man hat dergleichen als Zwerge ihres Geschlechts anzusehen, und ist weiter nichts besonders dabey zu erinnern, als daß er zu beyden Seiten ein Nabel-Loch hat, durch welches man durch den Mittelpunct der Gewinde gänzlich durchsehen kan.

Fig. 3. Nunmehro aber folget eine ganz andere Art der Schifskuttel. Man nennet diesen den dünnen *Nautilum,* oder

Nauti-

---

naturelles, parceque celles-ci habitent vraisemblablement les lieux les plus profonds de la mer. Cependant il y a dans l'admirable Collection de *Mons. le Pasteur Schadeloock à Nuremberg,* une de ces Cornes d'Ammon, qui passe le présent Nautile en grandeur, & qui l'égale parfaitement en beauté. La coquille en est semblable à celle de nôtre Nautile, mais tous les Contours en peuvent être parfaitement & distinctement observez en tour spiral, comme à ceux qui sont pétrifiez.

A l'égard des belles lignes, qui, partant de la dite tache de couleur sombre, vont se terminer à la Périphérie, elles ne font que marquer l'accroissement successif de la Coquille.

PLANCHE B. I.

Figure 1. Nous produisons dans la présente figure encore le même Nautile ou Voilier, que nous avons vû sur la Planche précedente, mais ici il est coupé par le milieu, & cela de façon qu'on en peut observer toutes les chambres jusques à la plus petite, qui se trouve au centre. L'animal se tient attaché à ce milieu par un cordon, qui au moyen d'un tuyau, lequel est affermi par tout au milieu des parois de séparation, passe par toutes les chambres jusques à la prémière, qui est la plus spacieuse & est proprement la demeure ordinaire de l'animal. Nous avons déjà vû cy-dessus que ce Limaçon est un tapon charnu, & un Polipe, et nous présumons non seulement qu'il aggrandit la partie supérieure de la coquille en lui fournissant sans cesse un nouvel accroissement, mais aussi qu'à mésure qu'il avance avec la partie postérieure de son corps, où le cordon est attaché, il pose au moyen de son suc un nouveau fond de chambre, ce qui produit une nouvelle chambre après l'autre. Il semble à la vérité ainsi que les prémières chambres construites par l'animal lui deviennent inutiles, mais il est probable qu'elles lui servent en partie pour s'y cacher en cas de besoin, & pour en resortir aussi avec beaucoup de promptitude quand cela est nécessaire. Il a été dit déjà que le tapon charnu de ce Limaçon remplit souvent entièrement la prémière Chambre. Mais s'il lui survient quelque péril, ou qu'il lui arrive d'être pris, il s'appetisse alors, tant qu'il peut, & il se recoquille. Son unique moyen de salut en ce cas, est de faire enfler son cordon, & de le remplir de tous les sucs dont il peut se passer, pour rendre sa Masse plus petite. Cette précaution, & celle de remplir d'eau sa prémière Chambre lui peut servir à augmenter le poids de son Total, pour aller plus aisément à fonds & échaper de cette manière à la poursuite de ses Ennemis. Dans le cas contraire, les chambres se vuidant & devenant plus legères, il revient sur l'eau, plus dispos que jamais, nager & mettre à la voile.

Figure 2. Ce Nautile-ci n'est qu'une petite espèce du grand Nautile, que nous venons de voir sur la Planche précedente B. fig. 1. Rarement ceux de cette espèce deviennent-ils plus grands. On peut les regarder comme des nains dans leur Genre. La seule chose, qui y est particulièrement remarquable, c'est qu'il y a de chaque côté un trou umbilical, par lequel on peut voir de part en part au travers du centre des contours.

Figure 3. Mais voici toute une autre sorte de Nautile, qu'on apelle le *Nautile mince,* ou le *Nautile de papier,* (*Nautilus*

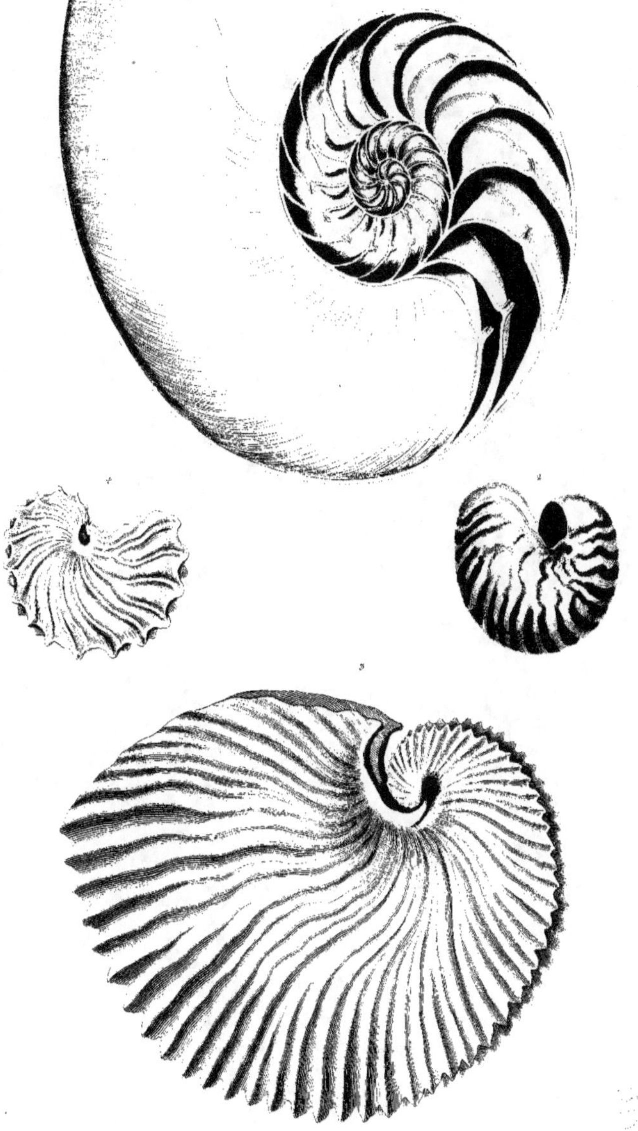

Georg Wolffgang Knorr excudit.

Nautilum papyraceum, und verdienet derselbe eine genauere Beschreibung. Es hat nemlich dieser Papier-nautilus unten einen platten Kiel, der oben an der Krümmung schmal, an dem andern Ende der Mündung aber weit und so breit, wie ein Finger ist. An diesem Kiel stehen zwey Wände schief in die Höhe, die oben etwa viermahl so breit von einander abweichen, als unten der Kiel ist. Diese Wände sind unten mit Zacken versehen, die über den Kiel heraus springen, und inwendig hohl sind. Bemeldete Zacken sind die Enden der Falten, welche die Schaale als gerunzelt vorstellen, und da überdis die Schaale so dünne wie Papier ist, so nennet man sie dieser beyden Ursachen halber die **Kammertuchshaube.** Von diesen dünnen Schifskutteln giebt es zweyerley Arten, die grosse und kleine. Die jetzige ist die grosse, und wird zuweilen nocheinmal so groß gefunden; die kleine Art aber werden wir bey der folgenden Figur beschreiben. Der merkwürdigste Umstand der diesen von den vorbeschriebenen Schifskutteln unterscheidet, ist dieser, daß er gar keine Kammern hat, sondern einem hohlen Kahn vollkommen gleich ist, am allerseltensten aber ist es, daß der Einwohner, den man darinnen findet, nirgends an der Schaale fest sitzet, weder vermittelst einer Schnur oder Ader, wie bey dem dicken Schifskuttel, noch mit einer Senne, wie bey den Muscheln. Es ist aber auch noch nicht ausgemacht, ob es nicht mehrere dergleichen Schnecken gebe, die gar nicht befestiget sind, und ob sich nicht die mehresten Schnecken blos durch saugen an ihrer Schaale fest halten. Denn es ist ja bekannt, daß sich zwey glatte Körper durch dieses Mittel so stark aneinander halten können, als ob sie aneinander gewachsen wären, weil sie sich in vielen Puncten berühren, und wer weiß, ob nicht der Einwohner dieses dünnen Schifskuttels durch undenklich zarte Fasern in den Grübgen festsitze, welche die Zacken unten am Kiel haben, und ob nicht diese Fasern in einem solchen Schleim bestehen, welcher sich gleich auflöset, und daher noch nicht hat entdecket werden können? Indeß hat dieser Umstand die Art, wie dieser Einwohner sein Haus bauet, räthselhaft gemacht, wiewohl wir bey der in der Einleitung angegebenen Meinung von dem Ursprung der Schaalen, eben nicht einsehen, daß es schlechterdings zur Formirung der Schaalen nothwendig sey, daß das Thier mit einem Theil des Körpers an der Schaale fest sitzen müsse. Denn wenn dieses ein nöthiger Umstand wäre, so würde nur der Ursprung von dem Theil der Schaale, der würklich mit dem Thier befestiget ist, deutlich gemacht, nicht aber gezeiget, wie denn der übrige freye Theil der Schaale fortwachse. Es mangelt in der Natur ja nicht an ähnlichen Fällen. Wenn sich ein Seidenwurm eingesponnen, und aus seiner obern Decke eine Puppe verfertiget, selbiger aber die Gestalt eines Schmetterlings angenommen hat, so sitzet er in der letzten Zeit in der Puppe, ohne an derselben befestiget und angewachsen zu seyn, und kriecht zu seiner Zeit frey heraus. Sollte nun der Einwohner dieser Schnecke nicht auch also aus seinem eigenen Saft rings um sich herum eine Schaale bilden können, die hernach erhärtet, sich gänzlich von ihm ablöset, und ihn sodann frey beherberget? Ja solte, wenn das Thier nunmehr frey ist, nicht dennoch die Schaale von dem Saft, der immer aus des Thieres Schweißlöchern dringet, stärker werden, oder an der Mündung neue Ansätze und Falten bekommen, das Thier selber aber nicht immer grösser werden können? Wir finden also keine Nothwendigkeit, anzunehmen, daß der in dieser Schaale gefundene Polypus ein fremder Einwohner seyn müsse. Bekannt ist es zwar, daß die Cumans, eine Art Krebse, die man Soldaten nennet, und ihnen nach dem Unterscheid ihrer Scheeren den Namen Diogenes oder Bernhardus beyleget, sich in gefundene leere Schneckenhäuser einquartieren. Allein von solchen Schnecken sind ihre eigentliche Einwohner bekannt. In diesem Schifskuttel aber ist, so viel

wir

N

---

ilus papyraceus) qui mérite d'être examiné & décrit en détail. Ce Nautile de papier a en bas une Quille platte; il est étroit en haut à la courbure, mais à l'autre bout de l'embouchure, il est large d'un travers de doigt. Sur cette Quille s'elèvent deux parois en ligne oblique separées en haut par un espace quatre fois aussi large à peu près, que la Quille. Ces parois sont garnies en bas de dens, qui depassent la quille, & qui sont intérieurement caves. Ces dens sont les extrémitez des plis, qui sont paroître la Coquille comme si elle étoit ridée, laquelle étant d'ailleurs aussi mince que du Papier à occasionné par cette double raison le nom qu'on lui donne de *Coife de Cambresine,* ou de *toile de Cambrai.* Il y a deux sortes de ce Nautile ou Voilier mince, la grande, & la petite. Celle dont nous parlons ici est la grande, qui l'est quelque fois au double de ce qu'elle paroit sur nôtre Planche. Nous parlerons tout-à-l'heure de la petite. L'article le plus remarquable qui distingue cette pièce des Voiliers précèdens, c'est qu'elle n'a point de chambres du tout, & qu'elle ressemble parfaitement à une nacelle vuide, & ce qu'il y a de plus rare encore, c'est que l'Animal qui habite cette coquille n'y est attaché d'aucune façon, ni par un Cordon ou une Veine comme cela se voit au Nautile épais, ni par un nerf ou une membrane comme on le remarque aux moules. Il n'est cependant pas décidé encore, s'il n'y a pas d'autres Limaçons, qui comme celui-ci ne sont attachez par aucun bout à leur maison, & si la plus grande partie ne se tiennent pas ferme à la coquille par le simple sucement. On n'ignore pas que deux corps parfaitement polis peuvent se tenir ainsi l'un à l'autre aussi fortement, que s'ils ne composoient qu'une seule & même pièce, parce qu'ils se touchent bar plusieurs points, & pourquoi ne voudroit-on pas admettre, au moins comme une possibilité, que l'Habitant du Nautile mince tient à sa coquille par des filamens infiniment fins, qui s'insinuent dans les fossettes qu'on remarque en bas à la Quille aux dens qui y sont? & qui sçait si ces filamens ne sont pas composez d'une bave visqueuse, qui se dissout d'abord, & qui par cette raison n'a pû être découverte jusques ici? Cependant cette difficulté a rendu problématique la manière dont cet animal construit son habitation. Il n'en est pas moins vrai qu'en suivant le sentiment que nous avons hazardé dans nôtre Introduction sur l'origine des Coquilles, il n'est pas essentiellement nécessaire que l'animal soit attaché à la coquille par quelque partie de son corps. Car si on le suposoit cela ne serviroit tout au plus qu'à expliquer l'origine de cette petite partie de la coquille où l'animal est effectivement attaché, & la formation du reste de la coquille demeureroit toüjours un problème. Il y a plusieurs cas semblables dans l'Histoire naturelle. Un ver à soie, quand il a passé dans le Cocon, où il s'est enfermé, le tems qui lui est prescrit par la nature, y est à la fin en pleine liberté, sans être attaché par aucun endroit, & c'est ainsi qu'il en sort transformé en papillon sans que rien l'arrête. Pourquoi le Limaçon ne joüiroit-il pas du même Privilège de se construire une Coquille, qui se durcisse autour de lui, qui s'en détache, & qui le héberge ensuite en pleine liberté? Et pourquoi lui refuseroit-on dans cet etat de liberté de renforcer sa coquille & de l'aggrandir du côté de l'embouchure au moyen de ce suc qui sort continuellement de ses pores, & de prendre lui-même de l'accroissement? Nous ne trouvons donc aucune nécessité à supofer que le Polipe trouvé dans cette coquille soit un hôte étranger. Il est connu à la verité que les *Cumans,* une sorte d'Ecreviffes

qu'on

wir wiſſen, noch niemahls ein ander Thier, als eben dieſer Polypus gefunden worden; ja es ſcheinet um ſo viel mehr daß dieſer Polypus der eigentliche Einwohner, der zu dieſer Schnecke gehöret, ſeyn müſſe, weil er erſtlich zwiſchen zweyen Armen ein Häutgen hat, das er wie ein Segel ausſpannet, um mit dieſem Schifgen herumzuſegeln, welches Häutgen man an anderen Vielfuſſen nicht endecket, und zum andern weil dieſes Thier, ſo ungemein zart iſt, gleich ſtirbt, wenn man es aus der Schaale bloß in ein Waſſer thut. Dieſer beſondere Umſtand des Segelns gehet alſo zu: Es hat dieſes Thier Acht Füſſe, oder Arme, davon ſechs kurz und zwey lang ſind, die zwey langen hangen hinten über der Schaale heraus, und damit rudert es; die zwey förderſten Arme aber ſpannen eine ſehr dünne Haut aus, in welche der Wind wie in einen Segel bläſet, und die Schnecke auf dem Waſſer forttreibet. Aus dieſer Urſache wird dieſe Schnecke auch Argonauta, oder das Schiffergen genennet.

Fig. 4. Die andere Art, welche in dieſer Figur abgebildet wird, iſt klein, durchgängig etwas gelblich, da jene ſchneeweis iſt, ausgenommen daß die Zacken etwas ſchwärzlich ſind. Auch laufen an der kleinen die Falten etwas weiter aus einander, und die Mündung iſt oben viel breiter und geräumlicher, als an der groſſen, und dieſes iſt es alles, was wir von dieſer kleinen Art zu erinnern finden.

TAB. B. II.

Fig. 1. Man macht bey der Abtheilung der Schnecken ein beſonderes Geſchlecht von ſolchen, die an ihrer Mündung einen heraustretenden Lappen haben, und dieſe nennet man Alatæ oder Flügelſchnecken. Dieſe heraustrettende Lappen ſind nun am Rande entweder glat, oder es ragen an demſelben noch Zacken, oder Stachel hervor, im letzten Fall haben auch einige ſie Stachelſchnecken genennt; ſie ſind aber von ſolchen, die Murices heiſen, und welche die eigentlichen Stachelſchnecken ſind, unterſchieden. Dem aber zu folge, was wir in der Einleitung von dem Wachsthum der Schnecken geſagt haben, kömmt es uns ſehr zweifelhaft vor, ob man aus dieſen Schnecken ein beſonderes Geſchlecht machen dürfe; weil die Flügel bey vielen Schnecken erſt bey Erreichung eines gewiſſen Alters angebauet werden, wie wir ſolches an den geflügelten und ungeflügelten Schweizerhofen deutlich zu ſehen glauben. Es wäre denn daß etwa die geflügelte zum männlichen, und die ungeflügelte zum weiblichen Geſchlecht gehöreten, welches uns biß dahin noch unbekannt iſt. Sollte aber auch dieſes ſeyn, ſo müßen doch die geflügelten mit den ung. flügelten in gleicher Claſſe ſtehen, welche von den Schriftſtellern mehrentheils getrennet worden ſind. Dem ſey ingwiſchen, wie ihm wolle, ſo folgen wir doch, da jetzo unſere Abſicht gar nicht iſt, ein neues Epitema zu machen, der allgemeinen und angenommenen Meinung, und wollen nur erſt die vornehmſten Arten dieſes Geſchlechts nahmhaft machen, damit die Liebhaber wiſſen mögen, welche ſie vorzüglich zu dieſem Fach zu ſammlen und gegenwärtiger Figur beyzufügen haben.

qu'on apelle *Soldats*, & qui, ſelon que leurs ſerres ſont faites, portent le nom de *Diogènes* ou de *Bernards*, & ſe logent volontiers dans les coquilles de Limaçon, quand ils les trouvent vuides; mais les Limaçons, dont on trouve ainſi les coquilles vuides, ſont connus, et jamais, que nous ſçachions, on n'a trouvé dans ce Nautile d'autre Animal que ce même Polipe. On a outre cela deux preuves, qui rendent l'opinion, que ce Polipe eſt réellement l'Habitant propre de cette coquille, trés-vraiſemblable, c'eſt qu'en prémier lieu il a entre les deux bras une Membrane déliée qu'il met au vent comme une voile, pour nager & aller du côté qu'il veut, & qu'aucun autre Polipe n'a la même Membrane; & qu'en ſecond lieu cet animal, naturellement trés-délicat, meurt ſur le champ, quand on le tire de ſa coquille, & qu'on le met ſimplement dans de l'eau. A l'égard de la qualité propre à ce Limaçon, d'aller à la voile, il y a les remarques ſuivantes à faire. Il a huit pieds, ou bras, comme on voudra les nommer. Six de ces pieds ſont courts, & deux ſont longs. Les deux pieds longs pendent ſur le derrière hors de la coquille, & ſervent à l'animal de rames. Les deux pieds ou bras de devant ſe tiennent élevez, & tendent une membrane trés-mince qui ſert de voile, au moyen de laquelle le Vent qui y donne fait aller la Coquille ſur l'eau. Cette ſingularité a fait donner à ce Limaçon le nom d'*Argonaute*, ou le *petit Nautonnier*.

Figure 4. Ceci eſt la petite ſorte du même Nautile. La Coquille de celui-ci eſt un peu jaunâtre, au lieu que celle de l'autre eſt blanche comme neige, aux dens près qui tirent ſur le noirâtre. Les plis du petit Nautile ſont auſſi moins ſerrez que ceux du grand, & ſon embouchure eſt beaucoup plus large & plus ſpacieuſe qu'au prémier. C'eſt là tout ce que nous en pouvons dire de particulier.

PLANCHE B. II.

Figure 1. Les Auteurs, qui ont écrit ſur les Limaçons, ont coûtume dans leurs Diviſions de faire un Genre particulier de ceux, qui ont à l'embouchure un lambeau ſortant, & qu'on apelle *Limaçons ailez.* Ces Lambeaux ſortans ſont ou unis au bord, ou on y remarque des dens ou aiguillons. Dans le dernier cas quelques Ecrivains leur ont auſſi donné le nom de Limaçons à aiguillons. Cependant ceux-ci diffèrent de ceux qu'on apelle *Murices*, & qui ſont proprement les Limaçons à aiguillons. Avec cela, en ſuivant les principes que nous avons poſez dans nôtre Introduction ſur l'accroiſſement des Limaçons, il nous paroit douteux qu'on doive faire un Genre particulier de cette ſorte-ci, parceque quantité de Limaçons ne prennent ces ailes ou lambeaux qu'en vieilliſſant, ce dont ſelon nous les Culotes de ſuiſſe ailées & non-ailées fourniſſent une preuve. Peutêtre les ailées ſont-elles les mâles & les non-ailées les femelles, ce que nous ignorons juſques ici; mais quand cela ſeroit, on ne s'en trouveroit pas moins dans le cas de les ranger dans la même Claſſe, au lieu que pluſieurs Auteurs les ont ſéparé. Quoiqu'il en ſoit comme ce n'eſt pas nôtre intention préſente d'établir un Siſtème nouveau, nous ſuivrons l'opinion généralement reçûe, & nous nous contenterons d'indiquer les noms des principales eſpèces, afin que les amateurs conoiſſent les pièces qui apartiènnent préferablement à cette Claſſe, & qui ſont les plus dignes d'être rangées auprès de celle dont nous donnons ici la figure.

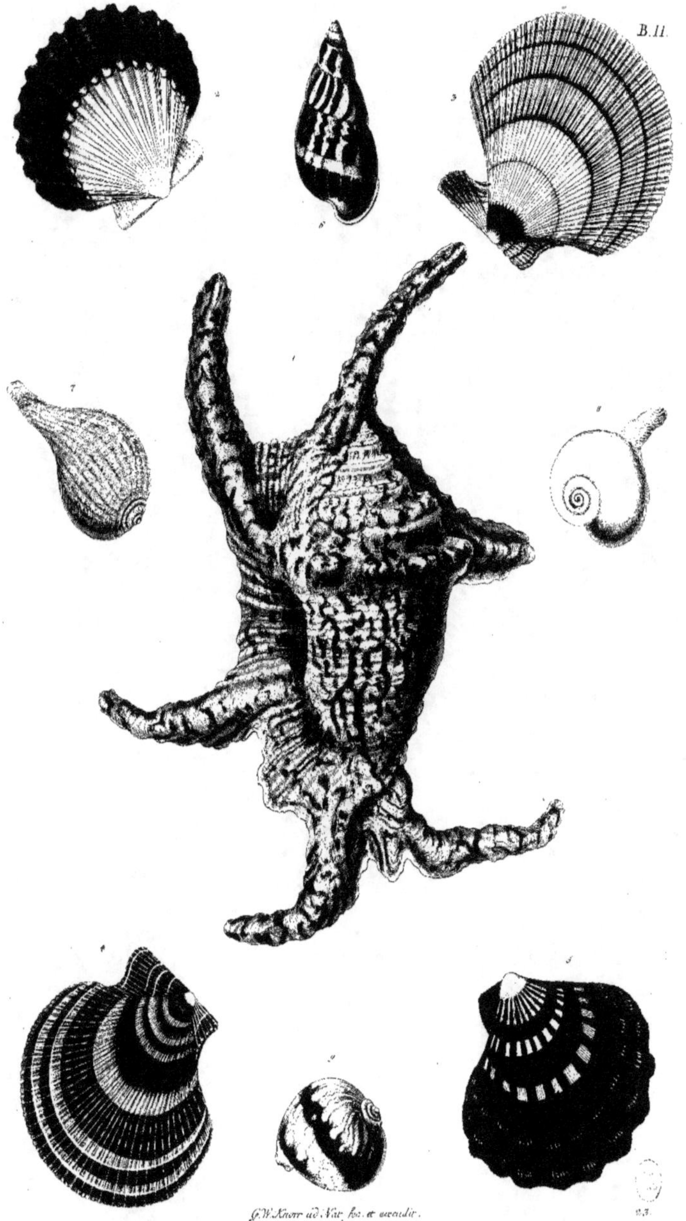

G.W. Knorr ad Nat. fec. et excudit.

Zu den Flügelschnecken deren Lappen Zacken haben, gehören unter andern die Teufelsklaue, welche in gegenwärtiger Figur zu sehen, sodann der Scorpion, der Botshacke, die Krabbe, das Tausendbein, und die Podagra Schnecke, wiewohl diese Namen oft verwechselt oder mit anderen Beynamen, wie es denn bey allen Schnecken und Muscheln gehet, vermehret werden.

Zu den Flügelschnecken aber deren Lappen am Rande gleich sind, gehören die Breitlippen, Dicke- und Dünnlippen, grosse und kleine Bezansseegel, Fechter, Sommersprossen, Samar, Luhoneser, Canarien-Schnecken, Laphörner, und dergleichen mehr.

Noch wird zu diesen Flügelschnecken eine Art gerechnet, welche weder einen Flügel noch einige Zacken hat, und Scrumpfgen genennet wird, weil man sie vor Weibgen in dieser Classe hält.

Was nun diese gegenwärtige Schnecke betrift, so wird sie die Teufelsklaue (Harpago) genennet. Sie ist dickschaalicht und schwer, wird oft sehr gros, hat an dem Umfang des untersten Gewindes dicke und grose Knoten, ist über und über mit starken Runzeln besetzet, und die gekräuselte Mündung gehet in fünf langen Zacken aus, dahingegen der sechste Zacken die Fortsetzung eines Knoten an dem untersten Gewinde ist. Diese Zacken sind bey etlichen von unten hohl, wie die Rinnen, bey andern sind sie dichte, die ersten nennen etliche abermahls Weibgen und die andere Männchen. Die Mündung selbst ist schön roth, wie Aepfelblüthe, oder fleischfärbig. Oben ist die Schaale gesprenkelt und hat dunkelrothe oder braune Flammen auf einen weissen Grund.

Fig. 2. In dieser und in den drey folgenden Figuren kömmt ein neues Geschlecht aus der Ordnung der zweyschalichten Muscheln vor, davon wir zufförderst eine kleine Nachricht zu geben haben. Es ist nemlich das Geschlecht der Kammuscheln, die zwar in grosse und kleine, das ist in Pectines und Pectunculos eingetheilet werden, aber vorzüglich daran zu kennen sind, daß die ersten Ohren haben, die andern aber keine.

Sie werden alle miteinander Kammuscheln, oder auch Strahlmuscheln genennet, weil sie oben vom Schloß an biß unten zum Rande zu Falten oder Furchen haben die minder oder mehr tief und neben einander liegen, und wie Strahlen aus einem Mittelpunct auslaufen. Von denen, die Ohren haben giebt es etliche, die zwey gleiche, oder ungleiche, oder auch nur ein Ohr besitzen, und zu solchen gehören vorzüglich folgende Hauptarten: Die Jacobiter-Muschel, die bunten Mäntel, Neptunus-Dosen, Compas-Muschel, Sonnenzeiger, Corallen-Doublet, und geripte Venus-Doublet, und von diesen sind etliche an beyden Schaalen gleich-bäuchicht, oder es ist nur eine Schaale bäuchicht und die andere platt. Die andere, die mit keinen Ohren versehen ist, hat das Schlos von beyden Schaalen entweder an einander sitzend, oder von einander entfernet, ist ferner gleichseitig oder ungleichseitig, und dahin gehören nun die gemeine dicke und dünne Kammuscheln, die Erdbeer-Doublette, die Raspel, die Jungfern-Kammuschel, sodann die dünne- dicke- und auch gedrehete Noahs Arche, bey welchen letztern das Schloß von einander entfernet stehet.

Was

La *Griffe du Diable*, dépeinte dans la présente figure, enfuite le *Scorpion*, le *Harpon de nacelle*, le *Cancre* ou *Crabe*, le *Millepieds* (*) le *Limaçon gouteux*, doivent entre autres être mis au rang des Limaçons ailez dont les lambeaux sont dentez. Nous devons pourtant avertir le Lecteur, qu'on n'est pas généralement d'accord sur ces dénominations, que l'on échange souvent, ou y en ajoute d'autres, ce qui arrive à tous les Limaçons, & à tous les Moules.

Les Limaçons ailez dont les lambeaux sont unis au bord, c'est-à-dire sans dens, Sont les *Babines larges*, les *Babines épaisses*, & les *minces*, la *grande* & la *petite Voile d'artimon*, le *Tireur d'armes*, les *Reusseurs* ou *Lentilles*, le *Samar* ou la *Queuë* (**) le *Limaçon de Luhon*, le *Limaçon en Serin de Canarie*, le *Limaçon à lambeaux*, &c.

Il y a encore une espèce qu'on range parmi les Limaçons ailez, quoi que celui-ci n'ait ni ailes ni dens. C'est le *Moignon*, qu'on regarde comme la semelle de cette Classe.

Venons à nôtre figure. C'est ce qu'on apelle la *Griffe du Diable*. La Coquille en est épaisse, péfante, & parvient souvent à une grandeur considérable. On voit sur la circonférence du plus bas Contour des Tubercules gros & épais, & toute la coquille est couverte de fortes rides. L'Embouchure, qui est frisée, aboutit à cinq crocs longs. Ce qui paroît faire le sixième n'est que la Continuation d'un Tubercule, qu'on remarque au dessous du plus bas Contour. A quelques uns de ces Limaçons les Crocs sont cavez comme des goutières, aux autres ils sont solides & pleins. Quelques Ecrivains prennent les prémiers pour des femelles, & les autres pour des mâles. L'Embouchure même est d'un beau rouge semblable à celui de la fleur de Pommier, ou couleur de chair. La Coquille est tachetée, & l'on y voit des flammes d'un rouge foncé ou brunes sur un fond blanc.

Figure 2. Cette Figure & les trois suivantes sont d'un genre tout nouveau de l'Ordre des Moules bivalves. Nous en dirons quelque chose en général avant d'entrer dans le détail. Ce Genre est celui des *Peignes*, que l'on divise en *grands* & *petits*, c'est-à-dire en *Peignes* & en *Pétoncules*, qu'il est facile de distinguer, parceque les prémiers ont des oreilles & que les autres n'en ont point.

Ils portent tous le nom de *Peignes*, ou de *Moules à rayons*, c'est à dire *striez* ou *cannelez*, parce qu'ils ont depuis la fermeture jusques au bord des plis & des cannelures, plus ou moins profondes, qui partent d'un même centre, toûjours placées l'une à côté de l'autre. Parmi les Peignes à oreilles il y en a quelques uns, qui ont deux oreilles égales, d'autres les ont inégales, & d'autres encore n'en ont qu'une. Il faut y compter comme des Espèces principales celles-cy: La *Coquille de St. Iaques*, les *Manteaux bigarrez*, la *Tabatière de Neptune*, la *Coquille à boussole*, le *Cadran Solaire*, le *Doublet de Corail*, le *Doublet de Venus à côtes*, entre lesquelles quelques unes ont la Coquille supérieure & l'inférieure aussi ventruë l'une que l'autre, à d'autres l'une est seulement ventruë & l'autre est platte. Quant à celles qui n'ont point d'oreilles, elles diffèrent entre elles en ce que la fermeture des deux Coquilles se trouve jointe l'une à l'autre par les deux pointes, ou les deux pointes sont separées l'une de l'autre, & encore en ce qu'il y en a à cotez égaux & d'autres à côtez inégaux.

N 2   Tels

(*) Ou la Scolopendre.
(**) S'entend la Queuë de robe ou d'habit, que les Dames de distinction font porter par un Page.

Was nun diese Figur betrifft, so wird uns in selbiger eine schöne Jacobiter Muschel vorgestellet. Sie hat eine ziemlich dicke Schaale, breite und tiefe Falten, auf welchen viele Furchen liegen; zwischen diesen Furchen sind eine Menge Kerben befindlich, die in einem runden Bogen liegen, und von dem Wachsthum der Schaale entstehen. Der Deckel ist plat und schliesset mit ähnlichen Falten in die Furchen der unteren Schaale, daß auch kein Tropfen Wasser heraus gehet. Was die Zeichnung und die Farben betrifft, so giebt es erstaunlich viele Abweichungen; denn etliche sind weiß, gesprenkelt, roth, gelb, braun, blau, schwärzlich, und zwar mit Ringen, Wellen, Puncten, Flecken, oder auch einfärbig. Ueberdas hat man auch eine kleine und eine grosse Art zu bemerken, da es denn die meisten Veränderungen bey der kleinen Art giebt, zu welcher auch die Gegenwärtige noch gerechnet wird.

Fig. 3. Die in dieser Figur abgebildete Strahlmuschel gehöret unter diejenigen, welche man vorzüglich Königsmäntel nennet. Sie ist von dünner Schaale, hat schmale und nicht sehr erhabene Rippen, einen nicht sehr bäuchichten Deckel, und pranget mit den schönsten Farben, die allenthalben mit dem Rande gleichseitig laufen, und aus der Figur selbst näher zu ersehen sind. Inwendig sind diese Schaalen insgemein weislicht.

Fig. 4. Von der nehmlichen Art ist auch der in dieser Figur abgebildete sehr schöne Königsmantel, an welchem die Natur alle mögliche Kunst der Mahlerey scheinet angewendet zu haben. Die Beschaffenheit der Schaale ist mit der vorigen gleich, wegen den schönen zarten Linien aber, die vom Schlosse an bis zum Rande auslaufen wird sie auch der Sonnenzeiger, ja von etlichen (wiewohl mit Unrecht,) Compaß-Muschel genennet, denn die ächte Compaß-Muschel ist von ganz anderer Bauart. Man siehet indes auf dieser Schaale alle mögliche Regenbogen Farben in gewissen Ringen mit einander abwechseln, die sich aber an der andern Schaale mit einiger Veränderung zeigen.

Fig. 5. Aus der äusserlichen Structur dieser Muschel erhellet satsam, daß sie ebenfals zu dem obigen Geschlecht der Strahlmuscheln oder bunten Mäntel gehöre, denn sie ist mit eben solchen grosen Falten versehen, als diejenige, die wir in der Fig. 2. erblikten, nur bekömmt sie zweyerley Umstände halber einen besondern Namen. Weil sie eine sehr hoch rothe Corallenfarbe und auf jeder Falte unten herum ein paar erhabene Buckel hat, die den gearbeiteten Corallen nicht ungleich sind, so heiset sie das Corallen-Doublet. Die hochrothe Farbe ist nicht bey allen gleich, denn es giebt auch blasse, Pomeranzenfarbige und Citrongelbe. Die Schalen sind ziemlich dicke, gleichbäuchicht, inwendig weislicht, und die Buckel erscheinen daselbst ausgehöhlet. Daß diese nur ein Ohr hat, ist nicht allgemein, sondern kan durch einen Zufall gekommen seyn; indem die meisten von dieser Art zwey, wiewohl mehrentheils ungleiche Ohren haben.

Fig. 6.

Tels sont les *Peignes épais* ou *minces*, les *Doublets de fraise*, la *Rape*, le *Peigne des Demoiselles*, & ensuite les *Arches de Noé minces*, *épaisses*, ou *tournées* où une partie de la fermeture est éloignée de l'autre.

La présente figure est celle d'un beau *Moule de St. Iaques*. Il a une Coquille assez épaisse, & des plis larges et profonds, sur lesquels on voit plusieurs cannelures. Entre ces cannelures on remarque beaucoup d'entailles rangées en arc, qui proviennent de l'accroissement de la coquille. Le Couvercle est plat, & ses plis s'ajustent si parfaitement à la cannelure de la coquille inférieure, que quand les coquilles sont fermées, il n'en peut pas sortir une goutte d'eau. Pour ce qui concerne le dessein & les couleurs, qu'on y remarque, il y a à cet égard un nombre étonnant de variations. On en voit de blancs, de tachetés, de rouges, de jaunes, de bruns, de bleus, de noirâtres, dont les uns sont marqués d'anneaux, d'ondes, de points, de taches, & quelques uns sont de couleur unie. Outre cela il est à observer qu'on a de grandes & de petites coquilles de cette espèce. C'est parmi les petites qu'on aperçoit le plus de variations, & c'est de cette sorte qu'est nôtre figure.

Figure 3. Le Moule à rayons, ou strié, qu'on voit ici, est de ceux qui portent par préférence le nom de *Manteau royal*. La Coquille en est mince, & a des côtes étroites & péu élevées, un couvercle peu ventru, et qui brille des plus belles couleurs, qui vont toutes en parallèle avec le bord. On voit cela mieux à la figure même, qu'il n'est facile de le décrire. Au dedans cette coquille est ordinairement blanchâtre.

Figure 4. La nature semble avoir épuisé l'art de la Peinture sur le magnifique *Manteau royal* qui se présente ici & qui est de la même espèce que le précèdent, qui ressemble parfaitement d'ailleurs à celui-ci quant à la qualité de la Coquille. Les lignes belles & subtiles, qui vont de la Charnière au bord, font donner par quelques Auteurs à cette coquille le nom de Cadran Solaire, & d'autres l'apellent aussi la Coquille à boussole, mais ces derniers ont tort, car la véritable Coquille à boussole, a une structure toute différente. On voit sur cette pièce toutes les couleurs possibles de l'Arc-en ciel, alternativement placées en forme d'anneaux. Les mêmes couleurs paroissent sur l'autre coquille, mais avec quelque variation.

Figure 5. La structure extérieure de cette coquille prouve assez qu'elle est du Genre des *Coquilles à rayons cannelées*, ou des *Manteaux bigarrez*, car elle a les mêmes grands plis que nous avons vû sur fig. 2. Deux raisons lui ont fait donner le nom particulier de *Doublet de Corail*, l'une est que sa couleur est la même que celle des plus beaux Coraux rouges, & l'autre qu'il y a sur chaque pli au bas deux bossettes élevées qui ont beaucoup de raport avec les Coraux travaillez. Toutes les coquilles de cette espèce n'ont pas la même Couleur ponceau, car on en voit aussi qui sont pâles, ou couleur d'orange, ou couleur de citron. Elles sont assez épaisses, ventruës également, & au dedans blanchâtres. Dans cette partie intérieure les mêmes bossettes qu'on a vûës élevées au dehors paroissent cavées. C'est un cas particulier que la présente coquille n'ait qu'une oreille, ce qui ne peut être que l'effèt d'un accident, car généralement les coquilles de cette espèce en ont deux, le plus souvent inégales.

Figure 6.

Fig. 6. Von den zweyschalichten Muscheln gehen wir wieder zurücke zu einem Geschlechte der Ersten Ordnung, unter welchem die eine Hauptgattung alle gewundene Schnecken in sich begreift. Unter solchen kommt nun auch das Geschlecht vor, welches man Kinkhörner, oder Buccina nennet, und da sich in dieser Figur ein solches zeiget, so wollen wir hier Gelegenheit nehmen, zuförderst etwas von diesem ganzen Geschlechte zu sagen.

Dieses Geschlecht ist sehr weitläuftig, und begreift viele Hauptarten unter sich, als 1) die eigentlichen Kinkhörner, deren ersteres Gewinde sehr gros und bauchicht ist, die andern aber kleiner sind, und wie eine kurze Piramide in einer Spitze auslaufen. Ihre Mündung ist mittelmäßig weit und geht in eine kleine stumpfe ausgebogene Spalte aus. Dahin gehören nun die ächte Wendeltreppe, die dünnen Kinkhörner, die Tritons-Schnecken, alle knotigte Kinkhörner, als das Arvanische Buccinum, der Hector, die Bastart Purpurschnecke, und alle derselben Unterarten und Abweichungen. 2) Die Straubschnecken, (Strombi) oder solche, die eine schmahle Mündung haben, und in eine längere Piramide ausgehen: als die Bischofsmützen, Pabstcronen, unächte Wendeltreppen, Notenschnecken, Bienenkörbe, und viele kleine Waare. 3) Die Harpfen-Schnecken, deren Mündung sehr weit ist, die Gewinde aber eine kurze Spitze machen, als die Davidsharpfen, gezackte und ungezackte Betrüger, (die auch wohl den Sturmhauben (cassides) beygezählet werden) Fledermäuse, Babylonische Thürme, u. d. m. 4) Die Spindeln, deren Mündung in einer langen Rinne ausläuft, als die lange und kurze Spindeln, 5) Alle Birnförmige Schnecken, worunter auch die Schweizerhosen sind, (die auch wohl den Stachelschnecken (murex) beygezählet werden.) 6) Die Thürmchen als die glatte, geripte, knotigte und gekörnte Thürmchen, 7) sodann noch viele Arten, die eigentlich nur zu den Sturmhauben gehören, ob sie gleich viel Aehnlichkeit mit den Kinkhörnern haben; denn die Grenzen dieses Geschlechts sind am allerschwersten zu bestimmen.

Was nun dieses Kinkhorn betrift, so gehöret es als eine Unterart zur ersten Hauptart. Es ist von dünner Schaale, hat einen röthlichen Grund mit breiten braunen Wellen, bleibet aber klein. Von dieser nehmlichen Unterart sind nun viele Abweichungen vorhanden, als ganz weisse, weisse mit schwärzlichten Wellen, bräunlichte mit einer einfachen Binde, mit gedoppelten gelben, gelben und rothen, weissen und schwarzen, schmahlen und breiten Binden, die um die Gewinde herum laufen. Wir führen diesen Umstand nur deswegen einmahl an, damit man sehe, wie ein einziges Geschlecht oft sehr viele Hauptarten, und eine Unterart oft ungemein viele Abweichungen habe; Uebrigens aber ist es eine Seltenheit, daß diese Schnecke links gewunden ist.

Fig. 7. Diese und die zwey folgende Figuren liefern abermals ein neues Geschlecht, nemlich das Geschlecht der Blasen-

Figure 6. Nous quittons ici les Moules bivalves pour revenir à un Genre du *prémier Ordre* dont l'une des Classes principales renferme tous les Limaçons à figure tournée. C'est dans cette Classe qu'il faut ranger ceux qui portent le nom de *Buccins,* & comme en voici un de cette sorte, nous en prendrons occasion de dire quelque chose du genre entier.

Ce Genre est fort étendu & renferme un grand nombre d'espèces. Telles sont 1. les *Buccins proprement ainsi dits,* dont le prémier Contour est trés-grand & fort ventru. Les Contours qui le suivent sont plus petits, & aboutissent en pointe en forme d'une Piramide courte. L'Embouchure est médiocrement spacieuse & se termine en une petite ouverture obtuse & retournée. C'est ici qu'il faut placer le véritable *Escalier en caracol,* les *Buccins minces,* les *Limaçons en Triton,* tous les *Buccins noueux* ou à *tubercules,* tels que le *Buccin d'Arvan,* le *Hector,* le *Limaçon de pourpre bâtard,* & toutes les Sous-espèces & Variations de ceux que nous venons de nommer. 2. Les *Strombes,* ou les Limaçons à embouchure étroite, qui se terminent en une Piramide plus longue, tels que la *Mitre Episcopale,* les *Couronnes Papales,* ou *la Tiáre,* les *Escaliers en caracol bâtards,* les *Coquilles notées,* la *Ruche,* & bien d'autres petites pièces. 3. Les *Limaçons en harpe,* dont l'embouchure est trés-large, mais dont les Contours se terminent en une pointe courte, tels que la *Harpe de David,* les *Linceuls,* ou *Draps de lis,* dentelez, & non-dentelez, (que quelques uns mettent aussi au nombre des Casques) les *Chauve-Souris,* les *Tours de Babilone,* &c. 4. les *Fuseaux,* dont l'embouchure se termine en une longue rigole, tels que les *Fuseaux longs* ou *courts,* 5. Tous les *Limaçons formés en poire,* au rang desquels se trouvent les *Culotes de Suisse,* que quelques uns mettent aussi au nombre des Limaçons à aiguillons. 6. Les *petites Tours* telle que *l'unie,* celle à *côtes,* la *noueuse* ou *tuberculée;* et les *petites Tours grainées.* 7. Et enfin encore quantité d'espèces qui aparcinnent proprement au Genre des Casques, quoiqu'elles ayent beaucoup de ressemblance avec les coquilles Sabotes, ou Buccins. Rien n'est plus difficile que de déterminer avec justesse les limites de ce Genre.

Quant à ce *Buccin* ici, il faut le regarder comme une Sous-espèce de la première *espèce principale.* Sa Coquille est mince, la Couleur du fond est rougeâtre, & l'on voit au dessus de larges ondes brunes; mais il demeure toûjours petit. On a quantité de variations de cette Sous-espèce. Les Coquilles sont ou absolument blanches de tout point, ou blanches à ondes noirâtres, ou brunettes à bande simple, ou à doubles bandes jaunes, jaunes & rouges, blanches & noires, étroites & larges, lesquelles environnent les Contours. D'où il resulte entre autres qu'on trouve souvent dans un seul & même Genre quantité d'espèces principales, que chaque espèce principale renferme beaucoup de Sous-espèces, & qu'on observe à chacune de ces Sous-espèces un nombre extraordinaire de variations. Ce qu'il y a de très-particulier à cette coquille & qu'on rencontre trés-rarement, c'est que les Contours vont de la droite à la gauche.

Figure 7. La présente Coquille & les deux suivantes sont aussi d'un Genre tout nouveau, c'est celui des *Limaçons*

senförmigen, oder **Kugel-** und **Schellenschnecken.** Ihr Hauptkennzeichen ist dieses, daß sie leicht, weitbauchicht, und rund sind, so daß ihr erstes Gewinde fast alles von der ganzen Schnecke ausmacht. Sie sind aber dennoch in vollkommen runde und in solche, die in eine lange Mündung ausgehen, unterschieden. Unter die ersten werden gerechnet, die Kibis-Eyer, Zwiebelschalen, Rebhüner, die geipfte und knotige Schellenschnecken u. d. Zu den andern aber zehlet man die Feigen, die Flaschen, und die Rüben. Die Gegenwärtige ist die Flasche und ist fast mit den Feigen einerley, nur sind die Feigen etwas mehr Birnförmig, an den Flaschen aber ist der Hals mehr eingedruckt, und der übrige Körper mehr kugelförmig. Es ist die ganze Schale mit zarten Rippen besetzet, welche rund um die Gewinde herum gehen; die obern Gewinde aber ragen nicht sehr hervor. Die Farbe ist an dieser gelblicht, bey anderen weiß oder braun, oder auch röthlich und geflammt, und inwendig sind sie alle weiß.

Fig. 8. Nach der Flasche folget der **Rettig** (Rapa). Diese Schnecke ist kürzer, dicker und bauchichter als die vorhergehende, so daß man sie gar wohl einem Rettig vergleichen kan. Die Mündung gehet nicht so sehr lang heraus und bricht stumpf ab. Es ist auch die hohle Rinne, womit sich die Mündung endiget, etwas gedrehet. Auswendig ist die Schale bräunlicht, inwendig wie schmutzig Elffenbein, und an der Mündung etwas röthlich.

Fig. 9. Den Beschluß macht eine **Blasenschnecke** ohne Hals, welche man die Zwibelschale zu nennen pfleget. Mat hat zwar Schriftsteller, die diese Schnecke unter die Schwimmschnecken, oder Mondschnecken rechnen; desgleichen ist unter dem Auster-Geschlecht eine Muschel vorhanden, die man auch also zu nennen pfleget. Allein es ist diese Schnecke würcklich eine Nebenart von der bandirten Zwiebelschale, die allerdings zu den Blasenschnecken gezehlet wird, und kömmt auch der Structur nach mit jener volkommen überein. Die Farbe ist röthlich und hat weisse Flammen, inwendig ist sie blaßgelb.

TAB. B. III.

Fig. 1. Eine gewisse Art zweyschalichter Muscheln, welche durchgängig offen stehen, und gleichsam gaffen, werden Chamæ, oder Gienmuscheln genennet, und machen in der zweyten Ordnung ein besonderes Geschlecht aus. Sie werden aber in rauhe und glatte Gienmuscheln eingetheilet. Zu den rauhen gehören das Nageldoublet, die Sohlziegel, das Pferdefüßgen, die Scherben, die Kammförmige Gienmuscheln, die Noahs-Muschel, der Quadrant, u. d. m. Zu den glatten aber gehören alle Arten von glatten Gienmuscheln, die Quacker, und Perspectiv-Muscheln, sodann auch die strahlichte und gezirkelte Muscheln, die lange, die runde und die Xulanesische Buchstabenmuscheln, die Feilen, die Tieger- und Katzenzungen, die Kammartige und gekörnte Gienmuscheln, sodann auch die Herzmuscheln und alle Arten von Venusmuscheln. Alle diese Gienmuscheln sind bald gleichseitig, bald ungleichseitig, etliche sind länglicht, andere rund, dick oder dünschalicht, und von man-

---

çons formez en *Veffie*, ou en *Globe*, ou en *Grelot*. (*) Le caractère diftinctif particulier de ce Genre, c'eft que les Coquilles en font légères, fort ventruës, & ont une figure sphérique, tellement que le prémier Contour forme pour ainfi dire le Limaçon tout entier. On les divife en deux fortes, qui font les parfaitement rondes & celles qui fe terminent en une longue embouchure. On met au rang de la prémière forte les *Oeufs de vanneau*, les *Pelures d'oignon*, les *Perdrix*, les *Coquilles en grelot à côtes & tuberculées*, &c. On place dans l'autre forte les *Figues*, les *Bouteilles* & les *Raiforts*. Celle que nôtre figure dépeint eft la *Bouteille*, qui reffemble tout-à-fait à la figue, car l'unique différence qu'on y peut obferver c'eft que la figue eft un peu plus formée en poire, & qu'aux *Bouteilles* le Cou eft plus enfoncé, & le refte du corps plus arrondi. Toute la coquille eft garnie de côtes fines, qui font tout le tour des Contours. Les Contours fupèrieurs n'avancent guères au dehors. La Couleur de celle-ci eft jaunâtre, d'autres font blanches, ou brunes, ou quelques fois rougeâtre à flammes. Elles font toutes blanches au dedans.

Figure 8. Apres la *Bouteille* vient le *Raifort*. La Coquille en eft plus courte, plus épaiffe et plus ventruë que celle de la précédente, de forte qu'on peut bien la comparer à un *Raifort*. L'Embouchure n'avance pas tant en long au dehors, & fe termine en nez camard. La rigole cavée, où l'Embouchure fe termine, eft un peu torfe. L'extérieur de la coquille eft brunet, la couleur de l'intérieur reffemble à de l'Yvoire fali, & eft un peu rougeâtre près de l'embouchure.

Figure 9. La dernière pièce de cette Planche eft un *Limaçon en veffie* fans cou, qu'on a coûtume d'apeller la *Pelûre d'oignon*. Quelques Ecrivains le mettent au nombre des Limaçons nageans, ou des Limaçons en Lune, & il y a auffi dans le Genre des Huitres un Moule, auquel on fait porter le même nom; mais tout cela n'empêche pas que ce Limaçon ne foit réellement une Sous-efpèce des *Pelûres d'oignon a bandes*, qu'on place avec raifon dans le Genre des Limaçons en veffie, auxquels celui-ci reffemble parfaitement à l'égard de fa conformation. La Couleur en eft rougeâtre décorée de flammes blanches. Au dedans la Coquille eft d'un jaune pâle.

PLANCHE B. III.

Figure 1. Une certaine forte de Moules bivalves, qui généralement font ouverts & béent, porte le nom de *Cames ou Moules béans.* C'eft un Genre particulier du fecond Ordre. On les divife en *Cames unies & Cames raboteufes.* Celles-ci font le *Doublet aux Clous*, la *Tuile faitière*, le *petit pied de Cheval*, les *tefts de pots caffez*, la *Came en peigne*, le *Moule de Nöé*, le *Quart de Cercle*, &c. Il faut mettre au nombre des unies toutes les fortes de *Cames unies*, les *Coaffatenjes*, les *Moules à Perfpective*, les *Moules à rayons ou Striés*, les *Moules cerclés*, les *Moules d'A B C, longs, rondis & de Xulan*, les *Limes*, les *Langues de Tigre & de Chat*, les *Moules béans femblables aux Peignes*, & les *grainés*, les *Moules en coeur*, & les *Moules de Venus* de toutes les fortes. Toutes ces Cames font tantôt à côtez égaux, tantôt à côtez inégaux, quelques unes font oblongues, d'autres rondes;

il

(*) Mr. *Bertrand* les apelle *Bulles.*

B.III.

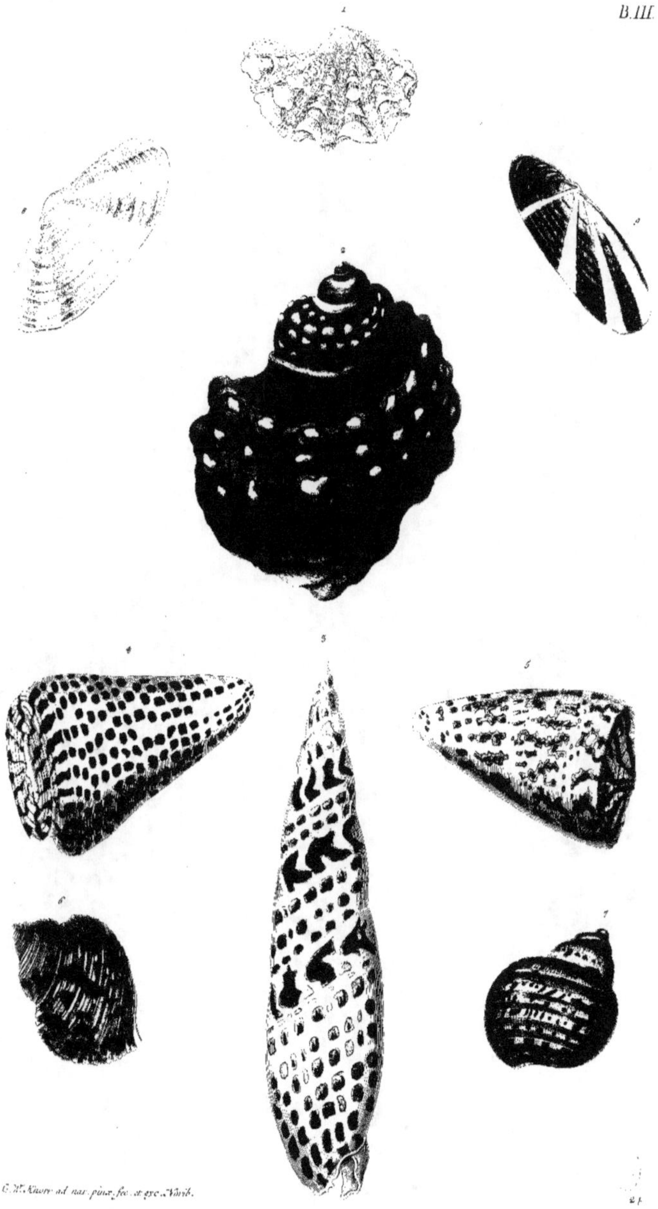

G. W. Knorr ad nat. pinx. fec. et exc. Norib.

mannigfaltigen Farben. Die Schalen sitzen hinten mit einem Pergamenthäutlein an einander, und das Thier ist an beyden Schalen mit einer Senne befestigt, durch deren Hülfe es die Schalen sehr dichte aneinander ziehen und dergestalt fest halten kan, daß man sie eher zerbricht, als öfnet.

Die gegenwärtige Gienmuschel gehöret zu den rauhen, und ist das Nageldoublet, welches eine Art der Noahsmuschel ist. Sie wird also genennet, weil die Falten der Schale mit grossen hohlen Nägeln besetzet ist. An dem Schlosse befindet sich zwischen beyden Schalen eine sehr weite Oefnung, die niemahlen zugehet, und worein man einen Finger legen kan, dahingegen andere Muscheln, ausgenommen eine Art Pholaden und Rinnen Doubletten, sehr genau zu schliessen pflegen. Dieses Nageldoublet wird selten über eine Spanne groß, aber die andere Art, welche die Noahsmuschel heisset, wächset zu einer ungeheuren Grösse von etlichen Schuhen, und die Schalen erreichen die Dicke eines Schuhes, so daß oft eine einzige Schale über drey Centner wieget. Weil man nun aus dieser ungeheuren Grösse geschlossen, es müßten diese Muscheln, (zumahl man sie auch oben auf den Indianischen Bergen versteinert findet,) von den Zeiten Noahs herrühren, so hat man sie auch Noahsdoubletten genennet. Solche grosse Doubletten sind im Stande, einen Armsdicken Ankerstrick entzwey zu kneipen, und die Schalen werden in Indien zu grossen Wassertrögen vor das Vieh gebraucht.

Fig. 2. Wir treffen in dieser Figur abermals ein neues Geschlecht an, und zwar das Geschlecht der gemeinen Schnecken (Cochlea) weil sie den gemeinen Landschnecken unter allen anderen am meisten ähnlich sehen. Es wird aber dieses Geschlecht eingetheilet in Mondschnecken (Cochleas lunares,) und in Halbmondschnecken (Cochleas valvatas). Die Mondschnecken sind solche, deren Mündung rund, wie der volle Mond ist, und von der Art giebt es grose und kleine, glatte, geripte, knotigte und solche die Zacken, Lappen oder Krausen haben. Sie werden auch Alykruiken, oder Oehlkruge genennet, und dahin gehören namentlich, der grosse Oehlkrug, der bucklichte Oehlkrug, das Riesenohr, die Schlangenhaut, die Nassauer, die Silber- und Goldmunde, die geripte Mondschnecken, die Krausen, die Sporne u. d. m. Die Deckel von diesen Schnecken aber sind die sogenannten Meerbohnen oder Seenabel (Umbilicus marinus).

Die halbe Mondschnecken aber sind solche, deren Mündung nur einen halben Mond vorstellet. Sie heissen auch Cochleae valvatae, oder Klappenschnecken, weil ihre Deckel wie Thorflügel, oder auch wie die Klappen in den Adern aussehen. Sie werden abermahls in glatte und in gestreifte eingetheilet, und sind entweder regulär oder geschoben, haben ein Nabelloch, oder keines; und dazu gehören namentlich die Schlammschnecken, die Schwimmschnecken, die Eyerdotter, die Schwarzmunde, die Camelotte, die Rothaugen, die Alpen, die bandirten Neriten, und dergl. mehr.

Was nun die gegenwärtige Figur betrift, so ist sie eine knotigte Mondschnecke, oder Oehlkrug, dergleichen man auch Knobelhörner zu nennen pfleget. Das erste Gewinde ist mit einer rothen, das andere mit einer schwarzen, und die übrigen mit einer rothen rauhen Haut umzogen; alle Gewinde sind mit Buckel besetzet, die mit einer Perlenmutterfarbe hervor glänzen.

Il y en a à coquille épaisse & coquille mince & leurs couleurs sont diverses. Les Coquilles sont jointes sur le derrière par une Membrane mince, & l'Animal est attaché aux deux coquilles par un nerf, au moyen duquel il peut les tirer l'une à l'autre, & les tenir serrées avec tant de force, qu'il est plus facile de les rompre que de les ouvrir.

Pour ce qui concerne la *Came* représentée ici, elle est des *raboteuses*. C'est le *Doublet aux Clous*, qui est une sorte des *Moules de Nöé*. On lui a donné le nom qu'elle porte, parce que les plis de la coquille sont garnis de grands Clous cavez. On observe à la Fermeture entre les deux coquilles une ouverture fort spacieuse, qui ne se ferme jamais, & dans laquelle on peut mettre un doigt, au lieu que d'autres Moules, à la réserve d'une espèce des Pholades & des Doublets en rigole, se ferment ordinairement avec beaucoup de justesse. Ce doublet à Cloux ne passe jamais un Pan dans son étendue, mais l'autre sorte qu'on apelle Moule de Nöé, parvient à un dégré énorme de grandeur, au point qu'elle a quelques fois plusieurs pieds d'étendue, & un pied d'épaisseur, tellement qu'une seule Coquille pése souvent plus de trois quintaux. Cette énorme Grandeur jointe à ce qu'on trouve de ces Moules pétrifiés aux *Indes* sur le Sommèt de quelques Montagnes, a fait naître l'idée qu'elles existoient dès les tems de Nöé, & c'est ce qui leur a fait donner le nom de Doublets de Nöé. Cet animal est capable de couper en deux un Cable gros comme le bras. Les Coquilles servent aux *Indes* d'abbreuvoir pour le gros bétail.

Figure 2. Ceci est encore un nouveau Genre. Ce sont les *Limaçons ordinaires*, ainsi apellez à cause qu'ils ressemblent le plus aux Limaçons terrestres communs. On les divise en *Limaçons en Lune*, & en *Limaçons en demi-Lune*, ou à *valvule*. Les *Limaçons en Lune* sont ceux dont l'embouchure est ronde comme la Pleine-Lune. Il y en a de *grands* & de *petits*, *d'unis*, *à côtes*, *noueux* ou *tuberculez*, ou qui ont des *dens*, des *lambeaux*, ou des *frisures*. On les apelle aussi *Alykruyken*, qui est une sorte de petits Limaçons, ou *Cruches à huile*. De cette espèce sont la *grande Cruche à huile*, la *Cruche à huile tuberculée*, l'*Oreille de Géant*, la *peau de Serpent*, les *Nassaux*, les *Bouches d'or & d'argent*, les *Coquilles en Lune à côtes*, les *Fraises*, les *Eperons*, &c. Ce qui sert de Couvercle à ces Limaçons est l'*Umbilic marin*, ou le *Nombril marin*.

Les *Limaçons en demi-Lune* sont ceux dont l'embouchure est faite en demi-Lune. On les apelle aussi *Limaçons à valvule*, parceque le Couvercle est fait comme un Battant de porte, ou comme les Valvules que nous avons dans le sang. On divise encore ceux-ci en *unis* & en *rayes*, & ils sont ou reguliers, ou en biais, les uns ont un umbilic, d'autres n'en ont point. Les noms de ceux qui apartiennent à cette espèce sont le *Limaçon limonneux*, le *Limaçon nageant*, le *Iaune d'oeuf*, les *Embouchures noires*, les *Camelots*, les *yeux rouges*, les *Alpes*, les *Nerites à bandes*, &c.

A l'égard de la figure dépeinte ici, c'est un *Limaçon en Lune tuberculé*, ou une *Cruche a huile* qu'on apelle aussi la *Coquille noueuse* ou à *bossettes*. Le prémier Contour est envelopé d'une peau rouge, le second d'une peau noire, le troisième d'une peau rouge. Tous les Contours sont couverts de tubercules, qui ont le brillant de la nacre. Ce Lima-

glänzen. Es ist aber dieses nicht die natürliche Gestalt der Schnecke, denn die Schaale ist gänzlich Perlmutterartig, und besitzet über und über eine gedoppelte Haut, nemlich erstlich eine schwarze, sodann eine rothe. An dem zweyten Gewinde ist die rothe Haut abgenommen, daß die schwarze durchschimmert, und auf allen Gewinden sind die Buckel ein wenig abgeschliffen, daß das Perlenmutter hervor leuchtet.

Fig. 3. Wir haben bey der Tab. B. II. fig. 6. schon das ganze Geschlecht der Kinkhörner, und die in demselben vorkommende Hauptarten der Straubschnecken beschrieben. Es ist nemlich die Gegenwärtige eine dergleichen, und wird die Bischofsmütze, Mitra Episcopalis, genennet. Sie ist dickschaalicht, und mit schönen rothen Flecken, die Reihenweise stehen, gezieret.

Fig. 4. Diese Figur giebt uns Gelegenheit eine Nachricht von einem sehr schönen, reichen und reitzenden Geschlecht zu geben. Es ist nemlich das Geschlecht der Kegelschnecken, Tutten oder Walzenschnecken, die man Volutæ nennet. Ihr Hauptkennzeichen bestehet darinnen, daß sie einem Kegel sehr ähnlich sehen, welcher einen breiten Boden hat, und wie eine kurze Piramide zugespitzet ist. Der breite Boden dieses Kegels ist an dem Theile der Schnecke befindlich, wo die Gewinde heraus tretten. Die Spitze aber stehet diesem gegenüber, und in derselben endiget sich die lange Mündung, welche die ganze Seite der Schnecke einnimmt, und von der Fläche, wo sich die Gewinde befinden, anfänget. Weil die Gewinde alle flach über einander herlauffen, wie wenn man ein Papier zusammen rollet, so heissen sie Walzenschnecken, und da sie an einem Ende spitzig, am anderen Ende breit sind, wie man die papierene zusammen gerollete Säckgen zu machen pfleget, so heissen sie Tutten, oder Dutten. Es ist aber dieses Geschlecht noch näher abzutheilen; nemlich in solche Kegelschnecken deren Boden ganz flach ist, oder in solche, an deren Boden die Gewinde mit einer Spitze heraus tretten, oder endlich in solche, die von der Kegelfigur etwas abweichen, und nebst einer sehr hohen, herausragenden Spitze an den Seiten (wie das Geschlecht der Rollen) etwas bäuchicht sind. Die erstern sind vollkommene Kegel, die letztern sind die Bötgerbohrer. Nun giebt es zwar einige wenige Veränderungen in Ansehung der Schaale selbst, indem etliche erhabene Körner auf der Schaale sitzend haben, welche man granulirte nennet, andere mit erhabenen Reiffen umgeben sind; jedoch bestehet die mehreste Veränderung in den Zeichnungen, und nach diesen macht dies Geschlecht sehr viele Hauptarten und Unterarten, unter welchen alle diejenige, welche Binden haben, und die man volutæ fasciatæ nennet, die vornehmsten sind. Es werden nemlich alle diejenige, welche bandiret sind, oder um deren Schaale scharfe, breite oder schmale Binden von einer anderen Farbe liegen, zu den Admirals gerechnet, welche Benennung ihnen deßwegen gegeben ist, weil sie vorzüglich schön und rar sind, dabey aber auch einige Aehnlichkeit mit den bandirten Flaggen oder Schifsfahnen der Holländer haben, die von Streiffen unterschiedener Farben zusammen gesetzet sind, und diese Admirals sind neben der unter dem Geschlecht der Kinkhörner Tab. B. II. fig. 6. nahmhaft gemachten äusserst raren ächten Wendetreppen, die seltensten und theuersten Schnecken in einer ganzen Sammlung. Man trift also in diesem Geschlecht an die Ober-Admirals, Oranien Admirals, Guinesische Tutten, Vice-Admirals, Westindische Admirals, Schouts bey Nacht, und übrige bandirte Tutten, ferner die A. b. c. Tutten, hebräische Buchstaben-Tutten, das Bauren a, b, c, das Italiänische Estrich, sodan die Butterwecken, Herztutten, Tiegertutten, steigende Löwen, Gespenster, die Kerzgen, die Mennoniten-

Tutten,

Limaçon n'est pas fait ainsi naturellement, car sa Coquille entière est une espèce de nacre. Mais elle est couverte entièrement de deux peaux, dont la prémière est noire & l'autre rouge. Au second Contour on a ôté la peau rouge, pour faire paroître la noire, & on a un peu émoulé les Tubercules sur tous les Contours, afin que l'on vit l'eclat de leur nacre.

Figure 3. Nous avons déja donné Pl. B. II. fig. 6. la description du Genre entier des *Buccins*, & de l'espèce principale des *Strombes*, qui y est comprise. Ceci est une Coquille de cette espèce. On la nomme la *Mitre épiscopale*. La Coquille en est épaisse, & décorée de belles taches rouges, rangées à la ligne.

Figure 4. Cette figure nous fournit l'occasion de donner une idée générale d'un Genre beau, riche, & qui renferme des pièces charmantes. C'est le genre des *Limaçons en cone*, des *Cornets*, ou des *Volutes*. Son Caractère distinctif principal consiste en ce que les Coquilles qui le composent ont la figure d'un *Cone* ou d'une *Quille*, qui repose sur une base large, & se termine piramidalement en pointe. La base large de ce Cone se trouve à ce Limaçon là, où ses Contours paroissent. La pointe est vis-à-vis, & c'est la que se termine la longue embouchure, qui occupe tout un côté de la coquille, & qui a commencé près des Contours. Le nom de *volute* vient à cette coquille de ce que tous ses Contours passent l'un sur l'autre sans se dépasser, à l'instar d'un papier roulé, & comme elle a la forme d'un cornet de papier en ce qu'elle est pointue par un bout & large de l'autre, on l'apelle Cornet. Mais on peut donner une division encore plus détaillée de ce Genre en disant qu'une partie de ces Coquilles sont en Cone à fond plat, une seconde où les Contours, avançant un peu hors du fond forment une pointe, & enfin une autre qui s'écarte un peu de la figure conique, dont les individus, avec une pointe haute, qui avance beaucoup, sont un peu ventrus sur les côtez, comme on le remarque de même aux Cylindres. Les prémières sont des Cones parfaits; on apelle les dernières des *Barvoirs de Tonnelier*. Il y a à observer encore un petit nombre de variations à l'égard de la coquille même. Car quelques unes sont marquées de grains élevez, qu'on nomme grainées, & d'autres sont entourées de cercles élevez. Mais la variation la plus considérable concerne les desseins qui sont sur les coquilles, & à cet egard ce Genre a sans doute un grand nombre d'espèces & de sous-espèces. Les plus remarquables sont les *Volutes à bandes*. On met donc au rang des *Amiraux* toutes les Coquilles bandées, c'est à dire toutes celles, dont des bandes de couleur différente du fond, font le tour, & la raison de cette dénomination c'est qu'elles sont éminemment belles & rares, & qu'outre cela elles ont quelque ressemblance avec les Pavillons, & Enseignes à bandes que l'on voit sur les Navires Hollandois, & qui sont composées de bandes de couleurs diverses coûtués ensemble. Ces Amiraux, de même que l'*Escalier en caracol véritable*, dont nous avons parlé cy-dessus à l'occasion des Buccins, (Pl. B. II. fig. 6.) sont les Coquilles les plus rares & les plus précieuses de toute une Collection. On trouve ainsi dans ce Genre les *Grands-Amiraux*, les *Amiraux d'Orange*, les *Cornets de Guinée*, les *Vice-Amiraux*, les *Amiraux des Indes occidentales*, les *Contre-Amiraux*, & autres *Cornets à bandes*. Il y a après cela les *Cornets*

de

Tutten, Cyprische Ränzgen, Fliegendrecks-Tutten, Flöhe-drecks-Tutten, Aschenstöber, Marmortutten, Cronen-Tutten, umwundene Tutten, graue Mönche, Sand und Fluß-walzen, endlich die Börgerbohrer, Aracansche Zwirne, grüne Käsetutte, Brunetten, Oliventutten, Eichenholz-tutten, Klöppelküssen, Chrysante, u. d. m.

Alle diese Hauptarten haben hernach noch viele Unterarten und Abweichungen, oder Veränderungen, indem es kleine giebt, die allezeit klein bleiben, und grosse, die die Länge eines Fingers, oder wohl gar einer Spanne erreichen, der Farbe und Zeichnung nicht zu gedenken, da öfters die nehmliche Art, bald gelb, bald braun, bald schwarz oder mit irgend einer andern Farbe erschei-net, die zuweilen von der Beschaffenheit des Thieres oder von der Gegend des Meeres abhänget.

Was nun die in dieser Figur abgebildete Schnecke betrift, so ist sie eine A. B. C. Tutte, welche Benennung sie daher erhalten hat, weil die viereckigte schwarze Flecken auf der weissen Schaale in eben solchen Reihen stehen, wie das A. b. c. auf den A. b. c. Bretgen der Kinder. Sie ist zugleich von der Art derjenigen Tutten, die einen vollkommenen Kegel ausmachen, das ist, die einen flachen Boden haben, und die nicht im geringsten bäuchicht sind. Es mangelt dieser Art keineswegs an Unterarten. Man findet etliche mit braunen, andere mit gelben oder Pomeranzen-färbigen Flecken, bey einigen sind die Flecken viereckigt, bey an-dern lange unterbrochene Linien, oder nur Puncte und krumme Hacken. Bey einigen sind alle Flecken gleich gros, oder es be-finden sich erst ein paar Reihen breite, dann ein paar Reihen schmale Flecken auf der Schaale, oder die Reihen wechseln noch in einem andern Verhältniß ab. Endlich sind sie mit einigen gelben Linien zwischen den Reihen der Flecken umzogen, und diese Linien sind bey einigen doppelt, bey andern dreyfach, oder sie wechseln ab, und solche Veränderungen giebt es fast bey allen Arten, daß das Aug immer neue angenehme Gegenstände findet.

Fig. 5. An dieser Tutte tretten die Gewinde schon in einer kleinen Spitze heraus, und sie gehöret unter die Agatetutten, zu welchen auch die Tyger- oder Wolkentutten gezehlet wer-den. Die Schaale ist, wie auch an jener dick und stark, und inwendig weis.

Fig. 6. Es gehöret diese Schnecke zu demjenigen Geschlecht, welches wir schon oben bey der Fig. 2. beschrieben haben, und ist eine grüne geripte, oder tief gefurchte Mondschnecke, welche, da die Mündung inwendig einen silberfärbigen Perlenmutterglanz hat, der grüne Silbermund genennet wird.

Fig. 7. Zu eben dem Geschlecht, in welches der vorgedachte grüne Silbermund gehöret, wird auch die gegenwärtige als eine vollkommene Mondschnecke gerechnet, und ein Nassauer, davon

de l' *A. B. C.*, les *Cornets à Lettres Hebraïques*, l' *A. B. C. des Paisans*, le *Pavé de plâtre italien*; ensuite les *Gateaux au beurre*, les *Cornets en coeur*, les *Cornets tigrez*, les *Lions rampans*, les *Spectres*, les *petites Bougies*, les *Cornets des Mennonites*, le *Chaton de Chypre*, les *Cornets de siente de Mouche*, le *Cornet de fiente de puce*, les *Fouilleurs de cendres*, le *Cornet de Marbre*, le *Cornet en Couronne*, le *Cornet entortillé*, les *Moines gris*, les *Volutes de Sable & de fleuve*, enfin les *Barroirs de Tonnelier*, les *filets d'Aracan*, le *Cornet de fromage verd*, les *Brunettes*, les *Cornets d'Olive*, les *Cornets de Bois de Chêne*, le *Coussin à dentelles*, le *Chrisant*, &c.

Toutes ces espèces supérieures ont ensuite encore beau-coup de Sous-espèces & de variations, s'y trouvant de peti-tes coquilles qui demeurent toûjours petites, & de grandes qui atteignent la longueur d'un doigt, & quelques fois d'un Pan, sans parler de la diversité des couleurs & des desseins, les coquilles de la même espèce étant souvent tantôt jaunes, tantôt brunes, tantot noires, ou de quelque autre couleur, ce qui dépend quelquefois de la qualité de l'Animal, ou de la Plage de la Mer où il est pris.

Pour en venir enfin au Limaçon dépeint dans la pré-sente figure, c'est un *Cornet d'A. B. C.*, dénomination qui lui vient, de ce que les taches noires quarrées, dont cette Coquille est marquée sur un fond blanc, s'y trouvent ran-gées dans le même ordre que les Lettres de l'Alphabet sur ces petites Planchettes qu'on nomme en France *Croix de par Dieu*, dont on se sert pour enseigner l' A. B. C. aux Enfans. Elle est aussi de l'espèce de coquilles, qui forment un Cone parfait, c'est à dire qui ont un fond plat, & ne sont point ventrues du tout. Cette espèce a aussi ses Sous-espèces. On en trouve dont les taches sont brunes, ou jaunes, ou couleur d'orange. Sur quelques unes les taches sont quar-rées, sur d'autres on ne voit que de longues lignes inter-rompuës, ou seulement des points, ou des crochets courbes. A quelques unes les taches sont toutes de grandeur égale, ou l'on y voit alternativement deux rangées de taches larges, & ensuite deux rangées de taches étroites, ou les rangées varient encore de quelque autre façon. Enfin l'on y remarque de plus quelques lignes jaunes, qui font le tour de la coquille entre les rangées des taches, & ces Lignes sont quelques fois doubles, quelquefois triples, ou elles alternent aussi. Il y a tant de variations pareilles à tou-tes les espèces que l' oeil y trouve toûjours quelque recré-ation nouvelle.

Figure 5. Les Contours de cette Coquille avancent un peu en dehors, & se terminent en une pointe courte. Elle doit être placée parmi les *Cornets d'Agate*, nom qu'on donne aussi quelquefois aux *Cornets tigrez*, ou aux *Cornets à nuages*. La Coquille en est forte & épaisse comme à la précèdente, & blanche en dedans.

Figure 6. Cette Coquille apartient au même genre que nous avons décrit cy-dessus en parlant de la figure 2. C'est un Limaçon en Lune verd, à côtes, ou à cannelures pro-fondes. Comme son embouchure a au dedans un éclat argen-tin semblable à celui de la nacre de Perle, on l'apelle la *Bouche d'argent verte*.

Figure 7. Il faut regarder cette coquille comme aparte-nant au même Genre que la Bouche d'argent verte dont nous venons de parler. C'est un Limaçon en forme de Lune parfait.

davon es viele Arten giebt, genennet. Die Schaale ist dick, auswendig glat, glänzend, und mit vielen breiten bunten Linien bezeichnet, inwendig aber wie schmutziges Elfenbein anzusehen.

Fig. 8. Von den zweyschaalichten Muscheln stellet sich in dieser Figur abermals ein neues Geschlecht unsern Augen dar; es ist nemlich das Geschlecht der Telmuscheln, welche *Tellinæ* genennet werden. Ihr Kennzeichen ist dieses, daß sie dünnschalicht, und zu beyden Seiten des Schlosses länglicht sind, oder vielmehr in die Breite auslaufen. Es giebt in diesem Geschlechte nicht viele Arten, denn man hat nur die Sonnenstrahle, die Polnischen Messer, die Blätter, die Schinken, und die Rosendoublette, welchen von einigen die Katzenzungen beygezählet werden, die doch der äusseren Gestalt nach schon mehr zu den dünnen Gienmuscheln gehören.

In dieser Figur wird uns nun ein **Purpur-Sonnenstrahl** gezeiget, welche Benennung daher entstehet, weil sich auf der Schaale die rothen Strahlen vom Schloß bis nach dem Rande zu immer breiter auswerfen, wie wenn die Sonne beym Regenwetter zwischen den Wolken durchscheinet, und man von ihr saget, daß sie Wasser ziehe. Die Schaale ist ziemlich stark, ungemein glat und glänzend, hat lauter Ringe, so wie sie sich nach und nach angesetzet hat, ist unten herum schneeweis, inwendig mehrentheils ganz, und auswendig nur am Schloß gelblicht. Die Strahlen sind vortreflich roth. Man hat die nemliche Art auch mit mehreren und schmahlen Strahlen, auch giebt es solche, die nur Querringe, und gar keine Strahlen haben.

Fig. 9. Diese Telmuschel ist viel seltener als die vorbeschriebene, und unterscheidet sich von der vorigen in nichts anders, als daß die Strahlen hochblau oder violetfärbig sind, daher sie auch der **Violette Sonnenstrahl** genennet wird. Diese violette Farbe erhebet sich um so mehr, da die Schaale Schneeweis wie Porzellan ist, und nichts gelbes an sich hat.

TAB. B. IV.

Fig. 1. Aus dem Geschlecht der Austern erscheinet in dieser Figur die **Lazarus-Klappe**, die nicht nur ihrer Nägel halber, welche die Schaale besetzen, sondern auch wegen des Schlosses sehr merkwürdig ist. Ehe wir aber dieselbe näher beschreiben, haben wir eine Nachricht von dem ganzen Geschlecht der Austern zu geben.

Es machen nemlich die Austern im eigentlichen Verstande ein besonderes Geschlecht aus, ob man gleich gewohnt ist, überhaupt alle Thiere oder Einwohner, die sich sowohl in den Schnecken, als Muschelschaalen aufzuhalten pflegen, Austern zu nennen. Die Eigenschaft dieses Geschlechts ist, erstlich daß sie niemalen frey im Meer schwimmen, oder auf dem Boden, oder an den Felsen herumkriechen, wie die meisten Schnecken und Muscheln zu thun pflegen, sondern sie sind insgemein an Felsen oder an dem Boden des Meeres mit der Unterschaale befestiget, daher man allezeit an derselben die Stelle, wo sie abgebrochen ist, wahrnimmt. Zum andern sind ihre Schaalen allezeit von
auffen

---

parfait. On l'apelle un *Naßau*, dont on a quantité d'espèces. La Coquille est épaisse, unie au dehors, brillante, & marquée de plusieurs lignes larges de diverses couleurs. Le dedans ressemble à de l'Ivoire sali.

Figure 8. Voici encore un nouveau Genre des Moules bivalves qui se présente à nos yeux, c'est celui des *Tellines*. On les reconoit à leur coquille mince, & en ce qu'elles sont oblongues aux deux côtez de la Fermeture, ou plutôt en ce qu'elles s'étendent en large. Ce genre n'a pas beaucoup d'espèces. On n'y trouve que les *Raïons du Soleil*, les *Couteaux de Pologne*, les *feuilles*, les *petits Jambons*, & les *Doublets* de rose, auxquels quelques uns ajoutent les *Langues de chat*, qui, vû leur conformation, devroient bien plûtôt être mises au rang des *Cames minces*.

Quoiqu'il en soit, la présente figure dépeint un *Raïon du Soleil de couleur de pourpre*; dénomination qui tire son origine des raïons rouges, qu'on y voit s'étendre depuis la Fermeture jusques au bord, en s'élargissant à mésure qu'ils avancent, semblables à ceux que darde le soleil, lorsqu'en tems de pluye il perce à travers les nuées, & qu'il attire à soi les vapeurs de la terre. La Coquille en est assez forte, trés-unie & brillante, & elle est toute composée d'anneaux, qui décèlent son accroissement successif. En bas elle est blanche comme neige. Le dedans est le plus souvent jaunâtre par tout, mais le dehors n'est de cette couleur que près de la Fermeture. Les rayons sont d'un rouge admirablement beau. On en a de la même espèce, dont les raïons sont plus nombreux & moins larges, & d'autres qui n'ont que des anneaux en travers, & point de raïons du tout.

Figure 9. Cette *Telline* est beaucoup plus rare que la précédente, de laquelle elle ne diffère d'ailleurs qu'en ce que ses raïons sont d'un bleu de Roi, ou de couleur violette. On lui donne par cette raison aussi le nom de *Raïon du Soleil violet*. Cette Couleur violette relève d'autant plus la beauté de la pièce qu'elle est placée sur une Coquille blanche comme neige, à l'égal de la Porcelaine, & qu'on ny' remarque rien de jaunâtre.

PLANCHE B. IV.

Figure 1. L'on trouve dans le Genre des Huitres le *Claquet de Lazare*, dont voici la Figure. Cette pièce est remarquable non seulement par les Clous dont la Coquille est garnie, mais aussi par sa Charnière. Mais avant que nous procèdions à sa description particulière, nous devons, pour remplir nos engagemens, donner à nos Lecteurs une information générale relativement au Genre entier.

Nous disons donc que les *Huitres*, prises dans le sens propre de leur dénomination, font un Genre particulier, quoiqu'on ait assez coûtume d'apeler de ce nom tous les animaux indistinctément qui habitent les coquilles de Limaçon, ou de Moules. Trois proprietez distinguent ce Genre. En *prémier lieu*, l'Huitre ne nage jamais dans la mer, ni ne rampe au fond, ni sur les rochers, comme font la plûpart des Limaçons & des Moules, car elle est ordinairement attachée par sa coquille inférieure soit au fond de la Mer, soit à quelque rocher, d'où on ne peut l'arracher, sans que la marque en paroisse sur la coquille. En *second lieu*, la
partie

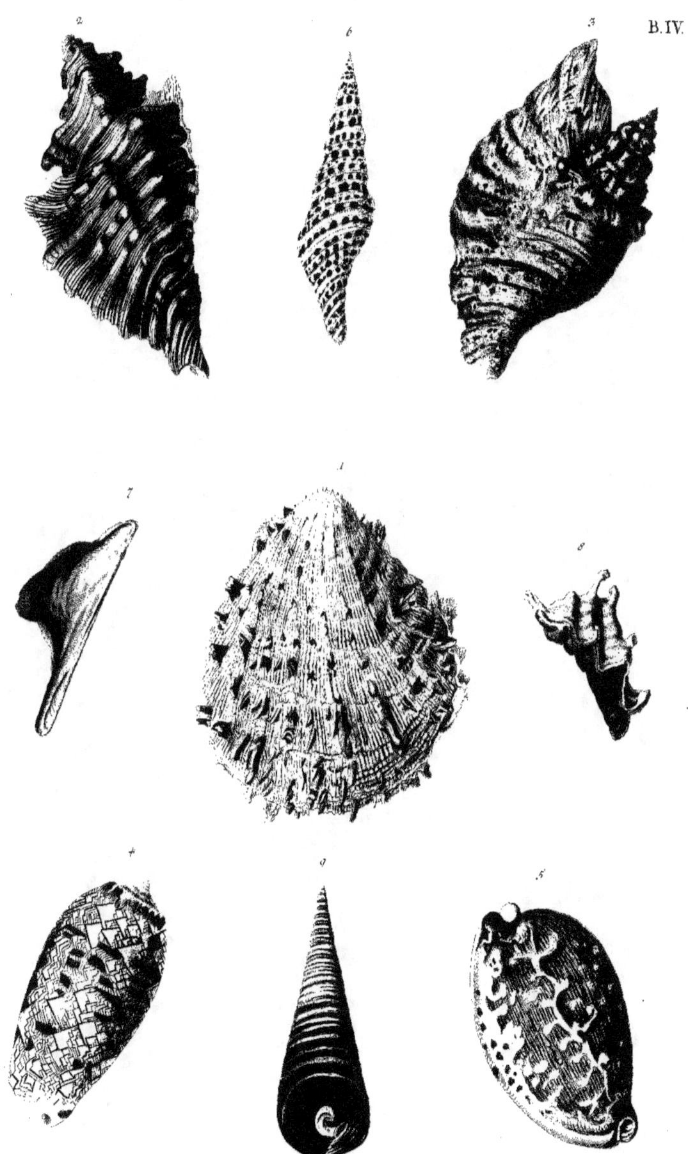

Ex Museo Excell. D. Mülleri, et Summe Venerabilis D. Schadeloock.

48.

auffen schieferigt, oder blätterigt, oder zackigt, folglich rauh, und niemals glat, es wäre denn daß man ihnen die äussere Haut herunter nehmete. Drittens haben sie schlechterdings eine unbestimmte Figur, und kommen in diesem Geschlecht allerhand Gestalten vor. Was nun die Hauptarten betrift, so findet man in diesem Geschlecht die gemeinen Austern, die Stock-Reisig- und Steinaustern, die Sattel, sowohl englische als polnische, die gefaltene und die gezackte Austern, die Perlenmutteraustern, die Creuzdoublete, oder polnische Hammer, die Winkelhacken, die Lazarusklappen, die Hahnenkämme, die Lorbeerblätter u. d. m.

Vorjetzo sehen wir aus diesem Geschlecht eine Lazarusklappe vor uns, und sie führet diesen Namen, weil die Schalen gegen einander klappen wie die Bettlersklappen. Es ist aber dieses möglich ohne daß man das Herunterfallen einer Schaale zu befürchten hätte, denn es hat die obere Schaale Zacken oder Angeln, welche in die Grübgen der untern Schaale so fest schließen, und so genau eingedrehet sind, wie der Deckel an einer Schnupftobacks Dose mit einem Gelenke, zu thun pfleget.

Die untere Schaale ist ganz weis, und schieferigt, die obere aber roth, und mit etlichen Reihen krauser Zacken versehen, beyde Schaalen sind inzwischen gleich-bäuchicht und sehr dick. Einige Liebhaber nennen sie auch wohl die Eselshufe, doch scheinet dieses eine Verwechselung mit dem Pferdefußdoublet zu seyn, so in das Geschlecht der Gienmuscheln gehöret. Diese Lazarusklappen sind oft sehr verschieden, denn man hat auch solche, deren Deckel Falten, andere die lange Zacken, und noch andere, die spitzige Stacheln haben.

Fig. 2. Unter den Kinkhörnern befindet sich auch eine Art, deren ersteres Gewinde in einen langen spitzigen Körper ausgehet, und gleichsam dreyeckigt ist. Diese wird das dreyeckichte Kinkhorn, die knotigte Birn, oder auch das Fußhorn genennet, und sie ist es, die wir in dieser Figur vor uns sehen. Sie hat auf dem Rücken zuweilen eine, oft auch zwey Reihen Knoten, welche die Länge herunter stehen, von diesen Knoten gehen zu beyden Seiten quer über die Schaale dicke Falten, und die Mündung hat einen hohlen und umgebogenen Rand mit Falten. Inwendig ist sie schneeweis, auswendig aber gelblich, oder dunkelbraun. Es giebt auch etliche die schwarz und andere die röthlich sind.

Fig. 3. Wir haben schon vorher erinnert, daß man unter die Flügelschnecken auch die Lappenschnecken zehle, deren Mündung mit einem breiten Lappen austritt, zugleich aber haben wir auch erinnert, daß nicht alle Schnecken mit solchen Lappen ein besonderes Geschlecht ausmachen können, weil einige Einwohner in einem gewissen Alter erst einen Lappen an ihr Gehäuse anbauen, und damit ihren Bau beschließen; es wäre denn, daß einen Lappen zu haben, oder nicht zu haben, einen Unterscheid des männlichen, oder weiblichen Geschlechts ausmache, wenigstens haben wir dergleichen an den gezackten Schweizerhosen, oder Fleischhörnern wahrgenommen, da einige einen Lappen hatten, andere aber nicht. Von der Art ist nun allerdings die Gegenwärtige, und wir halten sie vor eine kleine Art der Schweizerhosen mit einem Lappen. Einen Umstand aber, der

dieses

partie extérieure de la coquille est toute couverte d'écailles ou de feuilletage, ou dentée, par conséquent rude, & jamais unie, à moins qu'on ne la dépouille de cette Couverture extérieure. En *troisième lieu*, les Huitres n'ont point de figure absolument déterminée, ce Genre renfermant nombre de variations à cet égard. Les espèces principales sont *l'Huitre ordinaire* ou *commune*, les *Huitres qu'on trouve aux solives, aux broussailles qui se trouvent dans la mer*, ou *aux Rochers*, *la selle à l'Angloise* & *la selle à la Polonoise*, *l'Huitre plissie*, *l'Huitre dentée*, *l'Huitre de la Nacre de Perle*, le *Doublet au Crucifix*, ou le *Marteau à la Polonoise*, les *Equerres*, les *Claquets de Lazare*, les *Crêtes de Coq*, les *feuilles de Laurier* &c.

La Coquille que nous voyons ici est le *traquet* ou le *Claquet de Lazare*, qu'on apelle ainsi parceque quand les deux coquilles sont l'une sur l'autre, elles rendent le même son qu'un claquet de Mandiant. Et cela se fait sans qu'on doive craindre qu'une des deux Coquilles tombe à terre, parceque la Coquille supèrieure a des dens ou des pivots, qui s'ajustent & entrent dans les fossettes de la coquille inférieure, par où les deux coquilles sont aussi assurées qu'un Couvercle de Tabatière l'est par sa Charnière.

La Coquille inférieure est absolument blanche & pleine d'écailles, la supèrieure est rouge & garnie de quelques rangées de dens recourbées. L'une & l'autre sont cependant également ventrues, & fort épaissés. Quelques Amateurs ont aussi apellé cette coquille le *Sabot d'âne* la confondant vraisemblablement avec le *Doublet du pied de cheval*, qui apartient au genre des Cames. Ces *Claquets de Lazare* diffèrent souvent beaucoup entre eux, car il y en a dont les Couvercles sont plissez, d'autres qui ont des dens ou crochets longs, d'autres enfin qui sont pourvûes d'aiguillons pointus.

Figure 2. Il y a parmi les *Buccins* une autre sorte de Coquilles dont le prémier Contour va se terminer en un long corps pointu & présente ainsi en quelque façon trois coins. On apelle cela le *Buccin triangulaire*, ou la *Poire tuberculée* ou aussi *la Coquille faite en pied*, c'est celui dont nous voyons ici la figure. Cette Coquille a sur le dos quelques fois une, & d'autres fois deux rangées de noeuds ou de tubercules qui y sont posez en long. Des plis épais partent de ces noeuds & vont en travers des deux côtez de la coquille. L'embouchure a un bord recourbé & cave, avec des plis. Le dedans est blanc comme neige, & le dehors jaunâtre, ou brun-foncé. On en voit aussi de noires, & d'autres qui sont rougeâtres.

Figure 3. Le Lecteur se souvient sans doute que parmi les *Limaçons ailez*, il y a des Limaçons à lambeaux, dont l'embouchure se termine en un lambeau large. Nous avons dit à ce sujet que tous les Limaçons à lambeau ne composent pas pour cela un Genre particulier, puisqu'il y a des Limaçons, aux Coquilles desquels ce lambeau ne vient qu'à un certain age, & est comme la dernière pièce que l'animal construit à son habitation, à moins que d'avoir ce lambeau ou de ne l'avoir pas ne fasse la distinction du sexe masculin ou féminin, comme on observe une pareille différence aux *Culotes de Suisse* dentées, & aux *Limaçons charnus*, dont quelques Coquilles ont ce lambeau, & d'autres ne l'ont pas. Voici donc une pièce de cette sorte, que nous croyons être la *petite espèce des Culotes de Suisse*, à un lambeau. Nous ne pouvons passer sous silence une circonstance qui

rend

dieses Exemplar merkwürdig macht, können wir nicht mit Stillschweigen vorbey gehen: es hat nemlich dieser Lappen inwendig
an der Seite der Mündung noch einen andern Lappen, und ist
also vollkommen gedoppelt; dieser innere Lappen stehet soweit
unter dem oberen von demselben ab, daß man einen Federkiel
zwischen beyde legen kan, und hierüber machen wir folgende
Anmerkung: Als nemlich das Thier den ersten Lappen anbauete,
ist es vermuthlich durch eine besondere Lage gegen einen Felsen
gezwungen gewesen, das Vordertheil seines Cörpers in die Höhe
zu heben, daher denn der Lappen zu hoch hinauf und nicht horizontal genug hat gebauet werden können. Als nun nachher die
Schnecke eine andere Lage bekommen, und das Vordertheil des
Cörpers am Thier mehr herunter gefallen ist, so hat der angebaute Lappen einen allzuweiten Abstand von dem Cörper des
Thieres gehabt, und ihn nicht gehörig umschliessen, oder dichte
genug bedecken können, daher hat der neue Saft des Thieres
zwischen seinem Cörper und dem alten Lappen der Schaale Platz
gefunden, einen neuen und tiefer liegenden Lappen anzulegen.
Weil nun der alte Lappen schon vollkommen ausgebauet war,
so ist auf die Art ein doppelter Lappen entstanden.

Fig. 4. Ein neues Geschlecht wird uns in dieser Figur gezeiget, und zwar das Geschlecht der **Rollen**, (Cylindri) oder
der **Dattelschnecken**. Sie haben alle einerley Gestalt, sind
lang und rund, wie eine Rolle, in der Mitte etwas bäuchigt,
nach den Enden zu etwas schmäler, und die Gewinde ragen nur
mit einer sehr kleinen Spitze hervor, so daß sie auch den Oliven
sehr ähnlich sehen, und den nemlichen Namen führen. Die
Mündung ist an der Seite, wie bey den Walzen- oder Kegelschnecken. Man hat in diesem Geschlecht vorzüglich die grosse
Panema-Rolle, oder das **Türkische Lager**, welches sich
in dieser Figur in besonderer Grösse zeiget, sodann das Prinzen
Begräbniß, den Waldesel, die Porphyr-Rolle, die Atlas-
Rolle, die Agat-Rolle, die Ungarische Wittwe, oder Moh-
rin, die glüende Kohlen, die Blaue Tropfen, die Camelotte
u. d. m. zu merken.

Das gegenwärtige **Türkische Lager** glänzet nach Art
aller Rollen wie ein Spiegel, ist unvergleichlich fein gezeichnet,
und hat die Benennung von den spitzigen Winkeln und Linien,
die gleichsam Zelter vorstellen, erhalten. Sie kömmt von Panema in America aus dem Mexicanischen Meerbusen, und wird
dahero auch die Panema Rolle, oder die **Südländische Dattel**
genennet.

Fig. 5. Dem Geschlechte der Rollen ist ein anderes sehr
nahe verwandt, nemlich das Geschlecht der **Porcellanen**.
Es sind diese Schnecken mehr Eyerförmig, haben die Mündung,
welche in einer schmalen und mehrentheils gezähnelten Ritze bestehet, unten, und die Gewinde tretten fast gar nicht hervor. In
diesem Geschlecht macht man eine Haupteintheilung zwischen den
grossen und kleinen Porzellanen, welche letztere bey den
mehresten Schriftstellern als ein besonderes Geschlecht angesehen
werden. Zu den grossen Porzellanen gehören nun viele unvergleichliche Arten, denn es nehmen sich alle Porzellanen vorzüglich
schön heraus, als: die Argus, die Schildkröten, die Pocken
und Masern, die Wassertropfen, die Maulwürfe, die
Capschnecken, die Kliphörner, die Schlangenköpfe, die
hohe Rücken, die Füchse, die Salzkörner, die Arabische
Buchstaben, die Eyer, u. d. m. Zu den kleinen Porzellanen
werden gerechnet alle Caurisse, als die äugigte, die gelbe, oder
das Guinesische Gold und die blaue, die Isabelle, die

Drachen-

---

rend cette pièce particulièrement remarquable. C'est-que
ce Lambeau a au côté intérieur prés de l'embouchure encore un autre Lambeau, & cela fait parfaitement un Lambeau
double. L'intérieur est placé au dessous du supérieur à la
distance de l'épaisseur d'un tuyau de plume. Nous fondons
sur ces Observations la conjecture suivante: c'est que lorsque l'Animal étoit occupé encore à la construction du prémier lambeau, il s'est trouvé vraisemblablement géné par
sa position contre quelque rocher, ce qui l'a mis dans la
nécessité d'élever la partie antérieure de son corps, par où
il est arrivé que le Lambeau a été construit trop haut, &
pas assez en ligne horizontale. Or l'Animal s'étant procuré
ensuite une situation plus aisée, & la partie antérieure de
son corps étant redécendüe, le lambeau construit en haut
s'est trouvé trop éloigné du corps de l'Animal pour l'em-
brasser, & le couvrir d'assez près. De là il est résulté que
le nouveau suc de l'animal ayant trouvé une place libre
entre le corps & le prémier lambeau de la coquille bâti trop
haut, y a formé plus bas un nouveau lambeau. Or comme
le vieux étoit dejà fait, cela a produit un Lambeau double.

Figure 4. Le Lecteur rencontre ici un Genre nouveau, qui est celui des *Rouleaux*, ou *Cylindres*, ou des
limacons formez en datte. Ils sont tous faits l'un comme
l'autre, sçavoir longs & ronds comme un rouleau, un peu
ventrus vers le milieu, plus étroits aux extrèmitez, & les
Contours n'y paroissent qu'en une trés-petite pointe, ce
qui les fait ressembler extrèmement aux *Olives*, & leur en
fait aussi porter le nom. L'embouchure y est à un côté
comme aux Volutes, & aux Cones. On trouve dans ce
Genre le grand *Rouleau de Panema*, ou le *Camp Turc*,
qui a une grandeur peu commune sur cette figure, ensuite
la *Sepulture du Prince*, l'*Ane sauvage*, le *Rouleau de Porphyre*,
le *Rouleau de Satin*, le *Rouleau d'Agate*, la *Veuve Hongroise*
ou l'*Ethiopienne*, les *Charbons ardens*, les *Gouttes bleuës*, les
Camelots &c.

Ainsi que tous les autres Rouleaux le *Camp Turc*
réprésenté ici à l'éclat d'un miroir, & est marqué de desseins
fins incomparables. Sa dénomination lui vient des Lignes
& Angles pointus, qui semblent réprésenter des Tentes.
On reçoit cette pièce de *Panema* en *Amerique*, au *Golfe du
Mexique*, & c'est ce qui lui a fait donner le nom de *Rouleau de Panema*, ou de Datte du Sud.

Figure 5. Le genre des *Cylindres* a beaucoup de raport
avec celui des *Porcelaines*. La forme de ces Limaçons
est plus ovale. L'embouchure, qui consiste en une
longue fente étroite, le plus souvent dentée, est en
bas, & les Contours n'y paroissent point. On divise
d'abord généralement ces coquilles en *grandes* & en *petites
Porcelaines*. Bien des Auteurs font de ces dernières un Genre
particulier. Les grandes Porcelaines ont quantité d'espèces
d'une beauté incomparable. Telles font les *Argus*, les *Tor-
tues*, les *Grains de petite vérole*, les *Gouttes d'eau*, les *Taupes*,
les *Limaçons des Caps*, les *Limaçons des rochers*, les *têtes de
Serpent*, les *dos voutés*, les *Renards*, les *Grains de Sel*, l'*Alphabet Arabe*, les *Oeufs*, &c. On met au rang des petites
Porcelaines tous les *Cuirassés*, (*) sçavoir *ceux qui ont des yeux,
les jaunes, ou l'argent de Guinée*, & les *bleuës*, l'*Isabelle*, les
têtes de Dragon, les *petits yeux blancs*, les *Boutons unis*, les
Poux, les *Perles*, l'*Agate*, les *Souris*, &c.

Quant

(*) Nous avons rendu le terme du texte allemand *Caurisi* par celui de
Cuirassée, non seulement parceque ces Conques ont quelque chose
de ressemblant au devant d'une *Cuirasse*, mais aussi parceque les
Auteurs Latins les appellent *Thoracia*, & qu'enfin la dénomination
hollandoise est *Boyst-Stukjes*.

Drachenköpfe, weisse Aeuglein, die glatten Knöpfe, die Läuse, die Perlen, die Agate, die Mäuse u. d. m.

Was die gegenwärtige betrift, so ist sie die **Capschnecke,** oder **Landcharten=Porcellane.** Diese Benennung hat sie von dem geschlängelten Bande, welches oben auf dem Rücken zu sehen ist, und welches eine Aehnlichkeit mit den Capen, oder Vorgebürgen an den verschiedenen Meerbusen haben soll, wie man etwa das Vorgebürg der guten Hofnung und Baaj falso in den Landcharten abzuzeichnen pfleget. Sie glänzet, wie alle Porzellanen, unvergleichlich, und darf nicht erst poliret werden, indem alle Porzellanen also aus dem Meer kommen. Sie ist hellbraun, hat röthlich weisse Flecken, und ist an der Mündung dunkelbraun.

Fig. 6. Zu dem Geschlechte der **Kinkhörner** werden auch die **Straubschnecken,** oder *Strombi* gerechnet, deren Gewinde lang hervor gehen, und an der Mündung nach Art der **Spindeln** einen langen Schnabel haben. Dahin gehöret unter andern auch die gegenwärtige, welche der **Babylonische Thurm** genennet wird. Diese Benennung entstehet von den schwarzen viereckigten Flecken, welche gleichsam die Fenster, oder so viel Eingänge in den Babylonischen Thurm auf den Gallerien vorstellen sollen. Sonst hat diese Schnecke noch etwas besonders, welches darinnen bestehet, daß unten an der Mündung in dem ersten Gewinde ein Einschnitt ist, als ob durch die Kunst ein viereckigtes Stück herausgenommen wäre.

Bey dieser Gelegenheit müssen wir noch eines Geschlechts Erwehnung thun, welches der Structur dieses Babylonischen Thurms sehr nahe kömmt, indem sie eben also in eine lange und schmahle Spitze mit sehr vielen Gewinden ausgehet, nur aber unten keinen solchen langen Schnabel hat, und das ist das Geschlecht der **Nadeln,** oder **Schraubenschnecken,** die aber auch Strombi genennet werden. In diesem Geschlecht kommen folgende Stücke vor: die Trommelschrauben, die Stricknadeln, die granulirten und die knotigten Nadeln, die Magnetnadeln, die Pickenier, die Tiegerbeine, die weisse Schneppen, die Sumpfnadeln, die Flußnadeln, u. d. m.

Fig. 7. Diese Figur giebt uns Anlaß, von einem neuen Geschlecht eine Nachricht zu geben, nemlich von dem Geschlecht der **Nießmuscheln,** oder **Keilmuscheln** (Musculi, oder Mituli.) Es haben diese Muscheln das Schloß an einem Ende stehen, von da sie in einem langen Flügel ausgehen, der unten eine breite Rundung hat; die Schaalen sind gleichbäuchicht, dünne, und mehrentheils dunkelblau, oder schwarz, wiewohl etliche wenige auch eine braune Farbe haben. Zu diesen gehören die gemeinen Nießmuscheln, die Sand= und die Steinmuscheln, die Entenmuscheln, das Vögelchen, die Steinscheiden und die Holzmuscheln.

Die Gegenwärtige ist das **Vögelchen,** und wird also genennet, weil vom Schloß an ein gewisser Fortsatz in einer geraden Linie neben der eigentlichen Schaale hinläuft, welches, wenn die zwey Schaalen aufgemacht gegen einander liegen, die Gestalt eines fliegenden Vogels giebt, da denn die beyden Fortsätze den Schweif, die eigentlichen Schaalen aber die Flügel vorstellen. Auswendig ist sie schwarz, und inwendig blau mit einem Perlenmutterglanz.

Quant à la présente figure c'est un *Limaçon des Caps,* ou la *Porcelaine géographique.* Ce nom lui vient de la bande en ligne serpentine, qu'on aperçoit sur son dos, & où l'on prétend trouver une ressemblance avec les Caps ou Promontoires situez au bord de plusieurs Golfes, comme on a coûtume de tracer quoiqu'à tort la Situation du Cap de bonne espèrance, & des Bayes sur les Cartes Geografiques. Cette Coquille a un brillant incomparable, comme toutes les Porcelaines, & n'a pas besoin de poliment, puisqu'elles sont déjà toutes telles quand on les tire de la Mer. Sa Couleur est un brun-clair, sur lequel on remarque des taches rougeâtres & blanches. L'embouchure est d'un brun-foncé.

Figure 6. On range aussi parmi les *Buccins* les *Strombes,* dont les Contours s'étendent en long & qui, comme les *Fuseaux,* ont un long bec à l'embouchure. La pièce représentée ici est de ce nombre, & porte le nom de *Tour de Babylone,* nom, dont nous ne pouvons donner d'autre étimologie si ce n'est qu'il provient des taches quarrées noires, qui paroissent sur cette pièce, & ou l'Imagination féconde de quelques Amateurs prétend trouver une ressemblance avec les portes & fenêtres qu'on supose avoir été aux galeries de cette Tour. D'ailleurs il y a encore une particularité à observer à cette Coquille, c'est qu'il y a en bas au prémier Contour près de l'embouchure une entaille quarrée comme si on l'avoit faite exprès.

Nous devons à cette occasion faire mention d'un autre Genre, dont les individus aprochent beaucoup, à l'égard de la Structure, de cette *Tour de Babylone.* Les Coquilles de ce Genre aboutissent de même en une pointe longue & étroite, & sont composées d'un trés grand nombre de Contours, mais elles n'ont pas en bas un bec aussi long que les Tours. C'est le genre des *Vis,* ou des *Aiguilles,* qui portent aussi le nom de *Strombes.* L'on met dans ce Genre la *Vis du Tambour,* les *Aiguilles à tricoter,* les *Aiguilles grainées,* & les *tuberculées,* les *Aiguilles d'Aiman,* les *Piquiers,* les *jambes de Tigre,* les *Becs d'éguiere blancs,* les *Aiguilles de marais,* les *Aiguilles de rivière,* &c,

Figure 7. La présente figure nous donne lieu de parler d'un nouveau Genre encore qui est celui des *Mytules,* ou *Muscles.* La Fermeture est à l'une des extrémitez, d'où je moule s'étend & forme une aile longue, qui se termine en bas en un large demi-Cercle. Les Coquilles sont aussi ventrués l'une que l'autre, minces, & pour la plûpart noires ou d'un bleu-foncé, quoiqu'il y en ait aussi dont la couleur est brune. C'est ici que l'on place les *Mytules communes* ou ordinaires, les *Mytules de Sable,* ou *de rocher,* les *Mytules en canard,* le *petit Oiseau,* la *Gaine aux Rochers,* & la *Mytule de bois.*

Celle qui est dépeinte ici est le *petit Oiseau.* La raison de cette dénomination vient d'une certaine Continuation, qui part de la Fermeture & va tout à côté de la véritable Coquille tout du long en ligne droite, ce qui, quand les deux Coquilles sont ouvertes, & couchees l'une à coté de l'autre, produit la figure d'un Oiseau volant, dont la Queue est représentée par les deux Continuations, & les ailes par les deux coquilles. Cette Mytule est noire au dehors. Le dedans est bleu & brille comme de la Nacre.

Fig. 8.   Q   Figure 8.

Fig. 8. Zu Anfang dieser Kupfertafel haben wir erinnert, daß eine gewisse Art zweyschaalichter Muscheln, die man Zahnen-Kämme nennet, mit unter das Geschlecht der Austern gehöre, und wir haben jetzo Gelegenheit eine dergleichen zu beschreiben. Es ist nemlich die in dieser Figur vorkommende Muschel ein doppeltgezackter Zahnenkamm. Die Schaalen sind dünne, von röthlicher Farbe und haben sehr hohe Falten, die in einander schließen, wie unten an der Figur, wo der gezackte schwärzliche Strich befindlich ist, kan ersehen werden. Auf den Falten tretten hin und wieder grosse Lappen, oder Zacken heraus, welche inwendig hohl sind, und der Muschel eine besondere Zierde geben.

Fig. 9. Endlich beschliessen wir diese Tafel mit einem Exemplar aus dem Geschlecht der **Kräuselschnecken.** Dieses Geschlecht wird also genennet, weil die Schnecken den Kräuseln, womit die Kinder spielen, sehr ähnlich sehen. Sie haben nemlich einen flachen Boden und gehen spitzig zu, aber sie sind nicht so lang, wie die Kegelschnecken, auch haben sie die Mündung nicht, wie die Kegelschnecken, an der Seite, sondern unten. Zu diesem Geschlecht gehören die gewölbten **Kräusel,** die granulirten **Piramiden,** das **Chinesische Dach,** der **Mohrentempel,** die **Nonnenfürzgen,** die **Seetonnen,** die **Trichter,** die **Wirbel- oder Perspectivschnecken,** die **Dickmäuler,** u. d. m.

In gegenwärtiger Figur wird uns eine Seetonne vorgestellet, die diesen Namen mit Recht führet, weil sie einer Seetonne vollkommen ähnlich siehet. Unter einer Seetonne aber verstehet man diejenigen Tonnen, welche auf Sandbänke zur Warnung der Schiffer geworfen werden. Diese sind unten spitzig, und haben an der Spitze eine Kette, mit welcher sie an der Sandbank befestiget werden, oben aber sind sie breit, und rings herum mit eisernen Reiffen umgeben. Von der nemlichen Bauart ist diese braune Schnecke, denn es liegen um die Gewinde herum eine Menge zierlicher erhabener Reiffe, so daß man kein schöneres Gleichniß und keinen bessern Namen vor diese Schnecke hätte erdenken können.

TAB. B. V.

Fig. 1. Aus dem Geschlecht der Kinkhörner haben wir in dieser Figur noch ein schönes Exemplar zu betrachten, welches das **Breitwelligte Buccinum** genennet wird. Es ist die Schaale an derselben sehr dünne, weis, glatt und glänzend und über derselben gehen schöne braune und breite Wellen herunter.

Fig. 2. Weil die **Noahsarchen,** aus dem Geschlecht der Kammuscheln, am meisten von den übrigen Arten ihres Geschlechts abweichen, so haben wir in dieser Figur eine dergleichen vorgestellet. Sie hat oben eine Fläche zwischen den Wirbeln, welche an einem Ende stehet. Auf dieser Fläche siehet man eine Naht, vermittelst welcher beyde Schaalen mit ungemein feinen Zacken in einander schliessen. Auswendig sind die Schaalen gerißt, und unten ohngefehr in der Mitte klaffen sie, daselbst trift man eine Menge Fasern an, womit sie sich im Sande fest saugen. Man hat von diesen Noahsarchen noch eine andere Art, die dünnschaalicht und dabey gedrehet ist, desgleichen eine Art, welche sehr dick ist und grobe Schaalen hat.

Fig. 3. In dieser Figur wird uns eine **Schinkenmuschel** oder **Steckmuschel** vorgestellet, und selbige gehöret zu einem neuen Geschlecht. Es werden aber dergleichen Muscheln Steckmuscheln genennet, weil sie mit der Spitze im Sande oder Schlamm, und folglich gerade in die Höhe stehen. Schinkens-

muscheln

Figure 8. Nous avons dit au commencement des descriptions de la présente Planche qu'il y avoit une certaine espèce de Moules bivalves, que l'on nommoit *Crêtes de Coq,* & qui entroient dans le Genre des Huitres. En voici la figure qu'on apelle la *Crête de Coq à doubles dents.* La Coquille en est mince, & la couleur rougeatre. Elle a des plis fort élevez, qui se joignent, comme on le peut observer au bas de la figure, là où l'on remarque une raie noirâtre dentelée. On aperçoit sur les plis çà & là de grands lambeaux, ou dents, dont le dedans est cavé, & qui servent d'ornement à cette coquille.

Figure 9. La dernière pièce que nous produisons sur cette Planche est tirée du Genre des *Toupies.* Elles portent ce nom a cause de leur ressemblance avec les Toupies qui servent de jouët aux Enfans. Ces Coquilles ont un fond uni & vont se terminer en pointe, mais elles n'ont ni la même longueur que les Cones, ni une embouchure pareille sur le côté, car l'embouchure de celles-ci est en bas. On compte dans ce genre les *Toupies à nuages,* les *Piramides grainées,* le *Toit Chinois,* le *Temple à Maures,* les petits *Pets de Nonne,* les *Tonnes de mer,* les *Entonnoirs,* les *Tournans,* ou *Limaçons à perspective,* les *grosses Bouches,* &c.

Ce que nous voyons dans cette figure est une *Tonne de mer,* qui porte ce nom à très-juste titre, puisqu'elle ressemble parfaitement à ce que ce nom désigne. On doit entendre par là ces *Tonnes,* qu'on jette sur les bancs de sable pour servir d'avertissement aux Gens de mer d'éviter ces lieux. Elles sont pointues en bas où tient une chaine par laquelle on les attache au banc de sable. L'extrémité oposée à la pointe est large, & munie de cercles de fer tout autour. Tout cela se rencontre de même à la présente Coquille brune, car on voit autour des Contours un grand nombre de jolis anneaux élevez, de sorte qu'on n'auroit jamais pû imaginer une Comparaison plus juste, ni un nom plus convenable à cette pièce.

PLANCHE B. V.

Figure 1. Voici encore une très-belle pièce du Genre des Buccins, qu'on nomme le *Buccin à larges ondes.* La Coquille en est très-mince, blanche, unie, & brillante. Elle est couverte de belles ondes brunes & larges.

Figure 2. Nous avons cru devoir produire ici une *Arche de Noé* du Genre des Peignes, parce qu'elle diffère le plus des autres espèces du même Genre. Elle a en haut entre les deux sommets qui sont à une extrémité de la Coquille un espace plat, sur lequel on voit une espèce de couture, au moyen de laquelle les deux Coquilles se joignent l'une à l'autre par des dents extraordinairement fines. Au dehors elles sont pourvûes de côtes, mais environ vers le milieu elles sont béantes. On trouve là une quantité de filamens, qui servent à l'animal à s'attacher fortement au sable en suçant. On a une autre Espèce d'*Arche de Noé* dont les Coquilles sont minces & tournées, & encore une qui n'a que des Coquilles fortes & épaisses.

Figure 3. Cette Figure nous dépeint un *Iambonneau,* ou une *Moule fichée,* qui apartient à un nouveau Genre. On apelle ces pièces *Moules fichées,* parceque leur pointe se fiche dans le Sable ou dans le Limon, & par conséquent la partie large oposée va directement en haut; & *Iambonneaux,* par-ce-

Ex Museis Generof. D. de Hagen, Excell. D. Mulleri, et Summe Venerabilis D. Schadeloock.

muscheln aber heissen sie deswegen, weil sie wie ein Schinken unten spitzig und oben breit sind, dahero man sie auch Hülster-muscheln zu nennen pfleget. Sie sind dünnschaalicht, beschreiben ein Dreyeck, und die Schaalen sitzen an der graden Seite an einander. Man hat davon dreyerley Arten, die langen und schmahlen, die breitschulterigten und die ungleichen Steckmuscheln, und diese sind alle entweder gezackt oder ungezackt. Der Farbe nach aber giebt es weisse, gelbe, rothe und schwarze. Etliche bleiben klein, andere werden über zwey Schuh lang.

Die gegenwärtige ist die schwarze breitschulterigte gezackte Steckmuschel. Die Zacken sind nichts anders, als hohle Fortsätze, oder Nägelartige Auswüchse der äussersten Schaale. Inwendig haben sie einen dunklen Perlenmutterglanz.

Fig. 4. Es weichet die Bauart der Schnecken und Muscheln in ihrer äusserlichen Gestalt öfters so sehr von ihren Geschlechtern ab, daß man zweifelhaft gemacht wird, ob eine oder andere Art zu dieser oder jener Classe gehöre. Von der Art ist die jetzige, welche eine Bauart zwischen den weitmündigen Kinkhörnern und den Spindeln hat. Wir zählen sie zu den kurzen Spindeln, indem sie unten und oben, wie jene, in eine Spitze ausgehet. Sie ist Caffebraun, mit einem weissen Bande, welches sich oben um alle Gewinde herum schlinget, gezieret, und hat eine mäßig dicke, etwas gefurchte Schaale.

Fig. 5. Das Geschlecht des Sturmhauben ist nicht weniger, als andere Geschlechter zahlreich und mit vielen Arten versehen. Ihr Hauptkennzeichen bestehet darinnen, daß das erste Gewinde weitbäuchicht und größer, als alle übrige Gewinde ist; die übrigen Gewinde aber tretten in keiner sonderlichen Spitze aus, und darinnen hätten sie etwas mit den Blasenschnecken gemein, wie denn auch gewisse dünne geripte Blasenschnecken, dünne Sturmhauben genennet werden, und wozu man auch die Cymbia oder Kahnschnecken rechnen könnte; allein man zehlet zu diesem Geschlecht mehrentheils nur die Dickschaalichten von dieser Bauart. Weil sich aber in diesem Geschlecht starke Abweichungen zeigen, so muß man nothwendig folgende vier Eintheilungen machen. Es giebt nemlich 1) höckerichte Sturmhauben, oder Cassides tuberosae, dahin gehören die Ochsenköpfe, die glüende Ofen, die Rebhüner, die stachlichte Sturmhauben. 2) Es sind auch warzigte Sturmhauben (cassides verrucosae) vorhanden, namentlich die Pimpelchen, Kröten, Frösche, Knörgen, Hochschwänze, Bettücher, Morgensterne, Katzenköpfe und Maulbeere, wozu einige auch die gezackten Schweizerhosen rechnen, die aber wiederum eine ganz andere Figur haben. 3) Noch sind die glatten Sturmhauben (cassides laeves) zu merken, worunter es aber viele giebt, die auch gefurchet oder gestreift sind. Man zehlet dahin die glatte- und die gestreifte einzele und doppelte Säumchen, sodann die Gartenbeere, Dambretter, Bäuche, Bezoarschnecken und die gestreiften Sturmhauben. 4) Endlich aber folgen die eigentlichen gestachelten Sturmhauben, die man Murices, oder Stachelschnecken nennet, davon etliche viele, andere wenige, etliche lange, andere kurze Stacheln haben. Einige haben nur Krausen und Lappen, andere sind glatt; einige gehen in einem langen Schnabel, andere aber nur in einer kurzen Mündung aus. Und zu diesen Stachelschnecken gehören die Kräusel-schnecken, Brandhörner, Schnepfenköpfe, Scorpionen, Spinnen, Schöpfer, gezackte Birne, u. d. m.

cequ' elles sont comme les lambons, pointuës d'un bout & larges de l'autre, ce qui leur fait aussi donner le nom de Fourreau de Pistolet. Les Coquilles en sont minces, de figure triangulaire, & jointes ensemble du côté rectiligne. On en a de trois sortes, qui sont les *longues & étroites*, celles *à larges épaules*, & les *inégales*, qui sont toutes ou *dentelées*, ou *non-dentelées*. Quant à la couleur, il y en a de blanches, de jaunes, de rouges, & de noires. Quelques unes restent petites, d'autres atteignent la grandeur de plus de deux pieds, en longueur.

Celle-ci est la *Moule fichée dentée noire à épaules larges.* Les dents n'y sont autre chose que des Continuations caves, ou des excrescences semblables aux ongles, de la Coquille extérieure. Le dedans a un brillant de nacre; mais la couleur en est sombre.

Figure 4. Les Moules & les Limaçons s'écartent si souvent quant à la structure de leur propre Genre, que l'on est quelques fois embarassé à décider dans quelle Classe telle ou telle pièce doit être mise. Telle est la pièce que la présente figure dépeint, dont l'Architecture tient de celle des Buccins à large embouchure, & aussi de celle des fuseaux. Nous la plaçons au rang des *Fuseaux courts* à cause qu'elle se termine à chaque extrémité en une pointe. Sa couleur est un brun de Caffé, décorée d'une bande blanche qui fait en haut le tour de tous les Contours. La Coquille en est médiocrement épaisse, & un peu cannelée.

Figure 5. Le Genre des *Casques* est aussi riche que d'autres, & a quantité d'espèces. Le Caractère distinctif principal de ces Coquilles-là consiste en ce que le prémier Contour en est extrèmement ventru, & plus grand que tous les autres, & que les Contours qui suivent ne se terminent pas en une pointe fort remarquable, en quoi elles ont quelque chose de commun avec les Limaçons en Vessie, & de fait il y a certains *Limaçons en Vessie à côtes* qu'on apelle les *Casques minces*, ce qu'on peut dire de même des *Limaçons en nacelle.* Cependant généralement on ne regarde comme étant de ce Genre que les Casques à coquille épaisse de cette conformation. Mais comme ce Genre est sujet à de grandes Variations, on à trouvé bon d'y établir la Division suivante. Il y a d'abord 1) les *Casques à bosselles*, ou *tuberculez*, dont les espèces sont les *Tetes de Boeuf*, les *Fourneaux ardens*, les *Perdrix*, les *Casques à Aiguillons.* Après cela viennent 2) les *Casques à verrues*, où l'on trouve les *petits Verres à Liqueurs*, les *Crapaux*, les *Grenouilles*, les *petits Noeuds*, les *Queuës hautes*, les *Linceuls* ou *Draps de lit*, les *Etoiles du matin*, les *Têtes de chat*, & les *Meures.* Quelques uns y ajoutent les *Culotes de Suisse dentelées*, qui ont pourtant une toute autre figure. 3) Ensuite on a les *Casques unis*, parmi lesquels on en trouve beaucoup qui sont aussi cannelez ou rayez, où l'on range les *petites bordures* ou *Ourlets unis & rayez simples & doubles*, les *Quarrez de Jardin*, les *Damiers*, les *Ventres*, les *Limaçons de Bezoar*, & les *Casques rayez.* Enfin il y a encore les Casques à aiguillons proprement ainsi dits, qu'on nomme *Murices*, dont quelques uns ont beaucoup d'aiguillons, d'autres en ont peu, quelques uns les ont longs, d'autres les ont courts, quelques uns n'ont que des frisures & des lambeaux, d'autres sont unis, quelques uns se terminent en un bec long, d'autres n'ont qu'une embouchure courte. Les espèces de ces Limaçons à aiguillons sont les *Tonpies*, les *Limaçons en Tison*, les *Têtes de Becasse*, les *Scorpions*, les *Araignées*, le *Puisoir*, la *Poire dentelée*, &c.

In gegenwärtiger Figur wird uns nun eine solche Stachel-schnecke vorgestellet, welche man die Spinne, oder auch die Stachelnuß nennet. Diese Stacheln sind mehrentheils hohl, und machen gleichsam die Fortsätze von den Rippen aus, welche auf der Schaale liegen. Der lange Schnabel bestehet in einer hohlen Rinne. Die Schaale ist nicht gar dick, und der Farbe nach röthlich. Die Mündung dieser Schnecke ist mit einem dünnen schwärzlichen Deckel versehen, welcher von den Indianern zum Räucherwerk gebraucht, und der Onyx, oder Unguis odoratus, in den Apothecken aber Blatta byzantia genennet wird, und zu den Meernabeln gesammlet werden muß.

Fig. 6. Die bandirten Kegelschnecken sind, wie oben schon erinnert worden, von einem vorzüglichen Werthe, und werden Admirale genennet. Einen solchen Admiral finden wir in dieser Figur zu betrachten. Die Schaale hat einen gelben Grund und zwey breite, scharf gezeichnete braune Bänder, nebst einem schmahlen braunen Faden in der Mitte. Diese braunen Bänder sind gleichsam mit schneeweissen Herzgen und einer Menge zarten Striche und Puncte durchwürket. Die Schaale ist spiegelglatt und glänzend. Je reiner die Farben, je schärfer die Zeichnungen und je accurater die Bänder sind, desto schöner ist der Admiral.

Fig. 7. Aus dem nehmlichen Geschlecht ist hier auch noch die Fliegendreckstutte zu sehen. Sie ist glatt, schneeweis, und allenthalben mit schwarzen Puncten besetzet, als ob sich die Fliegen darauf gesetzet, und sie beworfen hätten.

Fig. 8. Den einschaalichten Schnecken wird auch noch ein Geschlecht von einschaalichten Muscheln zugesellet, deren Einwohner von der einen Seite gegen die Klippen, oder den Boden des Meeres ansitzen, von der andern aber mit einer minder oder mehr bäuchichten Schaale bedecket sind. Diese einschaalichte Muscheln bestehen in dreyerley Hauptarten, nemlich in den Seeohren, Klipflebern, und Schwülendeckeln (operculi callorum). Die Seeohren sind entweder lang oder breit, groß oder klein, haben in ihrer Schaale eine Reihe durchbrochener Löcher, und glänzen wie die schönste Perlenmutter. An dem einen Ende ist insgemein nur eine verloschene Spuhr von einem einfachen Gewinde zu sehen. Die Klipfleber, welche auch Lämpchen oder Schüsselmuscheln heissen, sind entweder plat, oder erhaben, glat, oder gestreift, mit oder ohne Rippen, am Rande gleich, oder gezackt, oder auch eckigt und mit Strahlen versehen. Sie haben in der Mitte ein oder zwey Löcher, und etliche haben gar keines. Sind oft recht rund, oft länglicht. Einige haben eine Scheidewand, andere keine; etliche tragen sogar einen überworfenen Angel, daß sie wie die Klauen der Raubvögel aussehen. Viele sind ungemein dick, andere dünner, und etliche gar durchsichtig; die Veränderungen der Farben und Zeichnungen sind fast unzählbar. Hieher gehören nun die Schilde, die Lampen, die Fischweiberhauben, die Narrenkappen, die Eßlöffel, die Schüssel, die Schildkrötenläuse, die Schloßlöcher u. d. m. Die Schwülendeckel endlich sind keine harte Schaalen sondern nur Pergamentartige Schiefer, die, wie ein Nagel den Finger bedecket, auch eine besondere Art von Schnecken zu bedecken pflegen, welche sonst keine harten Schaale haben. Man theilet sie ein in runde und länglichte. Sie sind durchsichtig wie ein Horn, und haben aus einem gewissen Punct Linien und Striche gegen den äusseren Rand.

Was

Ce que nous voyons dans cette Figure est un de ces *Limaçons à aiguillons*, qu'on apelle *Araignées*, & quelques fois *Noix à aiguillons*, (c'est la *Pourpre*). Ces Aiguillons sont le plus souvent caves, & paroissent être une Continuation des côtes, qui sont sur la Coquille. Le long bec n'est qu'une rigole cavée. La Coquille n'est point trop épaisse, & rougeâtre de couleur. L'Embouchure de ce Limaçon est pourvüe d'un couvercle mince & noirâtre, dont les *Indiens* se servent pour leurs Parfums, & qu'on nomme *Onyx*, & aussi l'*Ongle odorant*. Les Apotiquaires l'apellent *Blatta byzantia*. Dans la Collection il faut la mettre parmi les *Umbilics marins*.

Figure 6. Les Cones à bandes ont, comme nous l'avons dit plus haut, un prix prééminent & portent le nom d'*Amiraux*. Tel est l'*Amiral* que la figure présente dépeint. La Coquille même est jaune, entourée de deux bandes brunes larges nettement marquées entre lesquelles passe un fil brun étroit au milieu. Des petits coeurs blancs comme neige, & une quantité de raies fines & de points semblent être tissus dans ces bandes. La Coquille est unie comme un miroir, & brillante. Plus les couleurs sont pures, plus les desseins sont nets, plus les bandes sont exactement marquées, & plus cet Amiral est beau.

Figure 7. Le même genre nous fournit encore le *Cornet de fiente de mouche* que nous voyons ici. Cette Coquille est unie, blanche comme neige, & toute marquée de points noirs, comme si des mouches y avoient posé leur fiente.

Figure 8. Il y a un Genre de Moules univalves que l'on joint aux Limaçons univalves. L'Animal Habitant de cette sorte de Coquilles s'attache d'un côté aux rochers, ou au fond de la mer, & de l'autre il se trouve couvert d'une Coquille plus ou moins ventrue. Il y a trois espèces principales de ces Moules univalves, sçavoir *les Oreilles de mer*, les *Suceurs de rocher*, & les *Couvercles des Calus*. *Les Oreilles de Mer* sont ou longues ou courtes, grandes ou petites. On voit dans la coquille une rangée de trous percez à jour. Elles ont le brillant de la plus belle Nacre. A l'un des bouts on aperçoit le plus souvent une trace presqu'effacée d'un Contour simple. Les *Suceurs de rocher*, qui portent aussi le nom de *petites Lampes*, ou de *Moules en Plat*, ont la Coquille ou platte ou élevée, unie ou rayée, munie de côtes ou sans côtes, à bord uni ou dentelé, & par fois à angles & à rayons. Cette coquille a au milieu quelquefois un ou deux trous, & quelquefois elle n'en a point. Ces trous sont souvent absolument ronds, & souvent ils sont oblongs. On remarque dans quelques uns une paroi de séparation, d'autres portent un Clou recourbé, qui ressemble aux Serres d'un Oiseau de proie. Ces Coquilles sont pour la plûpart fort épaisses, il y en a quelques fois pourtant de minces, & même des transparentes. A l'égard des couleurs & des desseins les Variations sont presque innombrables. L'on trouve ici les *Boucliers*, les *Lampes*, les *Coiffes des Poissonnieres*, les *Calottes de fou*, les *Cuilliers de table*, les *Plats*, les *Poux de Tortue*, les *Trous de Serrure*, &c. Enfin les *Couvercles des Calus* ne sont pas des Coquilles dures, ce sont plûtôt des Ecailles semblables à une Membrane forte, ou pour mieux dire aux ongles du corps humain, & c'est de cela qu'est couverte ordinairement une espèce particulière de Limaçons, à qui la Nature a dénié une Coquille dure.

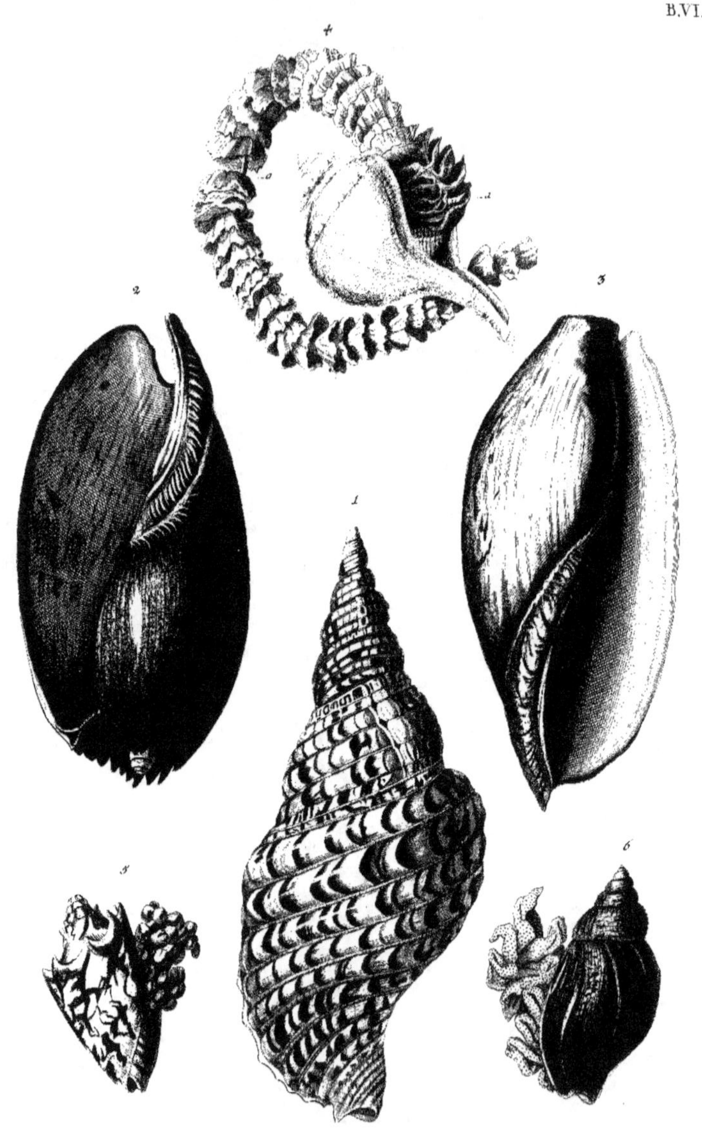

Ex Museo Excell. D.D. C.I. Trew, & Mülleri
Christian Lænberger ad nat. pinxit.

50.

Was nun die gegenwärtige Figur betrift, so stellet selbige einen Klipfieber vor, und zwar diejenige Art, die man das Schild nennet, davon es viele Unterarten giebt. Diese wird hier an der inwendigen Seite vorgezeiget, und ist in der Mitte mit einem schön braunrothen Flecken gezieret. Der breite Rand ist weis und durchsichtig, wie Glasporzellan, so, daß allenthalben die Flecken durchscheinen, welche an der andern Seite befindlich sind; woselbst die Schaale, die etwas erhaben ist, wie das schönste Schildkret aussiehet, und auch die vollkommene Gestalt einer Caretschildkrötenschaale hat. Der Rand ist etwas schweificht ausgezackt.

Fig. 9. Den Beschluß macht auf dieser Tafel eine schöne Aepfelblühfärbige Gienmuschel, welche die ächte Venusmuschel genennet wird. Sie hat auf der Oberfläche der Schaale erhabene, aber dünne Rippen, und die Stacheln, welche sie an der Seite umgeben, sind nichts anders, als Fortsätze dieser Rippen. Weil nun diese Stacheln eine besondere Vollkommenheit an dieser Muschel sind, so findet man weit mehrere von der nemlichen Art ohne diese Stacheln; wie es denn auch noch viele andere Venusmuscheln giebt, darunter auch das alte Weib aus diesem Geschlecht der Gienmuscheln, und das blutige Venusherz, wie auch das geripte Venusdoublet aus dem Geschlechte der Kammmuscheln gehöret.

TAB. B. VI.

Fig. 1. Unter den Kinkhörnern, deren wir schon Tab. B. II. fig. 6. Erwehnung gethan haben, sind ohnstreitig die Tritonshörner, dergleichen wir eines in dieser Figur abgebildet finden, die größten und schönsten ihres ganzen Geschlechts. Man nennet sie Tritonshörner, weil die Tritones oder Wassermänner damit abgebildet werden; auch Trompetenschnecken, weil die Indianer dieselben zu Trompeten brauchen, indem sie an der Spitze eine Oefnung machen, solche zuweilen auch mit einem Mundstück versehen, und alsdann ein fürchterliches Feldgeschrey damit erregen können. Das ungemein schöne, glatte und glänzende Original ist weit über einen Schuh lang, und hat sehr hohe und erhaben gefärbte Wellen, die in gedoppelten braunrothen und mit weissen Zwischenräumchen beständig abwechselnden krummen Flecken bestehen. Alle diese Flecken stehen Reihenweise, und werden mit Querlinien, die in gekerbten etwas flach liegenden Furchen bestehen, abgesondert. An der Spitze verlieren sich die Wellen, und sind diese Schnecken daselbst insgemein röthlich, welches vermuthlich von ihrem Alter herrühret. Die Mündung ist ansehnlich weit, allenthalben am Rande mit weissen erhabenen Rippen, zwischen welchen wechselsweis dunkelbraune Flecken stehen, gezieret. Inwendig ist die Farbe röthlich weiß, wie Pfersichblüthe.

Fig. 2. Die Kahnschnecken, oder Cymbia werden von etlichen Schriftstellern als eine Nebenart der Walzen- oder Kegelschnecken betrachtet, ohnerachtet sie mehrere Aehnlichkeit mit den sogenannten Eyer- oder Blasenschnecken haben, weil sie sehr leicht, dünne,

dure. On divise celles-ci en rondes & oblongues. Elles sont transparentes comme de la corne, & garnies de lignes & de rayes, qui partant d'un point déterminé vont aboutir au bord extérieur.

Quant à la Coquille représentée ici c'est un *Suceur de Rocher*, & dans l'espèce c'est le *Bouclier*, qui a quantité de Sous-espèces. En considérant la partie intérieure de cette pièce, on voit qu'elle est décorée au milieu d'une belle tache d'un brun-rougeâtre. Son bord est large & transparent comme la Porcelaine de verre, ce qui fait que les taches, qui sont de l'autre côté paroissent par tout à travers. La Coquille de cet autre côté est un peu élevée, & ressemble à la plus belle Ecaille de Tortuë, & a d'ailleurs parfaitement la figure d'une Coquille de Tortue de *Caret*, comme on les nomme en Hollande. Le bord est un peu échancré & dentelé.

Figure 9. Nous finissons ici par une belle *Came* de couleur de fleur de Pommier, qu'on apelle la *véritable Moule de Venus.* On voit sur la superficie de la Coquille des côtes élevées, mais minces, & les Aiguillons dont elle est garnie à coté ne sont autre chose que des continuations de ces mêmes côtes. Ces Aiguillons sont une des perfections de cette pièce, car on trouve un grand nombre de Coquilles de cette sorte, où l'on ne voit point d'Aiguillons. Il y a encore d'autres Moules de Venus, parmi lesquelles on rencontre la *Vieille* de ce même Genre des Cames, le *Coeur saignant de Venus*, & le *Doublet de Venus à côtes* du Genre des Peignes.

PLANCHE B. VI.

Figure 1. Parmi les *Buccins*, dont nous avons déjà parlé cy-dessus Pl. B. II. fig. 6, il y a aussi les *Cornets de Triton*, & ce sont même les plus grandes & les plus belles pièces de ce Genre. Telle est la Conque de cette figure. On apelle ces Conques *Cornets de Triton*, parce que l'on donne aux *Tritons*, à qui la Fable a assigné l'emploi de *Trompettes de Neptune*, un Cornet figuré ainsi pour attribut, dans les peintures qu'on en fait, & on leur donne aussi le nom de *Limaçons-Trompettes*, parceque les *Indiens* au moien d'une ouverture qu'ils font au bout de cette Conque, & quelquefois d'une embouchure qu'ils y ajoutent, s'en servent dans leurs guerres comme de trompettes, & font avec cet instrument un bruit épouvantable. L'Original, qui est extrêmement beau, uni, et brillant, a beaucoup plus d'un pied de longueur. On y remarque des ondes colorées, fort hautes & élevées, qui sont composées de taches courbes doubles de couleur rouge tirant sur le brun, entre lesquelles on voit toujours un petit espace blanc. Toutes ces taches sont posées en rangées, lesquelles sont séparées l'une de l'autre par des lignes transversales qu'on voit sur des Cannelures entaillées, qui ne sont guères profondes. Les Ondes se perdent vers la pointe, où la Coquille est ordinairement rougeâtre, ce qui provient vraisemblablement de son age. L'embouchure est fort large, & décorée tout autour du bord de côtes élevées blanches, entre lesquelles on observe alternativement des taches d'un brun foncé. La Couleur en est au dedans blanche, tirant sur le rouge, semblable à celle des fleurs de pêche.

Figure 2. La Nacelle, ou Gondole, en latin *Cymbium*, est regardée par quelques Auteurs comme une Sous-espèce des *Rouleaux*, ou des *Cones*, quoiqu'elle ait plus de ressemblance avec ce qu'on apelle le *Limaçon ovale*, ou fait en *vessie*, parce qu'elle

R

dünne, und ziemlich hohl sind, ob sie sich gleich etwas in die Länge dehnen. Sie heissen Kahne, Backe, oder Tröge wegen ihrer langen, und dabey weiten Mündung. Das gegenwärtige schöne Exemplar aus dem Cabinet des Herrn Hofrath Trews ist der gekrönte Zizenback. Gekrönet nennet man diese Schnecke wegen den an dem obern Rand des ersten Gewindes befindlichen Zacken, die nichts anders, als Nagelförmige Fortsätze der Schaale sind. Zizenback aber soll so viel heissen als eine Backen- oder Trögeschnecke, an welcher eine Zize befindlich ist. Diese bestehet in einer stumpfen Hervorragung des innern Gewindes, welches sich in der Mitte zwischen den Zacken befindet, und einer Brustwarze nicht unähnlich siehet. Die Farbe ist übrigens auswendig Caffebraun, und inwendig schmutzig gelb. Man findet auch bunte, und gefleckte.

Fig. 6. Diesem haben wir eine andere Kahnschnecke von hellerer Farbe beygefüget, welche aber dieses sonderbare an sich hat, daß sie weder mit einer zackichten Crone, noch auch mit einer Warze versehen ist, sondern die Gewinde sind oben flach, als ob alles daselbst weggeschnitten wäre, und diese rare Art wird der Schweinrüssel genennet. Das Original ist über zehn Zoll lang.

Fig. 4. Aus dem Cabinet des bereits gedachten Herrn Hofrath Trews in Nürnberg wird unter andern allhier auch eine Virginische Schnecke mit ihrer Brut vorgezeiget, welche allerdings die Aufmerksamkeit der Liebhaber verdienet. Die Schnecke selbst wird vom Lister das Buccinum ampullatum genennet, gehöret aber zu den Feigen, mit welchen es die gröste Uebereinstimmung hat, ausgenommen daß jedes Gewinde oben platt und eckicht ist, und sich zugleich in eine etwas Thurmartige Spitze mit breiten umlauffenden Gängen endiget. Der Hauptendzweck aber, warum diese Schnecke vorgezeiget worden, ist die Brut derselben, welche wir etwas näher beschreiben wollen.

Es wächset nemlich aus der fleischichten Substanz der Schnecke (soviel man wenigstens von dieser annoch dunkeln Sache den Nachrichten trauen darf) eine häutige Schnur, welche man etwan eine Nabelschnur nennen könnte, und die bey den Buchstaben a, a, in der Figur am deutlichsten zu sehen ist. An dieser Schnur, welche zu der Mündung der Schaale herauswächset, sitzet eine Menge weisser, häutigen und dicken Blätter mit der einen Seite befestiget, welche alle ohngefehr einen sechsten Theil des Zolls von einander entfernet sind. Alle diese Blätter sind hohl wie Schüsselchen, liegen auch wie Schüsselchen übereinander, und sind von unten mit Rippen versehen, welche machen, daß ihr runder Rand eine vieleckigte Gestalt gewinnet. Diese Schüsselchen nun müssen vermuthlich das Bette, oder die Mutter seyn, worinne sich die jungen Schnecken erzeugen, wenigstens ist dieses wahrscheinlich, ohnerachtet man es ehedem vor eine Art von Corallen oder Alcyonium gehalten, das sich an der Schnecke angesetzet hatte. Möchte sich aber jemand verwundern wie diese Brut gleichsam ausserhalb der eigentlichen Mutter fortwachsen könne, so darf man sich nur das Froschlaich vorstellen, um dieses Zweifels überhoben zu werden. Inzwischen haben nicht alle Schnecken eine ähnliche Brut, sondern dieselbe kommt unter allerhand Gestalten zum Vorschein, wie wir jetzo sehen werden.

Fig. 5. Wir haben nemlich zu mehrerer Erläuterung der vorigen vierten Figur diese und die folgende noch hinzugethan. Es ist folglich diese Schnecke die gezackte Fledermaus, welche wegen ihrer Zeichnung so genennt wird, weil dieselbe den Flügeln der

Fleder-

qu'elle est fort légère, mince, & assez cave, quoiqu'elle s'étende un peu en long. On leur donne le nom de *Gondole*, de *Baquet*, ou d'*Auget*, à cause de leur embouchure longue, qui ne laisse pas d'avoir une largeur proportionnée. La belle pièce, que nous voyons ici, nous vient du Cabinet de Mons. le Conseiller Aulique *Trew* & s'apelle le *Baquet couronné à mammelon*. L'épithète de *couronné* a été donnée à ce Baquet à l'occasion des dens ou pointes, qui paroissent au bord supérieur du prémier Contour, & qui ne sont autre chose que des Continuations de la Coquille en forme de Clouds, & le nom de Baquet *à mammelon* ne provient que de ce que cette Coquille a la figure d'un Baquet, ou d'un Auget, au bout duquel il y a une espèce de Mammelon, qui n'est qu'un bout avancé des Contours intérieurs, placé au milieu des dens, & fort ressemblant à un bout de teton. La Couleur extérieure en est un brun de Caffé, & l'intérieur est d'un jaune sale. On en trouve aussi de bariolées & de tachetées.

Figure 3. Nous avons joint à ce Baquet une autre *Gondole* de couleur plus claire, qui a ceci de particulier, c'est qu'il n'y a ni couronne dentée, ni mammelon, les contours en étant absolument plats, comme si on en avoit retranché tous les ornemens. Cette espèce rare porte le nom de *Groin de Pourceau*. L'Original dépeint ici a plus de dix pouces de longueur.

Figure 4. Cette figure représente un *Limaçon de Virginie* avec son *Nourrain*, pièce rare, que Mons. le Conseiller Aulique *Trew* a aussi eû la bonté de nous communiquer, & qui est bien digne de l'attention des Amateurs. *Lister* apelle cette Conque *Buccinum ampullatum*, le *Buccin ampoulé*. Proprement elle apartient à l'espèce des *Figues*, auxquelles elle ressemble le plus, excepté que les Contours sont en haut plats & angulaires, & qu'ils se terminent en une pointe formée en quelque façon en Tour, par de larges conduits qu'on voit tout autour. Notre but ici est moins de décrire cette coquille, que le *Nourrain* qui en sort.

Il naît de la substance charnuë de ce Limaçon, (autant qu'il est possible de faire fonds sur des probabilitez dans une matière envelopée de tant de voiles) un Cordon membraneux, qu'on pourroit apeller Cordon ombilical, qui paroit le plus distinctement à nôtre figure près des Lettres a a. Ce Cordon, qui sort par l'Embouchure de la Coquille, est entouré d'un grand nombre de feuilles blanches, membraneuses, & épaisses, qui y sont attachées par un côté, distantes l'une de l'autre environ de la sixième partie d'un pouce. Toutes ces feuilles sont cavées comme des petits plats, & posées ainsi l'une sur l'autre. Elle sont pourvûes au dessous de côtes, qui donnent à leur bord, naturellement rond, une figure polygone. On peut donc conjecturer que ces petits Plats sont le prémier lit, ou la matrice, où se forment les Limaçons naissans. Du moins ce sentiment est-il plus vraisemblable, que l'idée où l'on étoit anciennement que ce Nourrain n'étoit qu'un espèce de *Corail*, ou d'*Alcyonium*, qui s'attachoit au Limaçon. Si quelqu'un trouve étrange que ce Nourrain puisse prendre de l'accroissement hors de la propre Mère, nous n'avons, pour lui ôter ce doute, qu'à le renvoyer au *frai des grenouilles*, où la Nature opère de même. Cependant on ne remarque pas la même chose à tous les Limaçons, dont le *Nourrain* diffère souvent, & paroit sous toutes sortes de figures, comme nous l'allons voir.

Figure 5. Nous avons ajouté ici la présente figure, & celle qui la suit, pour donner plus de jour à ce que nous avons dit de la précédente. Ce Limaçon porte le nom de *Chauve-Souris dentée*. On l'apelle *Chauve-Souris*, à cause

du

Fledermäuse ähnlich sehen soll, und gezackt heisset sie, weil die Gewinde am Rande spitzige Fortsätze haben. Wir bemerken aber jetzo nur vorzüglich die Brut derselben, welche bey dem Rumpf den Namen Melicera oder Favago führet. Es hat schon Plinius solche Brut bemerket, und sie mit Schaalen von Kichern verglichen, da er denn die Schnecken, welche diese Brut haben, Melicembales nennet. Es bestehet aber dieselbe in einem Schaum, oder vielen aneinander gewachsenen hohlen Bläsgen, die mit vielen Lineamenten, und mit einer kleinen Oefnung an der untern Seite versehen sind. Wenn dieses Gespinst frisch an den Schnecken gefunden wird, welches nur zu gewissen Jahreszeiten, als im May und October geschiehet, so sehen diese Bläsgen helle und durchsichtig aus, und sind wie die Wasserblasen bey den Thieren mit einer weißlichten Feuchtigkeit angefüllet. Sobald aber dieselbe austrocknen, werden sie gelb und Pergamentartig, und sehen sonst einem Busch Trauben, oder Beeren nicht unähnlich. Nun will zwar Rumpf dieses vor keine Brut oder Eyernest ansehen, sondern hält es blos für ein Gespinst der Schnecke, welches aus einem überflüßigen Nahrungssaft herstammet, und weiter nichts zu bedeuten hat; allein da ein austretender Nahrungssaft schon keine ordentliche Wachsthumsregeln mehr hat, die doch allhier beständig wahrgenommen werden, so ist uns dieses schon genug, daß wir diesem Schriftsteller hierinnen nicht beypflichten können.

Fig. 6. Auf eben die Art finden sich auch ordentliche Kinkhörner mit einer solchen Brut, und ist das gegenwärtige Buccinum ein gemeines Kinkhorn aus der Nordsee, dergleichen häufig an der Insul Ameland und an den umliegenden Stranden ausgeworffen wird. Die Schaale ist auswendig etwas runzlicht, blau gefärbt, und inwendig bläulicht weiß. Was nun aber ihre Brut betrift, so wird zwar selbige auch eben so beym Plinius beschrieben, wie diejenige, die wir in der fünften Figur gesehen haben, ja wir haben auch wohl eine solche Erbsenförmige Brut mit dieser Schnecke bekommen, allein nicht selten ist uns eine ganz andere Art der Schneckenbrut dabey zur Hand gekommen, und diese bestehet, wie in gegenwärtiger Figur zu ersehen ist, in einem dünnblätterichten häutigten Wesen, welches sich in vielen Krausen und Krümmungen umschlinget, unten aber an einer schmalen Schnur zusammen kommt. Diese Krausen, die gleich dem Gekröse alle aneinander hangen, sind auf beyden Seiten mit unzähligen Löchern, die nicht durchgehen, oder vielmehr mit Grübgen angefüllet und allenthalben damit besetzet. Vermuthlich hat jedes Schneckengeschlecht, und vielleicht auch jede Unterart ihre eigene und besonders gebildete Brut oder Eyernest. Denn unter den Kegelschnecken trift man eine Art an, daran man die Brut in langen Zotten findet, die eben wie andere Eyernester der Schnecken, gleich den Fischrogen können gegessen werden. Man muß sich aber hier nur mit Muthmaßungen behelffen; dann das ganze Erzeugungs- oder Fortpflanzungsgeschäfte der Schnecken hat weit mehrere Erläuterungen und Wahrnehmungen nöthig, als man bisher hat erhalten oder anstellen können.

* * *

Soviel dienet zur Erläuterung der Tafeln, und ist dabey von allen Geschlechtern eine Erwehnung geschehen; nur sind von den einschaalichten ungewundenen, die Röhrschnecken, (Solenes univalvii) von den zweyschaalichten, die Rinnendoublette (Solenes bivalvii) und endlich die Ordnung der vielschaalichten nicht berühret worden. Um aber auch diesem in der Kürze eine Genüge zu leisten, so bestehen die Röhrschnecken in hohlen, minder oder mehr geschlungenen Röhren, die man sich leicht ohne Figur vorstellen kan, und welche ein Liebhaber, sobald er sie nur in Natur zu Gesicht bekommt, gleich kennen wird.

du raport qu'on prétend trouver entre les desseins qu'on y remarque & l'*Aîle de la Chauve-Souris*; & l'épithète de *dentée* lui vient des pointes qu'on voit au bord des Contours, & qui sont des Continuations de la Coquille. Nous ne fixons ici nôtre attention proprement que sur le *Nourrain*, auquel *Rumpf* donne le nom de *Melicera*, ou de *Favago*. *Pline* conoissoit déjà ce Nourrain, & le comparoit à des Cosses de Pois chiches. Il apelloit *Melicembales* les Limaçons, où on le trouve. C'est une Ecume ou un Composé de quantité de petites Vessies vuides, crüës l'une contre l'autre, & marquées de quantité de lignes, avec une petite ouverture en bas. Quand on rencontre un Limaçon avec ce Nourrain, ou ce Frai, encore tout frais, ce qui n'arrive que dans les mois de Mai & d'Octobre, ces petites Vessies sont claires & transparentes, & remplies d'une Liqueur blanchâtre. Mais dés-qu'elles se dessèchent, elles deviennent jaunes, membraneuses, & ressemblent à une grappe de raisin. *Rumpf* ne veut point accorder que ceci soit un nourrain, ou un frai, ou un ovaire, & prétend que ce n'est qu'une expulsion du superflu des sucs nourrissiers du Limaçon, & rien autre. Opinion a laquelle nous ne pouvons adhérer, vû qu'un suc nourrissier expulsé ne suit plus aucune règle d'accroissement, telles qu'on remarque constamment au Nourrain dont il est question ici.

Figure 6. On a aussi des *Buccins ordinaires*, où ce *Nourrain*, ou ce *Frai*, se trouve. Tel est le *Buccin commun* qui est dépeint ici, & qui nous vient de la *Mer Germanique*. On en trouve de cette espèce en quantité sur les côtes de l'Ile d'*Ameland*, & sur celles qui en sont les plus proches. La Coquille en est un peu ridée au dehors, & colorée de bleu, & le dedans est d'un blanc bleuâtre. *Pline* donne du *Nourrain*, qui sort de cette Coquille une description toute semblable à celle que nous venons de donner de la figure 5, & il nous est venu en effet un Limaçon avec ce Nourrain formé comme une gousse de Pois. Mais nous avons vû aussi assez souvent une espèce de *Nourrain*, ou de *Frai*, toute différente. Ce *Frai* consiste, comme on le voit à la présente figure, en une substance membraneuse, composée de feuilles minces, entortillées & entrelacées par diverses courbures & frisures, qui se réunissent en bas à un Cordon étroit. Ces frisures, qui tiennent toutes l'une à l'autre, comme les différentes parties d'une fraise de veau, sont garnies de tous côtez d'un nombre infini de petits trous, qui ne percent pas, ou pour mieux dire de fossettes. Nous présumons que chaque Espèce de Limaçons, & peut-être chaque Sous-espèce a une forme ou figure de *Frai*, ou d'*Ovaire*, qui lui est propre & particulière, suposé que notre hypothèse soit juste. Car parmi les *Cones* on en trouve une sorte, dont le Nourrain paroit en longs floccons, qu'on peut manger de même que d'autres Ovaires de Limaçons & comme on mange les Oeufs de poisson. Au reste il est indubitable que l'Oeuvre de la Génération & de la Propagation des Limaçons exige encore bien des éclaircissemens, & des Observations, auxquelles on n'a pû atteindre jusques ici.

* * *

Ce que nous avons dit jusques ici suffit pour l'*explication des Planches* que nous avons produites. Nous y avons parlé de tous les Genres, autant qu'il étoit nécessaire, & nous n'y avons passé sous silence que les *Tuiaux*, ou *Solenes* de l'ordre des *univalves*, les *Doublets en rigole* ou *Solenes* de l'Ordre des *Bivalves*, & enfin l'Ordre entier des *Multivalves*. Nous allons tacher de satisfaire encore à cet égard nos Lecteurs en peu de mots.

60 ⚜ ⚜ ⚜

Es gehören dahin der lange Ochsendarm, der Venusschaft, die Hornschlange, der grosse und kleine Elephantenzahn, und viele andere röhrichte Wurmgehäuse. Zu den zweischaalichten Röhrmuscheln aber gehören die Messerscheiden, Polnische Säbel, die eigentliche Rinnendoublette, die Entenschnäbel, die ewige Klaffer, die Pholaden, die Bartzangen, Meerpinsel, u. d. m.

Was endlich die Ordnung der Vielschaalichten betrift, so bestehen sie aus vielen zusammengesetzten Blättern, in deren Mitte ein Thier wohnet, welches einen Busch mit vielen Armen ausstrecket, und damit die Nahrung an sich ziehet. Man hat die Seetulpen, (balani marini) welche roth, oder weis, zuweilen auch grün sind, und entweder einzeln, oder in Menge, an Felsen, an den Schifsböden, Pfählen, auf den Rücken der Schildkröten und Taschenkrebse, auf Klipkleber, auf andern grossen und kleinen Schnecken und Muscheln, ja unter einander auf den grössern ihres Geschlechts wachsen. Ferner gehören dahin die Mützen, welche nur eine Nebenart der Tulpen sind, und endlich die Langhälse, oder Conchæ anatiferæ. Diese letztern sind bläulicht, bestehen aus fünf Schaalen und das Thier, welches ebenfals, wie die andern, einen Federbusch aussteckt, um Nahrung zu suchen, hat zu der Fabel Anlaß gegeben, daß aus diesen Schaalen Gänse oder Enten wüchsen. Sie heissen aber Langhälse, weil sie mit einer langen lederartigen Senne an den Pfählen, oder an den Schiffen ansitzen, woselbst sie sich zuweilen dergestalt stark vermehren und fortpflanzen, daß die Schiffe dadurch im Segeln gehindert werden.

Schließlich haben wir nur noch erinnern wollen, daß, wie wir glauben, hiemit dem vorgesetzten Zweck eine Genüge geleistet zu haben, wir einem jeden die Freyheit lassen, mehrere Geschlechter zu machen, die Schnecken und Muscheln anders zu ordnen, ihnen andere Namen zu geben, wie es nur einem jeden gefällig ist, denn wir wollten sonst nichts thun, als nur anzeigen, wie andere ihre Schnecken, oder Muscheln einzutheilen, oder zu benennen pflegen. Ist es nicht recht, so kommt uns die Schuld davon nicht zu. Soviel aber dörfen wir dennoch sagen, daß wir aus Vergleichung vieler Schriftsteller die beste Eintheilung, und die besten oder gebräuchlichsten Benennungen ausgesuchet haben, um nicht weitläuftig, und dennoch, soviel bey einer mangelhaften Wissenschaft geschehen kann, gründlich zu seyn. Dieses bleibt indessen gewiß, daß noch sehr vieles in der Natur verborgen ist, und daß man, wenn man auch viele Jahre mit der Naturgeschichte beschäftiget gewesen, dennoch sich am Ende nicht schämen darf, etwas neues darinnen zu lernen, oder zu bekennen, daß man nicht alles wisse.

Möchte inzwischen jemanden gefällig seyn, ausführlichere Beschreibungen zu haben, der erhohle sich bey den schon oben angeführten Schriftstellern, und den bey Ihnen befindlichen sowohl illuminirten als unilluminirten Figuren weitern Raths.

Wir aber schreiten nunmehro zu der Beschreibung der Schmetterlinge, und halten daselbst die nehmliche Ordnung.

Ce qu'on apelle les *Tuiaux*, ou *Solenes univalves*, sont des Tuiaux caves, plus ou moins tortus, dont il est facile de se former l'idée sans figure & que tout Amateur reconoîtra dès-qu'il s'en présentera un à ses yeux. Tels sont le *long boian de boeuf*, le *lut de Vénus*, le *serpent à corne*, la grande & la petite *Dent d'Elephant*, & bien d'autres Coquilles de Vermisseaux, formées en Tuiaux. Parmi les *Solenes bivalves* l'on trouve la *Gaine de Conteau*, le *Sabre Polonois*, les *Doublets en rigole* proprement ainsi dits, les *Becs de Canard*, les *Béeurs éternels*, les *Pholades*, les *Pinces de barbe*, les *Pinceaux marins*, &c.

Pour ce qui concerne enfin l'*Ordre des Multivalves*, ils consistent en plusieurs feuilles jointes ensemble au milieu desquelles habite un Animal qui étend au dehors une Touffe, de laquelle sortent quantité de bras au moien desquels l'animal tire à soi sa nourriture. On place dans cette sorte les *Glands de mer*, ou *Tulipes marines*, qui sont rouges, blanches, quelquefois vertes, & qu'on trouve quelquefois seules, d'autres fois par troupes aux rochers, aux Carènes des Vaisseaux, aux Pilotis, sur le dos des Tortuës & des Ecrevisses faites en poche, sur les Succeurs de rocher, & d'autres Limaçons grands & petits, & de même sur les Moules de toute grandeur, & qui plus est sur les plus grands Individus de leur propre Genre. Il faut ranger encore ici les *Bonnets*, qui ne sont qu'une Sous-espèce des Glands, & enfin les *Longs-Cous*, ou *Conques anatiferes*. Ces dernières sont bleuâtres & consistent en cinq Coquilles. L'animal qui y habite, & qui, comme tous les autres, étend au dehors une espèce de Plumet ou de Touffe, a donné lieu à la Fable ridicule qu'il nait dans ces Coquilles des Oies ou des Canards. Au reste on les apelle Longs-Cous à cause d'un long nerf coriace, au moyen duquel ils s'attachent aux pilotis & aux Vaisseaux, où leur propagation & multiplication est quelquefois si considérable que leur quantité retarde le Cours des Vaisseaux.

Pour Conclusion, croiant avoir rempli le but que nous nous étions proposé, nous laissons à chacun la liberté d'imaginer un plus grand nombre de Genres, d'arranger autrement ses Limaçons & ses Moules, & de leur donner d'autres noms, n'ayant eü d'autre dessein que d'indiquer les divisions & les noms qu'on trouve dans d'autres Auteurs. Si nous avons manqué à cet égard, ce n'est pas à nous qu'on en doit imputer la faute. Mais ce que nous pouvons assûrer avec certitude, c'est qu'en conferant plusieurs Ecrivains l'un avec l'autre nous avons toujours choisi les divisions & les dénominations qui nous ont paru les meilleures & les plus généralement approuvées, nous attachant, en évitant d'être prolixe, à ne rien omettre de tout ce qui peut être dit de solide dans une Science encore imparfaite. Il est de fait qu'il y a dans la nature bien des choses, qui nous sont demeurées cachées jusques ici, & que lors même qu'on a employé plusieurs années à l'étude de l'Histoire naturelle, on ne doit pas avoir honte d'aprendre quelque chose de nouveau, ni de confesser qu'il y a bien des choses qu'on ignore encore.

Si quelqu'un en desire davantage, & d'avoir des descriptions plus amples, il peut recourir aux Auteurs que nous avons alléguez cy-dessus, & y consulter les figures enluminées & non-enluminées qu'on trouve dans leurs Ouvrages.

Pour nous, nous allons procéder à la description des Papillons, où nous observerons le même ordre.

Einleitung
zu den
Schmetterlingen.

Die Schmetterlinge, oder Papillons machen unter den Insecten eine Hauptordnung aus, welche allerdings dem Auge die angenehmste und reizendste ist. Man nennet diejenigen Thiere Insecten, deren Cörper durch gewisse Einschnitte, Kerben, oder Ringe abgetheilet sind, und man behauptet von ihnen, daß sie weder Knochen, noch Blut haben. Es sind aber nicht alle Insecten auf gleiche Art gekerbt, oder abgetheilet, und bey etlichen findet man fast gar keine Spuhr von Ringen. Was das andere anbetrift, so ist es wahr, daß sie keine solche harte Knochen haben, dergleichen bey den gröffern Thieren angetroffen werden; aber es ist auch nicht zu läugnen, daß sie nach dem Verhältnus ihres kleinen Körpers und ihrer Zärtlichkeit doch einige feste Theile haben, als Adern, Sennen, oder Nerven, die bey ihnen eben das, was bey andern Knochen sind, und welche bey ihnen eben die Dienste thun, welche die Knochen bey gröffern Thieren verrichten. Denn ohne dergleichen veste Theile würde nie niemahls ein Cörper aufgerichtet erhalten können; wenigstens ist die äussere Haut, welche sie umgiebt von einer härtern Substanz, und dienet zur Haltung der inneren weichen Theile. Eben dies muß man auch in Ansehung des Blutes sagen. Es ist ordentlicher Weise kein rothes Blut in den mehresten vorhanden, als was sie zufällig aus andern Thieren saugen; es ist aber der Lebenssaft, der in diesen kleinen Thieren herumgetrieben wird, ihr Blut, ob es gleich anders gefärbet ist, und mehr einem Flußwasser, oder andern flüssigen Wesen ähnlich ist.

Was die Eintheilung der Insecten betrift, so theilet sie Linnäus in folgende Ordnungen: 1) Coleoptera, die Flügeldecken haben, dahin gehören alle Käfer, Schröter, und Heuschrecken. 2) Hemiptera, die nur mit halben Flügeldecken versehen sind, dahin gehören alle Wanzen, Schaumwürmer, Blattläuse. 3) Neuroptera mit abrichten Flügeln dahin gehören einige Fliegen und Wassernymphen 4) Lepidoptera, oder Zwiefalter, welche die Schmetterlinge sind, 5) Hymenoptera, mit membranösen Flügeln, dahin gehören alle Wespen, Bienen, Ameisen u. d. 6) Diptera, mit zween Flügeln, dahin gehören alle übrige Fliegen, Maden und Mücken. Endlich 7) Aptera die gar keine Flügel haben, als die Läuse, Flöhe, Kellerwürmer, Vielfüsse, Spinnen, Scorpionen und Krebse, von welchen lestern Arten in diesem Werke weiter unten, einige vorzügliche Stücke werden vorgeleget und beschrieben werden.

Wir fangen mit dem Zweyfalter, oder Schmetterling (Lepidoptera) an. Man pflegte sie von alten Zeiten her Papillons, oder Sommervögel zu nennen, und in zwey Classen, nemlich in Tagvögel und Nachtvögel einzutheilen. So theilet

INTRODUCTION
A L'ARTICLE DES
PAPILLONS.

Les *Papillons* composent un *Ordre principal* entre les *Insectes*, dont ils sont sans contredit la Partie la plus belle. L'on nomme *Insectes* les Animaux, dont les Corps sont partagez en entailles & en anneaux, & qu'on assûre n'avoir point d'os ni de sang. Quant au prémier point il est de fait que ces Corps n'ont pas tous les mêmes entailles ou divisions, & qu' à quelques uns on n'en voit même pas la moindre trace, & quant à l'autre point il est vrai qu'ils n'ont point d'os comme les autres animaux, mais à la place d'os la nature les a douez, à proportion de leur Conformation petite & délicate, d'autres parties fermes, de veines, de tendons & de nerfs, qui sont dans ces petits corps le même office que les os sont dans d'autres. Car un Corps ne sçauroit se soutenir sans un secours semblable, & quand il n'y auroit autre chose, la peau, qui sert d'enveloppe à l'Insecte, étant d'une substance un peu ferme, contient & affermit les parties intérieures, qui sont plus tendres. Il en est ainsi du Sang; car quoiqu'on ne trouve point de Sang, de couleur rouge, dans la plûpart des Insectes, excepté par accident, quand ils ont sucé celui de quelque autre animal, on peut cependant donner le nom de sang au suc vital, qui circule dans ces petits animaux, quoi qu'il n'ait pas la même couleur, & qu'il ressemble plûtôt à de l'eau de rivière, ou à quelque autre substance liquide.

A l'égard des divisions à faire relativement aux *Insectes Linneus* nomme les Ordres suivans: 1.) *Coleoptera*, dont les ailes sont munies d'une Couverture sur les ailes, comme les *Escarbots, Hanetons, Cerfvolans* &c., & les *Sauterelles.* 2.) *Hemiptera*, dont les ailes ne sont couvertes qu'à demi, comme les *Punaises de bois*, & de *feuilles*, (en latin *Aphis*,) & une sorte de petits escarbots &c. 3.) *Neuroptera*, dont les ailes sont veinées, comme on le voit à quelques *Mouches* & à la *Libellulo*, en françois *Demoiselle*. 4) *Lepidoptera*, qui sont proprement les *Papillons*, 5) *Hymenoptera*, dont les ailes sont membraneuses, comme les *Guêpes*, les *Abeilles*, les *Fourmis*, &c. 6.) *Diptera*, qui n'ont que deux ailes, ainsi que toutes les *autres Mouches*, les *Mittes*, (*Vermiculi casei*) & les *Moucherons.* 7.) *Aptera*, qui n'ont point d'ailes du tout, tels que les *Poux*, les *Puces*, les *Chattes pelues* &, les *Cloportes*, les *Araignées*, les *Scorpions*, & les *Ecrevisses* desquelles dernières espèces nous donnerons quelques figures des plus remarquables avec leurs descriptions à la fin de cet ouvrage.

Pour en venir à l'espèce qui doit faire présentement l'objèt de nos descriptions, ce sont les *Papillons*, qu'on divise en deux Classes, sçavoir les *Papillons diurnes* & les *Papillons nocturnes*, ou *Phalenes. Aldrovandus* avoit déja adopté

theilet sie schon Aldrovandus ein; wenn er aber diese wiederum abtheilen soll, so macht er in beyden Classen nur einen Unterscheid zwischen den grössern, kleinern und allerkleinsten Schmetterlingen; darinnen folgete ihm Jonston nach, und Moufet hält die nehmliche Ordnung.

Durch die unermüdeten Beobachtungen aber, welche der grosse französische Naturforscher de Reaumur anstellte, wurden solche wichtige Entdeckungen gemacht, daß man die verschiedenen Geschlechter und Arten von jeder Classe genauer kennen lernte, und der deutsche Reaumur, der unvergleichliche Herr Rösel von Rosenhof, gab nach eigenen Beobachtungen vollständige Beschreibungen mit illuminirten Abbildungen, so wie von den Insecten überhaupt, also auch von den Schmetterlingen insbesondere heraus.

Es würde etwas sehr überflüßiges, und eine unnöthige Weitläuftigkeit seyn, die wir nicht entschuldigen könten, wenn wir hier alle die Nachrichten, welche uns die beyden letztern Schriftsteller gegeben haben, anführen wollten, denn ihre schönen Werke sind in jedermanns Händen, und können von den Liebhabern gelesen werden. Wir wollen also nur in der Kürze dasjenige sagen, was einem Sammler vorzüglich zu wissen nöthig ist, und worauf er sich hernach selber zu seinem Vergnügen weiter forthelfen kan; zumahlen, wenn er nebst erwähnten ältern und neuern Schriftstellern auch den Malpighi, Schwammerdam, Goedart, Frisch, Meriane, und l'Admiral zu Rathe ziehet.

Was also die Eintheilung dieser Thierchen betrift, so hat man mit dem Linnäo folgende drey Classen zu machen: 1) die Tagvögel, welche eigentlich die Papillions (Papilio) heissen 2) Diejenigen Schmetterlinge, die nur Abends und Morgens fliegen, und bey dem Linnäus unter dem Namen Sphinx vorkommen, bey dem Rösel aber die erste Classe der Nachtvögel ausmachen, und deren wenige an der Zahl sind. 3) Die eigentlichen Nachtvögel, welche Phalænæ heissen, und deren Anzahl die stärkste unter allen ist. Um diese Classen von einander zu unterscheiden, nimmt man die Fühlhörner dieser Sommervögel als untrügliche Unterscheidungszeichen an. Denn die Tagvögel haben alle dünne und lange Fühlhörner, welche oben an der Spitze dick, und gleichsam keulförmig sind. (Man vergleiche die Fühlhörner Tab. C. fig. 2.) Die Schmetterlinge der zweyten Classe, welche Morgens und Abends fliegen, haben Fühlhörner, die in der Mitte dicke, nahe am Kopf aber, wie auch am Ende dünne sind. Die Nachtvögel endlich haben solche Fühlhörner, die nahe am Kopf dick und breit sind, und spitzig auslaufen. (Man vergleiche die Fühlhörner Tab. C. III. fig. 2.) Es ist aber nöthig hier vorläufig zu erinnern, daß, da die Originale vermuthlich ihre Fühlhörner verlohren hatten, (wie denn solches gar leicht geschieht,) man auf dieses Unterscheidungszeichen nicht gar genau Acht gegeben, und ihnen Fühlhörner angedichtet habe, die vielen nicht gehören; daher Nachtvögel mit Fühlhörnern der Tagvögel erscheinen, welche wir aber, wo es uns bekannt ist, bey der Beschreibung der Figuren so sorgfältig, alsmöglich ist, anzeigen wollen.

Es ist aber noch ein anderer grosser Unterschied unter den Fühlhörnern. Etliche sind glatt, andere rauh oder federicht, einige rund, andere prismatisch, oder dreyeckicht, noch andere aber deutlich gliederförmig, oder mit Gelenken aneinander gesetzet, welches man bey dem Reaumur weitläuftiger lesen kan.

Wenn

adopté cette Division, mais en la subdivisant, il n'admet, dans une Classe comme dans l'autre, d'autre différence que celle qu'il y a entre les *grands* Papillons, les *moindres*, & les *petits*, & en cela il a été suivi par *Jonston* & par *Moufet*, qui ont observé le même arrangement.

Nous devons aux Observations importantes de Mr. de *Réaumur*, ce grand & infatigable Physicien françois, des découvertes, qui nous ont conduit à une Conoissance plus détaillée des Genres & des Espèces de chaque Classe, & le Réaumur de l'Allemagne, l'incomparable Mr. *Rösel de Rosenhof*, nous a donné sur ses propres Observations des Descriptions complettes avec les figures enluminées, tant des *Insectes* en général, que des *Papillons* en particulier.

Il seroit superflu, & nous donnerions dans une prolixité très-inutile, si nous nous avisions d'alléguer ici toutes les informations dont le Public est redevable aux deux Ecrivains célèbres que nous venons de nommer. Leurs Ouvrages inestimables sont entre les mains de tout le monde, & nous y renvoyons le Lecteur. Nous nous contenterons d'indiquer en abrégé ce qu'il importe le plus à un Collecteur de sçavoir, & de le mettre sur les voyes, qui peuvent le conduire à pousser ses recherches plus loin sans nôtre secours, sur tout si, outre les auteurs anciens & modernes que nous avons nommé, il veut encore consulter *Malpighi*, *Schwammerdam*, *Goedart*, *Frisch*, Madame *Merian*, & l'*Admiral*.

Ainsi, en suivant *Linnæus* à l'égard de ces petits Animaux, nous trouvons trois Classes à établir. 1.) les *Papillons diurnes*, qui sont les Papillons proprement ainsi dits. 2.) Les *Papillons* qui ne volent que le *soir* & le *matin*, auxquels *Linnæus* donne le nom de *Sphinx*, mais dont *Roesel* fait sa première Classe des Papillons nocturnes, dont le nombre est petit, & 3.) les *Papillons nocturnes* proprement ainsi nommez, qu'on appelle *Phalènes*, qui sont plus nombreux que tous les autres. Les Antennes sont les *Caractères distinctifs* infaillibles, qui servent à faire la différence d'une Classe à l'autre. Car les *Papillons diurnes* ont tous des Antennes longues & minces, qui *au bout supérieur sont épaisses*, & ont en quelque façon la figure d'une *Masse d'armes*, comme on le peut voir à la figure seconde de la Planche C. fig. 2. Les Papillons de la *Seconde Classe*, qui ne volent que le *matin* & le *soir*, ont des Antennes *épaisses au milieu*, & minces près de la tête aussi bien qu'à l'autre extrémité. Enfin les Antennes des *Phalènes* sont épaisses près de la tête, larges ensuite, & pointuës au bout. Conferez avec cela les Antennes de la Planche C. III. figure 2. Mais il est à remarquer avant d'aller plus loin, que comme les Originaux avoient vraisemblablement perdu leurs Antennes, ce qui arrive très-facilement, on leur en a donné d'imagination, sans faire attention à leur qualité de *Caractère distinctif*, qui leur conviennent rarement, c'est-à-dire que bien des Papillons nocturnes paroissent avec des Antennes de Papillons diurnes, ce que nous ne manquerons pas d'indiquer à chaque cas autant qu'il sera possible en décrivant les figures même.

Au reste il y a une autre grande différence à faire entre les Antennes mêmes. Car il y en a qui sont unies, d'autres sont veluës, ou plumeuses, quelques unes sont rondes, d'autres de figure prismatique ou triangulaire, d'autres encore sont composées d'articulations distinctes, ce qu'on

peut

Wenn man nun diese drey Claßen durch Beyhülfe der oben gemeldeten Unterscheidungszeichen von einander unterschieden hat, so kömmt es allerdings auf eine nähere Bestimmung der Geschlechter an, die in jeder Claße befindlich sind, welche Geschlechter Linnæus die Phalanges und Rösel die Claßen nennt. Von den Tagvögeln macht Linnæus sechs Phalanges, und nennet sie, 1) Equites, 2) Heliconi, 3) Danai, 4) Nymphales, 5) Plebeii, 6) Barbari. Den Unterschied dieser Geschlechter bestimmt er mehrentheils aus der Figur der Flügel, wie ein jeder aus seinem Systemate Naturæ sehen kan, woselbst er 192. Tagvögel namhaft macht. Die zweyte Claße derer, die Abends und Morgens fliegen, hat zwey Geschlechter, welche von ihm legitimæ und adscitæ genennet werden, und nur eine Zahl von 38. ausmachen. Die Nachtvögel endlich die man Phalenæ nennet, werden bey ihm auf folgende Art eingetheilet: 1) Bombyces, 2) Noctuæ, 3) Geometræ, 4) Tortrices, 5) Pyralides, 6) Tineæ und 7) Alucitæ, davon alsdann zusammen 305. vorkommen, die ebenfals nach der Gestalt ihrer Flügel bestimmet werden.

Hingegen wird vom Rösel eine minder weitläuftige Eintheilung gemacht, welche einem jeden geschwinder in die Augen fällt. Nach derselben haben die Tagvögel, die alle ihre Flügel im sitzen senkrecht in die Höhe halten, zwey Claßen. Die erste Claße bestehet aus solchen, die nur vier Füße und ein paar kurze, stumpfe und haarichte Pfoten haben, die ihnen gleichsam wie Hände dienen. Ihre Hinterflügel bedecken im sitzen den ganzen Hinterleib an beyden Seiten. Die andere Claße dieser Tagvögel bestehet in solchen, welche sechs volkommene Füße mit Klauen haben, und im sitzen ihren Hinterleib nicht mit den Flügeln bedecken können.

Was die Nachtvögel betrift, so haben selbige vier Claßen, davon diejenigen die erste Claße ausmachen, welche Abends- und Morgenvögel sind, und diese haben schmale Flügel, fliegen schnell, sitzen auf den Kräutern und Blumen fast gar nicht stille, sondern saugen ihre Nahrung gleichsam im Fluge, und ihre Fühlhörner sind in der Mitte am dicksten. Die zweyte Claße bestehet aus solchen, deren Fühlhörner am Kopf am dicksten sind, und das haben die folgende Claßen mit dieser gemein, nur hat diese Claße das besondere, daß die Schmetterlinge die unter dieselbe gehören, ihre Flügel im sitzen horizontal, oder wie ein Dach über ihren Cörper liegen laßen, so daß derselbe ganz damit bedecket ist. Diese Claße ist unter allen die zahlreichste. Was die dritte Claße betrift, so nimmt Herr Rösel ihr Unterscheidungszeichen daher, daß sie aus Spannenraupen entstehen, und das Kennzeichen der vierten Claße, bestehet darinnen, daß diese Nachtvögel alle klein sind, und daß die Raupen, aus welchen sie entstunden, die Blätter zusammen zu wickeln pflegen.

Nach diesen kurzgefaßten Nachrichten kan es uns sehr gleichgültig seyn, welche Art der Eintheilung der Leser vor die beste halte, indem wir glauben, daß bey beyden solche Schwierigkeiten vorkommen, die nicht leicht zu heben oder aus dem Weege zu räumen sind. Dieß nimt aber den erwehnten Erfindern dieser Eintheilung nicht das mindeste von ihrem würklich verdienten Ruhm.
Denn

peut voir détaillé plus au long dans les Memoires qu'a écrit Mr. de *Réaumur* pour servir à l'*Histoire des Insectes*, où nous renvoyons le Lecteur.

Quand on est une fois au sait des *marques caractéristiques*, qui distinguent les trois Classes, il est question de déterminer alors les Genres de chaque Classe, que *Linnæus* nomme *Phalanges*, & auxquels *Rœsel* donne le nom de *Classes*. A l'égard des *Papillons diurnes*, *Linnæus* forme six Phalanges, qu'il apelle 1.) *Equites*, 2.) *Heliconi*, 3.) *Danai*, 4.) *Nymphales*, 5.) *Plebeii*, 6.) *Barbari*. Selon lui c'est la figure des ailes qui determine la différence des Genres, comme on peut le voir dans son *Systema nature*, où il nomme 192. sortes de Papillons diurnes. La *Seconde Classe*, qui est celle des Papillons, qu'on ne voit voler que le *soir* & le *matin* n'a que deux Genres que le même Auteur nomme *legitimæ* & *adscitæ*, & dont le nombre ne va que jusques à 38. Il divise enfin les *Papillons nocturnes* qu'on apelle *Phalènes* en, 1.) *Bombyces*, 2.) *Noctuæ*, 3.) *Geometræ*, 4.) *Tortrices*, 5.) *Pyralides*, 6.) *Tineæ*, & 7.) *Alucitæ*, dont on trouve 305. Sortes, que la figure des ailes distingue.

La Division qu'établit Mr. *Rœsel* est moins prolixe & plus facile à concevoir. Selon celui-ci il n'y a que deux Classes de *Papillons diurnes*, qui, lorsqu'ils sont arrêtez, tiennent tous leurs ailes élevées en ligne perpendiculaire. Les Papillons de la *prémière Classe* n'ont que quatre jambes & deux pattes courtes & veluës, qui leur servent de mains pour ainsi dire. Quand ils sont arrêtez leurs ailes postérieures couvrent tout le derrière du corps des deux côtez. Les Papillons diurnes de la *seconde Classe* ont six pieds parfaits, armez de serres, & ne peuvent pas, lorsqu'ils sont posez, couvrir de leurs ailes la partie postérieure du corps.

Les *Phalènes* sont composez de *quatre* Classes; mais dont la *prémière* n'a pour objèt que les Papillons qu'on ne voit ordinairement voler que le *soir* & le *matin*. Les ailes de ceux-ci sont étroites, leur vol rapide, voltigeans seulement sans s'arrêter sur les plantes & sur les fleurs, où ils cherchent leur nourriture, qu'ils ne prennent pour ainsi dire qu'à la volée. Ce sont ceux dont les Antennes ont le plus d'épaisseur au milieu. La *seconde Classe* consiste en Papillons, dont les Antennes ont le plus d'épaisseur prés de la tête, & c'est ce que les Classes suivantes ont de commun avec celle-ci, laquelle n'a autrement rien de particulier, si ce n'est que les Papillons qui la composent, quand ils s'arrêtent quelquepart, tiennent leurs ailes en ligne horizontale, de sorte qu'elles couvrent tout le corps comme un toit. Cette Classe est la plus nombreuse de toutes. Le Caractère propre que Mr. *Rœsel* donne des Papillons de la *troisième* Classe c'est qu'ils se forment de la Chenille qui rampe en arc, & les marques distinctives enfin de la *quatrième* Classe des Phalènes sont qu'ils sont tous géheralement petits, & que les Chenilles des-quelles ils proviennent roulent ordinairement les feuilles sur lesquelles elles se posent.

Aprés cette petite information préliminaire, il nous est assez égal à laquelle de ces divisions il plaira à nos Lecteurs de donner la préférence. Nous les croyons imparfaites l'une & l'autre, & cependant il seroit assez difficile d'en donner une meilleure, ce qui ne diminue en rien la gloire des Ecrivains célèbres, qui en sont les Inventeurs. Car dans une
science

Denn in einer Wissenschaft, welche erst angebauet werden muß, so wie die Naturgeschicht ist, ist es nicht möglich, so gleich alles ohnfehlbar zu bestimmen. Es ist dieß schon viel, wann man den Weeg zu einer bessern Ordnung bahnet. Andere mögen in der Folge der Zeit durch weitere Untersuchungen das angefangene fortsetzen, und weiter ausführen. Wir haben aber doch noch etwas weniges in Ansehung der Schmetterlinge zu erinnern, das man wissen muß, ehe wir die Figuren selber beschreiben.

Wir wollen hier nicht davon reden, daß alle Schmetterlinge aus Raupen entstehen, und daß diese Raupen von einer jeden Art ihre bestimmte Gestalt und Farben haben, das ist aller Welt schon bekannt, und bis zum Eckel bey allen Schriftstellern zu lesen. Unser Vorhaben leidet eben so wenig von der Geschichte ihrer Verwandelung, oder von der Beschaffenheit ihrer Gliedmaßen zu reden, obgleich die Larven etliche Unterarten von einander unterscheiden, und die grossen Augen der Nachtvögel sich gegen diejenigen, welche die Tagvögel haben, sehr heraus nehmen, und die Bauart der Saugerüssel, (womit sie ihre Nahrung nehmen, und den sie zusammen rollen können,) in den unterschiedenen Geschlechtern sehr von einander abweicht. Unser Endzweck ist vielmehr der, wir wollen einige Rechenschaft von den Benennungen der besondern einzelnen Schmetterlinge geben, und die Ursachen anführen, warum diese nicht allezeit angemessen und sehr unvollkommen sind.

Daß der Nahme, mit welchem man eine Sache beleget überhaupt willkührlich sey, und mehrentheils von der Einbildung der Menschen abhange, wird ein jeder zugeben. Wenn aber einige Ursache von der Benennung einer Sache seyn soll, so muß diese wenigstens von einem Hauptumstande, oder Eigenschaft, welche der Sache, die man benennen will, vorzüglich eigen ist, hergenommen werden, aus dem man sehen kan, warum man der Sache diesen und keinen andern Nahmen beygeleget hab. Im ersten Fall lieget würklich nichts daran, wie man eine Sache nennet, und ein jeder kan ihr einen Nahmen geben, wie er will. Also sind unter andern diejenigen Nahmen beschaffen, die man etlichen Schmetterlingen gegeben hat: als *Basse la Reine*, *Aurelia*, *le Page à la Reine*, der Pfau, der Mars, die Schildkröte, u. d. m., und eben so sind auch viele Nahmen beschaffen, die Linnäus vielen Schmetterlingen gegeben hat, als Polydamas, Memnon, Glaucus, Agenor, Hektor, und hundert andere Nahmen mehr, welche man nicht übersetzen darf, wann man ihnen ihren Wohlklang nicht nehmen will.

Andere Nahmen, die von einigen Hauptumständen eines Schmetterlings herrühren, sind schon angenehmer, weil sie zugleich den Character anzeigen durch welchen sich ein Schmetterling von den anderen unterscheidet, obgleich solche Nahmen mehrentheils so allgemein sind, daß man viele Arten darunter ziehen kan. Z. E. man nennet alle solche Schmetterlinge Schwalbenschwänze, deren Flügel mit einer langen spießförmigen Spitze ausgehen (siehe Tab. C. fig. 1.) Diejenige, deren Flügel bey einer veränderten Wendung zweyerley Farben zeigen, werden Changeant genennet. Andere, deren Flügel gezackt sind, nennet man gezackte, wie etliche Aurelien, (siehe Tab. C. fig. 2. 3. Tab. C. 3. fig. 3. &c.) Wiederum andere, deren Flügel mit vielen Augen versehen sind, heissen Argusse (siehe Tab. C. 2. fig. 2.) Noch andere, die auf den hintern Flügeln grosse Augen haben, heissen Spiegelträger oder Pfauenschwänze, (siehe Tab. C. 2. fig. 2.) wiewohl diese Kennzeichen oder Ursachen der Benennungen gemeiniglich nur von der obern Fläche der Flügel, nicht aber von ihrem untern Ansehen hergenommen sind,

science à laquelle on ne fait encore que commencer à s'apliquer, il n'est guères possible de déterminer d'abord tout avec précision. C'est bien assez d'avoir tracé une bonne voye. D'autres peuvent avec le tems perfectionner ce commencement par des recherches ultérieures. En attendant nous placerons ici encore quelques remarques nécessaires avant de passer à la description de nos figures.

Nous ne nous arréterons pas ici à parler de l'origine que les Papillons tirent des Chenilles, ni à détailler les couleurs & la figure propre à chaque espèce de Chenilles. Cela est conu de tout le monde, & d'ailleurs les Auteurs que nous avons alléguez, en ont donné un détail trés-ample. Il n'est pas non plus de nôtre propos de narrer ici l'Histoire de la Transmutation des Papillons, ou de nous étendre sur la Conformation de leurs membres, quoique leurs masques fassent distinguer quelques Sous-especes, & que les grands yeux des Papillons nocturnes diffèrent considerablement de ceux des diurnes, que d'ailleurs la Structure des Trompes, dont ces Animaux se servent pour tirer à eux leurs nourritures, & qu'il dépend d'eux de replier & de rouler ensemble quand il leur plait, varie beaucoup dans les différens Genres. Nôtre but ne va qu'à indiquer les *dénominations* de quelques Papillons particuliers isolez, & de déduire les raisons pour lesquelles ces dénominations sont si sèches & si imparfaites.

Tout le monde convient que la dénomination des Etres est quelque chose de volontaire, & dépend le plus ordinairement de la Fantaisie & de l'Imagination. Mais si l'on doit rendre quelque raison des noms qu'on donne aux choses, il faut que cette raison soit prise tout au moins de quelque qualité principale particulièrement propre à un individu, ou à l'Objèt nommé, par où il paroisse pourquoi tel ou tel nom a été donné justement a cet Objèt, & pour quoi on ne l'a donné à aucun autre. Dans le prémier cas il est réellement indifférent comme qu'on nomme une chose, ce que chacun peut faire à sa volonté comme il lui plait. Tels sont les noms que quelques Papillons portent, comme *Basse la Reine*, *l'Aurele*, le *Page à la Reine*, le *Mars*, la *Tortue*, &c. Il en est de même des noms que *Linnæus* a donné à plusieurs Papillons, comme *Polydamas*, *Memnon*, *Glaucus*, *Agenor*, *Hettor*, & cent autres noms, qui perdroient leur son agréable, si on s'avisoit de les traduire.

Les noms, qu'on dérive de quelque qualité principale propre au Papillon, dont il est question, font plus de plaisir, parce qu'ils soulagent la mémoire, & font souvenir de quelqué marque caractéristique, qui fait la différence d'un Papillon à l'autre, quoique ces noms soient quelques fois si universellement applicables, qu'on peut les donner à plusieurs espèces. L'on nomme par exemple *Queues d'hirondelle* tous les Papillons dont les ailes postérieures se terminent en une longue pointe, en forme de pique, (voyez Pl. C. fig. 1.) Ceux dont les ailes, suivant le biais dont on les tient, présentent deux couleurs, portent le nom de *Changeans*. On nomme *dentelés* quelques autres dont les ailes sont dentelées comme quelques *Aureles* (voy. Pl. C. fig. 2. & 3. & Pl. C. III. fig. 3. &c.) Il y en a encore d'autres qu'on apelle *Argus*, parce qu'on voit quantité d'yeux sur leurs ailes, (voy. Pl. C. II. fig. 2.) & d'autres, sur les ailes postérieures desquels on remarque de grands yeux, s'apellent *Porte-miroirs* ou *Queues de Paon* (voy. Pl. C. I. fig. 2.) Cependant

sind,

ces

sind, denn es ist bekannt, daß wenigstens an den meisten Schmetterlingen die untern Flächen ihrer Flügel ganz anders gezeichnet sind, als die obern. Bey solchen Benennungen kommt vieles auf die Einbildung an, und da sie noch nicht durch einen langwierigen Gebrauch allgemein und gleichsam noch nicht zur Mode worden sind, so haben auch wir keine Lust, solche Nahmen zu gebrauchen, und wenn wir gleich hin und wieder etliche Benennungen angeben, so werden wir es doch mit den übrigen so machen, wie es die alten Schriftsteller und die Meriane gemacht haben, die sich nur auf die Abbildungen beriefen, und weiter keine Nahmen angaben.

Es ist übrigens nur eine einzige Art, die Schmetterlinge mit recht entscheidenden Nahmen zu belegen, aber eben dieses ist zugleich diejenige, wo man am wenigsten mit fortkommen kan, weil man noch zu wenig zuverläßige Erfahrungen hat. Es ist nemlich das sicherste und gewisseste, daß man die Benennungen von solchen Pflanzen, Blumen, Kräutern oder Gewächsen hernimmt, auf welchen diese Thiere, als sie noch Raupen waren, ihre Nahrung suchten, und wovon sie lebten. Wir wollen hier zum Exempel nur einige dergleichen Benennungen anzeigen. Die Citronen-Schmetterlinge, deren es unterschiedene giebt, die Granaten- und Pompelmus-Schmetterlinge, die mancherley Dornen-Stachelbeer- und Brennessel-Schmetterlinge, die Pisang-Ricinus-Pflaumen- und Kohl-Schmetterlinge, die Wald-Gras-Birn-Kirschen-Aepfel-Weiden-Haselstauden-Baumwollen-Eichen-Eibisch- und mancherley andere Schmetterlinge, die alle zu den Tagvögeln gehören. Eben so giebt es unter den Sommervögeln, die Abends und Morgens herum fliegen, viele, die sich auf den Winden, Jasmin, Rainweiden, Weinstock, Feigenbäume, Euphorbium, Steinbrech, Wolfsmilch, u. d. m. aufhalten. Unter den Nachtvögeln sind unter andern die Seidenwurms-Schmetterlinge, welche erst von Maulbeerblättern leben, sich aber hernach auf allerhand Bäumen und Kräutern aufhalten, wie auch die Linden-Erlen-Wolfkrauts-Münze-Hopfen-Korn-Schmetterlinge, und hundert andere mehr, welches viel zu weitläuftig werden würde, wann man sie hier alle namhaft machen wollte.

Wie schön nun diese Art der Benennung auch seyn mag, so ist es doch auch damit eine sehr mangelhafte Sache. Denn von vielen ist es nicht einmal recht bekannt, auf welchen Bäumen, Stauden, Blumen, oder Kräutern sie leben. Ja viele Gewächse selbst, wovon sich manche dieser Thiere in den Indien ernähren, sind noch unbekannt, und endlich genießen viele Schmetterlinge eine andere Nahrung, als da sie noch Raupen waren, oder haben keine bestimmte Pflanze zur Speise, sondern setzen sich allenthalben auf. Dahero wir mit dieser Art ihnen Nahmen beyzulegen nicht weit langen. Uebrigens aber begnüget man sich öfters, wenn man nur weiß, ob ein Schmetterling aus- oder innländisch ist, wie auch Linnäus bey den meisten hat thun müssen, wenn er meldet: Habitat in Europa, oder habitat in Asia, oder habitat in America. Dies ist noch zu merken, daß die Ausländischen mehrentheils weit größer und viel schöner und prächtiger sind, als die Europäischen. Endlich ist auch noch dieß zu wissen, daß, wann auch ein Schmetterling einen Namen führet, derselbe doch nicht überall gilt, denn der eine nennet den nehmlichen Schmetterling so, der andere anders, und weiß von dem ersten Namen nichts. Es hat hier würklich eben eine solche Beschaffenheit, wie mit den gemeinen Namen, welche die Phantasie der Liebhaber den Tulipanen, Nelken, und

Hyacin-

ces Caractères, ou raisons de dénomination, ne doivent être entendus ordinairement que de ce qui paroît sur la superficie des ailes, & nullement de ce qu'on voit au dessous. Car on sait que tout au moins à la plus grande partie des Papillons la Superficie inférieure des ailes est tout autrement marquée que la supérieure. Presque tout dépend de l'imagination à l'égard de ces dénominations, qui d'ailleurs ne sont pas encore devenuës à la mode par un long usage. Ainsi nous ne nous y attacherons guères, & s'il nous arrive ici ou là d'en admettre quelqu'une, nous suivrons à l'égard des autres l'exemple des anciens Auteurs, & entre autres de Madame de Merian, qui dans leurs Ecrits n'ont parlé que des figures, sans faire mention des dénominations.

Il n'y a qu'une façon absolument décisive de donner des noms convenables aux Papillons, mais c'est une façon qui exigeroit encore bien des expériences pour pouvoir donner avec précision a chaque espèce de Papillons le nom qui lui seroit propre. Ce seroit de les nommer d'après les Plantes, Fleurs, Herbages, ou autres Legumes, sur lesquels ces Insectes, étant encore Chenilles, cherchoient leur Vie, & trouvoient leur nourriture. Nous allèguerons quelques uns de ces noms pour servir d'exemple. Tels seroient les Papillons de Citron, dont on trouve diverses sortes, les Papillons de *Grenade* & de *Pompelmous*, les differentes sortes de Papillons d'*Epine*, de *Groseille verte*, & d'*Ortie*, les Papillons de *Pisang* ou *Mousa*, de *Ricin*, de *Prune* & de *Chou*, les Papillons de *Forêts*, d'*Herbe*, de *Poire*, de *Cerise*, de *Pomme*, de *Saule*, de *Noisettier*, de *Cottonier*, de *Chêne*, de *Guimauve*, & mille autres Papillons divers, qui sont tous de la Classe des diurnes. On pourroit faire la même chose à l'égard des Papillons qui ne volent que le *soir* & le *matin*, & qui se logent sur le *Liseron*, sur le *Jasmin*, sur le *Trône*, sur la *Vigne*, sur le *Figuier*, sur l'*Euphorbe*, sur la *Filipendule*, sur la *Saxifrage*, sur l'*Esule* & sur bien d'autres Plantes. Parmi les Papillons nocturnes l'on pourroit compter entre autres les *Papillons-Vers à soie*, lesquels se nourrissent d'abord de feuilles de Meurier, & s'attachent ensuite à toutes sortes d'arbres & de Plantes, de même que les Papillons de *Tilleul*, d'*Aulne*, de *Bouillon blanc*, (c'est le nom d'une herbe), de *Mente*, de *Houblon*, de *Bled*, & cent autres dont les noms rendroient cette Liste trop longue.

Quelque commode cependant que fut cette façon de nommer les Papillons, la Méthode n'en seroit pas moins défectueuse, parce qu'à l'égard de plusieurs de ces Insectes il est encore assez indécis sur quels Arbres, Buissons, Fleurs, ou Herbes, ils cherchent leur vie. Qui plus est, plusieurs Plantes, sur lesquelles bien des Papillons trouvent leur nourriture aux *Indes*, sont inconnuës encore dans nos Climats, & il y a enfin des Papillons qui, devenus Papillons, usent d'une nourriture différente de celle qu'ils prenoient dans le tems qu'ils étoient encore Chenilles. Ainsi nos dénominations ne peuvent pas nous mener fort loin. Au reste on se contente souvent de sçavoir si le Papillon est *de nos Cantons*, où s'il est *étranger*, & *Linnæus* n'en sçavoit pas davantage, quand il se trouvoit borné à dire, ce qui lui arrive assèz frequemment à l'égard d'un grand nombre de Papillons: *Habitat in Europa*, ou *habitat in Asia*, ou *habitat in America*. Nous remarquerons encore ici que les *Papillons étrangers* sont pour l'ordinaire beaucoup plus grands & plus magnifiques que les *Papillons d'Europe*. Il faut sçavoir enfin qu'un Papillon, qui porte ici tel ou tel nom, n'est pas nommé par tout de même, arrivant souvent que le même Pa-

pillon

Hyacinthen zu geben pfleget, da sie dieselbige den Russischen Kaiser, Prinz Eugenius, und dergleichen nennen. Dieses alles zusammen genommen, muß uns, wie wir glauben, rechtfertigen, wenn wir erstlich nicht viele Nahmen in der Beschreibung angeben, und an andern Theils nur bey denen melden, zu welcher Classe sie gehören, von welchen uns solches gewiß bekannt ist; weil der Mangel der rechten Fühlhörner uns nicht zuläßet, eine genauere Beschreibung zu machen.

Zum Beschluß wollen wir jetzo nur noch einige wenige Anmerkungen in Ansehung der schönen bunten Farben und Zeichnungen der Schmetterlinge hinzufügen. Gleichwie wir nemlich in der Einleitung zu den Schnecken und Muscheln eine Muthmaßung in Ansehung der Farben und Zeichnungen von den Schaalen dieser Seethiere angaben, also sind wir nicht abgeneigt zu glauben, daß dieses der nehmliche Grund der Farben bey den Schmetterlingen sey. Es ist ja bekannt daß diese Sommervögel auf ihren Flügeln einen gefärbten Staub führen, daß dieser Staub, wie aus den Wahrnehmungen mit dem Vergrößerungsglase erhellet, in nichts anders, als in unzähligen Federn bestehe, die auf die allerzierlichste Art gebauet sind, und auf der Oberfläche der Flügel aufgerichtet stehen, wodurch alsdenn diese Federn eine ungemeine Aehnlichkeit mit den bunten Federn grosser Vögel bekommen. Wie undenklich fein müssen nun wohl die Fasern seyn, welche den Saft in die äussersten Bartspitzen dieser Staubfederchen führen? In welche fast unendliche Kleinigkeit muß der unterschiedene Nahrungssaft dieser Thierchen aufgelöset werden? Und da ihre Nahrung ohnehin nur mehrentheils in den fein ausgearbeiteten Nectar der Blumen bestehet, wie fein müssen alsdenn die darinnen enthaltene letztere Erdtheilchen seyn, die sich auf den Spitzen und auf der Oberfläche dieser Staubfedern anlegen? Wenn nun eine Farbe durch Zurückprallung verschiedener Lichtstrahlen entstehet, und verschiedene Lichtstrahlen sich erst in verschiedene Winkel zurücke werfen lassen, wie klein müssen alsdenn die Schiefer seyn, welche sich noch auf der Oberfläche eines so undenklich feinen Erdtheilchens befinden? Es ist ferner bekant, daß die Metalle bey ihrer Schmelzung und innersten Auflösung beständig gewisse Farben hervor bringen, daß also die Beschaffenheit ihrer zartesten Schiefern mit ähnlichen Schiefern in Pflanzen, oder Thierreich eine Gleichheit haben müssen. Was könnte uns nun wohl im Wege stehen, diese Schiefer in den dreyen Reichen der Natur alle mit einander, verstehet sich nach ihrer Art, soweit sie einerley Farbe hervorbringen, dem Wesen nach vor einerley zu halten? Die Erde ist ja mit Metallischen Dünsten und derselben Erdtheilchen durchwebet. Die Pflanzen ziehen ihre Nahrung aus dieser Erde, und die Thiere ernähren sich von diesen Pflanzen; könnte also nicht vieles vom Metallischen Wesen in die Pflanzen geführet, und so auf die allervollkommenste Art im Thierreich aufgelöset seyn? Können denn auch die Schmetterlinge aus den Blumen keine Eisentheilchen, und aus der Luft Vitriol an sich ziehen? und wären diese Theilchen nicht im Stande auf den Flügeln rothe, braune, gelbe, blaue und andere Farben hervor zu bringen, ohne daß man eben einen höhnischen Einwurf zu machen brauchte, ob man nemlich aus einem

Centner

pillon soit nommé différemment par deux Amateurs différens, desquels l'un ne sçait rien du nom que l'autre lui a imposé. Il en est de ceci comme des noms ordinaires que les Fleuristes ont coutume de donner, chacun à sa fantaisie, à leurs Tulipes, à leurs Oeillets, ou à leurs Jacintes, comme l'*Empereur de Moscovie*, le *Prince Eugéne*, &c. En rassemblant toutes ces considérations, nous nous flatons qu'on nous pardonnera, si l'on ne trouve que rarement des noms dans nos Descriptions, de même que l'attention que nous avons euë de ne point affirmer qu'un Papillon apartient à telle ou telle Classe, que lorsque nous avons été bien certains de notre fait, le défaut des véritables Antennes rendant le plus souvent une plus grande précision impossible.

Pour Conclusion nous ajouterons encore ici quelques Observations au sujet des beaux desseins & des couleurs brillantes dont les Papillons sont ordinairement parez. En donnant nôtre Introduction à la Conoissance des Limaçons & des Moules nous avons déjà hazardé nos Conjectures au sujet des Desseins & des Couleurs dont les Coquilles de ces Animaux marins sont décorées, & nous sommes fort tentez de croire que les Couleurs des Papillons ont à peu près la même origine. Personne n'ignore que ces Insectes portent sur leurs ailes une farine ou poussière colorée, que cette poussière, (comme cela est constaté par des Observations exactes, faites à l'aide du Microscope) consiste en un nombre innombrable de plumes élégamment figurées, qui se tiennent droites sur la superficie des ailes, ce qui leur donne une grande ressemblance avec les Plumes colorées de grands Volatiles. Qu'on juge à présent de quelle finesse doivent être les filamens qui conduisent le suc jusques à l'extremité des barbes de ces plumes, qui ne se présentent aux yeux que comme des grains de poussière? A quel dégré de petitesse ne faut-il pas que la nature reduise les parcelles qui composent ce suc nourrissier? Et comme ces Insectes n'ont pour l'ordinaire d'autre nourriture que le Nectar des fleurs déjà préparé par la Nature, & poussé au dernier dégré de finesse, qu'on se représente, si l'on peut, à quel point les dernières parcelles terrestres qui y sont contenuës, & qui se posent sur les pointes & sur la superficie de ces plumes imperceptibles, doivent être subtiles? Or quand une couleur est produite ici par le reflex de divers rayons de lumière & que ces raïons de lumière varies sont repoussez dans les angles divers que la superficie présente, de quelle subtilité presqu' inconcevable ne doivent pas être les écailles, qui se trouvent sur la superficie de ces parcelles terrestres dont la finesse surpasse déjà toute expression. On sçait d'ailleurs que les Métaux, quand on les fond, & qu'on resout leurs parties les plus intérieures, produisent de certaines couleurs, d'où l'on peut conclure qu'il y a quelque analogie entre la qualité de leurs écailles les plus subtiles, & les écailles semblables qu'on trouve dans le Règne végétal & dans le Regne animal. Il resulte de là qu'il n'y a point d'incongruité à présumer que ces écailles sont toutes *les mêmes* dans les trois Règnes de la Nature, chacunes selon leur espèce, & entant qu'elles produisent les mêmes couleurs. La Terre entière est toute pleine de vapeurs métalliques & des parcelles terrestres qu'elles renferment. Les Végétaux tirent leur nourriture de la terre, & ces mêmes Végétaux fournissent aux Animaux leur pâture. Pourquoi refuseroit-on de regarder, en suivant cet Ordre, comme possible, que les Métaux communiquent quelque chose de leurs propriétez aux Végétaux, & que de là ces

qualitez

Pach. Reg. Pietschin ad nat. pinxit.

G.W. Knorr excudit Norib.

Centner Schmetterlinge wohl einen halben Gran Eisen oder Metall heraus schmelzen könnte? Gewißlich! es arbeitet hier die Natur so im kleinen, daß die feinste Hand des besten Chimisten viel zu grob ist, etwas durch Versuche an den Tag zu legen. Was die Figuren aber betrift, welche durch diese herrliche Farben beschrieben werden, so könnten ja wohl die Fasern und ihre Lage, durch welche diese feinste Theilchen abgesondert, herumgeführet, und abgeleget werden, die einzige Ursache seyn, wenigstens scheinet uns diese Muthmassung nichts unschickliches in sich zu enthalten. Jedoch wir überlassen es einem jeden, andere Ursachen anzugeben, und gehen nunmehro zur Beschreibung selbst fort.

TAB. C.

Fig. 1. Den Anfang macht auf dieser Tafel ein schöner ausländischer Schmetterling, welcher mit dem Europäischen sogenannten Schwalbenschwanz oder Seegelvogel, der sich auf dem blauen Kohl befindet, sehr viele Aehnlichkeit hat. Es wird derselbige in den Surinamischen Gegenden auf den Citronenbäumen, oder vielmehr auf den sogenanten Pompelmusbäumen gefunden, und flieget so geschwinde und hoch, daß man ihn fast nicht anders, als aus den Raupen bekommen kan, daher er rar ist. Linnäus nennet ihn Leilus, die Meriane giebt ihm, wie gewöhnlich, gar keinen Nahmen. Es entstehet derselbe aus einer grünen Raupe, die einen blauen Kopf und über den Leib sehr lange einzelne und mit Haaren besetzte Bürsten hat. Die vier Flügel sind im Grunde schwarz, und dem allerschwärzesten Sammet ähnlich, nur scheinen grüne und zugleich wie goldglänzende Puncte darauf gestreuet zu seyn. Ueber diesen schwarzen sammetartigen Grund gehen auf den zwey obern Flügeln in der Mitte zwey breite grün sammetene Bänder herunter, und zur Seiten dieser Bänder siehet man eine Menge dünnere Striche, oder Linien, von eben solcher hochgrünen Farbe, die wie Gold glänzet, und dem Sammet ähnlich ist; in den zwey untern Flügeln aber ergiesset sich diese prächtige Farbe über die ganze Oberfläche, und erscheinet, als ob der schwarze Sammet damit gewässert wäre, und wirft einen solchen Glanz von Gold und Silber aus einem kohlschwarzen Grunde zurücke, den keine menschliche Hand auf dem Papier zu entwerfen oder abzuzeichnen im Stande ist. Die zwey untern Flügel gehen jeder in einen langen und schmahlen Schweif aus, und geben Anlaß, diesen Schmetterling den Surinamischen Schwalbenschwanz zu nennen.

Fig. 2. Darauf folget ein Europäischer Tagvogel, welchen man den geselligen Kirschbaum-Schmetterling nennet, denn derselbe flieget allezeit in Gesellschaft einer Gattin, wie auch anderer Papillons, und hält sich auf den Kirschbäumen auf. Es ist die angegebene Eigenschaft der Geselligkeit ein Umstand, der bey den Schmetterlingen wohl in Acht zu nehmen ist, indem es sehr viele giebt, die einsam leben, und allezeit allein gefunden werden. Es entstehet dieser Schmetterling aus einer
schwarzen

qualitez métalliques passent & se resolvent de la manière la plus parsaite dans le corps des Animaux? Doit-on donc rejetter sans autre examen comme une impossibilité que les Papillons tirent à soi des particules serrugineuses des Plantes qu'ils sucent, & du Vitriol de l'air qu'ils respirent, & ces Particules combinées ne suffisent-elles pas pour produire sur leurs ailes le rouge, le brun, le jaune, le bleu, & les autres couleurs qu'on y voit briller? Nous le croyons du moins ainsi, sans nous arrêter au sentiment d'autres gens qui pour ridiculiser cette opinion, demandent d'un ton moqueur si l'on pourroit bien tirer un demi-grain de ser ou d'autre métal de tout un Quintal de Papillons. Il est certain que la Nature travaille ici tellement en petit que tout l'Art des plus habiles Chimistes ne sauroit atteindre à quelque chose de semblable. Quant aux figures que ces magnifiques Couleurs représentent, nous pensons qu'il n'y a aucune absurdité à conjecturer qu'il n'en saut chercher la cause & l'Origine que dans les filamens que la Nature a destiné à conduire, à secerner, & à déposer ces parties si fines, & à la position de ces mêmes filamens. Cependant nous laissons selon nôtre coutume à chacun liberté toute entière d'imaginer & d'adopter d'autres raisons, & nous allons procèder à nos Descriptions.

PLANCHE C.

Figure 1. La prémière Pièce qui se présente sur cette Planche est un trés-beau Papillon étranger, qui a une grandre ressemblance avec le Papillon Européen qu'on nomme la *Queuë d'hirondelle*, ou le *Papillon à Voile*, qu'on trouve sur ces choux, qu'on apelle *Choux de Milan*. On le rencontre dans les contrées de *Surinam* sur les Citroniers, ou plûtôt sur les Arbres qu'on nomme *Pompelmous*. Il a un vol si rapide & si haut quil n'est presque pas possible de le prendre que de la chenille même, ce qui sait qu'il est trés-rare. *Linnæus* l'apelle *Leilus*, & Madame *de Merian*, suivant sa coûtume, ne lui donne point de nom du tout. Il prend son origine d'une chenille verte à tête bleuë, & son corps est couvert de trés longs poils isolés, & chevelus. Les quatre ailes sont d'un noir semblable à celui du plus beau Velours au fond, & ce fond paroît être parsemé de points verts & couleur d'or trés-brillans. On voit sur ce fond noir velouté vers le milieu des deux ailes supérieures, descendre du haut en bas deux larges bandes vertes veloutées aussi, & sur le côté de ces bandes une quantité de rayes plus étroites qui sont de la même couleur verte exhaussée, laquelle a l'éclat de l'Or & le Lustre du Velours, Cette couleur verte si magnifique se répand sur la superficie entière des deux ailes inférieures, tout comme si leur velours noir en étoit trempé, ce qui repousse sur le fond noir un éclat d'or & d'argent si frapant qu'aucun art humain n'est capable de le bien dépcindre. Chacune de ces Ailes inférieures se termine en une Queuë longue & étroite, ce qui a fourni l'occasion d'apeller ce Papillon la *Queuë d'hirondelle de Surinam*.

Figure 2. Nous faisons succèder au précèdent un Papillon diurne d'Europe, qu'on nomme le *Papillon sociable de Cérisier*, parceque le mâle & la femelle se tiennent ordinairement fidèle compagnie l'un à l'autre, de même que d'autres Papillons qui s'y joignent, & qu'on les trouve ordinairement sur des Cérisiers. Cette qualité de voler ordinairement en compagnie mérite quelque attention relativement à quantité de Papillons qui vivent en Solitaires,
&

schwarzen und dornichten Raupe, und hat auf den zwey fördern Flügeln, nebst einer schwarzen Einfassung, zwey grosse und etliche kleinere schwarze Flecken in einem Pomeranzenfärbigen Grund. Die hintern Flügel aber haben nur einen einzigen grossen schwarzen Flecken, der sich unter die fördern Flügel halb verbirget. Alle Flügel sind ausgezackt, haben einen gelben ausgezackten Strich um die schwarze Einfassung herum, und die Breite der Zacken ist mit eingefaßten blauen Flecken besetzet. Gegen den Cörper zu sind die Flügel dunkelbraun und mit vielen langen und kurzen Haaren bewachsen. An der untern Seite aber sind sie nicht so schön, und mehrentheils grau mit wilden schwarzen Zeichnungen. Es gehöret diese Art unter die gezackte *Aurelias,* deren es viele inn- und ausländische giebt.

Fig. 3. Nach diesem folget ein Schmetterling, der beynahe eben so gezeichnet ist, und sich nur an den fördern Flügeln durch einen weissen Flecken, der auf jeden Flügel an dem obern Rand sitzet, unterscheidet. Er wird der *gesellige Brennessel-Schmetterling* genennet, weil sich so wohl die Raupe, als der Papillon auf den Brennesseln aufhält.

Fig. 4. Dieser *Graßschmetterling* ist ein Nachtvogel, und hält sich auch viel auf der Scabiosa auf. Die Fühlhörner weichen von der Art der Nachtvögel ab, und sind in der Mitte am dicksten. Die fördersten Flügel sind grünlich grau, und mit Zinnoberrothen Flecken gezieret, die hintersten aber sind völlig roth, nur haben sie einen schmahlen grauen Saum. Ein solcher Saum, wenn er hübsch breit und weißlicht ist, wird mit dem Namen *Plörösen* beleget, und diejenigen Sommervögel, welche damit hinlänglich versehen sind, werden *Plörösenvögel* genennet, nemlich nur in dem Fall, wenn alle vier Flügel eine breite und weißlichte Einfassung haben, welches wir hier nur im vorbeygehen erinneren wollen.

Fig. 5. Gegenwärtiger Schmetterling ist von eben der Art, wie der vorerwähnte. Die fördern Flügel sind dunkelbraun, mit weissen und gelben geschlängelten Querlinien versehen, die hintern Flügel aber sind nicht so staubicht, haben durchscheinende Rippen, oder Adern, welche sie in ordentliche Blätter, nach Art der Fecher, abtheilen. Diese Blätter aber sind nahe am Leibe blaulicht, und gelb und weiß gesprenkelt, hingegen nach dem äusseren Rande zu, welcher rund ausgezackt zu seyn scheinet, mit braunen krummen Linien gezeichnet, die mit den ausgezackten Rundungen der Blätter parallel lauffen.

Fig. 6. Zur Abwechslung zeiget sich hier ein schöner Tagvogel, dessen Flügel hell violetfärbig und mit dunkeln Flammen besetzet sind, so, daß sie einem gewässerten violetfärbigen Atlas gleich sehen.

Fig. 7. Dieser Tagpapillon, der sich häufig in Deutschland findet, und davon man wohl fünferley Abweichungen, oder Nebenarten antrift, hat in den fördern Flügeln, deren Grund orangefärbig ist, zwey runde schwarze Flecken, und durchscheinende Adern. Der Rand ist mit einer breiten ungleichen dunkelbraunen Einfassung versehen, der gegen und auf die hintern Flügeln immer schmähler wird, nur auf den fördern Flügeln mit gelben

& qu'on trouve toûjours seuls. Ce Papillon-ci tire son origine d'une Chenille noire & épineuse. Il a sur ses deux ailes antérieures, qui sont bordées de noir, deux grandes & plusieurs petites taches, noires aussi, sur un fond couleur d'Orange. Mais les deux ailes inférieures n'ont qu'une seule grande tache noire chacune, dont la moitié se trouve cachée sous les ailes antérieures. Toutes les ailes sont dentelées, & ont encore une raye jaune aussi dentelée, qui fait tout le tour de la bordure noire. La largeur des dens est garnie de taches bleues bordées. Près du corps les ailes sont d'un brun foncé & garnies de quantité de poils longs & courts, mais au dessous elles n'ont pas la même beauté, & sont ordinairement grises & marquées de quelques desseins noirs informes. On place cette sorte parmi les *Aureles dentelées* qu'on trouve fréquemment tant *en Europe,* que dans *d'autres Pais.*

Figure 3. Le Papillon qu'on voit ici est marqué à peu près comme le précédent. Il n'en diffère que par une *tache blanche,* qui paroit sur le bord supérieur de chaque aile antérieure. On apelle celui ci le *Papillon sociable des orties,* parce que c'est sur les Orties qu'on le trouve ordinairement aussi bien que la Chenille, de laquelle il tire son origine.

Figure 4. Le Papillon nocturne que cette figure dépeint est un *Papillon d'herbe,* qu'on trouve le plus souvent sur les Plantes de Scabieuse. Ses Antennes font une exception à celles qui sont ordinaires aux Papillons nocturnes; leur plus grande épaisseur est au milieu. Les Ailes antérieures sont d'un gris verdâtre, enjolivé de taches d'un rouge de cinabre, mais les postérieures sont rouges de tout point, garnies d'une bordure grise étroite. Quand cette bordure est *large & blanchâtre,* on l'apelle *Pleureuse,* & l'insecte, qui en est orné, porte le nom de *Papillon à Pleureuses,* c'est à dire seulement dans le cas où toutes les quatre ailes ont la même bordure, ce que nous avons voulu remarquer en passant.

Figure 5. Ce Papillon est de la même espèce que le précédent. La Couleur des Ailes antérieures est un brun foncé garni de rayes traversantes en ligne serpentine, lesquelles sont blanches & jaunes. Les ailes postérieures sont moins couvertes de poussière, & l'on voit au travers des côtes ou des veines qui divisent ces ailes en Compartimens & en feuilles. Ces feuilles sont bleuâtres & tachetées de jaune & de blanc près du corps; mais du côté du bord extérieur qui paroit être dentelé en rond elles sont marquées de rayes brunes courbes, qui suivent la bordure ronde & dentelée des feuilles en ligne parallèle.

Figure 6. Pour varier les plaisirs du Lecteur nous produisons ici un beau Papillon diurne, dont les ailes sont d'un violet clair à Flammes d'un violet foncé, ce qui le fait ressembler à un satin violet moiré.

Figure 7. Ce *Papillon diurne* qu'on trouve abondamment en Allemagne, & dont on a bien cinq Variations ou Sous-espèces, a sur chaque aile antérieure, dont le fond est couleur d'orange, deux taches noires rondes, & des veines qui paroissent à travers. Les extrémitez des ailes ont une bordure large inégale d'un brun foncé, laquelle devient plus étroite à mésure qu'elle s'aproche des ailes postérieures, & qui

gelben Flecken befetzet, an allen Flügeln aber mit einem febr fchmahlen gelben Saum umgeben ift. Die hintern Flügel find nicht fo hoch orangefärbig, fondern etwas blaffer, oder auch bedun- licht, und auf denfelben ftehen zwey fchöne Pomeranzenfärbige runde Flecken, die etwas gröffer find, als die zwey fchwarzen Flecken, die fich auf den fördern Flügeln befinden. Diefer Tagvogel hat einen beträchtlich langen Saugerüffel, den er meh- rentheils zufammen gerollet an fich hält.

Fig. 8. Der in diefer Figur vorgeftellte Papillon ift dem- jenigen ziemlich ähnlich, welcher in der fig. 4. zu fehen ift, und wird auch ein Grasfchmetterling genennet. Es fiehet diefe Art, was die Flügeln betrift, bey dem erften Anblick dem Ge- fchlecht der Fliegen gleich, der Staub aber, der auf den Flügeln lieget, die Fühlhörner, und mehrere dergleichen Merkmahle un- terfcheiden fie gar bald. Indeffen find die Flügel an diefer mit ftarken Adern verfehen, die fördern find bräunlicht, mit etwas blau untermifcht, die untern hingegen roth mit blauen Flecken. Hin und wieder fcheinen die Membranöfen Theile der Flügel durch ihren Staub durch, denn die inneren Blätter, woraus die Flü- gel aller Schmetterlinge beftehen, find Membranös, oder wie ein febr dünnes Pergament befchaffen, und auf felbigen lieget der fogenannte Staub febr künftlich auf. Denn da jedes Stäub- gen eine vollftändige Feder ift, fo fitzet ein jedes diefer Federchen mit einer Spitze in einer kleinen Höhlung, aus welcher fie heraus- wachfen, und hernach wie die Dachziegel übereinander herliegen, und einander bedecken, eben alfo wie die Federn der groffen Vö- gel zu thun pflegen. Wenn man nun einen Papillon bekömmt, deffen Flügel etwas durchfcheinen, fo kan man zwar nicht mit bloffen Augen allezeit entfcheiden, ob diefes eine Befchädigung der Flügel ift, oder ob fich folches von Natur alfo verhalte, aber unter dem Vergröfferungsglafe nimmt man gleich die Urfachen davon wahr, denn wenn es natürlich ift, fo erfcheinen die Mem- branöfen Theile der Flügel glatt, und ohne Löcher, woferne es aber eine Befchädigung ift, daß der Staub durch einen Zufall herunter gerieben worden, fo fiehet man die Oefnung oder Löcher- chen in ordentlichen Reihen ftehen, in welchen die zarten Feder- chen, die den Staub ausmachen, geftecket haben.

Daß auch einige Schmetterlinge mehr ftaubicht, als die an- dern find, folches kommt von zweyerley Umftänden her. Es fitzen entweder diefe Federchen dichter an einander, oder fie find länger, und die Natur, die nichts umfonft thut, hat hierzu be- fondere Urfachen. Denn da diefe kleinen Federchen, (oder der Staub,) den Papillons dienen müffen, um defto beffer fliegen zu können, fo findet man felbige am dichteften, oder am längften bey folchen Schmetterlingen, die einen fchweren Cörper, oder befchwerlichen Flug haben, da andere, die in der Bewegung fertiger und hurtiger find, viel weniger Staub befitzen.

Fig. 9. Der letzte Schmetterling ift ebenfals ein Tagvogel, deffen Flügel alle auf gleiche Art gezeichnet find. Der Grund ift gelb, die Einfaffung fchwarzbraun und an den fördern Flügeln breit, und lauft bis über die hintern Flügel immer fchmähler zufammen, bis fie fich gar verliehret. Um diefe Einfaffung macht ein pomeranzenfärbiger fchmahler Saum den äufferften Rand der Flügel aus. Mitten in dem gelben Feld der fördern Flügel fiehet man nur ein paar kleine mißfärbige Flecken, wovon wir
überhaupt

qui n'eft garnie de taches jaunes que fur les ailes antérieu- res, & d'un ourlet jaune trés étroit fur toutes les ailes. Les poftérieures ne font pas d'une couleur d'orange fi fort ex- hauffée, mais un peu plus pâles, ou brunettes, & on y trouve deux belles taches couleur d'orange rondes, & un peu plus grandes que les deux taches noires qu'on voit fur les ailes antérieures. Ce Papillon a une trompe d'une lon- gueur confidérable qu'il tient le plus fouvent roulee & re- pliée vers foi.

Figure 8. Voici un Papillon fort femblable à celui de la figure 4. & qui porte de même le nom de *Papillon d'Herbe*. Cette efpèce a beaucoup de raport au Genre des Mouches à la prémière vûë, mais on en fait bientôt la différence quand on confidère la pouffière qui couvre les ailes, les antennes, & d'autres pareilles marques caractériftiques. Les Ailes de cet Infecte ont de fortes veines; les antérieures font brunet- tes, un peu mélangées de bleu, & les inférieures rouges, marquées de taches bleuës. Les parties membraneufes des Ailes paroiffent çà & là à travers la pouffière. Car il faut noter que les feuilles intérieures, dont toutes les ailes de Papillons font compofées, font membraneufes, ou femblables à un Parchemin extrèmement mince, & c'eft fur ce Parchemin, que ce qu'on nomme Pouffière eft trés-artiftement arrangé. On doit fe fouvenir que chaque grain de cette Pouffière eft une Plume complette. Or chacune de ces petites Plumes tient par un bout dans une petite cavité, d'où elles fortent en croiffant, & font couchées les unes fur les autres, une rangée couvrant toujours la fuivante à l'inftar des tuiles fur les toits, & tout comme on voit le même arangement aux plumes des grands Volatiles. Ainfi quand on a pris un Pa- pillon, à travers les ailes duquel on peut voir en partie, on ne peut à la verité pas décider toûjours à l'aide des fimples yeux fi cette tranfparence eft naturelle, ou fi elle provient de quelque dommage arrivé aux ailes par accident, mais à l'aide du Microfcope, on eft d'abord au fait de la vérité; car fi la tranfparence eft naturelle, les parties membraneufes des ailes font unies, & on n'y remarque aucune cavité; au lieu que fi elles ont perdu leur pouffière par quelque acci- dent, alors les cavitez, ou les petits trous dans lesquels ces petites plumes, qui font proprement la pouffière, étoient placées, paroiffent en rangées régulières.

Certains Papillons ont plus de pouffière que d'autres. Il y a deux Caufes à alléguer de cette particularité-là. La nature qui ne fait rien fans de bonnes raifons a donné aux uns comme aux autres les mêmes petites plumes, qui ne nous paroiffent être qu'une pouffière, mais aux uns ces plumes font plus ferrées l'une contre l'autre, à d'autres elles font plus longues, & cela parceque ces petites plumes, ou cette pouffière, devant fervir à l'Infecte à voler plus aifé- ment, la nature a partagé fes faveurs de façon que les Papillons qui ont le corps le plus péfant & par confequent le vol plus difficile font pourvûs de plumes plus ferrées ou plus longues, au lieu que l'on trouve une portion de pouffière beaucoup moindre fur ceux, qui dans leurs mouvemens font plus legers, & plus agiles.

Figure 9. Le dernier Papillon qui fe préfente fur cette Planche eft auffi un Papillon diurne, dont toutes les ailes font marquées l'une comme l'autre. Le fond en eft jaune, la bordure eft d'un brun qui tire fur le noir, & large aux ailes antérieures s'étréciffant toûjours à méfure qu'elle paffe fur les ailes pofterieures, jufques à ce qu'elle fe perde tout-à- fait. Un Ourlet fort étroit couleur d'orange fait le tour de cette bordure à l'extrèmité des ailes. On obferve fur le
milieu

überhaupt zu melden nöthig haben, daß es bey Entscheidung der Arten der Schmetterlinge oft nur auf einen so kleinen Flecken in der Zeichnung eines Flügels ankomme. Denn man hat angemerket, daß es Schmetterlinge gebe, die einander oft in allen Farben und Zeichnungen vollkommen gleich sind, nur in einem einzigen Flecken nicht; und daß dieses nicht eben allezeit eine blosse zufällige Verschiedenheit, oder ein Naturspiel sey, erhellet daraus, weil sich dergleichen Schmetterlinge mit keinem andern Weibgen paaren, als die eben also durch einen so geringen Flecken von andern ähnlichen Arten unterschieden sind.

milieu du champ jaune deux petites taches de couleur sombre, qui nous fournissent l'occasion de faire une remarque générale, c'est qu'*une seule petite tache pareille suffit souvent pour décider de l'espèce à laquelle le Papillon apartient.* Car on a observé qu'il y a des Papillons, qui à l'égard des Couleurs & des desseins sont parfaitement ressemblans à une seule tache près; & une preuve que cela n'est pas une simple variation ou un jeu de la nature, c'est que les Papillons marquez ainsi ne s'apparient jamais avec une femelle, à moins que la même petite tache ne la distingue aussi de toutes les autres espèces, qui leur sont d'ailleurs semblables à tous autres égards.

TAB. C. I.

Fig. 1. Ein ganz unvergleichlich schöner Surinamischer Papilion, macht auf dieser Tafel den Anfang, und wird in dieser Figur von der obern Seite vorgestellt. Derselbe wird auf der Musa, oder Pisang gefunden, und der kleine Atlas genennet. Bey dem Linnäus gehöret er unter die Equites Achivi, und bekommt von ihm dem Namen Teucer. Er entstehet aus einer Raupe, welche dunkelbraun ist, auf dem Leibe vier Stacheln hat, und am Kopf gleichsam mit einer gezackten Crone versehen ist, der Schwanz der Raupe gehet in zweyen Fortsätzen aus, und die Füsse sind röthlich. Die Flügel des Schmetterlings sind dunkelbraun und fast schwärzlich. In der Mitte derselben gehet ein breiter Querstrich durch, welcher wie ein himmelblauer Sammet aussiehet; nach dem obern Rande zu wird er aber weißlich und schmahl. Durch die Flügel gehen starke Adern, oder Rippen, welche sich, fast wie an den Blättern der Bäume, in Nebenäste ausbreiten. Am Rande schimmert eine himmelblaue Farbe unter dem dunkelschwarzen hervor. Was die Farben betrift, so ist überhaupt zu merken, daß die Schmetterlinge von einerley Art in der Natur selbst zuweilen etwas unterschieden sind, indem einige eine hohe Farbe haben, bey andern aber die Farbe wohl etwas blasser ist, ob sie wohl sonst der ganzen Zeichnung nach genau übereinstimmen, und dieses ist auch das unvermeidliche Schicksal bey dem illuminiren; indem die gekünstelten Farben die man aufträgt, beym Auftrag vollkommen ähnlich sind, wenn sie aber ganz trocken worden sind, werden sie öfters etwas blasser oder erhabener in die Augen fallen, als man vermuthete, und dieses sind oft Umstände, die man wegen der Abwechselung einer bald heitern bald trüben Luft kaum vermeiden kan. Sonst ist dieser Papilion, wenn man auch den kleinsten von der Art nimmt, schon grösser, als alle Europäische, denn man nimmt auch in den Indien wahr, daß dieser Schmetterling eben so, wie alle andere nicht allezeit einerley Grösse hat, welches vermuthlich von der Stärke der Raupe, und dieses wiederum von der Beschaffenheit ihrer Nahrung und von der Gesundheit herstammet, wie es bey allen Thieren zu geschehen pfleget.

Fig. 2. Es ist allerdings zu verwundern; daß die Farben an den Flügeln der Schmetterlinge nicht allezeit, ja sehr selten an der obern und untern Seite derselben einerley sind, um so mehr, da die membransen Theile der Flügel, auf welchen so wohl oben, als unten die Staubfederchen ansitzen, ungemein dünne sind, und man keine gedoppelte Lage von Saftführenden Gefässen vermuthen solte, wodurch ganz andere Staubfederchen auf den obern Theil der Flügel, als an derselben untern Fläche gebildet werden. Denn, wer solte wohl vermuthen, daß die jetzige Figur den nemlichen Schmetterling, den wir bey der vorhergehenden ersten Figur beschrieben haben, an der andern und untern Seite vorstelle? Es bildet also diese Figur den kleinen Atlaß von unten, und stellet ihn in einer reizenden Pracht dar. Die Grundfarbe ist weiß, und allenthalben mit Caffebraunen Wellen gewässert,

sert,

PLANCHE C. I.

Figure 1. La première figure de cette Planche représente la partie supérieure d'un Papillon de *Surinam*, qui est incomparable. On le trouve sur le *Pisang*, & son nom est le *petit Atlas*. *Linnæus* le range parmi les *Equites Achivi* & l'apelle *Teucer*. Il provient d'une Chenille dont la Couleur est un brun-foncé, laquelle a sur le corps quatre aiguillons, & sur la tête une espèce de couronne dentelée. La Queüe de cette Chenille se termine en deux Continuations, & les pieds sont rougeâtres. Les ailes du Papillon sont aussi d'un brun-foncé tirant sur le noir. On voit traverser au milieu une large bande, qui ressemble à un velours bleu-céleste, mais qui à mesure qu'elle s'aproche du bord supérieur devient blanchâtre & plus étroite. De fortes veines ou côtes paroissent sur les ailes, & poussent des rejettons à l'instar de ce qui se voit sur les feuilles des arbres. Le bleu-céleste qu'on a vû sur la bande brille au bord, & dépasse la couleur noirâtre. Nous prenons ici l'occasion de remarquer en général que quant aux couleurs les Papillons de la même espèce diffèrent quelquefois, la couleur étant plus exhausée à l'un & plus pâle à l'autre, quoique les desseins soient exactement uniformes, & la même chose arrive aux enluminures comme aux originaux, parce que les couleurs artificielles qu'on porte sur le papier, paroissent, lorsqu'elles sont bien séches, plus ou moins exhauilées ou pâles qu'on ne s'y attendoit, accidens qu'il n'est pas toûjours possible d'éviter, parce qu'ils dépendent beaucoup de la variété des saisons & du tems qu'il fait tantôt clair & tantôt nebuleux. Au reste ce Papillon, quand on prendroit le plus petit de l'espèce, est toûjours plus grand que tous ceux qu'on trouve en Europe. On observe qu'aux *Indes* il n'est pas toûjours de même grandeur, ce qui provient vraisemblablement de la grandeur de la Chenille, qui est plus ou moins considérable selon la qualité de sa nourriture, ou selon l'état de sa santé, comme il en est de tous les animaux.

Figure 2. Il y a assûrément lieu de s'étonner que les ailes des Papillons ne soient pas colorées dessus comme dessous, & cependant cela arrive très-rarement, quoique les Parties membraneuses des ailes, sur lesquelles les petites plumes, où la poussière, se trouve placée tant dessus que dessous, soient extrémement minces, & que par cette raison il ne soit pas probable qu'il y ait une double rangée de conduits de suc ou de séve, pour former & figurer d'autres petites plumes sur la partie inférieure des ailes différentes de celles, qui sont sur leur partie supérieure. Qui est-ce qui croiroit que cette figure-ci n'est autre chose que la partie inférieure de ce même *petit Atlas*, dont nous venons de décrire la partie supérieure dans la figure précédente. Ici il est tout-à-fait magnifique. Le fond de la couleur est blanc,

C.1.

G. W. Knorr exc.   Ex Museo Beureriano.

sert, wobey aber hin und wieder eine ganz andere Ordnung der Zeichnung und ein merklicher Unterscheid in Erhöhung der Farbe gefunden wird. Die fördern Flügel haben zwey weisse Striemen, welche auch in der vorigen Figur an der obern Seite dieser Flügel weiß durchscheinen; weiter nach dem Rande zu siehet man zwey schwarze Augen mit einer gelben Einfassung, nach dem Cörper zu aber zeigen sich unterschiedene grosse weisse Flecken von einem unbestimmten Umfang, doch so, daß der rechte Flügel dem linken allezeit und sogar in den allerkleinsten Puncten gleich ist. Die zwey hintern Flügel sind dichte am Cörper und in der Mitte zierlich und sehr helle gewässert. Mitten durch aber gehet an jedem Flügel ein breiter brauner Flecken von dunkler Wässerung, in dessen obern Theil ein halb weißlichtes, halb gelbes rundes Aug mit einer breiten schwarzen Einfassung zu sehen ist, unten aber befindet sich ein sehr grosses Aug, davon der innere Apfel schwarz, und oben her mit einem halb-Mondförmigen gelben Ring umgeben ist, der schwarze Apfel selbst aber hat an der obern Seite eine halbmondförmige Reihe weisser Pünctgen, unter welchen sich noch eine dergleichen kleinere befindet. Ferner ist der erwähnte Apfel noch mit einem breiten Ring umgeben, der unten dunkelgelb, weiter in die Höhe zu beyden Seiten heilgelb, und endlich oben schneeweiß ist, und dieser Ring ist hernach noch durch einen breiten schwarzen Ring eingefasset. Uebrigens aber scheinen die dicken Rippen der Flügel stark durch. Die Beine, deren sechse an der Zahl sind, haben starke Schenkel und unten her Häckgen oder Klauen.

Fig. 3. In der Mitte dieser Tafel zeiget sich ein anderer Westindianischer Sommervogel, der nicht weniger ein unvergleichliches Ansehen hat. Der Grund ist schwarzbraun, und die Flügel sind mit länglichten gelben Flecken versehen, die an einer Seite rund ausgeschweift, an der andern aber platt sind, auch ordentlich neben einander liegen, so daß sie wie die Dachziegel aussehen. Diese Flecken stehen in der Mitte, und unten dichte aneinander, nach den Enden der Flügel aber zu werden sie weitläuftig und unordentlich.

Fig. 4. Dieser Indianische Tagpapillon hat länglichte dunkelbraune Flügel. Die fördern Flügel haben jede zwey länglichte schwefelgelbe Flecken, die hintern hingegen sind bis über die Helfte nach dem Corper zu Feuer oder Mennigroth. Die Fühlhörner sind sehr lang und zart, und oben mit einer Kolbe versehen.

Fig. 5. Ein anderer ausländischer Tagvogel, welchen diese Figur vorstellet, weichet sehr von der Gestalt der übrigen Schmetterlinge ab. Die Fühlhörner sind lang, und haben keine Kolben. Die Flügel sind lang und schmahl und wie ein Bogen gekrümmt. Der Cörper ist ungemein lang und schmächtig, oben braun und unten schwefelgelb, und hat nur vier Füße. Die fördersten Flügel sind oben her schwefelgelb, und unten her oranienfärbig, doch hin und wieder mit schwarzen braunen Flecken besetzt. Die hintern Flügel hingegen sind ganz Oranienfärbig, und haben statt der Flecken dunkelbraune Striemen. Alle Flügel haben an der untern Seite unten am Rande herum eine schöne Einfassung von lauter weissen, und wie Silber glänzenden feinen Puncten, welche alle in einer Reihe am Rande herum stehen.

Fig. 6. Der allhier vorgestellte Tagvogel hat auf allen Flügeln einen gelben Grund und allenthalben eine dunkelbraune Einfassung.

blanc, & ce fond est tabisé par tout d'ondes couleur de Caffé; mais on y remarque une différence sensible relativement aux desseins & a la couleur plus ou moins exhausée. Les Ailes antérieures sont marquées de deux bandes blanches, qui paroissent du côté supérieur à travers la Membrane. On voit plus loin en aprochant du bord deux yeux noirs bordez de jaune, & du côte du corps diverses grandes taches blanches de grandeur indéterminée, de façon pourtant que jusques aux plus petits points une aile est toujours exactement marquée comme l'autre. Les deux ailes postérieures sont tout près du corps & ondées au milieu avec beaucoup d'art & en couleur trés-claire. Chaque aile est pourvûe au milieu & d'un bout à l'autre d'une large tache brune tabisée en couleur sombre, au haut de laquelle on voit un oeil rond moitié blanchâtre & moitié jaune, lequel a une large bordure noire; & au bas il y a encore un trés-grand oeil, dont la Prunelle est noire, & entourée en haut d'un anneau jaune en forme de demi-Lune. On remarque dans cette Prunelle noire vers le haut une rangée de petits points blancs disposez en demi-cercle, sous laquelle il y en a une seconde plus petite. Outre cela la dite Prunelle est entourée d'un large anneau qui est en bas d'un jaune foncé, en suite aux deux cotez d'un jaune clair, & enfin blanc comme neige en haut. Et cet anneau est encore bordé d'un autre anneau dont la couleur est noire. Au reste les côtes épaisses des ailes paroissent fort à travers. Cet Insecte a six jambes, de fortes cuisses, & des pinces ou serres au bout des jambes.

Figure 3. Il paroît au milieu de cette Planche un autre Papillon des *Indes occidentales*, qui n'a pas moins de beauté que le précédent. Le fond en est brun tirant sur le noir, & les ailes marquées de taches jaunes oblongues, échancrées d'un côté en arc, & de l'autre plates, rangées l'une a côté de l'autre comme les tuiles d'un toit. Au milieu & en bas elles sont serrées l'une contre l'autre, mais vers le bout des ailes elles sont éparses sans ordre.

Figure 4. Ce Papillon diurne des *Indes* a des ailes oblongues d'un brun foncé. Les ailes antérieures ont chacune deux taches oblongues d'un jaune couleur de soufre, mais les postérieures sont au dela de la moitié du côté du corps couleur de feu, ou rouges comme le *minium*. Les Antennes sont trés-longues & fines, & pourvûes au bout d'une masse.

Figure 5. Un autre Papillon diurne étranger dépeint dans la présente figure s'écarte fort de la forme des autres Papillons. Ses Antennes sont longues & n'ont point de masse au bout. Les Ailes sont longues aussi, étroites, & courbées en arc. Le Corps est extraordinairement long & effilé, brun en haut, jaune de soufre en bas, & n'a que quatre jambes. Les Ailes antérieures sont en haut aussi d'un jaune de Soufre, & en bas couleur d'orange, & garnies encore de taches brunes tirant sur le noir. Les ailes postérieures sont entièrement couleur d'orange & l'on y observe au lieu de taches des rayes d'un brun-foncé. Toutes les ailes ont à la partie inférieure une belle bordure de points fins blancs, qui brillent comme de l'argent poli. On les voit tous rangez en ordre à l'extrêmité des ailes.

Figure 6. Le Papillon diurne qui se présente ici a sur toutes ses ailes un fond jaune bordé de toutes parts de

Einfassung. Auf dem untern Theil der fördern Flügel stehen zwey weisse Augen mit einem schwärzlichten Rand; der obere Theil der hintern Flügel aber hat in einem dunkelbraunen Felde auf beyden Seiten einen himmelblauen Sammetartigen Flecken.

Fig. 7. Da wir das Original selber nicht zur Hand haben, so können wir zwar nicht mit völliger Gewißheit behaupten, daß in dieser Figur die untere Seite des vorher *fig.* 6. beschriebenen Schmetterlings vorgestellet werde, jedoch ist es aus vielen Umständen wahrscheinlich. Denn die Lineamenten der Rippen in den Flügeln, die Größe derselben, und ihre Einfassung hat nicht nur einige Uebereinstimmung, sondern es kommen auch die zwey Augen, die in dem vorbeschriebenen sind, mit denen, die in dieser Figur an den fördern Flügeln gesehen werden, überein; deßgleichen scheinen auch die röthlichen Flecken in den unteren Flügeln mit jenem himmelblauen Flecken in der vorigen Figur einerley Entfernung zu haben. Soviel ist indeß gewiß, daß wie sehr auch die Farbe und die Zeichnung der obern Fläche der Flügel von der untern bey den meisten Schmetterlingen unterschieden seyn möchte, so wird man doch allezeit in etlichen Zügen der Zeichnung einige Uebereinstimmung der untern Fläche mit der obern finden, woraus sich bey Betrachtung der Figuren einigermaffen schliessen lässet, ob sie einerley Schmetterlinge vorstellen oder nicht, zumahl wenn man die Uebereinstimmung der Größe und des Bogens, den die Flügel beschreiben, wie auch der Zacken, oder Ausschweiffungen, die sie etwan haben möchten, dabey zu Hülfe nimmt.

brun-foncé. On voit au bas des ailes antérieures deux yeux blancs avec une bordure noirâtre, & au haut des ailes inférieures des deux côtez dans un champ brun foncé une tache veloutée d'un bleu-céleste.

Figure 7. Comme nous n'avons pas dans ce moment l'original du présent Papillon sous la main, nous n'affûrerons pas absolument & avec pleine certitude que ceci soit la partie inférieure de celui dont nous venons de donner la description (*fig.* 6.) Cependant la chose est trés-vraisemblable par plufieurs raisons. Car les Lignes, que les côtes de ce Papillon-ci tracent sur les ailes, la grandeur de ces ailes, & leur bordure ont non feulement une conformité avec ce qu'on voit au Papillon précèdent; mais de plus deux yeux que nous avons observé à l'autre répondent aux deux yeux qu'on remarque sur les deux ailes antérieures de celui que la présente figure dépeint, & outre cela il femble qu'il y a entre les deux taches rougeâtres qui paroiffent ici la même diftance, qui exifte entre les deux taches de bleu-célefte dont l'autre figure eft marquée. Ce qu'il y a toûjours de certain, c'eft que quelle différence qu'il y ait relativement aux Couleurs & aux deffeins entre la fuperficie fupèrieure & la fuperficie inférieure des ailes de la plûpart des Papillons, on trouvera toûjours entre ces fuperficies quelques traits reffemblans, ou quelques caractères de conformité, d'où lon pourra inférer fi une figure fupérieure & une autre inférieure repréfentent le même Papillon, fur tout fi l'on confère encore avec ces caractères-là la Conformité des grandeurs, celle de l'arc que les ailes décrivent, & les dens ou échancrures quon y remarque.

TAB. C. II.

Fig. 1. Unter den schönen Surinamischen Papillons ist auch der gegenwärtige einer der vornehmsten. Er wird aus einer grossen gelben stachelichten Raupe, die sich auf einer gewissen Art von Kirschbäumen aufhält, erzeuget. Die Flügel sind mehrentheils dunkelbraun, die Rippen in den Flügeln sind ungemein stark, und bekommen ohngefehr zur Helfte der Flügel jedesmahl drey Fortsätze, die braune Farbe aber ist allezeit an der einen Seite einer jeden Rippe etwas dunkler, als an der andern. Quer über die Flügel gehet eine schöne breite Binde, die eine vortrefliche Ultramarinfarbe mit untermengtem glänzenden Kupfergrüne vorstellet. An dem obern Ende dieser Binden bleibt in den fördern Flügeln ein weisser breiter Flecken über, dergleichen man auch kleinere in dem braunen Felde an dem äusseren Rande der nemlichen Flügel wahrnimmt. Linnäus nennet ihn Achilles.

Fig. 2. In dieser Figur wird die untere Seite des vorbeschriebenen Tagvogels vorgestellet, und die Pracht ist an derselben eben so gros, als auf der obern Fläche. Denn ein hellbrauner Sammet überdecket alle Flügel, und hin und wieder scheinen nur einige Flecken, wie ein schönes Kupferwasser durch, diejenigen weissen Flecken, welche sich an der andern Seite an dem obern Ende der blauen Binden befinden, erscheinen auch allhier weiß, der Rand der fördern Flügel aber ist mit zwey weissen und einer gelben Linie eingefasset, hingegen haben die hintern Flügel nur eine Einfassung von einer einzigen weissen Linie, hinter welcher gleich eine Zinnoberrothe, sodann auch eine blaßgelbe
Linie

PLANCHE C. II.

Figure 1. L'Original de la préfente figure tient un rang diftingué parmi les beaux *Papillons de Surinam.* Il provient d'une grande Chenille jaune à aiguillons, qui fe tient ordinairement fur une certaine efpèce de Cérifiers. Le plus fouvent les ailes font d'un brun-foncé & les côtes de ces ailes font tres-fortes, & communément ces côtes pouffent vers le milieu de l'aile trois rejettons, & la couleur brune eft toûjours plus foncée d'un côté de la côte que de l'autre. On voit paffer fur les ailes en travers une belle bande large de couleur d'outremer magnifique mélangée d'une couleur brillante de verd de vitriol. Cette bande n'atteint pas tout-à-fait l'extrèmité de l'aile au haut de laquelle il refte fur le devant de chaque aile antérieure une tache blanche large, & plufieurs autres taches de la même couleur, mais plus petites, paroiffent dans le champ brun vers le bord extèrieur des mêmes ailes. *Linneus* donne à ce Papillon le nom d'*Achille.*

Figure 2. Ceci eft la partie inférieure du Papillon diurne que nous venons de décrire, & cette partie ne le cède affurement pas en magnificence à la fuperficie fupérieure dont il étoit queftion à la figure précèdente. Ici l'on voit un brun-clair velouté qui couvre toutes les ailes, & n'eft marqué que de quelques taches d'un beau verd de Vitriol, qui paroiffent çà & là à travers le fond brun. Les taches blanches qu'on a vûes de l'autre côté à l'extrèmité fupèrieure de la bande bleuë paroiffent auffi de ce coté & font de la même couleur. L'extrèmité des ailes antérieures eft bordée de ce côté-cy de deux rayes blanches & d'une jaune, au
lieu

Linie folget. Dasjenige aber, was die Pracht dieses Schmetterlings erhebet, ist, daß die fördern Flügel an dieser untern Seite vier schöne Augen von unterschiedener Größe haben, und daß die hintern mit fünf dergleichen Augen prangen. Diese Augen bestehen aus einem weissen Punct in einem röthlichbraunen Feld, welches erst mit einem gelben, sodann mit einem schwarzbraunen, und endlich mit einem grünen Ring umgeben ist. Der Körper hat sechs starke Füsse, und ist, an der Seite wo die Flügel anliegen, sehr haaricht, wie denn auch die Flügel daselbst lange Haare haben.

Fig. 3. Aus den Surinamischen Gegenden erhalten wir auch diesen Pomeranzengelben Tagvogel, der am Rande besonders niedlich gezeichnet ist. Denn es haben alle Flügel eine ziemlich breite Einfassung von dunkelbrauner Farbe, welche mit einer gedoppelten Reihe von gelben und weissen Puncten ausgezieret ist. Die Enden der fördern Flügel sind braun und mit Flecken von der nemlichen Pomeranzenfarbe besetzet, mit welcher das übrige innere Feld bemahlet ist.

Fig. 4. Wir haben schon in der Einleitung erinnert, daß man solche Schmetterlinge, deren Flügel auf der oberen Fläche mit Augen bemahlet sind, Pfauenschwänze nennet. Ob nun gleich auch von einigen diejenige vor Pfauenschwänze gehalten, und mit diesem Namen beleget werden, deren Flügel nur an der untern Seite solche Augen haben, wie auf dieser Tafel an der Fig. 2. zu sehen, so gilt es doch am meisten von den ersten, denn man nimmt gemeiniglich die Hauptbenennung von dem Ansehen der obern Fläche her. Ein solcher Pfauenschwanz ist nun derjenige, der in jetziger Figur abgebildet worden. Befindet sich aber auf den Flügeln eine grosse Anzahl von kleinen Augen, so nennet man sie Argus. Was nun von dem gegenwärtigen Tagvogel betrift, so sind dessen Flügel im Grunde braun, und am Rande etwas ausgezackt. Die fördern Flügel haben an ihrem äussern Rande zur Seiten Pomeranzengelbe Flecken, und ein dergleichen länglichter Flecken ist bey dem Anfang dieser Flügel dichte am Körper zu sehen, worauf gleich etliche Violenfärbige folgen, das innere Feld aber ist mit viereckigten schwarzgelben Flecken ausgezieret. Die hintern Flügel hingegen sind gänzlich braun, nur zeigen sich auf denselben zwey Pomeranzenfärbige Ringe, oder Augen, in deren Mitte ein violetfärbiger Punct, oder Hacken zu sehen ist, eben wie diejenigen beschaffen sind, die man auch an den fördern Flügeln wahrnimmt; der Rand der Flügel ist mit zweyen geleuchten Linien eingefasset.

Fig. 5. Von eben der Art ist auch dieser Tagvogel, den wir hier erblicken. Die fördern Flügel sind dichte am Körper braun, und haben in diesem braunen Feld einen kleinen Winkelhacken, und nicht weit davon einen geraden Strich von rother Farbe. Der übrige Theil dieser Flügel ist geleuchet weiß mit braunen Flammen, und jeder mit zwey Augen gezieret, davon das untere Aug grösser ist. Die Augen bestehen in einem schwarzen Flecken mit einem Pomeranzenfärbigen Ring, davon nur die untern Augen zwey weisse Pünctgen im schwarzen Felde haben. Die hintern Flügel hingegen sind oben himmelblau, unten geleuchet weiß, und jede mit zweyen schönen Augen gezieret, davon die obern grösser sind, als die untern; alle aber sind auf einerley Art gezeichnet. Ueberall findet sich ein weisser Punct in einem schwarzen Felde, das zuerst mit einem rothen, sodann aber auch auswendig noch mit einem schwarzen Ring umgeben ist. Uebrigens ist der Rand der fördern Flügel mit einem einfachen durchgängigen

gen   X

---

lieu que les ailes postérieures ne sont bordées que d'une seule raye blanche, suivie d'une ligne rouge de cinabre & d'une autre d'un jaune pale. Mais ce qui relève le plus la magnificence de ce Papillon ce sont les beaux yeux de différente grandeur dont les ailes de cette partie inférieure sont décorées. Il y en a quatre sur chaque aile antérieure & cinq sur chaque aile postérieure. Ces yeux consistent en un point blanc dans un champ brun-rougeâtre, qui est entouré d'abord d'un anneau jaune, puis d'un autre brun-noirâtre, & enfin d'un verd. Le Corps est pourvû de six jambes fortes, & fort chevelu à l'endroit où les ailes sont attachées. Il en est de même des ailes de ce côté-là.

Figure 3. Ce Papillon diurne couleur d'orange nous vient aussi des contrées de *Surinam*. Il a une bordure extrêmement mignonne, qui est assés large, d'un brun-foncé, sur laquelle on voit un double rang de points jaunes & blancs, dont elle est parée. Les bouts des ailes antérieures sont bruns, marquez de taches de la même couleur d'orange dont est le champ intérieur des ailes.

Figure 4. Il a déja été dit dans l'Introduction qu'on nomme *Queuës de Paon*, les Papillons dont le dessus des ailes a des yeux. Or quoique quelques Ecrivains apellent aussi Queuës de Paon, & regardent comme tels, les Papillons, qui n'ont de pareils yeux qu'à la partie inférieure, comme nous en avons vû à la figure 2. de la présente Planche, ce nom ne doit cependant être affecté particulièrement qu'aux premiers, parceque l'on dérive ordinairement la dénomination principale de ce qui paroit de plus remarquable sur la partie supérieure. Ce que nôtre figure dépeint ici est donc une *Queuë de Paon*; mais s'il se trouve sur les ailes un grand nombre de petits yeux, alors on l'apelle *Argus*. Les ailes de cet Insecte-ci, qui est un Papillon diurne, ont au fond brun, & sont un peu dentelées au bord. L'on remarque sur le côté vers le bord extérieur des ailes antérieures des taches couleur d'orange, & une autre tache de même couleur, mais de figure oblongue, paroit sur ces mêmes ailes tout près du corps là où elles commencent, & celle-ci est suivie immédiatement de quelques taches violettes. Le champ intérieur des ailes est marqueté de taches quarrées couleur de Soufre. Les ailes postérieures sont absolument brunes; on y voit seulement deux yeux ou anneaux couleur d'orange au milieu desquels on aperçoit un point ou crochet violet, tout comme sont faits ceux des ailes antérieures. L'extrèmité des ailes est bordée de deux lignes jaunâtres.

Figure 5. Il faut regarder comme étant de la même espèce le Papillon diurne qu'on voit ici. Les ailes antérieures sont brunes tout près du corps; on voit dans ce champ brun une Equerre & près de là une raye droite, l'une & l'autre rouges. Le reste de ces ailes est d'un blanc jaunâtre flammé de brun, & décoré de chaque coté de deux yeux, dont l'inférieur est le plus grand. Ces yeux consistent en une tache noire entourée d'un anneau couleur d'orange. Ce que les yeux inférieurs ont de plus ce sont deux petits points blancs sur la tache noire. Les ailes postérieures sont en haut d'un bleu céleste, & en bas d'un blanc jaunâtre & ont chacune deux beaux yeux, dont ceux d'en haut sont plus grands que ceux d'en bas, mais d'ailleurs ils sont tous marquez l'un comme l'autre. C'est un point blanc dans un champ noir entouré d'abord d'un anneau rouge, & ensuite au dehors encore d'un autre anneau noir. Au reste l'ex-

trémité

gen Strich, der Rand der hintern Flügeln aber mit einer ge-doppelten unterbrochenen braunen Linie eingefasset.

Fig. 6. Dieser Europäische Nachtvogel hat zweyerley Flügel, die fodern sind gelbücht mit schwarzen Flecken, die hintern aber roth und schwarz gefleckt, der Rand der Flügel ist sehr rauh und haaricht. Der Cörper ist, wie bey allen Nacht-vögeln, sehr dicke und wollicht. Desselben Farbe ist schwefelgelb, und in der Mitte auf jedem Ring des Hinterleibes befindet sich ein länglichter schwarzer Flecken. Die Fühlhörner sind am Kopf breit, etwas rauh, und gehen in eine feine Spitze aus. Etliche dieser Nachtvögel haben auch noch eine schwefelgelbe Einfassung an den hintern rothen Flügeln.

Fig. 7. Den Beschluß macht ein anderer Europäischer Nachtvogel, dessen fördere Flügel dunkelgrün und mit weißen Flecken, die hintere aber roth und mit schwarzen Flecken besetzet sind. Sowohl dieser, als der vorige Schmetterling entstehet aus grünen Raupen, die sich auf Pflaumen- und Kirschbäumen aufhalten. Da aber fast der dritte Theil aller Schmetterlinge aus grünen Raupen entstehet, die leicht mit einander verwechselt werden können, so hat man die Raupen auch an den geringsten Umstand von anderen ähnlichen zu unterscheiden, wenn man wissen will, welcher Schmetterling daraus erzeuget werde.

TAB. C. III.

Fig. 1. Von den ausländischen Schmetterlingen haben wir bisher etliche Westindianische aus den Surinamischen Gegenden angezeiget, jetzo aber finden wir einen Tagvogel aus Ostindien, und andern Provinzen Asiens, zu beschreiben. Es ist derselbige der Paris des Linnäi. und stehet unter denjenigen, welche er Equites Trojani nennet. Die fordern Flügel sind dunkelgrün, und einem Sammet ähnlich. Am Rande, der ein wenig ausgezackt ist, stehen etliche blaßgrüne Flecken. Die hintern Flügel sind weit stärker ausgezackt, und am untern Ende geschwänzt, diese Schwänze aber, oder vielmehr Fortsätze, sind besonders gestaltet, indem sie statt spitzig, breit rund oder fast Löffelförmig sind. Auf jeden dieser hintern Flügeln, die gleichfalls eine dunkelgrüne Grundfarbe haben, stehet nach oben zu ein sehr grosser eckigter blauer Flecken, unten aber ein schwarzes mit einem purpurrothen Ring eingefaßtes Aug. Ein der untern Fläche dieser Flügel aber finden sich wohl sieben dergleichen Augen. Auch sind die Farben etwas anders. Oben auf der oberen Fläche der Flügel schimmern himmelblaue Stäubgen aus dem dunkelgrünen Grunde hervor, die untere Fläche der Hinterflügel hingegen, auf welcher die sieben Augen stehen, hat feine weisse Stäubgen in einem grünen Grunde. Man findet auch eine nemliche Art, deren hintere Flügel dergleichen Fortsätze, oder Schwänze nicht haben.

Fig. 2. Den gegenwärtigen Nachtvogel sollte man seiner Grösse und Vortrefflichkeit halber vor einen ausländischen halten, allein es ist derselbe ein Europäischer, und zwar der grösste von denen, die wir in Europa haben. In Frankreich ist derselbe gemein, in Deutschland aber seltener. Man findet seine Raupe,

welche

---

trémité des ailes antérieures est bordée d'un bout à l'autre d'une simple raye, au lieu que les ailes postérieures ont une bordure qui consiste en une double ligne brune entre-coupée.

Figure 6. Ce *Papillon nocturne d'Europe* a deux sortes d'ailes. Les antérieures sont jaunâtres, & les postérieures rouges, mais les unes & les autres sont tachetées de noir. Le bord des ailes est fort, velu & garni de poils. Le corps est, comme à tous les Papillons nocturnes, gros & laineux. Sa couleur est celle du Soufre, & l'on voit sur chaque anneau de la partie postérieure du corps une tache noire oblongue. Les Antennes sont larges près de la tête, un peu velues, & se terminent en pointe fine. On trouve quelquesuns de ces Papillons nocturnes dont les ailes rouges postérieures ont une rebord couleur de soufre.

Figure 7. Nous finirons les Descriptions de cette Planche par un autre Papillon nocturne d'Europe dont les ailes antérieures sont d'un verd obscur à tâches blanches, & les postérieures rouges à taches noires. Ce Papillon aussi bien que le précédent provient d'une espèce de Chenille verte qu'on trouve sur les Pruniers & sur les Cérisiers. Mais comme presque le Tiers de tous les Papillons tire son origine de Chenilles vertes, qui peuvent facilement être confondues, il faut observer avec une exactitude scrupuleuse jusques aux plus petites marques, qui différencient ces Insectes, pour sçavoir de quelle Chenille précisément l'un ou l'autre provient.

PLANCHE C. III.

Figure 1. Entre les Papillons étrangers que nous avons produits jusques ici nous en avons vû quelques uns des *Indes occidentales*, des contrées de *Surinam*. En voici en qui nous vient des *indes orientales*, & d'autres Provinces d'*Asie*. C'est un Papillon diurne que *Linnæus* apelle *Paris*, & qui doit être rangé parmi ceux auxquels le même Auteur donne le nom d'*Equites Trojani*. Ses Ailes antérieures ressemblent à du Velours verd-foncé. On voit au bord qui est un peu dentelé quelques taches d'un verd plus clair. Mais les ailes postérieures sont beaucoup plus échancrées, & se terminent en bas en queue. Ces Queües, ou pour mieux dire, ces continuations d'aile ont une figure particulière, puisqu'au lieu de pointe elles se terminent en un rond large, presqu'en forme de Cuillier. Sur le fond de ces ailes postérieures, qui est aussi verd-foncé, on remarque en haut une trés-grande tache bleuë à angles, & en bas un oeil noir entouré d'un anneau couleur de pourpre. Il y a jusques à sept yeux pareils sur la superficie inférieure de ces ailes, où d'ailleurs les couleurs sont un peu différentes. Car au lieu qu'on voit étinceler sur la superficie supérieure des ailes des petits grains de poussière d'un bleu céleste à travers le fond verd-foncé, on ne remarque sur la superficie inférieure des ailes postérieures que de fins grains de poussière blancs sur un fond verd. On trouve des Papillons de la même espèce, où ces queues, ou continuations d'aile, ne se rencontrent point.

Figure. 2. La Grandeur & la beauté singulière de ce Papillon nocturne devroient faire penser qu'il est étranger, cependant c'est un Papillon d'*Europe*, & même le plus grand qu'on trouve dans cette Partie du monde. Il est assez commun en *France*, mais d'autant plus rare en *Allemagne*.

La

C.3.
Ex Museo Beureriano.

welche sehr gros und gelb, auch über und über mit Himmel-blauen Sternförmigen Knöpfgen beseget ist, auf Weiden- Ulmen-Hasel- und Rosenstauden. Der Ritter Linnäus hat diesen Schmetterling unter seine Bombyces mit dem Namen Pavonia Major gestellet, indem es eine viel kleinere Art giebt, die aber allenthalben und in allen Kleinigkeiten, sowohl an Farbe, als Zeichnung mit dieser grossen vollkommen übereintrift. Was inzwischen die gegenwärtige anbelanget, so ist sie caffebraun, und zwar an einem Orte etwas heller, an dem andern dunkler, allenthalben aber scheinet eine röthliche Farbe sowohl in Puncten, als zarten Linien durch. Alle Flügel haben eine breite Einfassung von gemischter brauner und aschgrauen Farbe, und in der Mitte der Flügel scheidet sich das dunkelbraune von dem hellbraunen durch eine quer überlauffende, gezackte, aschgraue, oder weißlichte Linie. Das merkwürdigste aber, welches das Ansehen dieses Schmetterlings vermehret, sind die vier schönen Pfauenspiegel, deren sich einer an dem andern auf den vier Flügeln befindet, und weßwegen er auch der grosse Pfauenspiegel genennet wird. Diese Spiegel, oder Augen haben einen schwarzen Apfel, um selbigen gehet ein hellbrauner Ring. Diesen umschliesset nur zur Helfte eine schmahle halbmondförmige Linie, alsdann folget ein rother Ring, der zuletzt noch mit einem schwarzen eingefasset ist. Der Cörper ist sehr rauh und haaricht. Die Fühlhörner sind oraniengelb, unten breit, oben schmahl, und seyen den Bart der Federn nicht ungleich.

La Chenille d'où il provient est fort grande, de couleur jaune, & toute couverte de petits boutons étoilez d'un bleu-céleste. On la trouve sur les saules, sur les ormeaux, sur les coudriers, & sur les rosiers. Le Chevalier *Linnæus* a placé ce Papillon parmi ses *Bombyces* sous le nom de *Pavonia major*, parce qu'il y en a une beaucoup plus petite espèce, qui ressemble de tout point à celui-ci, tant par raport aux desseins & aux couleurs, qu'eû égard aux plus petites marques. Quant à celui-ci sa couleur est un brun de Caffé, plus clair dans un endroit, plus obscur dans un autre, mais percé par tout par une couleur rougeâtre, qui pénètre à travers, tant par points, que par lignes subtiles. Toutes les ailes ont un rebord large où la couleur cendrée & la brune sont entremêlées. Vers le milieu des ailes une ligne dentelée de couleur cendrée ou blanchâtre, qui va en travers sépare le brun-clair du brun-foncé. Mais ce qu'il y a de plus remarquable à ce Papillon, & qui en relève considérablement la beauté, ce sont les quatre superbes yeux ou miroirs de Paon dont on en voit toûjours un sur chaque aile qui lui ont fait donner le nom de *grand Miroir de Paon*. Ces yeux ou miroirs consistent en une Prunelle noire entourée d'un anneau brun-clair, qu'une ligne étroite formée en demi-cercle embrasse à demi, & tout cela est encore environné d'un anneau rouge, & puis d'un noir sur le tout. Le corps est fort velu & plein de poils. Les Antennes sont couleur d'orange, larges en bas, étroites en haut, & assez semblables aux barbes des Plumes.

Fig. 3. Dieser Tagvogel gehöret gleichermeise unter die Pfauenschwänze, indem die hintern Flügel ebenfals mit vier Spiegeln oder Augen prangen, davon die obern einen Pomeranzenfärbigen Stern mit einem blauen Ring, die untern aber einen blauen Stern mit einem Pomeranzenfärbigen Ring haben, der jedoch nach unten zu in einem längern Bogen auslauft. Die Grundfarbe der Flügel ist grau, oder vielmehr schwarzbraun mit unzähligen weissen Pünctgen gesprenkelt. Am Rande haben sie eine dunklere Einfassung und sind ausgezackt, wobey zu merken, daß die einwertsgehende Bogen des ausgezackten Randes einen hellgelben, halbmondförmigen Flecken haben. Etwas weiter vom Rande stehet eine Reihe hellgelber Flecken, die mit dem Rande einigermassen parallel lauffen. Ueber den mittlern Theil der Flügel gehet eine hellgelbe breite Binde, die an den hintern Flügeln in einem Striche fortgehet, an den fordern aber einigermassen unterbrochen ist. Der Cörper ist oben an jeder Seite mit einer hellgelben Linie gezeichnet, welche die Länge herunter gehet.

Figure 3. Ce Papillon diurne apartient aussi à l'espèce des *Queuës de Paon* atendu que ses ailes postérieures sont parées de même de quatre yeux ou miroirs de Paon, dont les supérieures ont une prunelle couleur d'orange dans un anneau bleu, & les inférieures une prunelle bleuë dans un anneau couleur d'orange, qui cependant en bas forme un arc plus étendu. Le fond de la couleur des ailes est gris, ou plûtôt brun-noirâtre, tacheté d'une infinité de petits points blancs. Elles ont un rebord de la même couleur mais plus foncée encore, & sont dentelées, où il y a à observer qu'aux arcs rentrans de la dentelure il y a une tache d'un jaune pâle en forme de demi-Lune. Un peu plus avant en quittant le bord on voit une rangée de taches d'un jaune-clair, qui en quelque façon est parallèle au bord. Une bande large de même couleur passe sur le milieu des ailes, qui continue tout de suite sur les ailes postérieures, mais qui sur les antérieures est un peu entre-coupée. Le corps est marqué en haut de chaque côté d'une ligne qui est aussi d'un jaune-clair, laquelle descend du haut en bas.

Fig. 4. Es giebt auch viele Schmetterlinge, die nur eine einzige Farbe haben, so daß nicht nur alle Flügel einander an der obern Seite gleich sind, sondern auch an der unteren Fläche der Flügel die neuliche Farbe führen. Von der Art ist gegenwärtiger Europäischer Tagvogel. Denn alle Flügel sind so wohl oben als unten schwefelgelb, nur siehet man in der Mitte von jedem Flügel ein kleines Pomeranzenfärbiges Aug, und die Adern oder Rippen der Flügel scheinen schwarz durch; der Cörper aber ist blaulicht, mit gelben Ringen versehen, und dabey sehr haaricht.

Figure 4. Il y a aussi un grand nombre de Papillons qui n'ont qu'une seule & même couleur tant au dessus qu'au dessous de toutes les ailes. Tel est le *Papillon diurne d'Europe*, qu'on voit dépeint ici, dont toutes les ailes sont couleur de soufre tant en haut qu'en bas. On remarque seulement au milieu de chaque aile un petit ocil couleur d'orange. Les Veines, qui sont noires, paroissent à travers la couleur des ailes. Le Corps est bleuâtre, garni d'anneaux jaunes, & fort velu.

Fig. 5. Ein anderer Papilion von neulicher Grösse, aber bunten Farben wird uns in dieser Figur vorgezeiget, der viel seltener, als der vorhergehende ist. Die Grundfarbe ist hellbraun, die fordern Flügel haben in ihren Spitzen zur Seite einen grossen citronfärbigen Flecken, die hintern Flügel hingegen sind nur unten

Figure 5. Ceci est un Papillon de Grandeur pareille, mais de couleurs variées, & beaucoup plus rare que le précèdent. Le fond est un Chatein-clair. Les ailes antérieures ont sur leurs pointes à coté une grande tache couleur de Citron, mais les postérieures ne sont marquées en bas que d'un

ten mit einem eben also gefärbten Punct gezieret. In der Mitte der Flügel ist zu beyden Seiten ein breiter Schneeweisser und wie Silberglanz oder Streich, der von den fördern Flügeln bis über die hintern Flügel in einerley Breite durchläuft. Die Einfassung der fördern Flügel bestehet in zweyen dunkelbraunen Linien, die hintern Flügel aber haben jede drey dergleichen Linien an ihrem Rande, und sind etwas mehr, als die obern ausgezackt.

Fig. 6. Die jetzige Figur stellet abermals einen Indianischen Tagpapilion vor, dessen Grundfarbe matt oranigengelb ist, die aber durch die schwarzen Querstriche und Einfassung, wie auch durch die gelben Puncte in dem schwarzen Rand der hintern Flügel dergestalt erhöhet wird, daß sie deswegen nichts an der Schönheit verlieret. Die untere Seite dieses Papilions ist eben wie die obere beschaffen, und ist in nichts von derselben unterschieden, als daß daselbst die oranienfarbe, wie auch die schwarzen Striche viel blasser sind, als oben.

Fig. 7. Zuletzt kommt noch ein sehr schöner Pfauenspiegel welcher im Grunde eine erhabene Pomeranzenfarbe hat, dessen Einfassung aber hellbraun, und nach Art der Pleursenvögel etwas rauh oder zottig ist, wie denn auch der Cörper selber voller Haare sitzet. Vorzüglich sind hier die Spiegel oder Augen zu merken, davon sich auf jedem Flügel ein grosses und ein kleines befindet. Es haben nemlich die fördern Flügel oben am Ende ein kleines Aug, welches in vielen Ringen bestehet, die um einen weissen Mittelpunct gezogen sind, und an welchem noch ein kleineres aber unvollkommenes Auge, oder vielmehr ein einfacher Zirkel anstösset. Weiter hinunter ist in jedem fördern Flügel ein grösseres Aug von nemlicher Zeichnung, wie die ersten. Denn in der Mitte befindet sich ein weisser Punct, alsdann folget ein violetfärbiger breiter Ring, diesen umschliesset ein schmaler schwarzer Zirkel, alsdann folget ein dergleichen gelber, welcher wiederum mit einem schwarzen Ring eingeschlossen ist. Der obere Rand der fördern Flügel ist schwarz, und aus demselben verbreiten sich einige Flammen in die Flügel. Die hintern Flügel betreffend, so sind an selbigen die obern Augen gros und die untern klein. Die grossen Augen haben ein zinnoberrothes Feld um einen weissen Punct, in welchem rothen Felde an der untern Seite ein runder schwarzer Flecken, wovon man nur die Helfte siehet, (gleich einer Blatter auf dem natürlichen Auge) eingeschoben ist. Um dieses rothe Feld ist erst ein gelber, sodann ein schwarzer Zirkel gezogen. Die untern Augen der Hinterflügel sind eben so gros und von der nemlichen Zeichnung, wie die obern Augen der fördern Flügel.

TAB. C. IV.

Fig. 1. Verwundernswürdig ist die Grösse und die Pracht dieses Indianischen Nachtvogels, der uns sowohl aus Asien, als aus America von den Pomeranzenbäumen gebracht wird, wiewohl die Asiatischen, dergleichen in gegenwärtiger Figur vorgestellet wird, die grössesten sind. Wir könnten gewißlich einen Bogen voll schreiben, wenn wir alles anführen wollten; allein die angenehme Kürze welche wir uns zum Ziel gesetzet haben, macht, daß wir auch hier nur das vornehmste erinnern werden.

seul point de la même couleur. Une large bande, blanche comme neige, & brillante comme de l'argent poli, passe des deux côtez au beau milieu sur toutes les ailes en même largeur. La bordure des ailes antérieures consiste en deux rayes d'un brun-foncé, mais les postérieures en ont chacune trois à leur bord, & sont un peu plus échancrées que les antérieures.

Figure 6. Nous voici revenus à un *Papillon diurne des Indes*. Le fond en est une couleur d'orange, qui paroit ternie, mais qui est tellement relevée par les rayes noires qui y passent en travers, par la bordure qui est aussi noire, de même que par les points jaunes qui décorent la bordure noire des ailes postérieures, que la beauté du Papillon n'y perd rien. La Partie inférieure de cet Insecte est absolument semblable à la supérieure. Elle n'en diffère qu'en ce que les couleurs sont beaucoup plus pâles dessous que dessus.

Figure 7. Enfin voici encore une très-belle *Roüe de Paon*, dont le fond est une couleur d'orange exhaussée, la bordure d'un brun clair, & l'Insecte est un peu velu, à la façon des Papillons en pleureuses, ayant aussi le corps fort garni de poils. Les yeux, ou miroirs, sont ce qu'il y a de plus remarquable ici. Il y en a deux sur chaque aile, sçavoir un grand & un petit. Car chaque aile antérieure en a un petit en haut au bout de l'aile, & ce petit oeil consiste en plusieurs anneaux tracez autour d'un centre blanc contre lequel on remarque encore un oeil plus petit & quasi postiche, ou pour mieux dire un simple cercle. Après cela on voit plus bas sur chaque aile antérieure un oeil plus grand du même dessein que le précédent; c'est-à dire un point blanc au milieu, entouré d'un large anneau violet piacé dans un autre anneau noir étroit, qu'environne un autre anneau jaune, & celui qui les embrasse tous est noir comme le second. Le bord supérieur des ailes antérieures est aussi noir, & de là quelques flammes s'étendent sur les ailes. A l'égard des ailes postérieures, leurs yeux supérieurs sont grands, & les inférieurs petits. Aux supérieurs le point blanc du milieu se trouve placé dans un champ rouge couleur de Cinabre, & dans ce champ rouge on voit en bas une tache noire en demi-cercle, semblable aux taies des yeux naturels. Le tout est entouré d'un anneau jaune au dessus duquel on en voit un autre noir. Les yeux inférieurs des ailes postérieures ont la même grandeur, & font marquez de même que les yeux supérieurs des Ailes antérieures.

PLANCHE C. IV.

Figure 1. La grandeur & la Magnificence du *Papillon nocturne des Indes* qu'on voit dépeint dans cette figure ne peuvent qu'exciter une juste admiration. Il nous vient aussi bien d'*Asie* que d'*Amérique*. Celui-ci est d'*Asie*, où se trouvent les plus grands. On le rencontre ordinairement sur les Orangers. Si nous entreprenions d'en donner une Description complette plusieurs feuillèts n'y suffiroient pas, mais nous souvenant de la promesse que nous avons faite à nos Lecteurs d'éviter toute prolixité nous nous bornerons à en dire ce qu'il y a de plus remarquable.

C. 4.

Es wird derselbe von einigen der grosse Atlas genennet, und unter die Seidenwurms-Schmetterlinge gerechnet, indem die Raupe, aus welcher derselbe entstehet, einen dicken Faden spinnet. Die Raupe ist grün, mit gelben Ringen besetzet, und hat an jedem Gelenke vier Pomeranzenfärbige Buckel, die mit Bürsten umgeben sind. Die Flügel dieses Nachtvogels sind am Cörper Caffebraun und am Rande gelblicht. Alle vier Flügel sind sichelförmig, und haben eine gedoppelte ausgeschweifte Einfassung, davon die obere, oder innere dem sogenannten türkischen Papier nicht unähnlich siehet, die äussere aber in einer gelben ausgezackten, und mit dem Pleurösenrand parallel lauffenden Linie bestehet. Die Oberfläche der Flügel glänzet wie ein Atlas, und hat sehr hohe Staubfederchen, ausgenommen in den vier silberfärbigen, und mit einem gelben Rande eingefaßten Feldern oder Schildern, denn daselbst scheinet der blose membranöse Theil der Flügel wie das sogenannte Frauenglas durch, und sind gleichsam die Fenster in den Flügeln.

Wir haben oben gesaget, daß dieser Schmetterling ein Nachtvogel sey. Diesen Umstand müssen wir genauer bestimmen, weil demselben in der Figur solche Fühlhörner gegeben sind, dergleichen nur die Tagvögel haben, und die ihm nicht eigen sind. Denn es hat dieser Nachtvogel zwar sehr lange, aber doch, wie alle Nachtvögel, rauhe Fühlhörner, die mit vielen Bürsten, oder einem Bart, nach Art der Federn besitzet, und dicht am Kopf breit sind, an den Enden aber in eine schmahle Spitze auslauffen. Ja es hat dieser Nachtvogel in der Structur seiner Fühlhörner noch etwas besonders, daß nemlich an jedem Gelenke derselben, deren es sehr viele giebt, vier Bürsten, das ist an jeder Seite zwey, heraustretten. Diese Bürsten senken sich alle nach unten zu, so daß die Fühlhörner mit den Bürsten ein ordentliches Prisma beschreiben. Inzwischen kommt hier derjenige Irrthum in Ansehung der Fühlhörner vor, dessen wir schon in der Einleitung gedacht haben, und davon auf dieser Kupfertafel noch ein paar Exempel vorkommen werden.

Fig. 2. In dieser Figur wird ein kleinerer, aber weit schönerer Surinamischer Schmetterling vorgestellt. Er gehöret unter die Tagvögel, und er verdienet einige Anmerkungen. Man findet die Raupe davon auf einem Baum, den die Inwohner vor eine Art eines Mespelbaums halten. Diese Raupe ist ansehnlich gros, von gelber Grundfarbe, und hat über den Leib, die Länge herunter schöne rosenrothe Striche. Der Kopf ist braun, die Füsse sind rosenroth, und jeder Ring des Cörpers ist mit vier schwarzen Stacheln besetzet. Der gegenwärtige Schmetterling, der aus dieser Raupe hervor kömmt, hat alle erdenkliche Schönheiten, die das Aug nur sehen kan, und welchen keine Kunst jemals gleich kommen wird. Die Flügel haben eine, mit einem prächtigen Silberglanz überzogene Ultramarinfarbe, welche allenthalben mit den kostbarsten Kupferwasser und Purpur gemenget ist, so, daß man bey jeder Schwenkung der Flügel ungewiß bleibet, ob man ein polirtes Silber, oder Berlinerblau, oder grünen Sammet, oder einen Goldpurpur gesehen hat. Man thut daher nicht unrecht, wann man diesen Papilion, was die Farben anbetrifft, für den König aller Schmetterlinge hält, und es ist der Europäische, an sich sehr prächtige Sommervogel, den man den Changeant nennet, und über dessen Flügel sich bey jeder Schwenkung ein unvergleichliches Purpurblau ergiesset, nur ein Schattenwerk dagegen. An dem äusseren

Quelques Auteurs apellent cet Insecte le *grand Atlas*, & on le met au rang des *Papillons-Vers-à-soie*, parceque la Chenille dont il provient, file un fil épais. Cette Chenille est verte, garnie d'anneaux jaunes. Il y a sur chaque articulation quatre bossettes pleines de poils. La Couleur des ailes de ce Papillon est près du corps un brun de Caffé, & jaunâtre vers le bord. Les quatre ailes sont formées en faucille, & ont une double bordure échancrée dont la supérieure ou celle du dedans ressemble beaucoup au papier marbré, au lieu que l'extérieure qui paroit en bas ne consiste qu'en une raye jaune dentelée parallèle à la bande en pleureuse, dont l'extrèmité est ourlée. La superficie des ailes a le lustre du satin, & est couverte de petites plumes ou d'une poussière fort élevée, excepté dans les quatre champs ou écussons de couleur argentine, qui sont bordez de jaune. Car dans cet endroit la partie membraneuse des ailes paroit à découvert à travers les ecussons, qui semblent être de talc transparent, & représenter des fenêtres sur les ailes.

Nous avons avancé au commencement de cet article que cet Insecte est un Papillon nocturne. Cela nous oblige ici à un éclaircissement, parce qu'on lui a donné dans la présente figure des Antennes, qui ne sont propres qu'aux Papillons diurnes, & ne conviennent par conséquent nullement à celui-ci, dont les Antennes véritables sont à la vérité très-longues, mais velües comme les ont tous les Papillons nocturnes. D'ailleurs les Antennes naturelles de ce Papillon-ci sont garnies de quantité de poils, ou de barbes, à la façon des plumes, larges près de la tête, & se terminent en une pointe étroite. Encore un point digne d'observation relativement aux Antennes de ce Papillon nocturne, c'est qu'elles ont à chaque articulation dont le nombre est très-grand, quatre poils semblables à des soies de cochon, sçavoir deux de chaque côté, qui tendent vers le bas, & produisent ainsi avec l'Antenne un Prisme dans les formes. Nous avons parlé dans nôtre Introduction de ce défaut des véritables Antennes, & des inconvéniens qui en résultent. Nous trouverons encore le même cas un couple de fois sur la présente Planche.

Figure 2. Un Papillon diurne de *Surinam* moins grand, mais beaucoup plus beau que celui dont nous venons de parler, est dépeint dans cette figure, & mérite que nous en disions quelque chose en détail. La Chenille de laquelle il provient se trouve sur un arbre, que les Habitans prennent pour une espèce de neflier. Cette Chenille est d'une grandeur considérable; le fond de sa couleur est jaune, & elle a tout le long du corps du haut en bas de belles rayes couleur de rose. La tête en est brune, les pièds couleur de rose, & chaque anneau du corps est armé de quatre aiguillons noirs. Le Papillon, qui tire son origine de cette chenille, a toutes les beautez imaginables qui peuvent être présentées à la vûë, sans pouvoir être imitées par l'art. Car le fond est non seulement du plus bel outremer qu'on puisse voir, & couvert du plus magnifique éclat d'un argent poli, mais il est aussi mélangé du plus exquis verd de vitriol, & d'une couleur de pourpre si brillante, qu'à chaque mouvement qu'on lui donne, & à chaque biais nouveau dont on regarde les ailes, il est difficile de décider si l'Objèt qui a frapé les yeux est une pièce d'argenterie polie, ou de l'azur, ou du velours verd, ou un pourpre doré. On n'a donc pas tort de regarder quant aux couleurs ce Papillon comme le Roi de tous les autres, qui l'emporte même du tout

au

äusseren Rand der Flügel, welche etwas ausgezackt und mit einem Pomeranzenfärbigen Saum eingefasset sind, zeigen sich hin und wieder weisse, wie Quecksilber glänzende Striche, unter welchen sich eine Aepfelblüth-Farbe mischet. Von unten hat dieser Schmetterling auf den fördern Flügeln zwey, und auf den hintern drey Augen in einen gesprenkelten Grund, welche in Pomeranzenfärbigen Flecken mit schwarzen und grünen Ringen bestehen. Der Ritter Linnäus nennet ihn Menelaus.

Fig. 3. Unter den Indianischen Sommervögeln giebt es auch eine besondere Art, welche zwar in Ansehung des Cörpers und der Flügel mit andern Schmetterlingen übereinstimmet, jedoch in Ansehung der Fühlhörner gänzlich abweichet. Denn statt der Fühlhörner gehet vorne am Kopf ein langer gelblichter und fast durchsichtiger Fortsatz heraus, dessen Grundfläche die Breite des ganzen Kopfs einnimmt, sich sodann fast in die Länge eines Zolles erstrecket, und am Ende, wo er etwas schmähler wird, stumpf abbricht. Diesen seltenen Vogel nennet man den *Laternträger,* und das mit allem Recht. Denn es giebt dieser lange Fortsatz im Dunkeln ein Phosphorescirendes Licht, wie ohngefehr die Europäischen sogenannten Johanniswürmer von sich zu geben pflegen, so daß einige Schriftsteller versichern, daß wenn man ihrer etliche in ein Glas in einer dunkeln Stube auf den Tisch setzet, man dabey lesen und schreiben könne. Es verlöscht aber dieses Licht, sobald das Thier stirbt. Sonst sind die Flügel mehr lang, als breit. Die fördern haben gelbe Flecken in einem grünen Grund, welcher mit unzähligen weissen Pünctgen, die das Aug kaum siehet, gesprenkelt ist. Die hintern Flügel hingegen sind zur Helfte braungelb gestreift, und die Enden derselben sind ganz dunkelbraun. Einige Schriftsteller zählen ihn unter die Heuschrecken.

Fig. 4. Dieser Europäische Tagvogel ist dunkelbraun, zuweilen auch schwarzbraun. Die fördern Flügel haben in der Mitte Pomeranzenfärbige Querbinden, und an den Enden etliche weisse Flecken. Die hintern Flügel haben unten her eine breite Pomeranzenfärbige Einfassung, in welcher am ausgezackten Rande eine schwarze kappenförmige Linie, und weiter hinauf etliche schwarze Puncte, nebst einem grössern bläulichten Flecken zu finden. Die untere Seite dieser hintern Flügel ist viel schöner, braun, gelb, weiß, schwarz und röthlich marmoriret, und die untere Seite der fördern Flügel hat grosse schwarze hellrothe weisse und blaue Flecken, die nach Art der Marmor durcheinander lauffen. Die Raupe, aus welcher dieser Schmetterling entstehet, ist dornicht, und wird an den kleinen Brennesseln gefunden.

Fig. 5. Es folget hierauf ein anderer Europäischer Tagvogel mit grossen Pfauenspiegeln, welcher aus einer Sammetschwarzen Raupe in den grossen Brennesseln erzeuget wird. Die fördern Flügel desselben sind am obern Rande dichte an dem Cörper in einem schmalen Strich schwarz und braun gesprenkelt, worunter ein breites rothes Feld folget, welches den übrigen Theil der Flügel einnimmt. Nach dem Ende dieser Flügel kommen zwey schwarze Flecken, an deren letztern und
größten

---

au tout sur le Papillon d'Europe si magnifique d'ailleurs, qu'on nomme le *Changeant,* & sur les ailes duquel l'on voit jouer le pourpre & l'azur d'une façon si incomparable, qui avec tout cela ne peut servir que d'ombre à celui-ci. Le bord extérieur des ailes est un peu échancré & garni d'un Ourlet couleur d'orange, où l'on voit çà & là des rayes blanches éparses, qui brillent comme de l'argent vif, & a travers desquelles la couleur de fleur de pommier paroit aussi. Au dessous ce Papillon a deux yeux sur ses ailes antérieures, & trois sur les postérieures sur un fond tacheté de brun. Ces yeux sont des taches couleur d'orange entourées d'anneaux noirs & verds. Le Chevalier *Linneus* apelle ce bel Insecte *Menelaus.*

Figure 3. Parmi les Papillons des *Indes* on trouve une espéce toute particulière, dont les individus ont à la vérité une conformité entière avec les autres Papillons quant au Corps & aux ailes, mais qui en diffèrent absolument relativement aux Antennes Car on ne voit au devant de la tête à la place d'Antennes qu'une Continuation presque transparente du corps, aussi large à son commencement que l'est la tête-même toute entière, qui s'étend sur le devant quasi à la longueur d'un pouce en diminuant un peu de grosseur, & se termine enfin en bout coupé & obtus. On apelle cet Insecte, qui est très-rare le *Porte-Lanterne* & cela avec raison, parceque cette longue Continuation jette dans l'obscurité, comme le Phosphore, des rayons de lumière, à peu près comme les Vers luisans que nous avons en Europe. Il y a des Auteurs qui assûrent que quand on met quelques uns de ces Papillons ensemble dans un verre sur une table dans un Apartement obscur, ils répandent une lumière, à la faveur de laquelle on peut lire & écrre. Mais dés-que le Papillon meurt cette lumière se perd. Au reste ses ailes sont plus longues que larges. Celles de devant sont marquées de taches jaunes sur un fond verd tacheté d'une infinité de petits points, que l'oeil peut à peine apercevoir. Celles de derrière sont rayées jusques à la moitié d'un jaune tirant sur le brun, mais les bouts en sont entièrement d'un brun-foncé. Quelques Auteurs mettent cet animal au nombre des Sauterelles.

Figure 4. Le présent Papillon diurne d'*Europe* est d'un brun-foncé, tirant quelque fois sur le noir. Une bande couleur d'orange traverse les ailes antérieures par le milieu, & les bouts sont tachetez de blanc. Les ailes postérieures sont pourvûes en bas d'une large bordure dentelée, à l'extrèmité de laquelle il y a une ligne noire, en forme d'engrelure, & un peu plus haut quelques joints noirs avec une tache un peu plus grande de couleur bleuâtre. La partie inférieure de ces ailes postérieures est beaucoup plus belle, étant marbrée de brun, de jaune, de blanc, de noir, & de rougeâtre, & la partie inférieure des ailes antérieures a de grandes & belles taches, sur lesquelles un rouge-clair, le blanc, & le bleu, s'entremêlent, & forment ainsi une belle marbrûre. La Chenille d'où ce Papillon provient est herissée d'epines; on la trouve sur les petites orties.

Figure 5. Nous faisons succèder à cet Insecte un autre Papillon diurne d'*Europe* orné de grands yeux ou miroirs de Paon, qui provient d'une Chenille noire veloutée, qu'on rencontre communément sur les grandes orties. Il part du corps vers le bord supérieur sur les Ailes antérieures une raye noire étroite, tachetée de brun, & au dessous se présente un champ rouge étendu, qui occupe tout le reste des ailes. Vers leur bout on aperçoit deux taches noires,
sur

C.3.
Ex Museo Mülleriano.
Christian Grünberger ad nat. pinxit.

gröſten ein groſſes Aug anſtehet, deſſen Stern ſchwarz und roth, und die Einfaſſung zur Helfte ſchwefelgelb, und an der andern Helfte mißfärbig, hernach aber noch mit einem ſchwarzen Ring umgeben iſt, wobey ſich auch etliche weiſſe Puncte zeigen, davon zwey untere in dem rothen Felde zu ſtehen kommen. Der Saum dieſer Flügel iſt mißfärbig. Was die hintern Flügel betrift, ſo ſind ſelbige dunkelbraun, dichte am Cörper mit röthlichen Flecken gezieret, und zuweilen etwas geſprenkelt. Nach dem äuſſern ausgezackten Rande zu iſt in jedem Flügel ein ſehr groſſes Aug, deſſen Stern weißlicht oder mißfärbig, und erſt mit einem ſchwarzen, ſodann aber auch mit einem gelblicht weiſſen Ring eingefaſſet iſt. Die untere Fläche aller vier Flügel iſt ſchwarz und grau gewäſſert.

Fig. 6. Nunmehro folgen noch zwey Nachtvögel, welchen beyden allhier aus Irrthum unrechte Fühlhörner gegeben ſind, da vermuthlich dieſelbe an den Originalen abgeſtoſſen waren. Derjenige, der in dieſer Figur vorgeſtellet wird, entſtehet aus einer rauhen oder ſogenannten Bärenraupe, welche mit ſchwarzen Haaren dick beſetzet iſt. Die fördern Flügel dieſes Schmetterlings ſind gelblicht weiß, und haben groſſe dunkelbraune Flecken, faſt wie eine Tiegerhaut. Die hintern Flügel ſind Pommeranzenfärbig und mit groſſen ſchwarzen Flecken beſetzet, und von der nemlichen Farbe iſt auch der Cörper. An der untern Seite ſind die Flügel faſt eben ſo gezeichnet, wie oben. Die Fühlhörner ſind unten dicker, als oben, und nach Art der Federn mit einem Bart verſehen.

Fig. 7. Den Beſchluß macht endlich noch ein Nachtvogel, deſſen Fühlhörner eigentlich kurz, und wie an allen Nachtvögeln, unten dicke, oben dünne, und zur Seiten mit einem Bart verſehen ſind, welches man ſich hier zum Voraus zu merken hat.

Er entſtehet aus einer bläulicht grauen Raupe, die mit verſchiedenen Linien gezieret iſt. Die Flügel ſind grau und röthlich, oder vielmehr mißfärbig und gewäſſert, haben eine gelblichte und weiſſe Einfaſſung, und iſt jeder in der Mitte mit einem groſſen Auge gezieret, deſſen Stern ſchwarz, der erſte Ring gelb, und der äuſſere ſchwarz iſt, wobey zu merken, daß an jedem Auge nach dem Cörper zu noch ein kleiner halbmondförmiger ſchwarzer Ring anlieget, der von dem ganz herumgehenden ſchwarzen Ring nur durch einen Sichelförmigen weiſſen Flecken unterſchieden iſt. Der Körper iſt dunkelbraun, dick und rauh, und hat weißlichte Ringe.

TAB. C. V.

Fig. 1. Obgleich die meiſten Indianiſche Schmetterlinge gegen die Europäiſchen eine vorzügliche Gröſſe haben, ſo trift man doch auch ſolche an, die von mittlerer Gröſſe, und dennoch von ausnehmender Schönheit ſind. Es dienet die in gegenwärtiger Figur befindliche, wie auch die zwey folgende zum Beweiſe. Es iſt dieſer Tagvogel aus den Antilliſchen Inſuln. Die Farbe iſt einem ſchwarzbraunen Sammet nicht ungleich, und alle Flügel ſind mit blaßgelben glatten Flecken gezieret. Man ſiehet leicht, daß er von demjenigen, welchen wir Tab. C. 1. fig. 3. betrachteten, ſehr unterſchieden ſey. Abſonderlich unterſcheidet er ſich durch zwey blutrothe, länglicht runde Flecken, welche an den hintern

---

ſur l'endroit le plus éloigné & le plus grand desquelles eſt placé un grand oeil, dont la Prunelle eſt noire & rougeâtre, & la bordure moitié couleur de ſoufre & l'autre moitié de couleur ſombre, le tout entouré d'un cercle noir. On y remarque encore quelques points blancs dont les deux inférieurs ſe trouvent ſur le Compartiment rouge. La bordure de ces ailes eſt d'une couleur ſombre. La couleur des ailes poſtérieures eſt d'un brun-foncé, décoré près du corps de taches rougeâtres, & quelques fois un peu marqueté. Vers le bord extérieur dentelé on voit ſur chaque aile un grand oeil, dont la prunelle eſt blanchâtre, ou de quelque autre couleur ſombre, entourée d'abord d'un anneau noir, auquel en ſuccède un autre de couleur blanche tirant ſur le jaune. La ſuperficie inférieure des quatre ailes eſt noire, & griſe, & le tout eſt tabiſé.

Figure 6. Nous avons encore à conſidérer deux *Papillons nocturnes* auxquels on a donné ici par erreur des Antennes, qui ne leur conviennent point, à la place des véritables que les Originaux ont vraiſemblablement perduës. Celui que la figure préſente dépeint provient d'une Chenille velüe qu'on apelle la *Chenille-Ours*, laquelle eſt couverte de poils épais. Les ailes antérieures de ce Papillon ſont d'un blanc jaunâtre ſur lequel on voit de grandes taches d'un brun-foncé preſque ſemblables à celles des Tigres. Les ailes poſtérieures ſont couleur d'orange, garnies de grandes taches noires. Le Corps eſt de la même couleur. Le deſſous des ailes eſt preſque marqué de même. Les Antennes ſont plus épaiſſes en bas qu'au bout, & ont des barbes comme les plumes.

Figure 7. Pour finir nous avons à préſenter à nos Lecteurs encore le *Papillon nocturne* que voici. Ses Antennes ſont proprement courtes, &, comme à tous les Papillons de cet Ordre, épaiſſes en bas, minces au bout, & garnies de barbes ſur les côtez, ce qu'il eſt bon de remarquer.

Une Chenille bleuâtre tirant ſur le gris, décorée de diverſes rayes, donne la naiſſance à ce Papillon. Les ailes en ſont griſes & rougeâtres, ou pour mieux dire d'une couleur mélangée peu voiante, & cependant tabiſées. La bordure en eſt blanche & jaunâtre, & le milieu de chaque aile eſt orné d'un grand oeil, dont la prunelle eſt noire, le prémier anneau jaune, & le ſecond, qui eſt celui de dehors, noir comme la prunelle. Il y a à obſerver ici encore un petit anneau noir auſſi à chaque oeil, placé du coté du corps & formé en Croiſſant, qui n'eſt ſeparé de l'autre anneau noir, qui fait tout le tour de l'oeil, que par une tache formée en faucille. Le Corps eſt brun-foncé, épais & velu, & compoſé d'anneaux blanchâtres.

PLANCHE C. V.

Figure 1. Quoique la plûpart des Papillons des *Indes* ſoient conſidérablement plus grands que ceux que nous voions en *Europe*, il y en a pourtant auſſi de grandeur moyenne, qui ne laiſſent pas d'être extraordinairement beaux. C'eſt dequoi celui que la préſente figure depeint, & les deux ſuivans, ſervent de preuve. Celui-ci vient des *Iles Antilles.* La Couleur en reſſemble à du velours brun tirant ſur le noir. Toutes ſes ailes ſont décorées de taches unies d'un jaune pâle. On voit bien que ce Papillon eſt très-différent de celui dont nous avons donné la figure cy-deſſus Pl. C. 1. fig. 3. Ce qui le diſtingue en particulier, ce ſont

deux

hintern Flügeln gegeneinander über zu sehen sind. Desgleichen nimmt man auch an den obern Flügeln, wo sie am Cörper stehen, eine unzählige Menge kleiner gelber Puncten wahr. Sonst ist die untere Seite dieses Schmetterlings von der nemlichen Zeichnung wie die obere.

Fig. 2. Nicht minder schön ist auch dieser Indianische Tagvogel, welcher zwar einige Aehnlichkeit mit demjenigen zu haben scheinet, der Tab. C. 2. fig. 3. ist vorgezeiget worden; jedoch in vielen Stücken gänzlich von jenem unterschieden ist. Es haben nemlich erstlich alle Flügel hoch erhabene und kohlschwarze Rippen, die Felder zwischen den Rippen auf den fördern Flügeln sind Pomeranzengelb, die Felder aber auf den hintern Flügeln sind Citronengelb. Die Spitzen der fördern Flügeln, wie auch der breite Rand aller Flügeln sind Kohlschwarz, sehr wollicht, wie ein Sammet, aber mit schneeweissen glatten und glänzenden Flecken gezieret. Der Cörper hat mit den Flügeln einerley gemischte Farbe.

Fig. 3. Dieser Westindianische Tagvogel ist ebenfalls von demjenigen, welchen wir Tab. C. 3. fig. 4. betrachtet haben, sehr unterschieden. Es ist nemlich die Farbe aller Flügel an beyden Seiten so hoch schwefelgelb, daß man nichts schöners sehen kan, dazu liegt der Staub so dicke auf den Flügeln, daß es das Ansehen hat, als ob der Schmetterling über und über recht stark mit Schwefelstaub gepudert wäre.

Fig. 4. Zu diesen dreyen vorbeschriebenen Indianischen Schmetterlingen setzen wir drey Europäische Tagvögel, welche sich in dem Nürnberger Wald bey Erlang antreffen lassen. Der gegenwärtige, dessen untere Seite in der folgenden Figur zu sehen ist, hat über und über im Grunde eine Pomeranzenfarbe, auf welcher eine Menge schwarzer Flecken, die wie stumpfe Drepecke aussehen, in ordentlichen Reihen stehen.

Fig. 5. Besagter massen ist dieses die untere Seite des so eben beschriebenen Tagvogels. Es hat aber dieselbe weit mehrere Abwechslungen. Was die obern Flügeln betrift, so sind dieselbe ebenfals Pomeranzenfärbig und schwarz gefleckt. Possirlich ist es aber, daß auf dem einen Flügel die Zahl 1501. und auf dem andern 1071. deutlich zu sehen ist. Solche Naturspiele finden hin und wieder statt, ohne daß eben dergleichen etwas bedeuten müsse. Denn man hat auch, wie Valentin im Buch von Indianischen Schnecken und Muscheln angemerket, unter den Schnecken solche, die eine deutliche Zahl in der Zeichnung führen, und abergläubische Liebhaber schätzen dergleichen, ohne Ursache, ungemein hoch, da doch eben so wenig dahinter steckt, als wenn man an einer gefrornen Fensterscheibe 666. findet. Was inzwischen die hintern Flügeln betrift, so haben dieselbe allerhand schöne Farben, als Pomeranzen, Violet, hellgelb und dergleichen, und diese unterschiedene Farben werden mit silberfärbigen, glänzenden und Perlenmutterartigen Flecken beständig unterbrochen.

Fig. 6. Dieser Schmetterling, der fast eine Gestalt wie eine Fliege hat, ist von einer besondern Pracht, welcher mit dem Pinsel nicht nachzuahmen ist. Es sind nemlich die fördern Flügel sowohl, als der ganze Cörper mit einer ungemein schönen sammetartigen bläulichtgrünen Farbe überzogen, durch welche

deux taches rouges comme du sang, de figure lenticulaire qu'on observe sur les deux ailes postérieures, vis-à-vis l'une de l'autre. On remarque encore que la partie des ailes supérieures, qui tient au corps, est tachetée d'une infinité de petits points jaunes. Au reste le côté inférieur de ce Papillon est précisément marqué comme le supèrieur.

Figure 2. Le Papillon diurne des *Indes* qu'on voit ici est de la même beauté que le précédent. Il ressemble à la vérité en partie à celui que nous avons produit sur la Planche C. 2. fig. 3., mais il en difère totalement à plusieurs égards. Car en prémier lieu toutes les ailes sont garnies de côtes fort élevées, & noires comme du charbon. Les Champs des ailes antérieures entre les côtes, & ceux qui se trouvent sur les ailes postérieures sont couleur de citron. Les pointes des ailes antérieures sont de couleur absolument noire, de même que la bordure large de toutes les ailes. La superficie en est fort laineuse & veloutée, & parsemée de taches unies, blanches comme neige, & brillantes. Le Corps a les mêmes couleurs mélangées que les ailes.

Figure 3. Le présent Papillon diurne des *Indes occidentales* difère aussi beaucoup de celui que nous avons vû sur la Planche C. 3. fig. 4. Car toutes les ailes de celui-ci sont des deux cotez d'une couleur de Soufre, tellement exhaussée, qu'on ne peut rien voir de plus beau. La poussière qui couvre ces ailes y est si épaisse, qu'on seroit presque tenté de croire que le Papillon entier a été fortement poudré avec de la poussière de soufre.

Figure 4. Nous faisons succèder aux trois Papillons des *Indes*, que nous venons de décrire trois Papillons diurnes d'*Europe*, qu'on rencontre près d'*Erlang*, dans la forêt de *Nuremberg*. Celui que nôtre figure dépeint est par tout couleur d'Orange, sur laquelle on voit quantité de taches noires, semblables à des Triangles obtus, disposées en rangées régulières. Nous allons en produire la partie inférieure.

Figure 5. Nous venons de dire que ceci est la partie inférieure du Papillon diurne dont il est question dans l'article précèdent. Mais on observe ici beaucoup plus de variations. Le fond des ailes supèrieures est ici comme de l'autre côté couleur d'Orange, tacheté de noir. Il est plaisant que ces taches noires forment distinctément sur l'une des ailes le Chiffre de 1501. & sur l'autre celui de 1071. On remarque quelquefois de pareils leux de la nature, qui d'ailleurs ne signifient rien. *Valentin* parle aussi de certains Limaçons des *Indes*, sur lesquels on trouve de même un Chiffre distinctément exprimé. Il y a des Amateurs superstitieux, qui sans raison regardent ces pièces comme dignes d'une attention de préférence, quoique ces Chiffres produits par le hazard ne signifient pas plus que celui de 666. qui se manifeste quelques fois sur des vîtres gêlées. Quant aux ailes postérieures elles sont marquées de plusieurs belles couleurs. On y voit de l'Orange, du violet, du jaune clair &c. & ces diverses couleurs sont entremêlées par tout de taches brillantes argentines, ou semblables à la nacre de Perle.

Fig. 6. Ce Papillon, figuré presque comme une mouche, est d'une magnificence que le Pinceau ne sçauroit parfaitement imiter. Ses ailes, de même que tout son corps, sont d'un très-beau verd velouté, tirant sur le bleuâtre, à travers lequel joue un brillant argentin, qui à chaque mouve-

sich ein Silberglanz zeiget, der sich bey jeder Schwenkung in Goldstrahlen verändert. Die hintern Flügel hingegen sind glatt, und wie Frauenglas durchsichtig.

Fig. 7. Es hat dieser Tagvogel eine aschgraue Farbe, die aber in der Nähe so sonderbar aussiehet, daß sie sich nicht bestimmen lässet, denn man siehet in dem Aschgrauen, eine braune, blaue und grüne Farbe, und in denselben wechseln schwärzlichte und weisse Flecken immer ab. Die Flügel sind ausgezackt, und an der untern Seite mehr grün, als aschgrau. Uebrigens aber ist nicht nur der Cörper, sondern auch die Helfte der Flügel nach dem Cörper zu, sowohl unten, als oben sehr zottig, und mit langen Haaren oder einem wollichten Wesen versehen.

Fig. 8. Damit wir dieses Fach der geflügelten Insecten nicht ganz ohne einige andere Arten, die von den Schmetterlingen unterschieden sind, endigen; so haben wir in dieser Figur ein gewisses Indianisches Insect zu betrachten, welches vom Rösel unter die Heuschrecken gezählet wird, und daselbst, gleichwie auch bey mehreren Schriftstellern das **Wandelnde Blat** genennet wird; wiewohl die Indianer dieses Insect das **Fliegende Pferd** nennen, und unter dem wandelnden Blatt ein anderes Insect verstehen. Es hat dasselbe vier lange membranöse, grünlichte und etwas durchsichtige Flügel, die voller Rippen, und mit einem Netzförmigen Gewebe von Adern durchzogen sind. Der Leib ist ausserordentlich lang, und in zwey Haupttheile eingetheilet. Der hintere hat lange Füsse mit dünnen Schenkeln, und der fördere besitzt dicht am Kopf zwey zackichte Füsse, mit sehr dicken und stachlichten Schenkeln. Der Kopf ist sehr breit, unter sich hangend, und einem Pferdekopf nicht ungleich, daher die Indianer es auch das fliegende Pferd nennen. Die Augen, die an den zwey obern Enden des Kopfs stehen, sind ausserordentlich groß, hornartig, und fast durchsichtig, und ragen wie ein paar Glaskugeln hervor.

Was aber das Insect betrift, welches die Indianer eigentlich das wandelnde Blat nennen, so ist solches eine andere Heuschrecke mit grünen Flügeln, die am Cörper spitzig, in der Mitte breit, und am Ende wiederum stumpf ist, wie viele Baumblätter auszusehen pflegen; es gehet auch an selbigen mitten durch die Flügel eine starke Hauptader, die sich in zartere Nebenäste ausbreitet, welches sich am vorbeschriebenen fliegenden Pferd nicht so befindet.

Fig. 9. Unter den geflügelten Insecten giebt es bekannter Massen auch eine Art, die halbe, und eine andere, die ganze Flügeldecken hat. Bey den letztern kommen diejenige vor, welche unter dem Namen der Käfer bekannt sind. Aus diesem Geschlecht bringen wir in dieser Figur einen Asiatischen Goldkäfer zum Vorschein, den die Natur so prächtig gezeichnet hat, daß nicht leicht ein schönerer gefunden wird. Es ist nemlich die Grundfarbe, wie an dem Europäischen, hochgrün, mit einem leuchtenden Goldglanz; er ist aber überdies hin und wieder mit grossen Flecken, die wie der schönste Goldpurpur aussehen, gezieret. Mitten auf den Flügeldecken stehen ein paar grosse, runde durchsichtige gelbe Flecken, die der Farbe nach dem Messing ziemlich nahe kommen, zu beyden Seiten dieser Flecken, nemlich oben und unten, wie auch zu beyden Seiten des obern Theils des Cörpers, und gerade vor der Stirn, ist der Goldpurpur zu sehen. Die Augen sind groß, schwarz und glänzend, die Fühlhörner bestehen aus lauter Wirbeln, und sind schwarz. Die Flügel selbst aber sind braun und durchsichtig.

Fig. 10.　　Z

mouvement se métamorphose en raïons d'or. Les Ailes postérieures sont unies, & transparentes comme la Pierre spéculaire.

Figure 7. C'est un Papillon diurne d'une couleur cendrée si particulière, quand on la regarde de près, qu'il est difficile de la déterminer nettement. Car on observe dans cette couleur cendrée du brun, du bleu, & du verd, sur lequel jouent alternativement des taches blanches, & noirâtres. Les ailes sont dentelées, & leur dessous est plus verd que cendré. Au reste le corps est fort velu de même que la partie des Ailes qui est prés-du corps. On y voit de longs poils sur une substance laineuse.

Figure 8. Pour ne pas quitter l'Article des Insectes ailez sans faire aucune mention de quelques autres espèces, différentes des Papillons, nous avons crû devoir produire aux yeux du Lecteur un certain Insecte des *Indes* que *Roesel* met au nombre des Sauterelles, & qu'il nomme la *Feuille ambulante*. D'autres Auteurs donnent à cet Insecte le même nom. Cependant les *Indiens* l'apellent le *Cheval volant* & entendent un Insecte différent quand ils parlent de la *Feuille ambulante*. Celui-ci à quatre Ailes longues membraneuses, de couleur verdâtre, & un peu transparentes, pleines de côtes, dont les intervalles sont remplis d'un tissu de veines disposées en forme de rêts. Le Corps en est d'une Longueur extraordinaire, & divisé en deux parties principales. La postérieure a quatre jambes longues à cuisses minces, l'antérieure en a deux, placées tout près de la tête, dentées, dont les cuisses sont très-épaisses & hérissées d'Aiguillons. La Tête, qui est fort large, regarde là Terre, & a beaucoup de raport avec une Tête de Cheval, ce qui a fait donner par les *Indiens* à cette bete le nom de *Cheval volant*. Les yeux, placez aux deux extrèmitez supérieures de la Tête, sont extraordinairement grands, de substance cornée, & presque transparens. Ils sortent de la tête comme deux Globes de verre.

A l'egard de l'Insecte que les Indiens apellent proprement la *Feuille ambulante*, c'est une autre sauterelle à ailes vertes, pointues vers le corps, larges au milieu, & obtuses au bout, comme sont formées quantité de feuilles d'arbre. Une grosse Veine principale traverse le milieu des ailes, où elle se divise & s'étend en petits rameaux fins, ce qui ne se trouve pas ainsi au *Cheval volant*.

Figure 9. Le Lecteur est informé que parmi les Insectes ailez, il y en a une espèce dont les ailes ont une demi-Couverture, & une autre où les ailes sont entièrement couvertes. Parmi ceux de la dernière il faut compter ceux que l'on conoît sous le nom de *Haneton doré*. Nôtre Figure représente un de ces *Hanetons dorez* qui nous vient d'*Asie*. Les Desseins dont la nature a marqué cet Animal sont si pompeux, qu'on ne peut rien imaginer de plus magnifique. La Couleur du fond en est comme aux *Hanetons dorez d'Europe*, un verd foncé, couvert d'un Lustre lumineux d'or, & outre cela il est décoré çà & là de grandes taches, semblables au plus beau Pourpre doré. Au milieu des Couvertures des ailes on voit deux grandes taches rondes & transparentes de couleur jaune, laquelle ressemble beaucoup à celle du Laiton. Au dessus & au dessous de ces taches, de même que des deux côtez de la partie supérieure du Corps, & immédiatement devant le front, paroit la Couleur de Pour-

pre

Fig. 10. Diese Figur stellet den nemlichen Käfer an der untern Seite vor, woselbst man dieses Insect so dick verguldet findet, als ob es mit einem Goldblech überzogen wäre. Das Brustschild und die vier Ringe des Unterleibes prangen mit untermischter, grüner und Purpurfarbe in einem feurigen Goldglanz. Die sechs Füsse, davon zwey hinten am Ende des Brustschildes, und vier forne am Halse stehen, sind hochgrün mit Gold. Die Flügeldecken sind inwendig Violtfärbig, und haben einen grünen Rand. Man kan ihn mit recht den König der Käfer nennen.

Fig. 11. Den Beschluß macht ein brauner Africanischer Käfer, welcher auf seinen Flügeldecken biß am Kopf eine Menge einzeln stehender Büschlein mit Haaren hat, die zum Theil schwefelgelb, zum Theil pomeranzenfärbig sind. Dieser seltene Käfer wird auch wohl der Hottentotten Herrgott genennet, weil eine ähnliche Art von diesem wilden Volk abergläubisch geehret wird.

* * *

Hiemit hätten wir die Kupfertafeln von den Schmetterlingen beschrieben; da wir aber nur Tag- und Nachtvögel gefunden, und doch in der Einleitung von derjenigen Classe Erwehnung gethan, die Abends und Morgens nur herum fliegen, so wollen wir diese Classe nicht ganz mit Stillschweigen übergehen, sondern nur eines einzigen Schmetterlings aus derselben gedenken. Es ist nemlich der sogenannte Todtenvogel. Die Raupe, aus welcher er entstehet, ist sehr gros, dicke, von schwefelgelber Farbe mit schiefliegenden blauen Striemen, und hat, (wie alle Raupen, aus welchen Morgen- und Abendvögel entstehen,) an dem Hintertheil des Cörpers ein Schwänzgen. Sie wird hin und wieder in Deutschland und ganz Europa an den Jasminstauden gefunden, wiewohl sie in beyden Indien viel grösser sind. Der Schmetterling selbst hat nun das Unterscheidungszeichen seiner Classe, nemlich Fühlhörner, die an beyden Enden dünne, und in der Mitte dicke sind, er hat ferner einen schweren Flug, und giebt einen Laut oder Ton von sich, welches die Schmetterlinge der andern Classe nicht thun, sitzet auch selten auf den Blumen still, sondern sauget den Honig mit einem ausgestreckten Rüssel heraus. Seine hintern Flügel, wie auch sein Cörper ist Pomeranzenfärbig und mit schwarzen Striemen besetzet; die fördern Flügel aber haben dunkelblaue Wässerungen, durch welche hin und wieder gelbe Flecken durchscheinen. Oben auf dem Rückenschild ist auf einem schwarzen Grunde ein grosses gelblichtweisses Feld, worinn zwey schwarze Flecken neben einander, und unter denselben zwey dicke schwarze Striche stehen, welches vollkommen, wie eine todte Hirnschale mit ihren hohlen Augen und der hohlen Mündung aussieht, und Gelegenheit zu dem Namen eines Todtenkopfs gegeben hat. Und dieses ist es, was wir zur Zugabe anmerken wollen, weil viele Sammler einen andern Schmetterling vor den Todtenkopf anzusehen pflegen.

---

pre lustrée d'or. Les yeux sont grands, noirs, & brillans; les Antennes ne sont composées que d'articulations rondes, & sont noires. Les Ailes-même sont brunes & transparentes.

Figure 10. Ceci est la partie inférieure du même *Haneton d'or*, dont nous venons de parler. On y aperçoit une dorure aussi épaisse que si l'animal y étoit couvert d'une lame d'or. Le Poitrail & les quatre anneaux de la partie inférieure du corps sont décorez d'un beau verd entremêlé de pourpre & surmonté d'un Brillant d'or ardent. Les six jambes, dont deux sont attachées au bas du Poitrail, & les quatre autres au Cou, sont d'un verd foncé, lustrées d'or. Le dessous des Couvertures des ailes est violet, rebordé de verd. On peut nommer avec justice cet Insecte le Roi des *Hanetons*.

Figure 11. Nous finissons par un Escarbot d'*Afrique* brun, dont les Couvertures des ailes sont toutes garnies jusques à la tête de Houppes veluës; les unes sont de couleur de soufre, & les autres de couleur d'Orange. Ce rare Escarbot porte le nom de *Dieu des Hottentots*, parceque ce peuple sauvage a une figure pareille pour Idole.

* * *

Nous voilà donc parvenus à la Conclusion des Descriptions des Papillons figurez sur nos Planches, où cependant il n'a été question que des *Papillons diurnes & nocturnes*. Et comme nous avons parlé dans nôtre Introduction d'une autre sorte de Papillons, qui volent le *matin* & le *soir* nous ne croions pas devoir passer cet article absolument sous silence. Nous ne ferons cependant mention que d'un seul Papillon de cette sorte. C'est celui qu'on nomme le *Papillon de la mort*, ou la *Tête de Mort*. La Chenille de laquelle il provient est fort grande, epaisse, de couleur de soufre, marquée de rayes bleues en ligne oblique, & a une petite queuë à l'extrèmité postérieure du corps, comme toutes les Chenilles, d'où les Papillons qui volent le *soir* & le *matin* tirent leur origine. On trouve cet insecte çà & là en *Allemagne*, & dans tous les Pais d'*Europe* sur les Plantes de Jasmin, mais aux *Indes* il est beaucoup plus grand. Le Papillon qui en naît porte les marques caractéristiques de la Classe, c'est-à-dire des Antennes *minces aux deux extrémitez & épaisses au milieu*. Son *Vol* est difficile & pésant. Cet Animal rend une espèce de son, ce qu'on ne remarque à aucun Papillon de cette sorte. Il ne s'arrête guères sur les fleurs dont il suce le miel en étendant sa trompe. Ses Ailes postérieures sont aussi bien que le corps couleur d'Orange, sur laquelle on remarque des rayes noires. Les Anterieures sont moirées d'un bleu-foncé à travers lequel on voit paroitre çà & là dés taches jaunes. On observe sur l'etendué du dos sur un champ noir une grande tache blanche tirant sur le jaunâtre sur laquelle il y a deux moindres taches noires l'une à coté de l'autre & au dessous deux rayes épaisses, noires aussi, ce qui présente parfaitement la figure d'une *tête de Mort* avec ses cavitez des yeux, du nez, & de la bouche, & c'est de là que vient à cet Insecte le nom de *Tête de Mort*; ce que nous avons été bien aises de remarquer par raport à plusieurs Collecteurs, qui donnent ce nom à un autre Papillon.

Einleitung
zu den
Meeräpfeln.

Es ist schon in der Einleitung zu den Schnecken und Muscheln erinnert worden, daß man dieselbe in einschaalichte, zweyschaalichte und vielschaalichte eintheile, und zu der letztern Ordnung, unter andern auch die Meeräpfel rechne. Von diesen letzteren haben wir nun jetzo eine weitere Nachricht zu ertheilen.

Es sind nemlich dieselbe mehrentheils runde, oder halbrunde, oder auch Eyerförmige lebendige Thiere in dem Meer, welche eine minder, oder mehr harte, aber doch ungemein zerbrechliche Schaale haben. Ihre runde, oder gewölbte Gestalt ist Ursache, daß man sie Meeräpfel genennet hat. Weil aber fast durchgängig an allen gewisse dickere oder dünnere Stachel sitzen, welche die Schaale rings herum besetzen, so heissen sie auch Meer-Igel oder Echini marini. Die Substanz des Thieres bestehet aus einem schleimigten, und mit vielen Fasern durchwürkten Wesen, fast wie die Substanz der Milz, Lungen oder Leber anderer Thiere. Es hat mehrentheils fünf Cammern, oder Abtheilungen, in welchen das ganze Gebäude des Thieres bestehet, wann man noch die Mündung darzu rechnet, die bey einigen mit fünf langen scharfen Beinchen, oder Zähnen versehen ist. Wenn man diese Thiere kochet, so wird ihre Substanz nach Art der Eyer hart, und ist von etlichen eßbar, von vielen aber des Giftes, oder ranzigen Geschmacks halber zur Speise nicht dienlich.

Die Schaalen haben allezeit zwey Oefnungen, davon die eine immer unten ist und zur Mündung dienet, wie man denn auch bey vielen in derselben die Zähnchen stehen siehet. Die andere Oefnung aber ist entweder unten, nahe bey dem Rande, oder in demselben, oder auch bey vielen gerade oben auf der Schaale senkrecht über der Mündung zu finden, und macht den After des Thieres aus. Bey allen sind die Schaalen unten flach, oben aber gewölbt, und dieses Gewölb bestehet entweder in einer plat runden, oder erhaben runden, oder Ey-runden, oder einer Kegelförmigen Erhöhung. Inwendig sind diese Schaalen bey vielen mit fünf rings um die Mündung herum stehenden erhabenen Ohren, oder Klammern versehen, durch welche die Fasern der fünf Kammern, die den Cörper des Thieres ausmachen, vereiniget und befestiget werden.

Auswendig siehet man allezeit eine Spuhr von der Abtheilung dieses Thieres in fünf Cammern. Denn man findet allezeit fünf einzelne, oder gedoppelte Striche, oder Näthe, oder Furchen, oder irgend eine andere fünffache Figur. Die Stücke der

---

INTRODUCTION
A L'ARTICLE DES
HERISSONS DE MER,
ou
POMMES MARINES, ou OURSINS.

Il a été dit dans nôtre Introduction à l'Article des Limaçons & des Moules qu'on les divise en trois Ordres, qui sont les Univalves, les Bivalves, & les Multivalves, & qu'entre autres l'on place dans l'Ordre des Multivalves les *Herissons de Mer*, ou *Pommes marines*. Il s'agit à présent, de ce qu'il y a de plus digne d'être remarqué relativement à cette dernière espèce.

Les *Herissons de Mer* sont des animaux vivans, qui habitent dans la Mer. Leurs Coquilles, qui sont plus ou moins dures, mais toujours trés-fragiles, leur donnent une figure sphérique, ou hemi-sphérique, ou quelquefois ovale. On leur a donné le nom de *Pommes marines* à cause de cette figure ronde ou sphérique. Mais comme ces Coquilles sont presque genèralement pourvûes de certains aiguillons, tantôt épais, tantôt minces, qui en garnissent tout le tour, on les apelle *Herissons de Mer*. La substance de l'Animal est visqueuse & composée de quantité de filamens, étant à peu prés semblable à celle de la rate, du poumon, ou du foie des autres animaux. Ordinairement chaque Coquille a cinq Chambres ou Cloisons en quoi consiste tout l'édifice de cette habitation, avec une Embouchure, où l'on observe à quelques uns cinq petits os longs & aigus, comme de petites dents. Cet animal, quand on le bouillit, se durcit comme les oeufs. Il y en a qui sont mangeables, mais le plus souvent ils ne peuvent pas servir à cet usage, soit à cause du venin qu'ils renferment, soit à cause de leur goût rance.

Toutes ces Coquilles ont deux Ouvertures, dont l'une est toûjours en bas, & sert d'embouchûre, où les petites dents même sont visibles à plusieurs. L'autre Ouverture est ou en bas près-du bord, ou dans le bord même, ou souvent droit au haut de la Coquille, perpendiculairement au dessus de l'embouchure, & sert à l'évacuation des excrémens. C'est l'Anus. Ces Coquilles sont sans exception aplaties par le bas, & arrondies en haut, soit qu'elles ayent la figure sphérique aplatie, ou sphèrique élevée, ou ovale, ou une élévation conique. Il y a au dedans de la Coquille tout autour de l'embouchure à la plûpart cinq cramponnèts élevez, ou agraffes, qui servent a unir & à affermir ensemble les filamens des cinq chambres, qui composent le corps de l'Animal.

Extérieurement on aperçoit sur toutes ces Coquilles la trace des cinq chambres intérieures; car on y remarque toûjours cinq rayes, ou coûtures, ou cannelures simples ou doubles, ou quelque autre figure divisée de façon ou

d'autre

der Schaale sind mehrentheils jede wiederum fünf- oder viereckigt, und deren giebt es an einem Echino etliche hundert. Auf jedem Stück sitzet eine grosse oder kleinere Warze, oder auch nur ein vertiefter runder Ring, oder ein Punct, auf welchem die Stachel, vermittelst einer zarten Senne, die durch den Mittelpunct der Warze gehet, fest sitzet, und alle diese Stücke zusammen machen fünf Hauptblätter der Schaale aus, die vermittelst einer in der vollkommensten Ordnung ausgezackten Nath, also zusammen halten, wie die Blätter der Hirnschaale durch ihre Nath zu thun pflegen.

Was die Stacheln betrift, so sind selbige dick, oder dünne, glatt, oder rauh, kurz, oder lang, Spieß- oder Fingerförmig, und bestehen zuweilen nur in Borsten oder Haaren. Ihre Farben aber sind veränderlich, wie die Farben der Schaalen selbst, denn man hat weisse, rothe, grüne, braune, schwarze, violette, gelbe und bunte.

Das Thier bedienet sich dieser Stachel zu seiner Vertheidigung und zum gehen, denn es kan die Stachel niederlegen, und in die Höhe richten. Wenn nun das Thier etwa in die Höhlung eines Felsens eingekrochen ist, und man ihm da nachstellet, um es herauszuziehen, so strecket es die Stachel allenthalben aus, und setzet sie gegen die Wände der Höhlung an, daß man es auf keine Art herauszubringen vermag. Zum gehen dienen ihm die längsten Stachel an der untern Fläche, welche entweder zugleich, oder einer nach dem andern fortgesetzet werden, welches eben so aussiehet, als wenn jemand auf Krucken gienge. Mit dieser Art zu gehen können sie, zumal am harten Strande, ziemlich geschwinde fortkommen. Niemahlen aber findet man, daß sie wie eine Kugel rollen, indem sie sich durch die Richtung ihrer Stachel augenblicklich dem Rollen wiedersetzen können, und wenn ja durch einen gewaltsamen Zufall das unterste oben zu liegen kommt, so wissen sie sich durch die Stachel wieder aufzurichten; sie helfen sich eben so, wie es die Käfer mit ihren Füßen zu machen pflegen, wenn sie auf dem Rücken liegen.

Alle Stachel sitzen, wie wir bereits gesaget haben, auf erhabenen Warzen, vermittelst einer sehr zarten Senne feste, fallen aber auf die mindeste Berührung dem Thiere, wenn es gestorben ist, ab, und dieses ist die Ursache, warum man in den Cabinettern mehrere Echinos ohne Stacheln, als mit denselben antrift. Wenn man aber dieselben mit ziemlich feste sitzenden Stacheln erhalten will, so muß man sie lebendig in Spiritus überstürzen, damit die Stachel, oder vielmehr die zarten Sennen, welche die Stacheln festhalten, erstarren und hart werden. Dieser Umstand aber vertheuert dieselben, zumal wenn man erweget, wie beschwerlich sie zu verschicken sind, denn man darf froh seyn, wenn man unter zehen einen einzigen ganz und unbeschädigt erhält.

Auswendig auf der harten Schaale sitzet noch eine zarte Haut, und scheinet dieselbe durch unzählliche Fasern, die durch eben so viele Löcherchen der harten Schaale gehen, mit dem inneren Cörper befestiget zu seyn, um die Zusammenhaltung der aus so vielen hundert einzelnen Stücken bestehenden Schaale zu befördern. Diese Löcher aber, die oft so klein sind, daß sie das Aug kaum sehen kan, stehen bey den mehresten in zehn ordentlichen

dentlichen

d'autre par le nombre de cinq. Les pièces raportées de la coquille, dont on trouve quelques centaines à chaque Hérisson de mer, sont pour la plus grande partie des Pentagones, ou des Quarrez. Il y a sur chacune de ces pièces une espèce de bout mamillaire, ou seulement un anneau rond enfoncé, ou un point, sur lequel les aiguillons sont affermis au moyen d'un nerf subtil qui traverse ce bout. Toutes ces pièces ensemble forment les cinq feuilles principales de la coquille, lesquelles sont liées ensemble par une suture dentelée avec la dernière regularité, à peu près comme celles qui unissent les parties différentes du Crane humain.

A l'égard des Aiguillons, ils sont épais ou minces, unis ou rudes, courts ou longs, en forme de doigt, ou d'épieu, & ne consistent quelquefois qu'en poils ou soyes semblables à celles du sanglier. La Couleur de ces Aiguillons est diverse, aussi bien que celle des coquilles, car elle est tantôt blanche, rouge, verte, brune, noire, violette, jaune, ou variée.

Ces Aiguillons servent à l'Animal non seulement d'arme défensive, mais aussi à marcher, car il peut les baisser, ou les élever & étendre comme il lui plait. Si après s'être refugié dans quelque cavité de rocher, il se voit poursuivi, il étend tous ses aiguillons, de façon qu'il est impossible de l'ôter de là. Ce sont les plus longs aiguillons de la partie inférieure dont il se sert pour marcher, les employant tantôt tous à la fois tantot l'un après l'autre comme des béquilles, ou des échasses. Avec cette façon de marcher, il avance assez vite, sur tout quand le terrain du rivage est ferme. Quoiqu'il soit formé en boule, on ne le voit jamais rouler, de quoi il se défend à l'aide de ses aiguillons, & suposé que quelque accident imprévû le jette à la renverse, sens dessus dessous ces mêmes aiguillons lui servent à se relever, tout comme l'Escarbot se relève en s'aidant de ses jambes.

Tous les aiguillons sont affermis comme nous l'avons déjà dit sur des bouts ou mammelons élevez au moyen d'un nerf trés-delié, mais pour peu qu'on les touche après la mort de l'animal, ils ton bent, & c'est par cette raison qu'on trouve dans les Cabinets des Curieux beaucoup plus de Hérissons de Mer sans aiguillons, que de ceux qui en sont pourvûs. Quand on les veut conserver avec les aiguillons encore assez affermis sur leurs bouts, il faut les jetter vivans dans de l'Esprit de vin, qui sert à fortifier & à durcir ce nerf subtil qui affermit les aiguillons sur leurs bouts. Cette précaution rencherit à la verité ces pièces, vû sur tout la difficulté du transport. Car il est certain que de dix Hérissons qu'on nous envoye en Europe, l'on peut regarder comme une bonne fortune d'en recevoir un seul entier, qui n'ait souffert aucun dommage.

La Coquille dure est envelopée au dehors d'une peau fine, qui paroit liée au corps intérieur par une infinité de filamens, lesquels passent à travers autant de petits trous de la coquille, pour mieux contenir le grand nombre de pièces raportées, qui composent le Total de la Coquille. Ces trous sont souvent si petits qu'ils échapent à la vûe. Ils forment le plus souvent dix rangées régulières, qui vont en

ac

dentlichen Reihen, die oben von dem After des Thieres bis unten zur Mündung in einen halben Bogen herum gehen. Denn es haben die meisten Meeräpfel fünf grosse Schilde, die ihre fünf Kammern bedecken, und jedes Schild hat am Rande eine ordentliche Reihe von grösseren Warzen; hinter diesen folget sogleich eine Reihe mit vielen hundert Löchergen, aber das mittlere Feld jedes Schildes ist nicht durchlöchert, sondern mit vielen kleineren jedoch unordentlich stehenden Warzen besetzet. Auf diese Art kommen jedesmahl von zweyen Schilden, die mit einer ausgezackten Nath an einander stossen, zwey Reihen Warzen zusammen, zu deren beyden Seiten die Reihen der Löcher stehen, und folglich zehn Reihen ausmachen.

Andere Arten, die mit keinen Warzen versehen sind, haben entweder unzählige Puncte, in welchen die Borsten sitzen, oder runde Ringelchen, welche die Schaale allenthalben auf gleiche Art besetzen, ausgenommen, daß man oben eine fünfblätterichte Figur, zuweilen auch fünffache Furchen, oder durchbrochene Striche antrift. Ueberhaupts giebt es sehr viele Abweichungen, und sind uns noch sehr viele Arten verborgen, die sich ohnfehlbar allein in der Tiefe des Meeres aufhalten. Denn man hat unterschiedene versteinerte Meeräpfel gefunden, die man würklich in ihrer Natur selbst noch nicht angetroffen.

Was nun die Eintheilung der Meeräpfel betrift, so gehen die Schriftsteller ziemlich von einander ab. Wir wollen nur soviel, als zu unserem Zweck dienlich ist, nemlich die vornehmsten Arten der Eintheilung berühren. *Rumpf* macht fünf Classen, zu der ersten zehlet er alle Echinos vulgares, oder eßbare Meeräpfel mit dünnen, Spietzförmigen Stacheln. Zu der zweyten alle Echinometras digitatas, oder grosse warzigte Meeräpfel mit Fingerförmigen Stacheln. Zu der dritten alle Echinometras setosas, oder dünne Meeräpfel mit Borsten. Zu der vierten alle Echinos sulcatos, oder hartschaalichte Meeräpfel mit Furchen, oder einer Sternförmigen Figur. Endlich zu der fünften alle Echinos planos, oder platte sowohl ganz runde, als ausgezackte Meeräpfel. *Breyn* hingegen nimmt andere Unterscheidungszeichen an, und macht sieben Classen. In der ersten Classe ist der Echinometra, oder ein jeder Kugelförmiger Meerapfel, dessen Mündung in dem Mittelpunct der Unterfläche, der After aber gerade über demselben in der Mitte der Oberfläche stehet. In der zweyten Classe ist der Echinoconus, oder ein jeder Kegelförmiger, oder Huthförmiger, Meerapfel, dessen Mündung zwar auch in der Mitte der untern Fläche stehet, aber dessen After gleicherweise an eben derselben untern Fläche, entweder in dem Rande, oder dichte an demselben befindlich ist. In der dritten Classe ist der Echinocorys, oder jeder Helmförmiger Meerapfel, dessen Mündung und After zwar beyde an der untern Fläche, die Mündung aber zwischen dem Mittelpunct und dem Rande, der After hingegen diesem gegenüber an dem weitentferntesten Rande stehen. In der vierten Classe ist der Echinanthus, oder jeder Meerapfel, der auf der obern Fläche eine fünfblätterigte Blumenförmige Figur hat, an der untern Fläche aber ohngefähr in der Mitte, die Mündung, und am entferntesten Rande den After hat. In der fünften Classe ist der Echinospatagus, oder jeder Eyerförmige, oder Herzförmige Meerapfel, dessen Mündung unten zwischen dem Mittelpunct und dem Rande, der After aber an, oder bey dem Rande, der am weitesten davon entfernt ist, gefunden wird. Hier müssen wir anmerken, daß die obere Mündung zuweilen mit einer vierblätterichten Figur bezeichnet ist, gleichwie der Echinanthus eine fünfblätterichte Figur hat. In der sechsten ist der Echinobrissus, oder ein jeder Meerapfel, dessen

arc d'une ouverture à l'autre. La plûpart des Herissons de mer ont cinq grands Ecussons, qui couvrent leur cinq chambres, chaque Ecusson est bordé d'une rangée régulière de grands mammelons, qui est suivie d'abord par une rangée de plusieurs centaines de petits trous. L'espace vuide du milieu de l'Ecusson n'est point percé, mais garni d'un trés-grand nombre de mammelons plus petits que les précédens, & placez sans ordre. Il resulte de là que quand deux Ecussons sont joints ensemble par leur suture dentelée, il y a toûjours deux rangées de mammelons posées l'une près de l'autre, a côté desquelles viennent les trous, dont par conséquent les rangées sont au nombre de dix.

D'autres espèces, où l'on ne remarque point de mammelons, ont ou un nombre innombrable de points, sur lesquels les soyes sont plantées, ou des petits anneaux ronds, dont la Coquille est garnie de toutes parts également, excepté en haut, où l'on trouve une figure à cinq feuilles, ou cinq Cannelures, ou cinq rayes à jour. En général cette sorte de Coquilles fournit une quantité de variations, & il y en a sans doute un trés-grand nombre encore au fond de la Mer, conjecture fondée sur ce qu'on a trouvé des Herissons de Mer pétrifiez, dont on n'a jamais vû les semblables dans leur état naturel.

Ceux qui ont écrit sur cette matière diffèrent beaucoup dans leurs sentimens sur la manière de *classifier* les Herissons de Mer. Nous n'en dirons que ce qui convient à nôtre but. *Rumpf* établit cinq Classes. Il met dans la *première* tous les Herissons de Mer communs ou mangeables, dont les aiguillons sont minces & formez en poinçon. Dans la *seconde* tous les Echinomètres à doigts ou *Echinodactyles*, c'est-à-dire tous les grands Herissons de mer, ou Oursins mammillaires dont les aiguillons sont faits comme des doigts. Dans la *troisième* tous les Echinomètres à longs poils rudes, ou Pommes de Mer minces garnies de soies de sanglier. Dans la *quatrième* tous les Herissons de mer à sillons, dont les Coquilles sont dures & sillonnées, ou figurées en étoile. Enfin dans la *cinquième* tous les Herissons de mer unis ou plats, tant ceux qui sont de figure absolument sphérique, que les dentelez. D'un autre côté *Breyn*, s'attachant à d'autres marques caractéristiques, supose sept Classes. La *première* des *Echinomètres*, ou de tout Herisson de mer de figure sphérique, dont l'Embouchure se trouve au centre de la superficie inférieure, & l'autre Ouverture, qui est l'anus, perpendiculairement au dessus au centre de la superficie supérieure. La *seconde* des *Echinocones*, ou Herissons de mer, dont l'embouchure se trouve à la vérité aussi précisément au milieu de la superficie inférieure, mais dont l'anus est placé à la même superficie soit au bord soit tout prés du bord. La *troisième* des *Echinocorys*, ou des Herissons de mer formez en casque, dont l'Embouchure & l'Anus se trouvent à la vérité l'un & l'autre à la superficie inférieure, mais avec cette différence que l'Embouchure est placée d'un côté entre le centre & le bord, & l'Anus vis-à-vis de l'autre côté à l'extrémité du bord. La *quatrième* des *Echinanthus*, qui sont les Oursins, ou Pommes de mer, lesquels présentent à la superficie supérieure une figure de fleur à cinq feuilles, & qui en bas ont l'embouchure à peu près au milieu, & l'Anus au bord le plus éloigné. La *cinquième* des *Echinospatagus*, c'est-à-dire les Oursins de forme ovale, ou figurez en coeur, dont l'embouchure se trouve en bas entre le centre & le bord, & l'Anus au bord le plus éloigné,

deſſen Mündung unten faſt im Mittelpunct, der After aber oben auſſerhalb dem Mittelpunct in einer Furche verborgen lieget. Eine Art, die man zwar, wiewohl ſehr ſelten, verſteinert findet, die aber in ihrer Natur bis daher noch eben ſo unbekannt, als uns dies dunkel iſt, was Ariſtoteles mit dem Ausdruck Echinobriſſus habe ſagen wollen. In der ſiebenden und letzten Claſſe iſt der Echinodiſcus, oder jeder platter und Tellerförmiger Meerapfel, deſſen Mündung unten ohngefehr im Mittelpunct, der After aber dicht am Rande, oder in dem Rande ſelbſt ſtehet.

Viel kürzer kömmt man davon, wenn man mit dem **Ritter Linnäus** nur zwey Claſſen macht, davon die erſte die Mündung unten, und den After oben, die andere aber, ſowohl den After, als die Mündung an der untern Fläche hat. Weil aber dieſe Eintheilung wenig Arten beſtimmet, ſo wäre nöthig, jede Claſſe in ihre gehörige Arten abzutheilen, und ſodann bey jeder Art ſich einige Unterarten und Abweichungen zu merken.

Nach dieſem Vorſchlag hätte die erſte Claſſe, welche aus lauter Echinometris und Echinobriſſis beſtehet, die den After oben haben, folgende Arten: die erſte Art iſt der Echinus miliaris, oder der Meerapfel mit kleinen Hirſenkörner-ähnlichen Warzen, deſſen Unterarten wären der grüne mit grünen Stacheln und ſeinen Abweichungen, der weiſſe mit gelben Stacheln und ſeinen Abweichungen, der grünlichte mit violetten Stacheln, und der röthlichte mit eben dergleichen Stacheln. Die zweyte Art iſt der Echinus Mamillaris, oder der Meerapfel mit groſſen Warzen, deſſen Unterarten wären, der kleinwarzigte mit braunen ſpiesförmigen Stacheln, und deſſen Abweichung mit weiß und ſchwarzbunten Stacheln. Der Türkiſche Bund mit ſehr langen ſchwarzen und rauhen Stacheln. Dann die groſſen Bunde mit ihren Fingerförmigen Stacheln, und deren Abweichungen mit glatten und geſtreiften Fingerförmigen Stacheln. Endlich die ſämtlichen Echinobriſſi.

Die zweyte Claſſe enthielte alle, deren After unten iſt, und ließe ſich in zwey Hauptarten abtheilen. Die erſte hat den After in oder bey dem Rande, und die Mündung im Mittelpunct, die andere den After im Rande, und die Mündung auſſer dem Mittelpunct: zu der erſten Hauptart gehörete der Echinanthus, oder ſulcatus mit der Sternförmigen Figur und deſſen Abweichungen, wie auch der platte Echinodiſcus mit ſeinen plattrunden, durchbrochenen, undurchbrochenen, ausgezackten und unausgezackten Unterarten. Zu der andern Hauptart aber würden alsdenn der Echinocorys, oder der Helmförmige, und der Echinoſpatagus, oder der Herz- und Eyerförmige Meerapfel, zuſamt ihren Abweichungen gerechnet, ſie mögen nemlich ſetoſi, das iſt mit Borſten beſetzet, oder anders beſchaffen ſeyn. Wolte man die fernere Eintheilung von der Erhöhung ihres Gewölbes, oder von der vollkommen runden, oder mehr Eyerförmig-runden Figur hernehmen, ſo würde man auf Weitläuftigkeiten, und vielleicht nur auf bloſſe Abweichungen verfallen. Wir ſchreiten dahero jetzo nur zur Beſchreibung der in den Kupfertafeln vorgezeigten Stücke.

TAB. D.

où il eſt à obſerver que la ſurface ronde ſupérieure eſt marquée d'une figure à quatre feuilles, au lieu que celle de l'*Echinanthus* en a cinq. La *ſixième* des *Echinobriſſus*, qui ſont des Ourſins, ou Heriſſons de mer dont l'Embouchure eſt preſque au centre, & l'Anus caché en haut hors du centre dans une cannelure. On trouve cette eſpèce quelques fois petrifiée, rarement pourtant, & juſques ici on n'en a point connu encore dans un état naturel, tout comme il eſt aſſez dificile de comprendre ce qu' *Ariſtote* à prétendu deſigner par l'expreſſion *echinobriſſus*. Enfin la *ſeptième* & dernière Claſſe eſt celle des *Echinodiſcus*, c'eſt-à-dire de toutes les Pommes de Mer plattes & formées en aſſiette, dont l'embouchure eſt au centre à quelque choſe près, & l'Anus tout près du bord, ou dans le bord même.

Le *Chevalier Linnaeus* a pris un chemin beaucoup plus court, qu'on peut ſuivre. Il n'établit que deux Claſſes; la *prémière* des Ourſins dont l'Embouchure eſt en bas, & l'Anus en haut, & la *ſeconde* de ceux qui ont en bas l'Anus auſſi bien que l'Embouchure. Mais comme cette diviſion eſt fort générale, il conviendroit de ſubdiviſer chaque Claſſe en eſpèces, & d'indiquer quelques Sous-eſpeces & Variations qu'on y rencontre.

En adoptant cette Méthode la *prémière* Claſſe ne conſiſte qu'en *Echinomètres* & *Echinobriſſes* qui ont l'Anus en haut, dont on a les *eſpèces* ſuivantes. La prémière eſt l'*Echinus miliaris*, ou le Heriſſon de mer à mammelons ſemblables à de petits *grains de millèt*, dont les Sous-eſpèces ſont le Verd à aiguillons verds avec ſes variations, le *blanc* à aiguillons jaunes avec ſes variations, le *verdâtre* à aiguillons violèts, & le rougeâtre à aiguillons auſſi violèts. La *ſeconde* eſpèce eſt l'*Echinus mamillaris*, ou l'Ourſin à grands mammelons, dont les Sous-eſpèces ſeroient le Heriſſon de mer à *petits mammelons* & à aiguillons bruns formez en poinçon, & une ſorte anomale dont les aiguillons ſont variez de blanc & de noir. Le *Turban* à aiguillons noirs très-longs & rudes. Enſuite les *grands Turbans* à aiguillons formez en doigts, ou *Echinodactyles*, & leurs variations, dont les aiguillons ſont auſſi formez comme des doigts, en partie unis & en partie cannelez. Enfin tous les *Echinobriſſes* ſans exception.

La *ſeconde* Claſſe contiendroit tous les Ourſins dont l'Anus eſt en bas, & pourroit être diviſée en deux eſpèces principales, l'une de ceux qui ont l'Anus près du bord ou dans le bord même, & l'embouchure au centre; l'autre de ceux qui ont l'Anus au bord, & l'Embouchure hors du centre. On rangeroit en la *prémière eſpèce principale*, l'*Echinanthus*, ou l'Ourſin ſillonné à figure étoïlée, & ſes variations, de même que l'*Echinodiſcus* plat ou rond ſans échancrûre, avec ſes ſous-eſpèces rondes & unies, percées à jour ou non-percées, dentelées & non-dentelées; l'*autre eſpèce principale* renfermeroit l'*Echinocorys*, ou l'Ourſin en caſque, & l'*Echinoſpatagus*, ou l'Ourſin formé en coeur, ou de figure ovale, avec leurs variations, ſoit que les ſoyes s'y trouvent ou qu'ils ſoient autrement conditionnez. Si l'on vouloit pouſſer les diviſions plus loin relativement à la voûte plus ou moins élevée des Ourſins ou à leur figure plus ou moins ronde ou ovale, on tomberoit dans des prolixitez inutiles, & ſe verroit peut-être reduit à ne produire que de ſimples variations pour des eſpèces. Nous nous en tiendrons donc là, & procèderons à préſent à la deſcription des Figures contenues ſur nos Planches.

PLAN-

Ex Museo D. Joan. Ambrosii Baueri, Pharmacopoei Norimb.
et Acad. Caesar. Leopoldino-Carol. Nat. Curios. Socii celeberrimi.

G. F. Diegsch ad Nat. pinx.

G. W. Knorr sculp. et exc.

TAB. D.

Fig. 1. Den Anfang macht ein ansehnlicher grosser Meer-apfel von rother, oder vielmehr Aepfelblüthenfarbe, welcher ein Echinus miliaris ist, und darum also genennet wird, weil die Wärzgen klein, wie Hirsenkörner sind. Die Figur ist wie ein hoher Winterapfel, und die Abtheilung der Hauptschilde, deren fünfe an der Zahl sind, ist folgender Gestalt: jedes Schild hat in der Mitte einen breiten rothen Strich mit vielen unordentlich stehenden Wärzgen. An jeder Seite dieses Strichs ist eben ein so breiter Strich zu finden, der mit grösseren, auf lauter dunklen Querlinien stehenden Warzen versehen ist. Hernach ist zur Seiten dieser zwey Striche erstlich ein blasser schmahler Strich mit feinen Warzen, und alsdann folget ein Strich mit grossen Warzen, von denen gleichsam eine jede in einem kleinen dunklen Viereck stehet, und dabey höret ein Hauptschild, oder der fünfte Theil der Schaale auf, dem die übrigen Blätter, oder Schilde vollkommen gleich sind.

Oben auf siehet man eine Zeichnung, wie eine Rose. Es ist aber dieses ein Fell, das den After bedecket. Denn wenn dieses aufgehoben wird, so erblicket man eine Oefnung, die mit einem besondern harten fünfeckigten Rande eingefasset ist, in diesem sind wiederum fünf kleine Löcher, durch welche eine Na-del gehen kan.

Fig. 2. In dieser Figur erscheinet der grosse Türkische Bund mit grossen und ordentlich stehenden Warzen, welcher unter den Echinis mamillaribus den ersten Rang verdienet, bey dem Rumpf aber Echinometra digitata prima genennet wird. Jede grosse und ansehnliche Warze stehet auf ein.m er-habenen Feld, welches einer Weiberbrust ähnlich siehet, und jedes Feld ist wiederum mit einem erhabenen körnichten Rand umgeben. In jedem Schild der Schaale stehen zwey Reihen dieser Warzen von dem After bis zur Mündung die Länge her-unter, jedoch so, daß die Warzen nicht gerade neben einander, sondern eine um die andere zu stehen kommen. Neben den ge-doppelten Reihen dieser Warzen laufet jedesmahl eine breite schlangenförmige und mit vielen länglichten Löchern durchbrochene Linie hin, deren an der Zahl allezeit fünfe sind, und den ganzen Meerapfel in fünf Theile abtheilen. Die Felder, oder Brüste, worauf die Warzen stehen, sind weißlicht, und die Warzen selbst, die als gedrehte Knöpfgen oben darauf stehen, sind ein wenig gelblichter. In der Mitte jeder Warze bemerket man eine feine Oefnung, durch welche eine Senne gehet, die den darauf sitzenden Stachel feste hält. Die Stachel dieser Meer-äpfel aber sind überaus dicke, stark, und keilförmig, und werden bey der Tab. D. III. fig. 7. 8. woselbst sie abgebildet sind, näher beschrieben werden. Uebrigens aber sind diese Meeräpfel, welche aus Ostindien kommen, seltener als andere, und haben ein schönes Ansehen. Denn sie sind so zierlich, daß man sie vor ein Meisterstück einer Drechslerarbeit halten sollte. Die Oef-nung, die man oben siehet, ist der After des Thieres und mangelt demselben nicht nur die Haut, die den After schliesset, sondern auch der innere mit fünf kleinen Löchern versehene Ring, dahero diese Oefnung so groß erscheinet.

Fig. 3. Von einer andern Gattung ist der in dieser Fi-gur abgebildete andere Türkische Bund, denn derselbe hat keine ordentliche Reihen von Warzen, sondern es sind die gros-sen Warzen ohne Ordnung, rings herum auf der Schaale zerstreuet

PLANCHE D.

Figure 1. La première pièce qu'on voit ici est un Oursin grand & remarquable. Il est rouge ou plûtôt cou-leur de fleur de Pomme. C'est l'Oursin *à grains de millet*, ainsi nommé, parceque ses Mammelons sont petits, comme des grains de millet. La figure en est semblable à celle d'une grosse Pomme de Rambure, composée de cinq Ecus-sons principaux, marquez chacun au milieu d'une large bande rouge garnie d'un grand nombre de Mammelons po-sez sans ordre. A chaque côté de cette bande on en voit une autre de même largeur garnie de mammelons plus grands posés sur des lignes brunes traversantes. Chacune de ces secondes bandes a d'un côté comme de l'autre d'abord une raye pâle & étroite avec ses Mammelons, & après cela une autre raye couverte de grands Mammelons, disposez pour ainsi dire en petits quarrez, & le total com-pose un Ecusson, auquel les autres quatre sont parfaitement semblables.

On observe au dessus une Rose qui n'est proprement qu'une peau qui couvre l'Anus. Car en levant cette peau on trouve une ouverture pourvûë d'un bord particulier formé en Pentagone percé de cinq petits trous, dans cha-cun desquels on peut passer une épingle.

Figure 2. Voici le *grand Turban*. Cet Oursin est char-gé de gros mammelons regulièrement posez, & mérite la première place parmi les Oursins mammillaires. *Rumpf* l'apelle le *principal Echinometre à doigts*, ou *Echinodactyle*. Chaque grand Mammelon repose sur un champ élevé, semblable à un teton de femme, & ce champ est bordé d'un tour élevé & grainé. Chaque Ecusson de la Coquille est garni de deux rangées de ces Mammelons, du haut en bas depuis l'Anus jusques à l'Embouchure, de façon pour-tant qu'ils ne se trouvent pas placez justement l'un à côté de l'autre, mais en rhombe. Une large bande serpentine percée de quantité de trous oblongs passe chaque fois à côté de ces doubles rangées, & divisent ainsi naturellement l'Oursin entier en cinq parties. Les Champs ou les Mam-melles, sur lesquelles les Mammelons se trouvent posez, sont blanchâtres, & les Mammelons mêmes, faits comme un pe-tit bouton travaillé au tour, tirent un peu sur le jaunâtre. On observe au milieu de chaque Mammelon une Ouverture fine, à travers laquelle passe un tendon, qui sert à y affer-mir l'aiguillon. Or les aiguillons de cet Animal sont extrê-mement épais, forts, & de figure conique. Nous en don-nerons une description particulière cy dessous Pl. D. III. fig. 7. & 8. où ils sont dépeints. Au reste cet Oursin, qui nous vient des *Indes orientales*, est plus rare que d'autres. Sa Figure est belle, & si élégamment travaillée qu'on pourroit la prendre pour le Chef-d'oeuvre d'un Tourneur. L'Ou-verture qu'on voit en haut est l'Anus de l'Oursin, auquel il manque non seulement la peau qui lui sert ordinairement de Couverture, mais aussi l'anneau intérieur avec ses cinq petits trous, ce qui fait que cette Ouverture-ci paroit si grande.

Figure 3. Le *second Turban*, qui est représenté ici, diffère du précédent en ce qu'il n'a point ses Mammelons en rangées régulières. Les grands y sont disperséz sans ordre tout autour de la Coquille, entre lesquels on en voit une
quantité

ſtreuet zu finden, zwiſchen denſelben aber iſt eine unzählige Menge von vielen kleineren und ſo gar den Hirſenkörnern nicht unähnlichen Warzen, die alle eben ſo zerſtreuet ſtehen. Es weichet auch derſelbe von dem vorigen darinn ab, daß er nicht ſo rund, ſondern mehr länglicht als jener iſt, und was den Grund der Schaale betrift, ſo iſt derſelbe mehr röthlich, oder Aepfelblüthenfärbig, zuweilen auch bräunlicht. Die Stachel, oder Finger, die auch radii Echinorum heiſſen, ſind von eben der Beſchaffenheit, wie an den vorhergehenden.

Fig. 4. Die Meeräpfel mit Hirſenkörnernähnlichen Warzen ſind nicht nur in der Farbe und Zeichnung, ſondern auch in Anſehung ihrer Rundung und Erhöhung, und endlich auch in ihren Stacheln ſehr von einander unterſchieden. Die jetzige iſt ein grüner Echinus miliaris mit kurzen, glatten und grünen Stacheln. Die fünf Blätter der Schaale haben in ihrer Mitte einen glatten undurchbrochenen Strich, auf welchen zu beyden Seiten eine gedoppelte Reihe feiner Wärzgen ſtehen. Hinter dieſen Reihen folgen zwey mit unzähligen löchergen durchbrochene Striche, die wiederum mit einer einfachen Reihe Warzen eingefaſſet ſind, und dann kommt die ausgezackte Nath, welche die Schilde an einander hält. Alle Blätter beſtehen übrigens aus unzähligen Vierecken, auf deren jedem wenigſtens ein Wärzgen ſitzet. Die Mündung iſt unten fünfeckigt; innerhalb derſelben ſtehet auf jedem Blat eine erhabene Klammer, die wie ein Schwibbogen oder Pförtgen ausſiehet, und der Rand der Mündung iſt an jedem Schilde zweymahl eingekerbet. Der After, der oben iſt, wird mit einem Fell bedeckt; welches über den fünfeckigten Rand, der fünf Löcher hat, herüber gezogen iſt. Die Schaale iſt überaus dünne und brüchig. Was nun die unterſchiedene Abweichungen betrift, die man nur allein bey dieſen grünen Echinis antrift, ſo ſind deren wohl dreißigerley. Denn einige ſind allenthalben einfärbig blaß- oder hochgrün, oder ſie ſind mannigfaltig bunt, nemlich grün mit weiſſen Strichen, weiß mit grünen Strichen, in die quere limiret, grün, oder weiß geflammt, oder dergleichen; und in der Bauart iſt der gegenwärtige, ſtatt ordentlich rund, vielmehr fünfeckigt, und etwas niedrig gewölbet, da andere hingegen ganz rund, oder auch hoch, oder ſpitzig gewölbet ſind. Die größeſten davon ſind zwey Fäuſte groß, und rar.

Fig. 5. Bey demjenigen grünen Seeapfel, der in dieſer Figur vorgezeiget wird, iſt nichts erhebliches zu bemerken, indem er mit dem vorigen von einerley Art iſt, ausgenommen, daß er ganz grün und vollkommen rund iſt, und auf jeder Warze ein rothes Tüppelchen hat, da hingegen der vorhergehende mehr weißlicht und etwas fünfeckigt im Umfang iſt.

Fig. 6. Es ſind nicht nur grüne Echini Miliares, ſondern auch weiſſe vorhanden, die aber zuweilen auch etwas röthlich, oder Aepfelblüthenfärbig ausfallen, und von der letzten Art iſt derjenige kleine, der in dieſer Figur abgebildet iſt. Von ihrer Bauart müſſen wir eben das ſagen, was wir von den grünen Meeräpfeln ſchon erinnert haben. Sie kommen vollkommen mit einander überein, nur in der Farbe gehen ſie von einander ab, und bey dieſem ſind die Stachel durchgängig gelb, und dabey kurz und glatt. Von Natur ſind ſie zwar alle röthlicht, allein die Sonne ziehet bey den mehreſten dieſe zarte Farbe gar geſchwind aus, wenn nemlich das Thier umgekommen iſt, und die Stacheln abgefallen ſind, und dieſes mag wohl die Urſache von dem Unterſcheid ihrer Farben ſeyn.

quantité de moindre grandeur, & quelques uns auſſi petits que des grains de millèt, tous poſez ſans aucun arrangement. Cette coquille diffère encore de la précédente en ce que ſa figure eſt plus oblongue que ronde. La Couleur eſt plûtot rougeâtre que de fleur de Pomme, & tire quelquefois ſur le brun. Les Aiguillons ou Doigts, qu'on apelle auſſi *Raïons d'Ourſin*, ſont faits comme ceux de la figure 2.

Figure 4. Les Ourſins à Mammelons ſemblables aux *Grains de Millèt* diffèrent beaucoup entre eux tant par raport à la couleur & aux deſſeins, que par raport à leur rondeur & élèvation, & même quant aux Aiguillons. Celui-ci eſt verd à Aiguillons courts, unis & verds. Les cinq pieces qui forment la Coquille ont chacune au milieu une raye unie & ſolide ou non percée, à chaque côté de laquelle on voit une double rangée de mammelons fins. Après ces rangées viennent deux rayes percées d'une infinité de petits trous. Ces rayes ſont bordées d'une autre rangée ſimple de Mammelons, & enfin paroît la Couture dentelée où les Ecuſſons ſe joignent. Au reſte les Ecuſſons ſont compoſez d'un nombre innombrable de Quarrez ſur chacun deſquels il y a toûjours un petit mammelon au moins. L'embouchure eſt formée en Pentagone. On voit au dedans ſur chacune des feuilles une crampe élevée qui reſſemble à une arcade, ou à un petit Portail, & cette embouchure eſt artachée par deux entaillures à chaque Ecuſſon au bord. L'Anus qui ſe préſente en haut eſt couvert d'une peau, tirée ſur le bord à cinq angles, percé de cinq trous. La Coquille de cet Ourſin eſt extrêmement mince & fragile. Il y a bien trente variations diverſes de cette eſpèce d'Ourſins verds. Les uns n'ont qu'une ſeule couleur, qui eſt la verte pâle ou exhauſſée; d'autres l'ont variée, ou verte rayée de blanc, ou blanche rayée de verd; quelques uns ſont rayez en travers, ou à flammes vertes ou blanches, &c. Quant à la ſtructure cette Coquille-ci eſt plutôt en Pentagone que de figure ſphérique, ſes vouſſures étant un peu comprimées, au lieu que d'autres ſont abſolument ſpheriques, & ont des vouſſures élevées, ou en cone. On en a qui ſont auſſi grandes que deux poings joints, mais elles ſont rares.

Figure 5. L'Ourſin verd repréſenté dans cette figure n'a rien de particulièrement remarquable étant de la même ſorte que le précédent, duquel il ne diffère qu'en ce qu'il eſt abſolument verd, & de figure parfaitement ſphérique, & qu'il eſt marqué d'un point rouge ſur chaque Mammelon, au lieu que l'autre eſt plus blanchatre, & que ſa Periphérie tire ſur le Pentagone.

Figure 6. On a auſſi des Ourſins à grains de millèt, dont la couleur eſt blanche, & quelques fois rougeâtre, ou couleur de fleur de pommier, & telle eſt la petite Pomme de mer, qui ſe préſente ici. La ſtructure en étant parfaitement ſemblable à celle des Ourſins verds, nous nous diſpenſerons de repeter ici ce qui en a été dit. Il faut cependant remarquer que les Aiguillons de cet Ourſin-ci ſont tous jaunes, & avec cela courts & unis. Il eſt vrai que naturellement ils ſont tous rougeâtres, mais c'eſt une couleur delicate que l'ardeur du ſoleil ternit facilement à la plûpart, quand l'Animal eſt mort, & que les Aiguillons ſont tombez. C'eſt de là que provient ſouvent la différence des Couleurs.

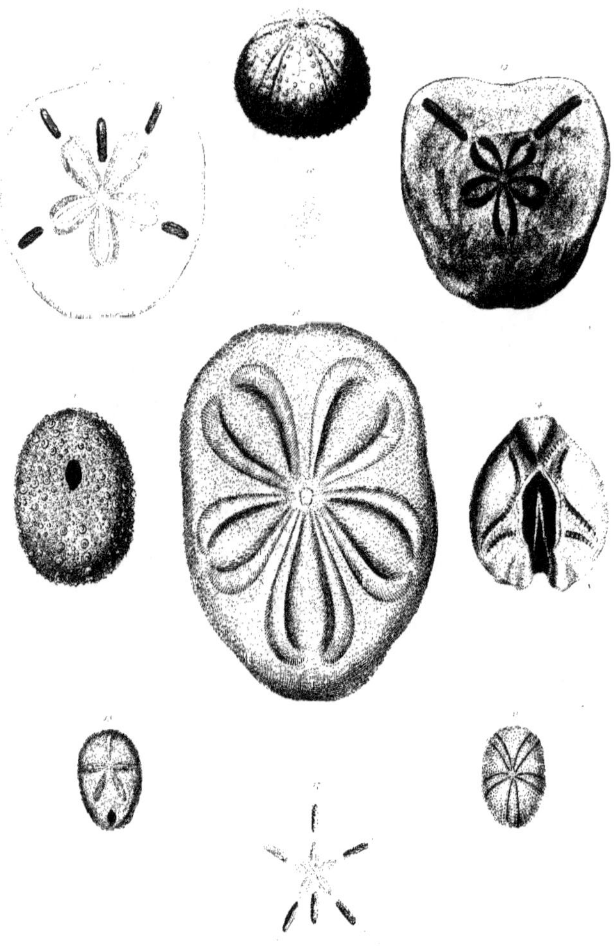

Ex communicatione Cl. Du Bourn.

Knorr ad Nat. fec. et excudit.

Fig. 7. Echini Mamillares werden alle diejenige Meeräpfel genennet, deren Warzen nicht nur grösser sind, als bey den vorigen, sondern die auch auf einer gewissen Erhöhung sitzen, wie Warzen auf einer Brust. Dergleichen Erhöhungen aber werden bey den Echinis Miliaribus nicht angetroffen, denn daselbst sitzen die Wärzgen nur als Mohnkörner auf der flachen Schaale. Nun haben wir zwey ansehnliche Echinos Mamillares auf dieser Tafel bey *fig.* 2, und 3. betrachtet, welche grosse **Türkische Bunde** genennet werden; in gegenwärtiger Figur aber wird uns noch eine neue Art türkischer Bunde gezeiget, welche klein ist, und zum Unterscheid auch der **kleine türkische Bund** genennet wird, ob sie gleich zwey Fäuste gross werden; sie heisset aber der kleine, weil die Warzen niemahls so gross werden, als an der andern Art. Von dem gegenwärtigen ist nur zu merken, daß er noch mit der äussern schwarzen Haut umgeben ist, welche aber, wenn sie im süssen Wasser geweichet, abgebürstet, und gebleichet wird, herunter gehet, da denn die Schaale schneeweiß erscheinet, und durch zehen schwarze Striche, die auch jetzo schon durch die braune Haut durchscheinen, zierlich abgetheilet ist. Diese Art hat sehr lange, dünne und rauhe Stacheln, die wie Spiesse, oder Nadeln aussehen, und weil sie sowohl ganz weiß und rein, als mit den Stacheln auf der Tafel D. III. fig. 1. und 3. vorkommen wird, so wollen wir uns jetzo nicht länger dabey aufhalten.

Figure 7. On apelle *Ourfins mammillaires* tous les Herissons de Mer, dont les mammelons sont non seulement plus grands qu'aux autres, mais aussi lorsqu' ils sont posez sur une élevation, comme un bout sur son teton, ce qui ne se voit pas aux Ourfins à grains de millet ou les mammelons sont répandus sur le fond de la Coquille, comme de la graine de Pavot. Nous avons déjà vu sur cette Planche, *fig.* 2. & 3. deux Ourfins mammillaires considérables, auxquels on donne le nom de *grands Turbans*. Celui que la présente figure dépeint est aussi un Turban d'une nouvelle sorte, qui est petit, & qu'on apelle par cette raison le *petit Turban* pour le distinguer des autres. Il n'en est pas moins vrai qu'il devient aussi grand que peut être la tête d'un enfant nouveau-né, mais ses Mammelons sont toujours plus petits qu'à l'autre espèce. Il y a à observer de plus à celui-ci qu'il est encore envelopé au dehors d'une peau noire, mais cette peau tombe quand on la trempe dans de l'eau douce, qu'on la brosse lorsqu'elle est amollie, & qu'on la blanchit au soleil. La Coquille paroit alors blanche comme neige, élégamment marquée de dix rayes noires, qui en déterminent les divisions, & qu'on peut même voir à travers cette Envelope extérieure obscure. Les Aiguillons de cette espèce d'Ourfins sont fort longs, minces, & rudes, & ressemblent à des poinçons, ou à des épingles. Comme nous aurons occasion de parler encore de cette Coquille cy dessous Pl. D. III. fig. 1. & 3. où nous la trouverons dépeinte non seulement blanche & nette, mais aussi telle qu'elle est lorsque les Aiguillons y sont encore, nous ne nous y arrêterons pas davantage ici.

TAB. D. I.

PLANCHE D. I.

Fig. 8. Zu denjenigen Meeräpfeln mit Warzen, die auf der vorigen Tafel vorgestellet worden, gehöret noch dieser Echinus mamillaris vulgaris, oder Echinus saxatilis. Derselbe ist länglicht, hat eine ziemlich harte und starke Schaale, die Warzen aber stehen in einzelen Reihen, davon einige Reihen aus grösseren, und andere aus kleineren bestehen. Sonst kommt diese Art mit jenen gemeinen Mamillaribus in allen übrigen Stücken überein, und dienet am besten zur Speise.

Figure 8. On doit compter encore au rang des Ourfins à Mammelons représentez sur la Planche précédente l'*Ourfin mammillaire commun*, ou l'*Echinus saxatilis*. Sa Figure est oblongue, & la Coquille assez dure & forte. Les Mammelons sont posez en rangées simples, dont quelques unes sont garnies de gros mammelons & les autres de plus petits. Au reste cette espèce est entièrement semblable à tous autres égards à celle de ces autres Mammillaires communs & c'est la meilleure sorte pour manger.

Fig. 9. Diese Art gehöret zu den gemeinen Türkischen Bunden mit kleinen Warzen, und ist nur eine Abweichung in Ansehung der Farbe, denn wie einige zehn einzele oder fünf gedoppelte schwarze Strahlen auf einem weissen, oder braunen Grund haben, also sind an diesem die Strahlen roth, und die Schaale fällt aus dem weißgrauen in das röthlichte, jedoch sind diese Farben nicht beständig, denn wenn man sie naß macht; und in der Sonne stark bleicht, so werden sie endlich schneeweiß, und behalten nur eine geringe Spuhr der Strahlen.

Figure. 9. Cette figure apartient à l'espèce des Turbans ordinaires à petits Mammelons, & n'en est proprement qu'une Variation par raport à la couleur, car au lieu que quelques unes de ces Coquilles sont marquées de dix raions noirs simples, ou de cinq doubles sur un fond blanc ou brun, les raions de celle-ci sont rouges, & la Coquille tombe du gris-blanc dans le rougeâtre. Ces Couleurs d'ailleurs ne demeurent pas toûjours les mêmes, car quand on trempe la Coquille, & qu'on la blanchit bien au soleil, elle devient enfin blanche comme la neige, & on n'y remarque plus qu'une foible trace des raions.

Fig. 10. Ein ganz anderes Geschlecht machen die sogenannten Echinometræ setofæ aus. Diese sind alle mit einander dünnschaalicht, haben keine Warzen, sondern statt dessen sehr feine Puncte, in welchen gewisse feine Borsten, statt der Stachel, mit ihrer Wurzel aufsitzen. Sie werden auch Echinospatagi genennet, und haben sowohl den After, als die Mündung unten; oben auf der Fläche aber eine, als wie mit einer feinen Stecknadel durchbrochene fünfstrahlichte Zeichnung, die entweder
in

Figure. 10. Les **Echinomètres à poils** ou *à soies* composent un Genre tout différent. Leur Coquille est généralement mince. Ils n'ont point de mammelons, à la place desquels on y remarque des points très-fins sur lesquels sont posez des poils ou soies fines avec leur racine au lieu d'Aiguillons. On les apelle aussi *Echinospatagus*. L'Anus aussi bien que l'Embouchure sont en bas, & en haut il n'y a qu'un dessein à jour à cinq rayons, qui semblent avoir été
piquez

in einer vertieften Furche lieget, oder mit der Oberfläche der Schaale gleich stehet. Unter solchen ist diejenige, die wir in dieser Figur abgezeichnet finden, die kleinste und zarteste Art.

Sie ist nemlich von schneeweisser Schaale, so dünne wie fein Papier, gemeiniglich nicht grösser, als eine grosse Erbse, und selten wie ein kleines Vogel- oder Taubeney, und siehet auch dem ersten Ansehen nach einem Ey ungemein ähnlich, bey genauerer Betrachtung aber, wozu man öfters ein Vergrösserungsglas nöthig hat, findet man nicht nur die Puncte, worinnen die kleinen Borstgen zu stecken pflegen, sondern auch die durchbrochenen Löchergen, die von dem Mittelpunct aus, einen ordentlichen Stern bilden, welcher sich bis über die Helfte der Schaale erstrecket. Die Mündung ist unten in der Mitte, und nicht grösser als daß der Knopf einer kleinen Stecknadel durchgehe, nicht weit davon aber stehet nach dem breitern Ende zu sogleich auch der After, der etwas kleiner als die Mündung ist. Die Structur ist allezeit länglicht rund, und an der einen Seite etwas breiter, als an der andern.

Fig. 11. Fast von der nemlichen Bauart und Beschaffenheit ist derjenige, der uns in dieser Figur vorgezeiget wird. Die Puncte sind lauter Ringel vor die Borsten, und die fünf doppelte Striche, welche Strahlen vorstellen, sind nichts anders als Reihen durchbrochener Löcher, die durch ihre schwarze schattigte Höhlung gegen die weisse Schaale abstechen. Diese Art wird ebenfals nicht sehr gros, und ihr zerbrechliches Wesen ist Ursache, daß alle Meeräpfel aus diesem Geschlecht in den Cabinetten viel rarer sind, als die dickschaalichte mit Warzen.

Fig. 12. Von einer viel dauerhaftern Art ist der allhier abgebildete Echinanthus, der auch der Echinus planus genennet wird. Die erste Benennung wurde ihm wegen seiner fünfblätterichten Stern- oder Blumenfigur gegeben, die andere aber erhielte er wegen seiner platten und sehr flachen Wölbung. Es hat nemlich derselbe eine harte, weißlichte Schaale, die ziemlich dick und schwer, und gleichsam steinicht ist, aber erst ausser dem Wasser diese besondere Härte erhält. Mitten auf der Oberfläche, welche niedrig gewölbt ist, siehet man erstlich ein fünfeckigtes Stück, welches einen solchen Raum einnimmt, wie bey andern Echinis mit Warzen der After einzunehmen pfleget, wiewohl an diesen der After selbst nicht oben, sondern am Rande zu sehen ist. Dieses Stück hat an den fünf Ecken eben solche fünf runde Löchergen, wie alle mit Warzen besetzte Echini zu haben pflegen, die aber auch hier nicht grösser sind, als daß eine Nadelspitze durchgehe. Vor diesem fünfeckigten Stück nimmt eine gewisse fünfblätterichte über die ganze Oberfläche der Schaale ausgebreitete Figur also ihren Anfang, daß an einer jeden Seite des Fünfecks die Spitze eines Blattes mit zweyen stumpfen Linien anlieget, welche gleichsam die Einfassung jedes Blattes ausmachen, und sich hernach zu beyden Seiten in einem länglichten Bogen über die Schaale ausbreiten, jedoch am runden Ende jedes Blattes nicht völlig zusammen lauffen. Die Linien selbst sind breit, und bestehen erstlich aus zweyen von einander fast parallel lauffenden entfernten Reihen durchbrochener Puncte, davon die äussere Reihe in grossen länglichten, und die innere in kleinen runden

Puncten

piquez avec une épingle fine. Ces raïons se trouvent quelquefois dans une cannelure enfoncée, & d'autres fois ils sont au niveau de la Coquille sur la superficie Entre cette espèce d'Ourfins celui que nous produisons ici est le plus petit, & le plus fin.

La Couleur est du plus beau blanc qu'on puisse voir, mais la Coquille est mince, comme du Papier fin, & pour l'ordinaire pas plus grande qu'un gros pois. Rarement en trouve-t-on qui atteignent la grandeur de l'oeuf d'un petit oiseau ou d'un pigeon; aussi ressemblent-elles extrèmement à un oeuf par leur figure. Quand on veut bien examiner cette coquille, ce qu'on ne peut souvent faire qu'à l'aide d'un Microscope, on trouve non seulement les points dans lesquels sont placées les soies, ou petits poils qui y tiennent lieu d'aiguillons, mais aussi les petits trous dont la coquille est percée, & qui partant du centre sont rangez regulièrement en étoile, laquelle s'étend jusques au delà de la moitié de la coquille. On remarque en bas au milieu l'embouchure, qui est petite au point que l'on ne pourroit y passer que la tête d'une petite épingle, & près de là du côté le plus large du bord est l'Anus, qui est encore un peu plus petit que l'embouchure. La structure est toûjours sphérique oblongue, & un peu plus large d'un côté que de l'autre.

Figure 11. Nous trouvons à peu près la même conformation & les mêmes caractères a l'Ourfin que la présente figure dépeint. Les points y sont autant d'annelets pour les soyes, & les cinq doubles rayes, qui forment les raïons, ne sont que des rangées de trous qui percent la Coquille, & dont la cavité ombragée & noire est relevée par le blanc de la superficie. Les Ourfins de cette espèce ne deviennent jamais fort grands, & leur fragilité est cause que tous les Herissons de mer de ce genre sont beaucoup plus rares dans les Cabinèts, que ceux dont la Coquille est épaisse & garnie de Mammelons.

Figure 12. L'*Echinanthus*, ou l'*Echinus planus*, qu'on voit ici, est d'une espèce bien plus durable. Le prémier de ces deux noms lui vient de la fleur en étoile à cinq raïons, qui paroit sur sa superficie, & on lui donne l'autre à cause de sa voussure baise & aplatie. Sa Coquille est blanchâtre, dure, assez épaisse, pésante, & comme pierreuse, mais elle n'aquiert sa dureté qu'après qu'on l'a tirée de l'eau. Au milieu de la superficie se présente d'abord une figure à cinq angles, qui y occupe autant d'espace que l'Anus aux autres Ourfins à Mammelons, quoiqu'ici ce ne soit pas l'Anus, car il est placé au bord. Ce Pentagone a à chaque Angle un petit trou, comme cela se remarque à chaque Ourfin mammillaire, & ces trous ne sont pas plus grands qu'il ne faut pour y passer la pointe d'une épingle. On voit partir de chaque face du Pentagone une feuille, ce qui en fait cinq, qui s'étendent sur toute la superficie de la Coquille de façon qu'elles commencent près de chaque face en deux lignes obtuses, qui semblent être la pointe de la feuille, & en former ensuite la bordure, en s'avançant en arc oblong vers les côtez, & se raprochant en rond recourbé au bout, sans pourtant se rejoindre entièrement. Les lignes mêmes sont larges, & composées de deux rangées de points, qui percent la coquille, & qui sont disposées dans un éloignement presque parallèle. La rangée extérieure a de grands trous oblongs. L'intérieure n'a que de petits points

ronds,

Puncten, oder durchsichtigen Löchern bestehet, sodann aber gehet von jedem länglichten Löchelchen des äusseren Randes nach dem gegenüber stehenden runden Löchelchen des inneren Randes quer über eine vertiefte Linie, oder Kerbe, welches der Einfassung jedes Blattes ein zierliches Ansehen giebt. Das mittlere Feld jedes Blattes so zwischen dieser Einfassung lieget, ist um ein merkliches erhaben, und die fernere Oberfläche der Schaale vertieft, so, daß sich diese fünfblätterigte Figur um so mehr heraus nimmt. Da nun der ganze Umfang der Schaale länglicht rund, an der einen Seite breit, und an der andern spizig ist, überhaupt aber minder, oder mehr ein stumpfes Fünfeck ausmacht, so liegen von dieser Figur zwey Blätter allezeit nach dem breiten, und eines nach dem spizigen Ende zu, die zwey übrigen Blätter aber lauffen zu beyden Seiten aus. Sowohl die Blätter, als die übrige Oberfläche der Schaale, ist mit unzähligen vertieften Ringeln besetzet, in deren Mitte jedesmahl eine etwas gewölbte Fläche lieget, auf welcher die zarten Stachel mit ihren untern ausgehöhlten Enden ansitzen, wie etwa in den Gelenken die Höhlung des einen Knochens um die Kolbe des andern schließet.

Kehret man diesen Echinum um, und betrachtet ihn an der untern Seite, so siehet man gleich zwey grosse Oefnungen. Die eine, welche die grösseste ist, stehet in der Mitte, und macht die Mündung aus, die andere aber stehet am Rande, in der Mitte der breiten Seite, und ist der After des Thieres. Die Mündung aber lieget dergestalt tief eingedrücket, daß zwischen demselben, und dem obern Theil der anderen Seite wenig Raum übrig ist. Von dem Rande gehen bis zur Mündung fünf tiefe glatte Furchen, welche gerade in der Mitten unter jedem Blatte der obern Figur liegen, und dahero die Schaale an der untern Seite in fünf Felder abtheilen. Inwendig liegen durchgängig eine Menge Knochen, welche die Zähne dieses wunderbaren Thieres sind, und die, wenn man die Schaale schüttelt, ein klappern verursachen.

Fig. 13. Unter den vorbeschriebenen Echinis mit Blumenfiguren wird auch eine Art angetroffen, deren Figur nicht aus fünf Blättern, sondern nur aus vieren bestehet, dergleichen wir unter dieser Nummer abgebildet finden, wiewohl auch einige ihn mit mehrerem Recht vor einen Echinospatagum halten, indem er damit sehr nahe verwandt zu seyn scheinet. Er gehöre indeß wohin er wolle, so weichet er von dem vorigen darinnen ab, daß erstlich die Schaale nicht hart und steinicht, sondern ungemein dünne und zart ist, sodann ist die Mündung unten auch nicht in der Mitte, sondern mehr nach dem breiten Ende zu befindlich, indem die Schaale eine Eyerförmige Figur hat, wie denn alle Spatagi Eyer- oder auch Herzförmig sind, und die nemliche Eigenschaft in Ansehung der Schaale und Mündung besitzen. In dieser Figur wird uns gegenwärtiges Exemplar von der obern Seite vorgestellet, an welcher zuerst die vier Strahlen zu merken sind. Diese liegen etwas tiefer, als die übrige Fläche der Schaale, und jeder bestehet in einer vierfachen Reihe durchbrodtener Puncte. Wo diese vier Strahlen in der Mitte zusammen kommen, daselbst befinden sich vier kleine Löcher, wodurch eine grosse Stecknadel gehet, und diese stehen in der Mitte ins gevierte. Der übrige etwas mehr erhabene Theil der Schaale, die ein niedriges Gewölbe vorstellet, ist mit unzähligen kleinen Wärzgen besetzet, auf welchen ordentlicher Weise kurze weißlichte Borsten sitzen, wie denn auch die Schaale selbst weißlicht-grau aussie-

ronds, qui sont des trous à jour après lesquels on observe une ligne tirée en travers de chaque petit trou oblong de la bordure extérieure jusques au petit trou rond de la bordure intérieure, laquelle ligne est enfoncée représentant une entaillure, qui sert d'ornement à la bordure de chaque feuille. Le Champ du milieu qui se trouve entre les deux bordures de la feuille est considérablement élevé, & cela fait paroître la Figure à cinq feuilles d'autant plus que le reste de la superficie de la Coquille se trouve enfoncé dans la même proportion. Or comme la Circonférence entière de la Coquille forme un Rond oblong, large d'un côté, en pointe de l'autre, ce qui produit en général un Pentagone à angles plus ou moins obtus, il en résulte que deux feuilles de cette figure se trouvent toûjours du côté le plus large, une du coté le plus angulaire, & les deux autres s'étendent vers les deux autres côtez. Les feuilles sont garnies de même que tout le reste de la superficie d'une infinité d'annelets enfoncez, au milieu desquels il y a toûjours un petit espace voûté, sur lequel se trouve la place des aiguillons fins, qui s'y enchassent au moyen de leur extrémité cavée par le bas, à peu près comme dans les articulations du corps humain une extrémité d'os se fourre dans la cavité d'un autre.

En renversant cet Ourfin, & en le considérant du coté inférieur oposé, on voit d'abord deux grandes ouvertures. La plus grande est au milieu, & c'est l'embouchure; l'autre moindre est au bord du côté large vers son milieu, & c'est l'Anus. L'Embouchure est profondément enfoncée dans le milieu, de sorte que l'espace entre elle & la partie supérieure du côté oposé est très-petit. L'on observe cinq cannelures profondes & unies, couchées-sous les cinq feuilles de la figure supérieure, précisément au milieu, qui vont du bord à l'embouchure, & divisent ainsi le côté inférieur de la coquille en cinq compartimens. Il y a ordinairement au dedans de cette pièce quantité d'osselets détachez qu'on entend craqueter, quand on la secoue, & qui sont les dents de cet animal singulier.

Figure 13. Entre ces Ourfins décorez d'une figure de Fleur, on en trouve une espèce dont la Fleur n'a pas cinq feuilles, mais seulement quatre. Tel est celui-ci, que quelques Auteurs tiennent pour un *Echinospatagus*, en quoi ils n'ont peut-être pas tort, vû le grand raport qu'il a avec cette espèce. Où qu'on veuille le ranger, il diffère toûjours du precédent en ce que d'abord sa coquille n'est ni dure, ni pierreuse, mais très-mince & subtile, & qu'enfuite l'Embouchure n'est pas au milieu de la superficie inférieure, mais un peu plus du côté large; tous les *Spatagus* ayant au reste une figure ovale, ou en coeur, & les mêmes caractères propres quant à la Coquille & à l'Embouchure. La présente figure fait conoître le côté supérieur, où l'on observe d'abord les quatre raïons, ou feuilles, qui font un peu plus enfoncez que le reste de la superficie, & consistent en quatre rangées de points percez à jour. Au milieu, là où les quatre raïons se raprochent, on voit quatre petits trous posez en Quarré, au travers de chacun desquels on peut passer une grosse épingle. Le reste de la coquille est un peu plus élevé, & se présente comme une voussure baffe ou affaissée, sur laquelle on voit une infinité de petits mammelons, garnis de petits poils ou soyes blanchâtres courtes, & la Coquille même est d'un gris qui tire

sur

aussiehet. In dem Rande selbst, welcher an der schmalen Seite der Schaale eine sehr hohe Fläche hat, stehet der After, wie sich derselbe an der untern Seite der Figur zeiget. Wendet man diesen Echinum um, so ist die untere Fläche fast ganz platt, und hat ein besonderes Schild, an dessen spitzigem Ende, so ohngefehr zwischen dem Mittelpunct der Schaale und dessen breitern Rande stehet, die fast halbmondförmige Mündung befindlich ist. An dieser Mündung, wie auch an der ganzen untern Fläche sind die Wärzgen etwas grösser, und die Borsten etwas länger und stärker. Sonst ist die Schaale aus lauter schiefen Vierecken aneinander gesetzet.

Fig. 14. Unter den Echinis spatagis wird derjenige, welcher in dieser Figur vorgezeiget wird, häufig gefunden, besonders ist das Adriatische Meer davon ziemlich ergiebig. Man siehet ihn allhier an seiner obern Seite abgebildet, woselbst man folgendes wahrnimmt: In der Mitte lieget ein besonderer Schild, welcher etwas erhaben stehet, zur Seiten dieses Schildes breiten sich vier doppelte Striche, deren jeder in zweyen Reihen durchbrochener Puncte bestehet, über die Schaale aus. Die längsten Striche gehen nach dem breiten Ende zu, und lauffen mit einem Bogen nach den kürzern Strichen an dem spitzigen Ende. Der Umfang der Schaale ist gänzlich Herzförmig, und an der breiten Seite etwas mit einem Bogen eingedruckt, wie man ein Herz zu mahlen pfleget, dahingegen die spitzige Seite etwas heraustritt, an deren stumpfen Fläche eine kleine Oefnung befindlich ist, die den After des Thieres ausmacht, die untere Fläche dieses Echini zeiget die Mündung, und ist eben so beschaffen, wie der vorhergehende Echinospatagus, wie denn auch die Schaale eben so dünne und zerbrechlich ist.

Fig. 15. Die drey folgenden Echini, ob sie gleich ihrer fünfblätterichten Figur halber auch Echinanthi könnten genennet werden, bekommen doch wegen ihrer ganz merkwürdigen Bauart einen besonderen Namen, und heissen Echinodisci, oder tellerförmige Echini; denn sie sind platt wie ein Teller, und ihre grösste Erhöhung träget kaum den achten Theil eines Zolles aus. Sie heissen deßwegen auch Echini plani, oder Seepfannenkuchen. Von diesen giebt es etliche, deren Oberfläche ausser den zweyen gewöhnlichen Oefnungen, die die Mündung und den After ausmachen, keine fernere Oefnungen haben, und unter den Namen Seerealen, oder Seeschillinge bekannt sind. Andere sind ausser der Mündung und dem After mitten in der Schaale, entweder mit zweyen, oder mit fünf, oder mit sechs breiten durchbrochenen Strichen, die durch die obere und untere Schaale zugleich durchgehen, versehen, dergleichen allhier in dieser und den zweyen folgenden Figuren vorgezeiget werden. Noch andere aber sind an der einen Seite des Randes mit zweyen, oder mehreren Strichen weit und tief ausgezackt, wie ein Rad an einer hölzernen Uhr, als ob ihnen mit Fleiß Stücke ausgeschnitten wären, davon besonders die letztern, die an der einen Seite mit vielen Zacken versehen sind, Sonnenstrahlen genennet werden.

Um aber zu unserer Figur zu kommen, so ist der gegenwärtige Tellerförmige Echinus bey nahe rund, und nur an einer Seite etwas flach. Die Schaale ist grau, dünne wie Papier, und einem Oblatenteich bey dem ersten Anblick sehr ähnlich. Mitten auf der Schaale ist ein kleiner fünfeckigter Schild, der vollkommen wie ein niedlich gezeichneter Stern aussiehet, und an jeder Spitze ein feines Löchelchen hat. Zwischen jeden Strahl dieses Sternförmigen Schildes stösset eine Blattfigur mit einer

stumpfen

---

sur le blanc. L'Anus se voit au bord même, qui est fort haut du côté étroit de la Coquille, & on le peut observer au bas de la figure. En tournant l'Oursin, on trouve que la superficie inférieure est absolument platte, & a un Ecusson particulier, au bout pointu duquel, (& ce bout pointu est environ entre le Centre de la Coquille & son bord le plus large) se trouve posée l'Embouchure, formée presque en demi-Lune. Les Mammelons ici, près de l'Embouchure, de même que ceux qui sont répandus sur toute la superficie inférieure, sont un peu plus grands, & les soyes plus longues & plus fortes. Du reste la Coquille est toute composée de Quarrez obliques, ou Rhombes.

Figure 14. Ceci est l'*Echinospatagus*, qu'on trouve en plus grande quantité, sur tout dans le Golfe *Adriatique*. Ce que nôtre figure représente est sa partie supérieure, où il y a à faire les observations suivantes. Un Ecusson en forme le milieu, a chaque côté duquel quatre doubles rayes s'étendent sur la superficie de la Coquille, & ces rayes consistent en deux rangées de trous percez à jour. Les rayes les plus longues tirent vers le bord le plus large, & viennent se rapprocher en arc des rayes les plus courtes vers l'extrémité qui se termine en pointe. Tout le Contour est absolument formé en coeur, dont la partie la plus large est un peu enfoncée en figure d'arc, comme on a coûtume de peindre les coeurs, au lieu que du côté de la pointe la coquille est un peu relevée en bosse, où l'on voit à la partie obtuse une petite ouverture, qui est l'Anus de l'Animal. L'Embouchure de cet Oursin se trouve à la partie inférieure, & est faite comme à l'*Echinospatagus* précédent. La Coquille de celui-ci est tout aussi mince, & a la même fragilité.

Figure 15. Les trois Oursins qui suivent pourroient à la vérité aussi être regardez comme des *Echinanthus* vû leur Fleur à cinq feuilles, cependant leur structure singulière leur a fait donner le nom d'*Echinodiscus*, c'est à dire Oursins en assiette, car ils sont plats comme une assiette, & leur plus grande élévation va à peine à la huitième partie d'un pouce. Aussi les apelle-t-on *Echinus planus*, *Oursin plat*, ou *Omelette marine*. Il y a quelques Oursins de cette espèce, qui, à la réserve des deux Ouvertures ordinaires, sçavoir l'Embouchure & l'Anus, n'en ont point d'autre. Ils sont connus sous le nom de *Réale marine*, ou *Escalin marin*. D'autres ont de plus au milieu de la Coquille deux, ou quelquefois cinq, ou six rayes larges percées à jour, qui traversent en même tems la coquille supérieure & l'inférieure, comme on le peut voir à cet Oursin-cy, & aux deux figures suivantes. Outre cela on en voit encore qui sont garnis à l'un des côtez du bord de deux rayes, ou davantage, où on remarque une dentelure large & profonde, comme le seroit celle de la roué d'une horloge de bois, comme si on en avoit coupé des pièces tout exprès. Ceux de cette dernière sorte, dont les dents sont nombreuses, portent le nom de *Raions du Soleil*.

Pour en revenir à nôtre figure, le présent *Echinodiscus*, ou *Oursin formé en assiette*, est presque rond, & un peu plat d'un côté seulement. La Coquille en est grise, mince comme du papier, & fort ressemblante au prémier coup d'oeil à de la pâte d'oublie. Au milieu de la coquille il y a un petit Ecusson en pentagone, parfaitement semblable à une étoile proprement dessinée, avec un petit trou fin à chaque pointe. Cinq feuilles à pointe obtuse décorent le

tour

stumpfen Spitze an, deren es fünfe giebt, die in der Rundung um den Stern herum stehen. Jede Blatfigur bestehet aus einem zarten Gitterwerk von breiten durchbrochenen Linien. Der übrige Theil der Schaale scheinet aus lauter fünfeckigten Blätterchen zu bestehen, die alle künstlich in einander schliessen, und kaum eine Spuhr ihrer Näthe zurücke lassen. Alle diese Blätter sind mit den feinsten und vor blosse Augen unsichtbaren Körnerchen versehen, auf welchen zarte Stachel, wie die Stoppeln eines Bartes, als auf Wärzgen fest sitzen, womit sich aber das Thier wenig reget, daher das Thier auch dieselbigen an der untern Seite nicht als Füsse brauchen kan, sondern es schwimmet nur mehrentheils, und rudert fort. Das besondere aber an diesem Echino, wie auch auch an den zweyen folgenden, sind die breiten Linien, deren man an diesem zwey findet, so an denjenigen Enden stehen, da die vorbemeldete Fläche, oder der Abschnitt der Rundung anfänget, oder aufhöret. Es sind aber diese Linien breite länglichte Löcher, welche durch den ganzen Echinum durchgehen, so, daß man ein Band durchziehen kan. Die inneren Seiten dieser länglichten Löcher aber sind dichte, und ihre Wände mit Borsten versehen. Die Mündung und der After sind unten.

Fig. 16. Dieser tellerförmige Echinus ist noch zarter, als der vorige, von Schneeweisser Farbe, und übrigens mit eben einem solchen Stern in der Mitte versehen, als der vorige. Auch stimmen die Blätter der Schaale, wie auch die Körner und Borsten mit jenem überein, nur ist dieser in Ansehung der Blumenfigur und der Anzahl der durchbrochenen Striche, oder breiten Linien anders beschaffen. Denn was erstlich die Blumen-Figur betrift, so ist jedes Blatt, ausser dem zarten Gitterwerk noch mit einem Bogen durchsichtiger Puncte, wie Stecknadellöcher versehen. Der breiten ganz durchbrochenen Linien aber, die sowohl durch die obere als untere Schaale gehen, sind an der Zahl fünfe, davon viere am Rande fast ins gevierte stehen, die fünfte aber ist zwischen zweyen Blumenblättern befindlich. Es ist sehr wahrscheinlich, daß der Schöpfer diesen schwachen und zarten Thierchen solche fünf breite durchgängige Oefnungen in der Schaale um deßwillen gegeben habe, daß sie wegen der flachen und breiten Structur ihres Cörpers, und wegen der Schwäche ihrer Kräfte sich desto gemächlicher in dem Wasser in die Höhe begeben, und sich wiederum zu Boden nieder lassen können. Denn sie empfinden nunmehro von dem Wasser keinen so starken Widerstand, da es durch diese Löcher durchgehet, als sie empfinden würden, wenn die Schaale ganz dichte wäre. Kehret man diesen Echinum um, so findet man die Schaale in fünf grosse Schilde abgetheilet, davon jeder eine der vier vorbeschriebenen breiten durchbrochenen Linien in sich enthält. Der fünfte Schild aber ist gänzlich dichte, weil die fünfte Oefnung an der einen Seite zwischen zweyen Schilden befindlich ist. In der Mitte ist ein kleines gebogenes Fünfeck statt der Mündung, und der After, welcher noch kleiner und länglicht rund ist, wird gleich bey der Mündung, und zwar in dem nächsten Ende desjenigen durchbrochenen Strichs gefunden, welcher zwischen zweyen Blumenfiguren stehet.

Fig. 17. Von eben der Art ist dieser kleinere Echinodiscus, und weichet derselbe von dem vorbeschriebenen in nichts ab, als daß in der fünfblätterichten Figur der innere Bogen mit durchsichtigen Puncten mangelt, und sechs Löcher vorhanden sind.
Man

tour de cette étoile, & se trouvent posées entre les raïons. Chaque figure de feuille consiste en un grillage fin de larges lignes percées. Le reste de la coquille paroît n'être composé que de petits Pentagones, si finement liez ensemble, qu'on a peine à découvrir la trace des sutures. Tous ces petits Pentagones sont couverts de petits grains si subtils, qu'il n'est pas possible de les observer sans Microscope, sur lequels comme sur autant de mammelons sont plantez & affermis des aiguillons de la dernière finesse, comme les poils de là barbe. Ces Aiguillons ne peuvent guères servir à l'Animal pour se remuer, ni ceux qui sont à la partie inférieure pour marcher, mais ils lui sont utiles pour nager, lui servant en quelque façon de rames. Ce qu'il y a de plus particulier à cet Oursin aussi bien qu'aux deux suivans, ce sont de larges lignes placées aux bouts ou extrèmitez de la Coquille, là où sa Rondeur, ou figure sphérique, paroit être coupée. Le présent Oursin a deux lignes pareilles, qui consistent en de larges ouvertures oblongues, qui vont de part en part, de sorte qu'on peut y passer un ruban. Les côtez intérieurs de ces Ouvertures sont compactes, & les parois en sont garnies de soyes. L'Embouchure & l'Anus sont en bas.

Figure 16. Voici un *Echinodiscus*, ou *Oursin formé en assiette*, qui est encore plus fin que le précèdent. Il est blanc comme neige, & garni au reste au milieu d'une étoile toute semblable à celle dont nous venons de donner la description à la figure 15. Cette pièce, & la précédente, se ressemblent encore par les feuilles, par les grains, & par les soyes. Celle-ci ne diffère donc de l'autre que par la figure de la fleur, & par le nombre des rayes, ou lignes larges, dont elle est percée. Quant à ce qui concerne d'abord la Figure de la fleur, on voit ici outre le grillage fin qu'a l'Oursin de la figure précédente, encore des points transparens, rangez en arc, aussi petits que s'ils avoient été faits avec la pointe d'une épingle. Et par raport aux lignes larges à jour, qui percent la coquille supérieure aussi bien que l'inférieure, cet Oursin ici en a cinq, dont quatre se trouvent aux bords presque en quarré, & la cinquième est placée entre deux feuilles de la fleur. Il est probable que, vû la Conformation platte & large de cet animal, & la foiblesse de sa Constitution, le Créateur lui a accordé ces cinq ouvertures de part en part, pour qu'il pût plus facilement s'élèver jusqu'à la surface de l'eau, & plonger jusques au fond, selon ses besoins, puisqu'au moien de ces Ouvertures l'eau resiste moins à ses mouvemens, que si la coquille étoit entière. En retournant cet Oursin, on remarque que la coquille est divisée en cinq grands Ecussons, sur quatre desquels se voit une de ces larges lignes percées, que nous avons décrites, le cinquième Ecusson y paroissant entier, parceque la cinquième Ouverture se trouve de côté entre deux Ecussons. Au milieu il y a au lieu de l'Embouchure un petit Pentagone à angles arrondis, & l'Anus, qui est encore plus petit, & d'une figure sphérique oblongue, se trouve placé tout près de l'Embouchure, au bord le plus prochain de la ligne percée, qui est entre deux feuilles de la fleur.

Figure 17. L'*Oursin en assiette*, qu'on voit ici, est de la même espèce, & ne diffère en rien du précèdent, si ce n'est que cet arc intérieur composé de points transparens, qu'on remarque à la figure de la fleur de l'autre, manque ici,

Man findet diese Tellerförmigen Meeräpfel mehrentheils in Ostindien, auch einige in den Nordischen Meeren, aber überhaupt selten, und ihre zerbrechliche Schaale macht, daß man sie noch seltener in den Cabinetten antrift.

ici, & qu'il y a six trous. On rencontre le plus ordinairement ces Oursins en assiette aux *Indes orientales*, & quelquefois dans les *Mers du Nord*, mais en général ils sont rares. Il est encore plus rare d'en voir dans les Cabinets, ce qui provient de l'extrème fragilité de leur coquille.

TAB. D. II.

Fig. 1. Diese von denen Meeräpfeln, die wir bishero ohne ihre Stacheln, nur nach der Bauart und Structur ihrer Schaale betrachtet hatten, kommen nunmehro in ihrer natürlichen Gestalt mit ihren Stacheln zum Vorschein, und sind diese Exemplare um so seltener, je grössere Mühe es kostet, sie samt ihren Stacheln wohl zu erhalten und zu verschicken. Denn es fallen die Stachel gar zu bald ab, oder zerbrechen, zumahlen wenn sie etwas lang sind. Wir werden aber nicht nöthig haben uns bey dieser Tafel lange aufzuhalten, weil wir schon oben erwehnet haben, daß die meisten Meeräpfel gewisse grössere, oder kleine Wärzgen haben, auf welchen die Stachel vermittelst einer sehr zarten Senne, die durch den Mittelpunct der Warze durchgehet, feste sitzen.

Es ist also der in dieser Figur befindliche Meerapfel ein Echinus miliaris mit seinen Stacheln, deren es an einem solchen Echino eine unzählliche Menge giebt, die ihn allenthalben sowohl unten, als oben, wie einen Igel umgeben. Diese Stachel sind einen halben Zoll lang, etwas röthlich und glatt, durch und durch dichte, klingen, wenn sie auf einen harten Boden fallen, wie Metall, und haben am untern Ende, wo sie dicker sind, einen ausgehöhlten Fuß, womit sie sich auf der Erhöhung der Warze herumdrehen, wie unter nebenstehender Nummer 1. mit einiger Vergrösserung deutlicher zu sehen ist. Alle diese Stachel können von dem Thier nach Belieben beweget werden. Die obern dienen dem Thier im Wasser zum rudern, und zur Gegenwehr, die untern aber um damit fortzukriechen, und Nahrungsmittel an sich zu schleppen, durch alle aber haben sie ein zartes Gefühl.

Fig. 2. Ein anderer Echinus miliaris, der in seiner Grundfarbe weiß ist, wird allhier mit seinen bräunlichten Stacheln vorgezeiget, wie aus nebenstehender Figur unter gleicher Nummer kan ersehen werden. Es haben diese Stachel keinen so breiten Fuß, als die vorigen, sind jenen aber sonst der Structur nach, nur die Farbe ausgenommen, gleich, und diese blosse Farbe der Stachel ist öfters an Meeräpfeln von einerley Bauart veränderlich.

Fig. 3. Dahin gehöret auch der grüne Meerapfel mit Hirsenkörnern-ähnlichen Warzen, dessen Stachel, wie diese Figur zeiget, ganz dunkelgrün sind, und nach der kleinen Figur, (ebenfals unter Nummer 3. befindlich,) in einer etwas vergrösserten Gestalt können betrachtet werden. Es ist nemlich der Fuß dieses Stachels mit einer runden in viele Bogen abgetheilten Erhöhung umgeben, darunter ist gleich das ausgehöhlte Gelenke befindlich, welches sich auf die ferner nach unten zu abgebildeten Warze drehet. Diese Warze ist fast kugelförmig, und stehet auf einer Erhöhung der Schaale, die mit der Warze gleichsam eine Brust vorstellet.

PLANCHE D. II.

Figure 1. Nous avons vû jusques ici plusieurs Oursins dépouillez de leurs aiguillons, afin qu'on pût mieux considèrer la structure & conformation de leurs coquilles. Ici nous les produisons en entier, dans leur forme naturelle, *avec leurs aiguillons.* Ces pièces sont d'autant plus rares, qu'il en coûte des soins infinis pour les conserver, & les transporter dans cet état, vû que les aiguillons en tombent, ou se brisent très-facilement, sur tout quand ils sont un peu longs. Cette Planche ne nous arrêtera guères, puisque nous avons déja expliqué cy-dessus tout ce qui est relatif aux grands & aux petits Mammelons des Oursins, & de la façon dont les aiguillons y sont affermis par un Muscle délicat, qui traverse le centre du Mammelon.

L'Oursin représenté ici est l'*Echinus miliaris*, ou l'*Oursin à grains de millèt* avec ses aiguillons, dont le nombre est infini, & dont il est couvert de toutes parts, comme un Herisson terrestre ordinaire, de façon qu'on en est piqué de quelque côté que l'on le touche. Ces Aiguillons ont la longueur d'un demi-pouce, & sont un peu rougeâtres, d'ailleurs unis, compactes d'un bout à l'autre, & quand ils tombent sur quelque surface dure, ils rendent un son semblable à celui du métal. Leur extrémité inférieure, qui est un peu plus épaisse que le reste, a une cavité placée sur le bout élevé du mammelon sur lequel l'aiguillon tourne. On peut voir cela plus nettement à la figure *numerotée* 1. où l'aiguillon est représenté de grandeur un peu plus que naturelle. L'Animal a la faculté de mouvoir ces Aiguillons comme il lui plait. Les supèrieurs lui servent dans l'eau, soit pour ramer, soit pour se défendre, & les inférieurs à ramper, ou à chercher sa nourriture. Le sentiment de l'Attouchement est fort fin aux uns comme aux autres.

Figure 2. Un autre *Oursin à grains de millèt*, dont la couleur est blanche quant au fond, paroît ici avec ses aiguillons, qui tirent sur le brun. L'Aiguillon est dépeint à côté de la figure sous le même *numero.* Ces Aiguillons n'ont pas la base aussi large que les précèdens, auxquels ils ressemblent d'ailleurs par la structure, à la couleur près, qui varie souvent à l'égard des aiguillons, quoique d'ailleurs la Conformation des Oursins soit semblable.

Figure 3. Nous devons mettre au même rang l'*Oursin verd* qu'on voit ici *à mammelons semblables aux grains de millet*, dont les aiguillons, desquels nous donnons la figure un peu agrandie sous le N. 3. sont d'un verd tout-à-fait foncé. Le pied, ou le bout inférieur de cet aiguillon, est environné d'un bourrelet rond, divisé en plusieurs arcs, au dessous duquel se trouve l'articulation cavée, qui tourne sur le mammelon figuré plus bas. Ce Mammelon est de figure presque sphérique, & posé sur une élèvation de la Coquille, ce qui donne au Tout joint ensemble la forme d'un Teton de femme.

Fig. 4.   *Figure 4.*

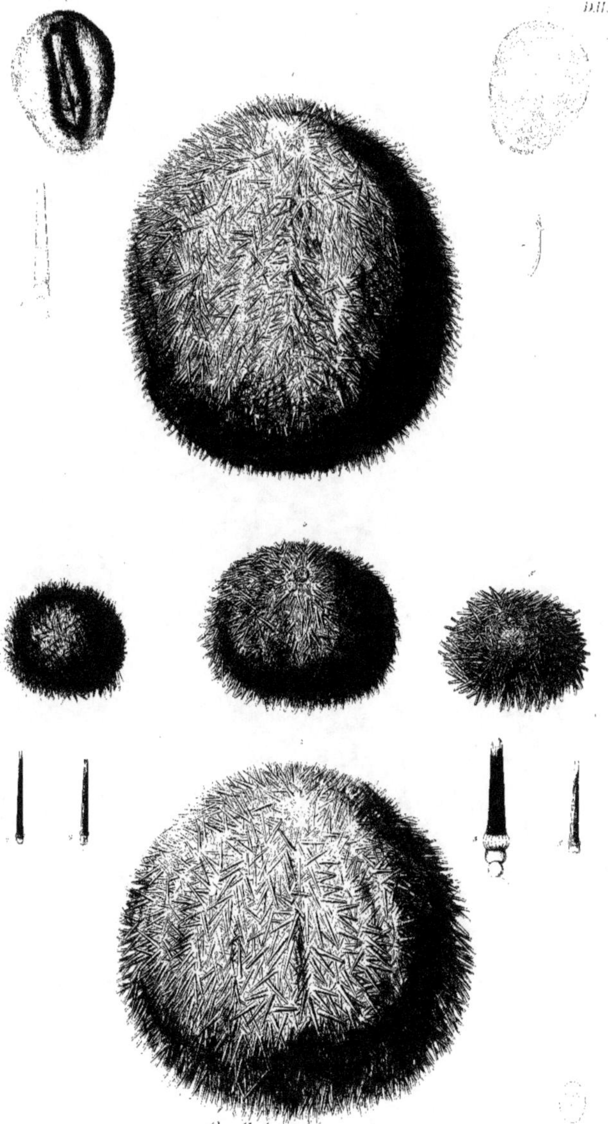

Ex Muséo Boursiano.

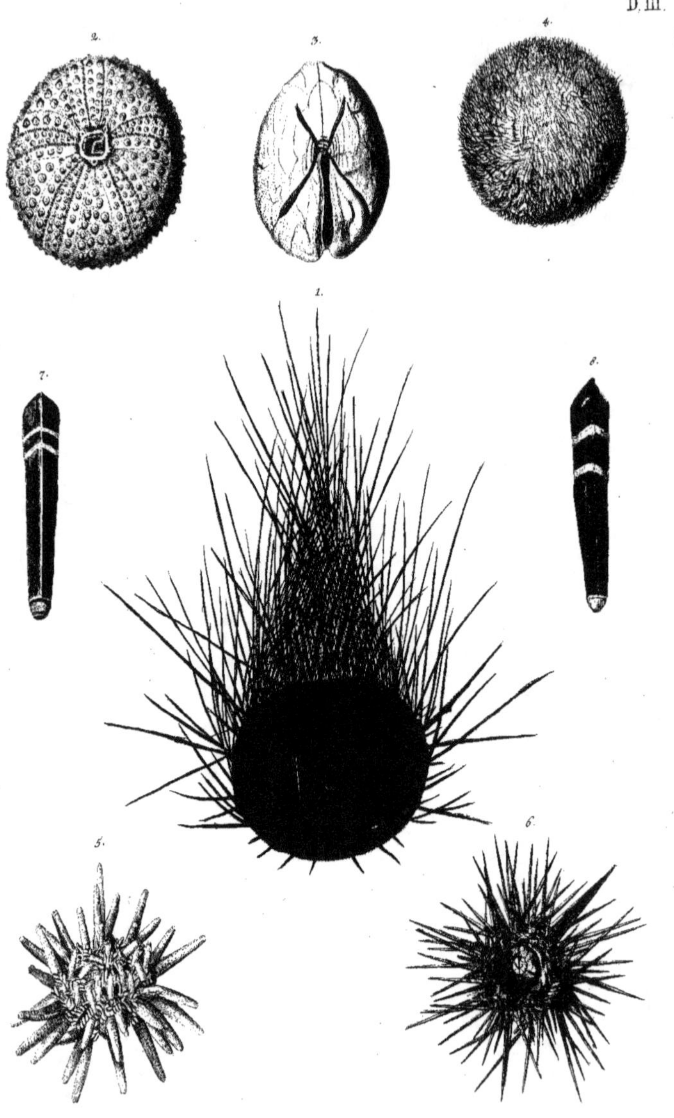

Ex Museo Mülleriano.

Christian Leinberger ad nat. pinxit.

Fig. 4. Ist ein roth- und weißlicht grüner Meerapfel, und die Stachel sind grün mit röthlichen Spitzen.

Fig. 5. Dahin gehöret endlich auch noch ein anderer grüner Echinus miliaris, dessen Stachel unten am Fuß ebenfals grasgrün, von der Helfte aber an bis zur äussersten Spitze violetfärbig sind.

Fig. 6. Ein Echinus spatagus, dergleichen auf der vorigen Tafel hinlänglich beschrieben worden, wird allhier an der untern Seite mit seinen langen braunen Borsten vorgestellet. Diese Borsten sind nicht dicker, als Pferde Haare, höchstens einen viertels Zoll lang, und besetzen die Schaale so dicke und dichte, daß man keine Figur, noch Furche, noch Oefnung, an der Schaale sehen kan.

Fig. 7. Dahin gehöret denn auch dieser Eyerförmige Echinus, dessen Mündung allhier etwas von Borsten entblößt zu sehen ist. Die Stachel sind wie die vorigen beschaffen, aber etwas länger und an den Enden umgekrümmet, so daß sie, wie bey Nummer 7. zu sehen ist, einem kleinen Säbel nicht unähnlich scheinen.

Es giebt von diesen Eyerförmigen, vorzüglich aber von den Herzförmigen Echinospatagis unterschiedene, die zweyerley Stachel haben, nemlich kurze braune, womit die Schaale über und über besetzet ist, und denn dreymahl längere weisse, oder graue Borsten, die in grosser Menge zwischen den andern sitzen. Man nimmt auch an vielen andern Echinis, sowohl miliaribus als mamillaribus und digitatis wahr, daß nicht nur äussere und innere Stachel untereinander sitzen, sondern daß auch diese Stachel in Ansehung der Farbe, der Striche und Linien, ja sogar auch in Ansehung der Structur merklich von einander unterschieden sind, vermuthlich, weil sie zu einem verschiedenen Gebrauch bestimmet sind, oder es müsse seyn, daß das Alter der Stacheln in der Verschiedenheit etwas beytrüge, denn es wachsen immer neue nach, um diejenigen zu ersetzen, welche absterben, brechen, oder sonst verlohren gehen.

TAB. D. III.

Fig. 1. Es kam Tab. D. fig. 7. ein Echinus mamillaris vor, dessen Warzen etwas grösser, als an den gemeinen warzenförmigen Meeräpfeln, aber doch kleiner, als an den grossen türkischen Bunden sind, daher man diese Art als eine Mittelgattung mit den Namen eines **kleinen Bundes** beleget. Diese Art kömmt nun in dieser Figur mit ihren vollkommenen Stacheln vor, und sind diese Echini mit wohl erhaltenen und unabgebrochenen Stacheln in den Cabinetten etwas selteres, weil sowohl die Länge, als die Zärtlichkeit und Zerbrechlichkeit dieser Stachel so beschaffen ist, daß man sie, aller Mühe und Vorsorg ohnerachtet schwerlich so verschicken kan, daß man sie ganz bekomme. Es sind nemlich diese Stachel von zwey bis sechs Zoll lang, bräunlicht-schwarz, und am dicksten Ende nicht dicker, als eine starke grosse Stecknadel, und endigen sich mit einer feinen Spitze. Ferner bestehen diese Stacheln aus un-

dentlich

Figure. 4. C'est un Oursin rouge & verd, tirant sur le blanchâtre, dont les aiguillons sont verds à pointes rougeâtres.

Figure. 5. Ceci est un autre *Oursin verd à grains de millet* de la même espèce, dont les aiguillons sont en bas verds aussi comme de l'herbe, mais violèts depuis le milieu jusqu' à l'extrèmité.

Figure 6. Nous voyons ici la partie inférieure d'un *Echinus spatagus*, pareil à celui dont nous avons donné une description suffisante à la Planche précédente, avec ses longues soyes brunes. Ces soyes ne sont pas plus épaisses qu' un crin de cheval, longues tout au plus d'un quart de pouce, & garnissent tellement toute la coquille, qu'on n' y peut voir ni tillon, ni ouverture, ni autre figure quelconque.

Figure 7. L'Oursin de forme ovale, qu'on voit dépeint ici, apartient à la même catégorie, avec cette diférence que la place autour de l'Embouchure est un peu dépouillée de ses soyes. Les aiguillons sont faits comme les précédens, un peu plus longs pourtant; & recourbez vers la pointe, ce qui leur donne quelque raport à un petit sabre, comme on en peut juger par le Num. 7.

On voit de ces *Echinospatagus* de figure ovale, & encore plus de ceux qui sont formez en coeur, avoir deux sortes d'aiguillons, à sçavoir les uns courts & bruns, dont toute la coquille est couverte, & ensuite des soyes trois fois plus longues, de couleur blanche ou grise, entremêlez aux prémiers en grande quantité. On observe même à beaucoup d'autres Oursins, tant *à grains de millet*, que *mammillaires*, & aux *Echinodactyles*, qu'ils ont non seulement des aiguillons longs & courts mêlez les uns avec les autres, mais aussi que ces aiguillons diffèrent encore entre eux considérablement par raport aux couleurs, aux rayes, ou aux lignes, dont ils sont marquez, mais, qui plus est, par raport à leur conformation, vraisemblablement parceque la nature les a destinez à des usages divers, ou peut-être que la vieillesse des aiguillons contribue à cette variété, car à mésure que les uns vieillissent, il en croit toujours de nouveaux, pour remplacer ceux qui tombent, qui se rompent, ou qui se perdent de quelque autre façon.

PLANCHE D. III.

Figure 1. On a produit cy-dessus sur la Planche D. fig. 7. un Oursin mammillaire, dont les Mammelons sont un peu plus grands, que ceux que l'on voit sur les Oursins ordinaires de cette catégorie, & cependant plus petits que ceux qu'on voit sur les grands Turbans. Pour distinguer cette sorte moïenne, on lui à donné le nom de *petit Turban*. En voici un de cette espèce, garni de tous ses Aiguillons bien conservés en leur entier. Il est très-rare de trouver de pareilles pièces dans les Cabinèts, parceque vû la longueur, la finesse, & la fragilité de ces Aiguillons, quelque peine qu'on se donne, quelque invention que l'on emploie, il est toujours très-difficile de les empaqueter, & encore plus de les transporter sans qu'il y arrive quelque dommage. La longueur de ces Aiguillons va depuis deux pouces jusques à six, la couleur en est brune tirant sur le noir,

&

denklich sein gezackten zarten Ringeln, die von unten bis oben die ganze Structur derselben ausmachen, und mit blossen Augen kaum wahrgenommen werden, im Anfühlen aber sind sie desto merklicher. Denn man kan zwar mit den Fingern von dem untern Ende bis zum obern Ende der Stachel hinstreichen, und da scheinen sie fast glatt zu seyn, aber man kan unmöglich von oben nach unten zu streichen, die Finger bleiben gleich an den zarten Zacken hangen. Am Fuß haben diese Stachel einen heraustretenden Ring, und unter demselben ein Postement, womit sie auf den Warzen feste sitzen. Soviel es nun Warzen giebt, soviel Stacheln sind auch vorhanden, und zwar mit diesem Unterscheid, daß auf den grössern Warzen die längsten, und auf den kleinern die kürzesten sitzen.

Von dieser nemlichen Art giebt es auch einige äusserst seltene, deren Stachel bunt sind, und prächtig aussehen. Denn die Stachel haben von unten bis oben breite schneeweiße Ringe, die mit eben so breiten kohlschwarzen Ringen abwechseln, wie die bunten Hirtenstäbe, sonst aber sind sie der übrigen Structur nach eben so wie diese beschaffen.

Fig. 2. Der nemliche vorbeschriebene Meerapfel, welcher solche lange Stacheln hat, und der Tab. D. fig. 7. mit seiner schwarzen Haut war vorgestellet worden, zeiget sich hier ohne besagter Haut. Wir halten allerdings dafür, daß die schwarze Haut dem Thiere diene, um die an sich brüchige, und aus vielen hundert Stücken zusammen gesetzte Schaale mehr zu befestigen, und deren Theile an einander zu halten, indeß lässet sich diese Haut durch süsses laulichtes Wasser aufweichen, herunterziehen, oder abbürsten, und wenn man denn die Schaale in der Sonne bleichet, so wird sie schneeweiß, nur behält sie die zehn einzelne, oder fünf doppelte schwarze Strahlen unveränderlich, und dieses unterscheidet gegenwärtigen Meerapfel, oder kleinen Bund von allen andern gemeinen und eßbaren Echinis mamillaribus, welche niemahls solche Strahlen haben, und selten so schön rund und zierlich gewölbt ausfallen.

Fig. 3. Daß nicht alle Echini spatagi oder setosi einerley Structur und Figur haben, ist nicht nur in der Einleitung, sondern auch in der Beschreibung der Tab. D. 1. gezeiget worden. Man theilet sie nicht nur in Herz- und Eyerförmige ein, sondern auch diese weichen wiederum merklich von einander ab. Das zeiget unter andern gegenwärtiger Eyerförmige Echinus spatagus. Zwar sind die Borsten, die Schaale, wie auch die Lage der Mündung und des Afters an diesem eben so, wie an jenem beschaffen; allein das obere Gewölbe zeiget sich ganz anders. Man findet nemlich darauf eine fünfstrahlichte Figur, die aus sehr tiefen Furchen, oder Rinnen bestehet, davon die vier Seiten-
Furchen

& leur bout le plus épais ne l'est pas plus qu'une grosse épingle. De là ils vont se terminer en une pointe fine. Au reste ils sont composez d'une infinité d'anneaux subtils & dentelez, qui en forment toute la structure depuis le bas jusques en haut, & qu'il n'est presque pas possible de voir sans le secours du Microscope, mais qui sont d'autant plus sensibles au toucher. Car quand on les passe par les doigts depuis le bout inférieur jusques à l'extrémité supérieure, on ne trouve aucune résistance, & ils paroissent être unis, mais il n'est pas possible de faire le même mouvement du sens oposé, c'est-à-dire de la pointe au bout inférieur, parceque les dens dont les anneaux sont garnis résistent de façon qu'il n'y a pas moyen d'avancer en ce sens d'une ligne. Un anneau avancé paroit au bas de chaque Aiguillon, & au dessous une manière de pied d'estal appuyé sur le mammelon. Il y a autant d'aiguillons que de mammelons sur lesquels ils sont posez. Tout ce qu'il y a à remarquer à cet égard c'est que les plus longs aiguillons sont logez sur les plus gros mammelons, & les plus courts sur les moindres.

Nous ne pouvons passer sous silence une sorte d'Oursins de la même espèce, qui sont extraordinairement rares, dont les Aiguillons sont de couleur variée, & qui présentent aux yeux un spectacle pompeux. On y voit des anneaux larges, blancs comme neige, qui alternans avec des anneaux de même largeur noirs comme du charbon, & semblables par là aux houlettes que les Bergers enjolivent en en pêlant une partie par bandes, forment toute la structure de l'aiguillon, d'ailleurs parfaitement conforme à celle dont nous avons parlé à l'article précédent.

Figure 2. Cette figure-ci représente en même temps l'Oursin à longs Aiguillons que nous venons de décrire, & l'Oursin envelopé d'une peau noire dont il a été question cy-dessus Pl. D. fig. 7. Ici on ne voit ni cette peau noire, ni les Aiguillons. Nous estimons que cette Envelope noire n'a été donnée à l'Animal que pour mieux contenir la Coquille naturellement fragile & en resserrer & affermir ensemble toutes les parties, dont le nombre va à plusieurs centaines. Il est facile d'ôter cette peau noire soit avec la main soit avec la brosse, quand on a pris la précaution de la tremper dans de l'eau douce tiède. On n'a ensuite qu'à blanchir la Coquille au soleil, pour la faire devenir comme de la neige. Mais elle conserve toujours ses rayons noirs, sçavoir dix simples, ou cinq doubles, & c'est ce qui distingue cet Oursin, ou ce *petit Turban*, de tous les autres Oursins Mammillaires ordinaires & mangeables, sur lesquels on ne voit jamais de pareils raïons, & qui n'ont que rarement une voussure aussi ronde & aussi elégante.

Figure 3. Il a déjà été dit non seulement dans nôtre Introduction, mais aussi dans nôtre description de la Planche D. I. que tous les *Echinospatagi*, ou Oursins a soyes, n'ont pas une structure & figure uniforme. Car outre qu'on les divise en *spatagus* de figure ovale, & en *spatagus* formez en coeur, ils disèrent encore entre eux en diverses manières. C'est dequoi l'*Echinospatagus* de forme ovale, que nôtre figure dépeint, fournit entre autres une preuve. Cette pièce est à la vérité semblable aux autres par ses soyes, par sa coquille, & par la position de l'Embouchure & de l'Anus. Mais elle est toute disèrente par sa voussure, qui
est

Furchen schmahl sind, und im Boden ist jede mit einer einzelnen Reihe durchbrochener Löcher versehen; die fünfte Furche aber ist sehr breit, und fast so tief, als die halbe Erhöhung des Gewölbes ist, auch am Boden mit zweyen Reihen Löcher durchbrochen, und daselbst, wie auch an den Seitenwänden dieser Rinne gerunzelt. Es gehet auch diese Furche um die Schaale bis zur Mündung herum. Gegen diese Rinne über aber siehet man auf dem obern Theil eine lange ebenfals vertiefte Nath, welche sich bis an den ziemlich hoch am Rande stehenden After erstrecket. Uebrigens hänget die dünne Schaale in viereckigten Blättern aneinander, und ist mit unzähligen kleinen Körnern, worauf die Borsten stehen, besetzet.

Fig. 4. Wir haben schon erinnert, daß nicht alle Meeräpfel von einerley Art, einerley Stachel haben, solches beweiset unter andern gegenwärtiges Exemplar. Denn es ist selbiges ein grüner Echinus miliaris mit kurzen aber sehr prächtigen violetfärbigen Stacheln, die von denjenigen, so Tab. D. II. fig. 5. sind vorgezeiget worden, in vielen Stücken unterschieden sind. Denn diese sind von unten bis oben ganz violetfärbig, da jene nur zur Helfte, oder an der Spitze diese Farbe haben, sodann sind sie auch kürzer und dicker, und haben einen andern Fuß.

Figure 5. Von vorzüglicher Schönheit und Seltenheit ist der gegenwärtige Echinometra digitata secunda. Zwar siehet die Schaale einem gemeinen Echino mamillari ziemlich gleich, und die Warzen selbst sind nicht sehr groß, aber die Stachel geben ihm ein ganz anderes Ansehen. Es sind nemlich diese Stacheln von grauer Farbe, und besonders dicke, in der Mitte etwas bäuchicht, und nach beyden Enden zu stumpf zugespitzt. Der Fuß bestehet in einem kleinen Absatz, worinn eine Höhlung ist, die auf die Warze der Schaale passet. Jeder Stachel ist die Länge hinauf gestreift, diese Striche aber bestehen aus lauter erhabenen Körnern, welche Reihenweiß stehen, so, daß sie wie eingekerbte Linien aussehen. Von diesen Stacheln zehlet man sechzig an einem Echino, ohne die junge nachwachsende Stacheln zu rechnen. Ein jeder dieser Stachel aber stehet in einem zierlichen Kranz von zwanzig kleinen weissen Blätterchen, die wie Zünglein aussehen, und auf der Schaale um jede Warze in einem Kreis, wie eine Krone stehen, mit ihren Spitzen aber den Fuß eines jeden Stachels umfassen, damit er desto fester stehen soll. Ueberdis ist auch noch jedesmahl zwischen zweyen Reihen Stacheln eine gedoppelte Reihe dieser Blätterchen zu finden, davon sich die eine Reihe nach dieser, und die andere nach der andern Seite zu wendet, um die ganze Reihe der Stachel zu unterstützen. Oben, wo der After ist, stehen fünf kurze Stacheln in einem ordentlichen Fünfeck um den After herum, die Mündung aber wird unten mit einer gedoppelten Reihe solcher kurzen Stacheln, nemlich mit zehn Stacheln umgeben, die übrigen Stacheln sind alle lang. Eben diese Art gehöret auch unter die Turkische Bunde, wie der Echinometra digitata prima, und ist diejenige, die häufig versteinert, selten aber in ihrer Natur gefunden wird, weil sie sich mehrentheils in unergründlichen Tiefen aufhalten. Zuweilen sind auch einige Stacheln bunt.

est marquée d'une figure à cinq rayons, laquelle consiste en de très-profonds sillons ou canaux, dont quatre sont étroits & garnis chacun au fond d'une rangée simple de trous percés à jour, & le cinquième est fort large, & presque aussi profond que la moitié de l'élévation de la voufsure. L'on remarque au fond de ce sillon-ci deux rangées de trous à jour, & des rides tant au fond qu'aux parois des deux côtez. Ce sillon s'étend autour de la coquille jusques à l'Embouchure. Vis-à-vis l'on observe à la partie supérieure une longue coûture, qui est aussi enfoncée, & s'étend jusques à l'Anus placé assez haut au bord. Au reste la Coquille est mince, & toute composée de quarrez, & garnie d'une infinité de petits grains sur lesquels les soyes sont postées.

Figure 4. Nous avons vû que tous les Herissons de mer d'une même espèce n'ont pas toûjours les mêmes Aiguillons. C'est ce dont la figure présente fournit un exemple. C'est un Oursin à grains de millet, verd de couleur, dont les Aiguillons sont courts & très-magnifiques de couleur violette, qui diffère de celui que nous avons vû cy-dessus Pl. D. II. fig. 5. en plusieurs manière. Car au lieu que les Aiguillons de celui-ci sont absolument violets d'un bout à l'autre, ceux de l'autre n'ont cette couleur que depuis le milieu, ou seulement à la pointe. D'ailleurs ceux-ci sont plus courts, plus épais, & ont un pied différent.

Figure 5. Il se présente ici un Echinomètre à doigts, ou un *Echmodactyle* d'une beauté singulière, & très-rare. On l'apelle *Echinometra digitata secunda.* A la vérité cette pièce ressemble assez à un Oursin mammillaire ordinaire, & ses Mammelons ne sont pas fort gros, mais les aiguillons y mettent une différence notable. Ils sont gris, fort épais, un peu ventrus au milieu, & se terminent aux deux bouts en pointe obtuse. Le pied consiste en une petite coupure, où se trouve une cavité, qui s'ajuste sur le mammelon. Chaque aiguillon est rayé du bas en haut, mais ces rayes sont formées par des grains élevez posez en rangées, qui les font ressembler à des lignes entaillées. On compte régulièrement soixante de ces aiguillons à chaque Oursin, mais les petits qui viennent, pour remplacer les grands qui tombent, ne sont pas compris dans ce nombre. Une guirlande élegante composée de vingt petites feuilles blanches entoure le pied de chaque aiguillon. Ces feuilles ressemblent à autant de petites languettes dont les pointes rangées en cercle autour du mammelon, embrasent le pied de chaque aiguillon, & l'affermisent. Outre cela il y a toûjours entre deux rangées ces aiguillons une double rangée de ces languettes, dont l'une est tournée d'un côté & l'autre de l'autre, pour servir d'apui aux aiguillons. On voit en haut autour de l'Anus cinq aiguillons courts, distribuez en Pentagone régulier, & en bas à l'embouchure il y a une double rangée de ces aiguillons courts, c'est à dire qu'on en compte dix. Tous les autres aiguillons sont longs. On doit compter cet Oursin au rang des *Turbans* aussi bien que l'*Echinometra digitata prima.* Il est de l'espèce dont on trouve des pétrifications en quantité, mais qu'on rencontre rarement dans l'état naturel, parce qu'ordinairement ces Animaux se tiennent dans les plus profonds abîmes. Quelquefois une partie de leurs aiguillons est de couleur variée.

Fig. 6. Dieser Meerapfel ist der gemeine Echinus Mamillaris, oder esculentus mit seinen Stacheln, welchen wir Tab. D. I. fig. 8. ohne Stachel gesehen haben. Die Stachel sind lang, glatt, dicht, spießförmig, bräunlicht, und klingen, wenn sie fallen, wie Metall. Bey dem Anbruch sind sie weiß, und haben scharfe Spitzen. In der Mitte dieses Meerapfels siehet man die Mündung mit den Zähnen des Thieres; diese Zähne bestehen in fünf dreyeckigten, ausgehöhlten krummen Beinchen, deren Spitzen ausserhalb der Schaale kegelförmig zusammen lauffen, die breiten Ende stehen innerhalb der Schaale in einem Krantz.

Figure 6. Cette Pomme de mer est l'*Oursin mammillaire ordinaire*, *mangeable*, muni de ses Aiguillons, qui est le même que nous avons vû Pl. D. I. fig. 8., denué d'Aiguillons. Ces Aiguillons sont longs, unis, compactes, formez en poinçon; de couleur brunette, & rendent, quand on les laisse tomber, le même son, que rendroit un morceau de métal. En en rompant un morceau l'entamure se trouve blanche, & ils sont pourvûs de pointes aiguës. L'embouchure de cet Animal paroît avec ses dents au beau milieu de l'Oursin. Ces dents consistent en cinq oiselets triangulaires & caves, dont les pointes se joignent en forme de Cone au dehors de la Coquille & dont les extrèmitez larges sont au dedans, rangées en cercle.

Fig. 7. und 8. Unter diesen beyden Nummern werden uns ein paar andere fingerförmige Stachel gewiesen, welche zu dem Echinometra digitata prima, oder dem grosen Türkischen Bund gehören, dergleichen wir Tab. D. fig. 2. betrachtet, und weitläuftig beschrieben haben. Diese Stacheln sind sehr glatt, dreyeckigt, inwendig dichte und doch dabey ungemein leicht; wenn sie gegen einander fallen, geben sie einen hellen Ton von sich. Oben sind sie um ein merkliches breiter als unten, woselbst sie mit einem weissen heraustretenden Rand eingefasset, und mit einem runden ausgehöhlten Knöpfgen versehen sind. Die innere Substanz ist weiß, auswendig ist die Farbe hell- oder dunkelbraun, auch wohl gelblicht, zuweilen haben sie weisse Ringe, viele aber besitzen dergleichen nicht, sie sind auch nach den unterschiedenen Abweichungen ihrer Aepfel etwas kürzer, oder länger, dicker, oder dünner. Man findet sowohl die Aepfel, als die Stachel, jede besonders in den Cabinetten. Ein dergleichen Türkischer Bund aber, sammt seinen auffsitzenden Stacheln, ist eine Seltenheit, es wäre denn, daß man die Stachel, wenn man sie alle bepsammen hätte, aufleimen wollte, wobey denn aber doch die unterstützende unzählige Zünglein fehlen würden.

Figure 7. & 8. On produit sous ces numero deux *Aiguillons d'Echinodactyle*, pris de l'*Echinometra digitata prima*, ou du *grand Turban*, dont nous avons parlé amplement cy-dessus. Voyez à la Pl. D. la Description de la figure 2. Ces Aiguillons sont trés-unis, triangulaires, en dedans compactes, & cependant trés-legers. Quand on les laisse tomber l'un sur l'autre ils rendent un son clair. Ils sont beaucoup plus larges en haut qu'en bas, où l'on observe une bordure blanche avancée avec un petit bouton rond & cavé. La substance intérieure est blanche, la couleur extérieure brune, claire ou foncée, ou jaunâtre. Ils sont quelquefois garnis d'anneaux blancs, mais cela est rare, & selon les diverses variations de la Coquille ils sont plus ou moins longs ou courts, & plus ou moins épais ou minces. L'on ne trouve dans les Cabinets la Coquille & les Aiguillons que séparément. Un de ces Turbans muni de ses Aiguillons seroit une Rareté toute particulière, à moins qu'un Collecteur qui possèderoit tous les Aiguillons ne trouvât bon de les attacher sur la Coquille avec de la Colle, auquel cas même les languettes innombrables, qui leur servent d'apui, y manqueroient toûjours.

Einleitung
zu den
Metallen.

Die Metalle machen einen Theil der sogenannten Mineralien aus. Mineralien sind in einem weitläuftigen Verstande alle einfache und zusammengesetzte, gebildete und ungebildete Cörper, welche in der Erde angetroffen werden. Die Metalle, deren Sitz auch in der Erde ist, sind nur diejenigen Cörper, die gegen andere gerechnet, eine vorzügliche Schwere haben, und sich dabey schmelzen, schmieden und mit dem Hammer treiben lassen. Weil es aber auch in der Erde solche Cörper giebt, die eine metallische Schwere haben, jedoch nicht mit dem Hammer getrieben werden können, übrigens aber mit den Metallen in vielen Stücken eine grosse Aehnlichkeit besitzen, so werden solche Cörper Halbmetalle genennet, und von diesen beyden, nemlich ganzen und halben Metallen, werden wir nach Anleitung der folgenden Tafeln etliche zu beschreiben finden.

Fast scheinet uns selbst eine Einleitung zu diesem Fach eine überflüßige Sache zu seyn, da so viele wohl und weitläuftig ausgeführte Lehrbücher vom Mineralreiche, bereits in jedermanns Händen sind. Aber unserer Ordnung wegen müssen wir doch so viel anführen, als ein Liebhaber, der Stuffen sammlet, nothwendig wissen muß, um nicht nur seine Stücke zu beurtheilen, und in eine gewisse Ordnung zu legen, sondern auch ein Vergnügen darüber zu empfinden. Wir wollen also etwas von den Bestandtheilen und von dem Ursprung der Metalle, von ihrem Wachsthum, und den Mitteln, sie zu gewinnen, und von der Art, die Stuffen zu kennen, und sie in einem Cabinet einzutheilen, oder in Ordnung zu legen, handeln. Es soll aber alles dieses in der Kürze gesagt werden.

Was nun die Bestandtheile der Metalle betrift, so siehet ein jeder, daß die irrdischen Theile derselben vornehmstes Ingredienz, und die Grundlage bey allen Arten seyen. Gleichwie aber die Erdarten selber unterschieden sind, also nehmen wir auch allerdings diese Verschiedenheit bey den metallischen Cörpern wahr, so daß wir mit Recht schliessen, eine jede Art des Metalls, es sey Silber, Kupfer, Gold, u. s. w. habe ihre eigene besondere Erdart zum Grundstoffe.

Ob aber nun diese unterschiedene Erdarten nur zufällig, und nicht dem Wesen nach unterschieden sind, und, wenn sie bis zur äussersten, vor Menschen unmögliche Auflösung gebracht würden, lauter einfache Theilchen von einerley Art ausmachen, und ob mithin alle Cörper in der ganzen Welt zu allerletzt einerley Urstoffe zum einzigen Ursprung haben, ist hier der Endzweck nicht zu untersuchen. Wir sagen nur soviel, daß wir solches nicht

INTRODUCTION
A L'ARTICLE DES
METAVX.

Les *Métaux* font une Partie du *Règne minéral*. Les Minéraux, à prendre ce terme dans un sens étendu, sont tous les corps simples & composez, figurez ou non-figurez, qu'on trouve dans la Terre. Les *Métaux*, dont le siège est par conséquent aussi dans la Terre, sont des corps qui, comparez à d'autres, ont beaucoup plus de pésanteur, & peuvent etre fondus, travaillez à la forge, & étendus sous le marteau. Mais comme la Terre renferme aussi des corps dont la pésanteur égale celle des métaux, & qui leur ressemblent à plusieurs égards, quoi qu'ils ne puissent pas être étendus sous le marteau, on apelle ceux-ci des *Demi-Métaux*, & ce sont ces *Métaux entiers & demi-Métaux* qui feront la matière de nos Descriptions selon l'ordre de nos Planches.

Comme plusieurs Auteurs ont déja écrit amplement sur cette matière, & l'ont bien traitée, une Introduction paroît être ici superflue. Cependant pour ne nous pas écarter de l'ordre, que nous nous sommes une fois prescrits, nous ne croyons pas nous pouvoir dispenser d'indiquer tout au moins ici ce qu'il faut qu'un Amateur, qui rassemble des Glebes ou Pierres métalliques, sçache nécessairement, pour pouvoir juger des pièces, qui lui tombent entre les mains, pour les arranger dans un ordre convenable, & pour en retirer quelque satisfaction. Nous nous bornerons à cela, en disant quelque chose des *Principes* & de l'*Origine* des Métaux, de leur *Accroissement*, de la façon de les *exploiter* & ensuite des moyens de conoître les Glebes (*) & de les disposer en ordre dans un Cabinet selon les divisions convenables.

Venant donc d'abord aux *Principes* des Métaux chacun sçait que des particules terrestres en forment le principal Ingrédient, & pour ainsi dire, la base des Métaux de toutes les sortes. Mais comme ces particules terrestres different beaucoup entre elles, on s'aperçoit aussi que cette différence influe sur les Corps métalliques mêmes, de manière qu'on a raison de conclure que chaque sorte de métal en particulier, comme l'Argent, le Cuivre, l'Or, a aussi pour base de sa composition des particules terrestres particulières, qui lui sont propres.

Notre but n'est pas d'examiner ici si la différence, qui existe entre ces particules terrestres, n'est qu'accidentelle ou essentielle, & si par une solution poussée jusqu'au de là du possible, leurs élemens se trouveroient être à la fin les mêmes, ce qui reduiroit au bout tous les corps du monde

Dd 2   à n'a-

(*) Que d'autres Auteurs appellent *Mines* ou *Pierres métalliques*, germanicè *Stuffen*.

nicht als eine dringende Nothwendigkeit in der Schöpfung dieses grossen Erdballes ansehen, ja vielmehr es vor wahrscheinlich halten, daß der Schöpfer gleich beym Anfang nicht blos ein einfaches Ding, sondern einen Klumpen, der aus vielen Elementarischen Theilen von fremder Art bestund, hervorgebracht habe, so, daß es ursprüngliche Erdarten in dem Element geben könne, die nicht auseinander entstehen, und in das Wesen eines andern übergehen, oder die blos durch zufällige Umstände der Bewegung, Scheidung, oder Gerinnung eine verschiedene Art bekommen, sondern wesentlich verschieden sind.

So bald wir aber annehmen, daß jedes Metall eine subtile Erde seiner eigenen Art zum Grundstoffe habe, so laugnen wir keinesweges, daß diese verschiedene Erdarten gemeinschaftliche Eigenschaften haben können, dahero wir von allen Metallen erfahren, daß ihre erdigte Grundstoffe allezeit glasartig, oder vitrescibel ist.

Die Erde macht es indeß alleine nicht aus, sondern es ist bey allen Metallen auch eine Fettigkeit anzutreffen, welche ihnen die Geschmeidigkeit giebt, daß sie malleabel oder ductil sind, und sich gießen und schmelzen lassen. Sodann trift man auch bey ihnen eine flüchtige Erde, oder ein mercurialisches Wesen an, welches mit dem Schwefel und dem Arsenic vergesellschaftet ist, und dem sogenannten vererzen die Hand bietet, wovon wir denn endlich das Salz und das Vitriolartige nicht ausschließen können, als welches zur eigentlichen Bildung eines Metalls nothwendig zu seyn scheinet.

Es wird leicht abzunehmen seyn, daß diese Sachen unmöglich bey allen Metallen in gleichen Verhältnis stehen können, sonst würden wir nur ein einziges Metall haben. Die verschiedene Menge dieser Ingredienzien aber, das auf vielfache Weise abgetheilte Verhältnis derselben, und die besondere Art ihrer Zusammenfügung macht allerdings den wesentlichen Unterschied der Metalle aus, und dahero kommen wir nun billig auf die Frage: wie ein Metall entstehen möchte?

Was demnach ihren Ursprung betrift, so haben wir allerdings die innere Verbindung vorbedachter Ingredienzien zum Grunde zu legen, und blos daraus denselbigen zu beurtheilen. Es weiß nemlich ein jeder, daß ein grobes Gemische von diesen Ingredienzien, und wenn wir sie auch durch Chimische Handgriffe vermittelst des Feuers mit einander verbinden wollten, deßwegen doch nicht gleich dasjenige Metall hervorbringet, welches wir suchen, sondern es gehöret dazu eine Schöpfershand, die viel feiner, als wir zu thun im Stande sind, diese Theile auflöset, ihnen das rechte Verhältniß giebt, und sie zu einem Cörper verbindet, welchen wir hernach ein Metall nennen, und ihm den Namen Silber, Eisen, Bley, oder dergleichen geben.

Es bestehen ferner alle zusammen gesetzte Cörper aus Theilchen, und diese Theilchen sind zuletzt so fein und klein, daß wir weder mit unseren Händen solche abzusondern, noch mit den Augen, solche zu unterscheiden, ja nicht einmahl mit unseren Gedanken uns eine deutliche Vorstellung davon zu machen fähig sind. Die Allmacht aber thut solches in der Natur täglich. Wir haben dieses unter andern an der wunderbaren Zeichnung und Farbe der Schnecken und Muscheln, wie auch an dem auf den Flügeln der Schmetterlinge befindlichen Staube gesehen.

Allein

à n'avoir qu'une seule & même matière prémière pour origine. Il nous suffit de sçavoir que le Créateur en donnant l'Etre au commencement à nôtre Terre n'a pas été néceßairement aftreint à ne produire qu'un seul & même principe de tous les corps, & qu'il est plus vraisemblable qu'il a formé une Masse composée de plusieurs parties élémentaires, susceptibles de divisions & de subdivisions, & de nature diverse, d'où il resulte qu'il peut y avoir dans l'Element de la Terre des parties originairement différentes, qui ne naissent point les unes des autres, ni ne peuvent se transmuër d'une sorte à l'autre, & dont la différence par consequent ne peut être causée par aucun cas accidentel, tel que le mouvement, la séparation, Coagulation, &c. puisqu' elle réside dans leur essence.

Mais en adoptant le sentiment que chaque Métal a pour prémière base de sa composition une Terre subtile qui lui est propre, nous ne nions pas pour cela que toutes ces parties terrestres ne puissent pas avoir aussi quelques propriétez qui leur sont communes, l'expérience démontrant que la base terrestre de tous les métaux tient du verre, ou est au moins vitrescible.

Cependant les particules terrestres ne suffiroient pas à la composition des Métaux, si une exhalaison onctueuse & graße ne les rendoit pas souples, malleables, ductiles, & propres à la fusion. Après cela il y entre encore une Terre volatile mercuriale, accompagnée de soufre & d'arsénic, qui aide à les convertir en mine; enfin il n'en faut pas exclure le sel & les parties vitrioliques, qui paroissent être essentielles à la formation des Métaux.

Il est naturel que ces choses ne se trouvent pas à tous les Métaux dans la même proportion, auquel cas nous n'aurions qu'un seul & même Métal. Nous devons donc penser que c'est la quantité de ces Ingrédiens divers, les proportions de ces ingrédiens variées en beaucoup de façons, & les manières diversifiées de leurs Compositions, qui constituent la différence essentielle des Métaux, ce qui nous conduit à la question de la Methode que la Nature employe à la formation des Métaux.

Pour en examiner l'*Origine*, nous devons poser pour fondement de nos recherches la liaison intérieure des Ingrédiens dont nous venons de parler. Nous sçavons tous, qu'un mélange grossier de tous ces Ingrédiens, quand on y employeroit le feu, & tout l'art de la Chimie, ne produiroit jamais un Métal tel qu'on le souhaiteroit. Il faut là la main du Créateur, qui seule peut resoudre les parties, leur donner la juste proportion, & en former ce Corps que nous nommons Métal, & que nous apellons ensuite Argent, Fer, Plomb, &c.

Tous les Corps composez consistent en particules, lesquelles de division en division deviennent enfin si petites & si fines, que nous ne pouvons plus ni les separer avec les doigts, ni les distinguer avec le simple secours des yeux, ni même les concevoir de pensée, pour nous en former une idée nette & distincte. La Toute-puissance du Créateur seule atteint & suplée à tout. C'est dequoi les desseins & couleurs admirables des Limaçons & des Moules, & la Poussière qui embellit les ailes des Papillons nous ont fourni des preuves.

Or

Allein diese besondere Auflösung und Vermischung solcher Theile in einem gehörigen Verhältnis lässet sich keinesweges ohne Bewegung, diese aber bey dergleichen Córpern nicht ohne Feuer, als die Seele aller Bewegung, denken. Soll also aus vorbesagten Ingredienzien ein Metall erzeuget werden, so muß ein durchdringliches Feuer die feinsten Theilchen der metallischen Erdarten nebst den óhlichten, schwefelichten, salzichten und flüchtigen Theilen in Bewegung setzen, sie auflösen, durcheinander führen, mit einander verbinden und irgendwohin zur Ruhe und Gerinnung niederlegen. Wenn dieses alles fertig ist, darnach kommt der Mensch dazu, und findet die Masse als ein Metall, gleichwie wir, (um ein gemeines Exempel zu geben,) den Ruß, der aus dem Rauch und Dunst von Holz und Kohlen entstand, zuletzt in harten Klumpen in den Feueressen finden.

Es wird nicht schwer fallen sich davon eine deutliche Vorstellung in Ansehung des Ursprungs der Metalle zu machen. Der Erdball ist gleich vom Anfang nebst vielen andern Erdarten auch mit solchen, die wir nur metallisch nennen, und mit allen derselben Unterarten, nicht minder aber auch mit den übrigen Ingredienzien eines jeden Metalles bereichert worden. Ein centralisches Feuer hat die Erde durchdrungen und beseelet, daran zweifelt wohl niemand. Dieses Feuer setzet die Erde auch in den tiefsten Gründen in Bewegung. Es ist im Stande die todten Erdtheilchen zu beleben, die feinen Massen ferner zu entbinden, und sogar in einen Dunst aufzulösen, auch diese aufgelösten Theile allenthalben mit einer wunderbaren Mischung bis zur Oberfläche des Erdballs zu treiben und an Tag zu legen.

Ist diesem nun also, wie die tägliche Erfahrung uns an vielen andern natürlichen Begebenheiten des Erdreichs zeiget, wie kan es denn anders zugehen, als daß diese subtilen, oder auch dickern Dünste, ehe sie zur Oberfläche gelangen, durch grosse Massen von Stein- und Erdarten durchziehen müssen? Und was ist natürlicher, als daß sie sich an den Orten, wo sie durchdringen, allenthalben anlegen müssen, wo sie nur Platz zur Ruhe antreffen.

Wer sich nun unsern Erdball nicht als eine geschmolzene oder gediegene Kugel vorstellet, wird aus den mancherley Erd- und Steinarten, und aus den vielen Veränderungen, welche unsere Welt seit der Schöpfung, in der Sündfluth, durch die mancherley unterirdische Bewegungen und durch den Gang des Gewässers und des Weltmeeres, hat über sich ergehen lassen müssen, wohl schliessen können, daß unsere Erde nicht allenthalben gleich dichte sey, sondern daß es auch sogar in dichten Felsen, doch noch allerhand feine Ritzen, Klüfte, Höhlen, und lockere Oerter gebe, durch welche vorbemeldete Dünste hinziehen, mithin auch ihr reifes metallisches Wesen allenthalben ablegen können, ja daß, wenn die Stein- oder Erdart so locker ist, daß dieser Dunst überall in gleicher Stärke durchfahren kan, nothwendig, das ganze Gestein allenthalben mit metallischen Theilen durchdrungen und geschwängert seyn müsse.

Wer sich von dem Ursprung der Metalle einen solchen Begriff macht, wird nicht lange nöthig haben, zu fragen: warum sie

Or toute cette Solution, & ce Mélange particulier des particules dans une proportion convenable ne peuvent pas être imaginez sans mouvement, & le mouvement de pareils corps ne peut être conçu sans feu, qui est l'Ame de tout mouvement. Si donc tous les Ingrédiens que nous avons nommé doivent produire un Métal, il faut qu'un feu vif mette en mouvement les particules terrestres les plus fines qui en font la base, de même que les parties huileuses, soufrées, salées & volatiles, qui y entrent, qu'il les resolve, qu'il les dirige de l'une dans l'autre, qu'il les lie, & qu'il les depose enfin quelquepart pour le repos & la Coagulation. L'homme vient apres cela & trouve une Masse, qui est le Métal tout fait, tout comme, pour nous servir d'une comparaison commune, nous voyons la suye produite par la fumée & la vapeur du bois & des Charbons, se convertir enfin en masse dure dans les cheminées.

On pourra se former aisément une idée distincte de cela relativement à l'origine, ou à la formation des Métaux. Nôtre Globe a été fourni dés-le commencement non seulement de plusieurs sortes de terres, & spécialement de celles que nous considérons comme purement métalliques, mais aussi de toutes leurs Sous-especes, & des autres ingrédiens, qui entrent dans la composition d'un Metal. Personne ne doute qu'un feu central ne pénètre & n'anime la Terre. Or ce feu excite le mouvement dans les parties les plus profondes du Globe. Il a la propriété de vivifier les particules terrestres mortes, de détacher les Masses les plus fines, de les reduire même en exhalaisons, d'en faire un mélange merveilleux de toutes parts, & d'en pousser les parties jusques à la surface de la Terre, & de les y faire paroitre au jour.

En supofant ces véritez, apuyées d'ailleurs par quantité d'expériences physiques, il est alors démontré que ces exhalaisons, subtiles ou épaisses, ne peuvent parvenir à la surface qu'après avoir pénétré à travers de grosses couches de Pierres, & de Terres de toutes les sortes, par lesquelles elles ne peuvent passer qu'en s'y attachant en partie jusques à ce qu'elles trouvent un lieu propre pour s'arrêter.

A moins donc de s'imaginer que nôtre Terre est une Masse compacte, comme une pièce de fonte, on ne peut se dispenser, vû les sortes variées innombrables de pierres & de terres de toute catégorie, qui s'y trouvent, & en reflechissant à tous les Changemens arrivez à nôtre Monde depuis la création par le Déluge, par des mouvemens souterrains, par le cours des Fleuves, & par les revolutions des Mers & de l'Océan, de conclure que nôtre Terre ne peut pas être également compacte par tout, que dans ses Pierrières les plus serrées il doit y avoir toutes sortes de fentes fines, de cavitez, de crevasses, & d'endroits laches, par où les exhalaisons, dont il est question ici, passent, & déposent en tous lieux une partie de leur substance métallique parvenüe à sa maturité. On peut en conclure de plus que lorsque la pierre ou la Terre se trouve tellement molle que l'exhalaison métallique puisse y passer en force égale, toute la pierrière, ou toutes les parties que l'exhalaison touchera, seront imbibées & imprégnées de sa vertu métallique.

Quand on aura une fois compris cette origine, on ne sera plus en peine de sçavoir pourquoi l'on decouvre les

sie bald in Gängen oder Drumweise, bald in Geschieben, Flötzen und Geschütten, bald auch Nesterweise, zum Theil vererzt und zum Theil gediegen gefunden werden? Er wird leicht errathen, warum bald ein Metall allein, bald viele zusammen in einem Klumpen, und innerlich mit einander verbunden sind. Er wird die Ursache einsehen, warum manches Gestein nur mit einem metallischen Dunst angeschmauche, auf manchen das Metall angeflogen, dasselbe auf allerhand Art gebildet, und in allerhand Bergarten, als in einer Mutter befindlich ist? Was inzwischen die Beschaffenheit der Bergart selbst betrifft, und wie dieses Gestein genennet wird, was nemlich ein Quarz, ein Spath, eine Druse, ein Kies und dergleichen sey, und wie man unterschiedene Bergmännische Redensarten verstehen müsse, solches werden wir schon bey jeder Figur, wo dergleichen vorfallen möchte, gehörig erläutern.

Wir kommen nunmehro zur Untersuchung des Wachsthums der Metalle. Man verstehet gemeiniglich unter dem Wachsthum, das grösser werden, oder Zunehmen eines Dinges, da neue Theile zu den alten kommen, es sey nun, daß solches durch den Umlauf der Säfte geschehe, welche die neuen Theile allenthalben durch den ganzen Cörper führen, oder durch das Andringen neuer Theile von unten, oder auch durch Auflegung derselben von oben. Die erste Art des Wachsthums hat wohl bey Pflanzen und Thieren, aber nicht bey Metallen statt, bey denen man wohl keinen ordentlichen Umlauf vermuthen kan, und deren Dichtigkeit kein Durchdringen der Säfte glauben lässet. Wir halten aber die andere und die dritte Art des Wachsthums bey den Metallen, wie auch überhaupts im Steinreich vor möglich. Es können steinigte, oder metallische Feuchtigkeiten durch einen Trieb von unten in die Höhe dringen, und immer die schon oben liegende Theile weiter empor heben, und darnach verhärten, welches also eine steinigte oder metallische Excrescentz zu nennen wäre, und wovon unseres Erachtens alle Crystalle, Quartze, Drüsen, Baum- und Haarsilber, Glaskopf, Blutstein und gediegene Metalle, einen Beweis abgeben. Ferner kan sich auch eine Metallische Feuchtigkeit, oder Materie, oder Dunst von oben auf etwas anlegen, und immer neue Theile auf der nehmlichen Oberfläche absetzen, weil ähnliche Cörper einander leicht an sich ziehen, wodurch denn die Masse des Metalls immer dicker wird, wie an eingesprengten, oder angeflogenen Bergarten zu ersehen. Es giebt aber noch eine andere Art des Wachsens der Metalle, welches die gewöhnlichste ist. Wir wollen diese Art erst durch ein Exempel aus dem Steinreich erklären. Ein Stein bestehet aus Erd- oder Sandtheilen seiner Art. Diese Theile lagen vom Anfang auf einander und waren weich oder locker; wenn diese Theile durch einen Steinsaft, als mit einer Kütte durchzogen werden und erhärten, so wird die nemliche Masse ein Stein. Diese Masse ist nicht gewachsen, noch grösser worden, sondern, das sogenannte Wachsen des Steins bestehet nur in einem fernern Erhärten der umliegenden Theile, die mit demjenigen, was schon angefangen hat hart zu werden, von einerley Art sind. Wie nun das hart werden nicht in einem Augenblick geschiehet, sondern nach und nach, so

giebt

Métaux tantôt en veines ou en monceaux continus, ou qui se suivent, tantôt en stries ou en couches, tantôt en couches rares, ce qui a lieu dans les nouvelles Montagnes, & en monceaux interrompus, tantôt en forme de nids, tantôt en simples mines, tantot compactes & tout faits. On devinera aisément pourquoi il arrive que quelques fois un Métal se trouve seul, & pourquoi d'autres fois plusieurs Métaux sont mêlez ensemble, & liez intérieurement en une seule Masse. On sera au fait de la cause pour laquelle l'Exhalaison métallique n'a pû dans certains endroits attacher qu'une première couche fine à la pierre, & que dans d'autres le métal s'y trouve tout fait & se présente en mille façons & formes diverses qu'on voit dans les minières, comme dans leur matrice. A l'égard des qualitez de chaque espèce de Mine & des dénominations propres à chaque sorte de Pierre métallique, de même que quant à la raison pourquoi l'on apelle l'une *Quarts*, l'autre *Spath*, une autre *Glande*, une autre *Pyrite*, ou auxquelles on impose d'autres noms usitez parmi les Mineurs, nous donnerons là dessus les explications convenables chaque fois que quelque Figure nous en fournira l'occasion.

Voyons ce qu'il y a à présent à dire de l'*accroissement*, ou de la *croissance*, des Métaux. La Croissance se dit de tous les corps qui s'agrandissent, ou qui grossissent, lorsque de nouvelles parties se joignent aux anciennes, soit que cela arrive par une circulation des sucs, qui conduisent les nouvelles parties par tout le corps, soit que ces nouvelles parties s'y furnaissent en bas, ou qu'elles se posent sur la surface supérieure. Le prémier mode de croissance ne peut guères avoir lieu qu'à l'égard des Plantes & des Animaux, mais on ne sçauroit le statuer relativement aux Métaux, qui n'ont aucune circulation réglée, & dont la nature compacte ne peut admettre l'idée qu'un suc en pénètre l'intérieur. Mais nous croions que le second & le troisième mode peuvent avoir lieu à l'égard des Métaux, comme en général dans tout le Règne minéral. Il est aisé de concevoir que des humiditez pierreuses & métalliques poussées dans la terre du bas en haut, se joignent aux parties toutes préparées qu'elles trouvent dans leur chemin, qu'elles les exhaussent toûjours davantage, & qu'elles s'y durcissent, ce qui forme une espèce d'excrescence pierreuse ou métallique, ce dont, selon nous, tous les Cristaux, le Quarz, les Glandes, l'Argent arbusculaire & capillaire, l'Hematite de toute espèce, & les Métaux compactes, fournissent la preuve. Après cela il est aussi possible, qu'une humidité ou vapeur, ou matière métallique, s'attache quelque peu à la surface supérieure, & qu'elle y fasse successivement un dépôt de nouvelles parties, parce qu'entre corps homogènes l'un attire aisément l'autre, par où la Masse du Métal prend toûjours un nouvel accroissement, ce qu'on voit à ces sortes de Mines où le Metal est simplement asperfé, ou formé en grains, ou autrement. Mais il y a encore un mode d'accroissement, &tc est celui qui a le plus souvent lieu. Eclaircissions d'abord ceci par un exemple tiré du Règne minéral. Une Pierre est composée de parties terrestres, ou sablon
cuses, selon son espèce. Ces parties étoient au commencement tendres & laches. Le suc pierreux survenu les pénètre & les imbibe comme un ciment, & durcit le Total, qui devient alors pierre. Cette Masse n'a proprement point pris d'accroissement, elle n'a point grandi. Ce qu'on apelle la *croissance de la pierre* c'est que *les parties qui s'en*

trouvent

giebt es auch Grade der Härte, und der grösseste Grad der Erhärtung, deren eine gewisse Erdart, oder flüssiger Steinsaft fähig ist, wird die Reife desselben genennet. Es macht also weder die Reinigkeit, noch die Unreinigkeit eines Crystalles, Quarzes, oder Steins die Reife aus, sondern blos die grosse Dichtigkeit und Härte, deren solche Theile fähig sind. Ein unreiner Crystall, dessen Fließwasser anfänglich unrein war, wird niemahlen durch die Zeit helle werden, wohl aber härter.

Eben also ist es auch mit dem Wachsthum der meisten Metalle beschaffen. Der mineralische Dunst, oder eine mineralische Feuchtigkeit füllet entweder eine Ritze, oder Höhlung in einem Stein aus, oder sie durchziehet und durchdringet den Stein gänzlich. Dieses ist nun freylich alsdann noch kein Metall, sobald es aber nach hinlänglicher Bearbeitung der Natur zur Ruhe kömmt, hart wird, und versteifet, sobald entstehet ein Erz, und das Dringen dieses Saftes in das Gestein, und das Erhärten desselben, heist vererzen. Wo aber die reinste metallische Feuchtigkeit in eine Ritze dringet, und ohne sich mit einem Stein, oder Steinsaft zu vermengen, allda hart wird, so ist es ein gediegen Metall, und diese ganze Würkung der Natur, da ein solcher metallischer Dunst, Saft, Wasser, Feuchtigkeit, oder wie man es sonst nennen will, in eine Bergart einziehet, gerinnet, und zur Reife kommt, solches heist wachsen, mithin bestehet das Wachsen in nichts anders, als in steif oder hart werden, und dieses nimmt allenthalben zu, je weiter der Zufluß solcher metallischen Grundstoffe dringet und versteifet. Solches kan nun in der beständigen Würkung der Natur alle Tage geschehen, und ist vermuthlich vom Anfang der Welt immer geschehen, so daß es in den Tiefen Metalle von etlichen tausend Jahren, und auch jüngere giebt, ja der Bergmann kan auch wohl zu frühe kommen, und ein Erz antreffen, welches dasjenige Metall noch nicht ist, was es werden sollte. Trägt es sich nun zu, daß an einem Ort mehr Schwefel, an einem andern Ort mehr Arsenic, an einem dritten Ort mehr von einem andern metallischen Grundstoffe vorhanden ist, so sehen wir ein, warum dieses unterschiedene Verhältniß an einem Ort mehr Kupfer, an dem andern mehr Silber, am dritten allerhand Metall durcheinander erzeuge, und warum nicht überall Gold wachse, ja warum in manchen Klüften das Silber durch allzuvielen Arsenic geraubet werde, warum andere Metalle verwittern, oder durch eine feine Auflösung aus einem Gestein wieder verschwinden und sich anderstwohin begeben.

Hat nun der Schöpfer diese Schätze der Natur in verborgenen zubereitet und dahin geleget, so erfordert es eine weitläuftige Wissenschaft, solche zu gewinnen und am Tage zu fördern, welche aber die mehresten Sammler nicht sehr angehet. Dahero wir hie auch nur wenig davon sagen wollen.

---

trouvent *tout autour le plus près*, & qui sont homogènes de ce qui a déjà commencé à se durcir, *se durcissent* aussi. Or cela ne se fait pas tout-à-coup, mais peu-à-peu, ainsi il y a différens degrez de dureté & l'on nomme *Maturité* le dernier dégré, auquel une certaine sorte de Terre ou un suc pierreux liquide peut parvenir. Par conséquent la netteté ou l'impureté d'un Cristal, ou d'un Quarz, ou d'une autre pierre ne sont point ce dont dépend sa maturité; ce qui la constitue c'est la condensation & dureté dont les parties de cette espèce sont susceptibles. Car un Cristal impur, dont l'eau n'étoit originairement pas nette, ne deviendra jamais net par succession de tems, mais il pourra devenir plus dur.

Il en est de même de la façon de croître de la plus grande partie des Métaux. Car ou l'exhalaison ou l'Humidité minérale, comme on voudra la nommer, remplit une Veine ou une cavité qu'elle rencontre, ou elle s'imbibe dans une pierre qu'elle pénètre de part en part. Tout cela ne forme pas encore le Métal à la vérité. Mais dés-que cette humidité vient à se poser, & qu'après avoir été suffisamment travaillée & préparée par la nature, elle se durcit & se condense, elle *devient mine*, & on appelle *convertir en mine* ou *minéraliser* cette action du suc, quand il pénètre la pierre & qu'il la durcit, au lieu que quand l'humidité métallique la plus pure entre dans une veine sans aucun mélange de pierre ni de suc pierreux, alors il en résulte un *Métal pur* compacte, & condensé. Quand on dit donc que les Métaux *croissent*, l'on entend parler de cette opèration entière de la Nature, par laquelle cette Exhalaison, Suc, Eau, Humidité metallique, ou ce principe des Métaux, prend la nature d'une mine, se perfectionne, & parvient à Coagulation; ainsi cette façon de croître n'est autre chose qu' *aquerir la maturité & se durcir*, ce qui va toûjours en augmentant, à mésure que l'affluence de la prémière matière metallique continue, & se condense. Or cela peut arriver tous les jours, & est vraisemblablement toûjours arrivé depuis le commencement du Monde, puisqu'il est certain que la Nature ne cesse point d'opèrer, de manière que les profondeurs de la Terre peuvent receler des Metaux, qui s'y trouvent depuis des milliers d'années, & d'autres, dont la production est moins ancienne. Il est aussi possible que le Mineur arrive trop tôt, & rencontre une Mine qui ne renferme pas encore le Métal, qui doit y croître avec le tems. Suposé donc qu'il y ait dans un endroit plus de Soufre, à un autre plus d'Arsenic, à un troisième quelque autre prémière matière metallique, cela produit la différence des Métaux que la Nature y forme, & nous indique la raison pour laquelle on trouve ici plus de Cuivre, là plus d'Argent, dans quelque autre endroit toutes sortes de métaux entremélez, & en même tems la Cause de ce qu'il ne croit pas par tout de l'Or, de même que celle de ce que dans quelques cavitez le trop d'Arsenic ronge & consume une partie de l'Argent, & que dans d'autres l'*inclémence de l'air détruit* d'autres métaux, ou que se résolvant de nouveau ils quittent une pierrière pour aller se poser dans une autre.

Il faut sans doute des Conoissances trés-étendues pour aquerir & tirer en lumière ces thrésors de la Nature que le Créateur a recelez dans les entrailles de la terre. Comme cet article interesse moins la plûpart de ceux, qui ne s'attachent qu'à rassembler, un Cabinet choisi, nous nous y arrêterons moins.

Es hat nemlich die Erfahrung gelehret, daß die Flötzgebürge, oder die von Zeit zu Zeit zufällig entstandene Berge wenig Metall und nur wenige Arten desselben in gewissen fast horizontalen, Schichten, oder Lagen halten, die Ganggebürge aber, oder die uralten Gebürge, deren Gestein hart und feste ist, und deren Striche fast senkrecht stehen, sind weit ergiebiger, und führen die edelsten Metalle, ausgenommen was durch Flüsse zu Tage gebracht worden. Nur von dem Eisen ist es bekannt, daß solches nicht eben in Bergen, sondern auch in flachen Feldern, in der Oberfläche der Erde zu finden ist. Man hat also einen Berg erst von außen zu beurtheilen, ehe man anfängt zu schürfen, oder einzugraben, darnach kan das Bergwerk bearbeitet werden. Es geschicht dieses erstlich von oben nach unten zu, durch Schachte, die entweder senkrecht, oder schief gehen, und zum fahren (aus- und einsteigen) zum treiben, (weiter hinein zu dringen) zum fördern (die Erze heraus zu winden) oder zum Wetter (frische Luft einzuziehen) dienen. Es geschicht aber auch in einer horizontalen Lage durch Stollen, (Gänge) welche getrieben (ausgehauen) werden. Wenn der Bergmann bis an den Sitz der Metalle getrieben, findet er erstlich das Dach, (das Gestein, welches das Erz bedecket,) und kan wahrscheinlich an der Art desselben errathen, ob er was gutes zu hoffen habe; sodann die Saalbänder (diejenige Bergart, die das Erz zur Seiten umgiebt,) endlich die Sole, (welches gleichsam der Boden ist). Hierzu wird nun öfters eine Teuffe (oder Tieffe) die sehr viele und oft über 100. Lachtern und mehr niedersetzet, erfordert. In den Gruben selbst, welche nun ihre eigene Namen bekommen, oder in den Strecken, wo das Erz gewonnen wird, ist nicht allezeit Glück auf! denn die Ader verrömert (verliehret) sich oft, und ist der Gegenströmm (wo sie wieder anfängt) schwer zu finden. Derbe Hauptgänge aber, (wo blosses Erz in breiter Lage streicht) zeigen sich nicht allezeit. Die Wünschelruthe, welche gleichsam um das Erz zu entdecken gebraucht wird, ist ein bloses Ceremoniel der Bergleute, welches dem Aberglauben seinen Ursprung zu danken hat; der Kobold aber, (oder das Bergmännchen,) ist aus erschienenen verdickten Wetter (oder mineralischen Dünsten) entstanden, und ein Hirngespenst dieser finstern Schatzgräber geworden. Zeche, und Kuxe hingegen sind idealische Eintheilungen der Portionen, welche die Gewerke an einem Bergwerk haben.

Wenn

L'Expérience nous apprend que les *nouvelles Montagnes* (*), nous entendons par là celles qui se sont formées accidentellement par succession de tems, ne renferment que peu de metaux, & un petit nombre d'espèces disposées en couches presqu'horizontales, au lieu que les *Montagnes veinées antiques*, dont la Pierre est dure & compacte, & dont les Stries sont disposées presque en ligne perpendiculaire sont beaucoup plus riches, & renferment dans leur sein les Metaux les plus nobles, excepté ce qui en est conduit déhors par des fleuves. Quant au fer, l'on sçait qu'il n'est pas justement nécessaire de le chercher dans l'intérieur des Montagnes, puisqu'on le trouve aussi sur la superficie de champs situez en païs de Plaine. On doit donc examiner & juger une Montagne par ses déhors avant d'y faire la première ouverture, après laquelle précaution on peut creuser & travailler à la mine, ce qui se fait en différentes manières, sçavoir d'abord *du haut en bas*, c'est-à-dire par des *puits*, qui vont en ligne perpendiculaire ou oblique, & servent à *descendre* dans la mine, à *pousser en avant*, à en *guinder les Pierres metalliques* au déhors, & à donner de l'air à la mine, ensuite *en ligne horizontale*, par des *conduits* qu'on perce exprès. Lorsque le mineur est parvenu jusques au siège du Métal, il trouve d'abord le *Chaperon*, (**) sur les qualitez duquel il peut probablement juger du succés qu'il aura. Ensuite il rencontre l'*Ourlet* (***), & enfin il vient au pied de la mine, qui en est le *fond*. Cela supose une profondeur, qui va à Cent cinquante Toises, & quelquefois à davantage. Le succès n'est pas toûjours heureux (****) ni dans les Mines mêmes, à chacune desquelles on donne ici un nom particulier, ni là où les veines du métal s'étendent, & où la Pierre métallique se trouve. Car le fil de la veine *s'égare* souvent, & il est assez difficile de trouver la *fissure où elle recommence*. Or on ne rencontre pas souvent de ces *Veines condensées*, où la pure Pierre métallique se trouve en couches larges. Ce que l'on dit de *la baguette divinatoire*, qui doit servir à découvrir les mines, n'est parmi les Mineurs qu'une cérémonie qui doit sa naissance à la superstition. Le prétendu *petit Mineur* (*Bergmaennchen*, ou *Kobold*) dont on fait un spectre, n'est que l'effet d'un air épaissi, ou des vapeurs minérales, dont les Fouilleurs de Thrésors ont forgé un Fantôme. Ce qu'on apelle en Allemagne *Zechen* & *Kuxen* ne sont que des divisions idéales des portions que chaque Interessé a à une Mine.

Lorsqu'

(*) En allemand un seul mot exprime ce qu'il faut entendre par là, & c'est le mot de *Flötze*, qui ne peut être rendu en françois qu'en périphrasant comme nous avons fait. Il en est ainsi de quantité de termes, que l'on a proprement affectez en Allemagne à la science métallique, & à la Mineralogie, qui ne peuvent être exprimez en françois que par des Circonlocutions, ce dont on a crû devoir avertir ici le Lecteur.

(**) On apelle cela en allemand *Dach, Toit*. C'est une partie de la Pierrière, qui sert de Couvert à la Mine.

(***) C'est ce qui borde la Mine & en forme aux côtez la séparation d'avec la pierre.

(****) Quand le mineur allemand fait une bonne trouvaille, il crie *Glück auf!* Ainsi être dans le cas du *Glück auf* en Allemagne en langage de Mineur, c'est avoir eû un succés heureux dans sa recherche. Nôtre Auteur a donc pû se servir de ce terme pour exprimer sa pensée. Il en est ainsi de plusieurs autres expressions propres à la Metallurgie & à la Mineralogie dans la Langue allemande, qu'un Traducteur fidèle ne peut rendre exactement que par des périphrases, ce dont nous avertissons ici le Lecteur pour la seconde fois.

Wenn nun endlich das Ertz gewonnen, und zu Tage gefördert ist, so wird es gepocht, gewaschen und geschmolzen, davon jede Handlung ihre besondere weitläuftige Anstalten erfordert, die wir hier nicht berühren wollen. Diejenigen Ertze aber, die noch in Klumpen sind, heissen Stuffen, und von solchen werden nur die schönsten, lehrreichsten, seltensten und reichhaltigsten Exemplare, (die aber mühsam zu bekommen sind,) aufbehalten, um im Cabinette, gesammlet und daselbst aufbewahret zu werden.

Es ist also nun die Frage: wie man solche erkennen, und ihre Arten von einander unterscheiden solle? Dieses ist gewißlich keine leichte Sache, und muß erst durch eine lange Erfahrung erlernet werden. Wir reden hier nicht von der Kunst die Ertze zu probieren, oder ihren Gehalt nach chimischen Regeln zu untersuchen, sondern dieselbe nach dem blossen Gesicht, (das einzige Hülfsmittel, welches alle Sammler gemeinschaftlich besitzen,) zu beurtheilen. In diesem Stück ist es freylich eine Erleichterung, wenn man eine bergmännische Nachricht von jeder Stuffe hat, die da anzeiget, welches Metall am meisten in der Stuffe enthalten, wie es beschaffen, womit es verbunden, in welcher Matter es liege, oder wie die Bergart heisse, wie reichhaltig der Centner sey, und endlich aus welchem Lande, von welchem Bergwerk und aus welcher Grube sie gekommen? Allein dieses sind Sachen, die oft fehlen, oft ganz verkehrt angegeben sind; folglich muß man seine Augen und die Erfahrung und die Uebereinstimmung mit andern uns besser bekannten Stuffen zu Hülffe nehmen. Man hat also auf das Gestein zu sehen, oder auf die Bergart, ob solche ein Hornstein ist, (dergleichen die gemeine Feuersteine sind,) oder ein Quarz, (welcher milchicht aussieht und etwas durchsichtig ist,) oder Drusen, (die eine crystallinische Gestalt haben, und wie weisser auch wohl gelblichter Zuckerkandis aussehen,) oder Spath, (ein gewisses blätterichtes Gestein,) oder Schiefer, oder Nierenstein, oder Talkstein, (ein Stein der sich fett, wie Seiffe, angreiffen lässet,) oder ob die Bergart ein Gemische von andern Steinarten ist, als Knauer, wo Quartz, Spath, Hornstein, Glimmer, und allerhand untereinander steckt, und Kneiß, welches ein mildes blätterichtes Wesen ist? Man muß sich also öfters nur mit Muthmassung behelfen, daß ein gewisses Metall vorhanden sey; Allein dies ist ziemlich ungewiß; denn es steckt fast allerhand Metall in allerhand Steinart. Mehrere Dienste thut die Erkänntniß des Gesteins, um zu schliessen, aus welchem Lande, oder Bergwerk, ja wohl gar aus welcher Grube eine Stuffe herstamme; denn jedes Gebürge hat sein eigen Gestein, welches sich an Bestandtheilen, Farbe und Structur, oder Lage der Schichten, Blätter und Körner von andern ziemlich unterscheidet. Man muß aber schon viele Stuffen, zum Exempel aus Cremniz, Freyberg, Saalfeld, oder andern Bergwerken gesehen und in Händen gehabt haben, wenn man einer unbekannten Stuffe ansehen will, ob sie aus Cremniz, oder Freyberg, oder sonst woher sey. Sicherer ist es, mit den Augen auf das metallische Wesen selbst zu fallen, und aus vielen Stuffen von einerley Metall sich gewisse Haupteigenschaften zu merken. Diesemnach erscheinet Spießglaserz sehr häuffig, als eine Composition von lauter Nadeln, Spiessen, oder vielen zugespitzten Strichen, sie mögen nun glänzend, stahlfärbig, oder röthlich, oder bunt seyn. Zinnober zeiget sich hell- und auch dunkelroth mit glänzenden

Quecks.

Lorsqu' enfin on est parvenu au point de l'exploitation de la Mine, & qu'elle est mise au jour, on l'écrase, on la lave, & on la fond. Chacune de ces opérations exige plusieurs préparatifs particuliers, qui ne sont pas de nôtre sujèt. Les pièces qui sont encore en tapon s'appellent proprement *Mine* dans le sens le plus étroit, ou *Glèbe*, ou *Pierre Métallique*. Ce sont ces Glèbes métalliques que l'on assemble dans les Cabinèts, & qu'on y conserve. On choisit pour cela les pièces les plus belles, les plus rares, les plus riches, & les plus propres à nous instruire. Il n'est pas facile de se procurer.

Il est question à présent d'indiquer les marques auxquelles on les conoît, & qui servent à *distinguer* une espèce de l'autre, ce qui assûrément n'est pas chose facile. Cette science ne s'aquiert qu'à force d'expérience. Nous ne prétendons pas parler ici de l'Art d'essayer les Pierres métalliques, ou d'examiner ce qu'elles tiennent, par les règles de la Chymie; mais il s'agit d'apprendre à en juger par le simple secours des yeux, qui est donné à tous les Collecteurs. C'est dans ce cas qu'il est avantageux d'être initié dans les Secrèts des Mineurs, pour pouvoir décider à leur façon à la vûë de chaque Glèbe quelle sorte de métal elle renferme en plus grande quantité, de quelle qualité ce Metal est, avec quoi il est allié, dans quelle matrice il se trouve, ou de quelle sorte est la Mine qui le contient, combien un Quintal pésant rend de métal, & enfin de quel païs, de quelle minière, de quelle mine particulière de cètte minière, cette Glèbe est venuë? Toutes ces choses sont sujettes à de fausses conjectures, & à être mal raportées: ainsi pour proceder avec sûreté on doit se mettre en état de juger d'une Glèbe inconuë par ses propres yeux, par sa propre expérience, & par la comparaison qu'on en peut faire avec des Glèbes plus conuës. Il faut donc bien examiner la nature de la Pierrière, ou *l'espèce de la Mine*, sçavoir si c'est une *Pierrière cornée* (*Hornstein*), comme sont les Pyrites ordinaires, ou si c'est un *Quarz* dont la couleur est laiteuse & un peu transparente, ou si c'est une *Glande*, qui a une forme cristalline, & ressemble à du sucre candi blanc ou jaunâtre, ou si c'est un *Spath*, qui est une sorte de *pierre feuilletée*, ou si c'est une pierre écailleuse comme l'*ardoise*, ou *néphrétique*, ou de *Talc*, pierre grasse au toucher, comme du Savon, ou si cette espèce de mine n'est pas un *mélange* de plusieurs autres sortes pierreuses, comme le *Knauer*, sorte de *Pierre compacte*, où le *Quartz*, le *Spath*, la *Pierre cornée*, le *Mica* & bien d'autres se trouvent *mêlées* de même que le *Kneiß*, qui est une sorte de Pierre douce & écailleuse. Quand on en est là, on peut former quelques conjectures sur tel ou tel métal, mais tout cela est encore accompagné de beaucoup d'incertitude, parceque presque toute sorte de Minière renferme plusieurs sortes de métaux. Mais quand on a apris à bien conoître les Pierrières, on est mieux en état de décider de quel païs, de quelle minière, & même de quelle mine particulière de la minière, est telle ou telle Pierre métallique, car chaque Mont a ses Pierrières propres, qui se distinguent des autres par leur matière élémentaire, par leur couleur, par leur structure, par la position des couches, par les feuilles, & par les grains. Cependant il faut avoir vû & manié bien des Pierres métalliques par exemple de *Cremnitz*, de *Freyberg*, de *Saalfeld*, ou d'autres Mines, avant de pouvoir décider si une Glèbe, qu'on n'a pas vûe encore, est de l'un ou de l'autre endroit. Pour aller au plus sûr il

Ff   n'y

Queckſilberpuncten, oder ohne ſelbige, und iſt nach Verhältniß ſchwer. Wißmuth iſt blaßweiß, mit einem falben gelblichten Glanz. Zink iſt etwas bläulicht weiß. Bley iſt würflicht, blätterlcht, ſtrahlicht, krauſicht, knoſpicht, oder auch cryſtalliniſch, hat, wo es am Tage lieget, glatte glänzende, zuweilen auch bunte Flächen, iſt ſonſt auch in einer ſchweren grauen Erdart verborgen. Eiſen iſt braunroth, ockergelb, ſchwarz und grau, ſelten weiß, lieget im Stein geſprenget, iſt oft blätterlcht, röhricht, Zapfenförmig, in glatten Flächen, Spiegeln und allerhand Geſtalten. Kupfer iſt röthlich gelb, dieſes gelbe iſt aber von allem andern gelben wohl zu unterſcheiden, denn die bläulicht und bräunlicht gelbe Farbe iſt vielen Vitriolſtuffen eigen. Hell- und blaßgelb ſind die Kieſſe und Schwefelſtuffen. Glänzend gelb und dabey würflicht ſind die eigentlichen Marquaſite. Hochgelb aber, oder auch weißlicht gelb iſt das Gold. Ferner findet man unter Kupfer-Erzen meergrüne, hochblaue, rothgelb- und blaubunte Farben, desgleichen fahle und Leberfärbige, auch Caffebraune und rothe Vererzungen. Zinn iſt eckicht, ſchwarz und braun, oder röthlich ſchwarz. Silber iſt ſchwärzlich ohne Glanz; ſtahlfärbig mit einem Glanz, Eiſenfärbig mit einem röthlichen Glanz; grau mit einem ſchwachen Glanz, ſelten mißfärbig, und halb durchſichtig, wie Horn, kan geſchnitten werden, wenn es gediegen iſt. Gold, welches, wenn es im Geſtein am Tage lieget, allezeit gediegen iſt, kan leicht an der hoch-gelben Farbe erkannt werden, ob es ſchon zuweilen auch ziemlich blaß iſt. Es lieget auf Quarz, oder auch auf Hornſtein in Knospen, Körnern, Blättern, Adern, wie auch als ein zarter Staub, oder wie Mohnſaamen eingeſprenget, bald allein, bald mit Silber, mit Zinnober und dergleichen.

Wenn jemand dieſe Merkmahle zur Hand nimmt, ſo kan er nach langer Uebung die Stuffen etwas unterſcheiden lernen. Jedoch giebt es viele zweifelhafte Gemiſche und Vererzungen, und viele unbeſtändige Geſtalten. Abſonderlich ſind viele Cobaldte ſchwer zu kennen, und endlich ſind die eben angegebene Merkmahle voller Ausnahmen. Dieſe Ausnahmen aber ſind Seltenheiten, und ſolche ſind gerade diejenige Stuffen, die man am meiſten in Cabinetten aufhebet, da inzwiſchen die gewöhnlichſten Erzgeſtalten nicht ſo häufig geachtet und geſammlet, ſondern verſchmolzen werden.

n'y a qu'à bien considérer le Métal même, & a faire attention, en examinant plusieurs Glèbes d'un même métal, aux qualitez principales dans lesquelles elles se rencontrent. Ainsi la *Mine d'Antimoine* paroît très-souvent n'être composée que d'aiguilles, de poinçons, & de rayes pointues, d'un brillant d'acier, ou rougeâtre, ou de couleur variée. Celle de *Cinabre* est d'un rouge clair ou foncé, garnie de points d'un brillant de Mercure, ou sans ces points, & à une pésanteur proportionnée. La Mine de *Bismut* est d'un blanc terni, & a un lustre jaunâtre ou sauve. Celle du *Zinc* est blanche, tirant un peu sur le bleuâtre. Celle du *Plomb* est marquée en échiquier, feuilletée, raïonnée, frisée, tuberculée, ou aussi cristalline. Quand elle est découverte, on y remarque des faces unies, lustrées, & quelques fois des couleurs variées. On la trouve aussi cachée dans une sorte de terre grise & pésante. La Mine de *Fer* est d'un brun rougeâtre, d'Ocre jaune, noire & grise, rarement blanche. Elle est souvent incrustée dans la pierre comme par aspersion, feuilletée, à tuyaux, en stalactite, à superficies unies, à miroirs, & paroît en toutes sortes de figures. Celle du *Cuivre* est jaune tirant sur le *rougeâtre*, mais il faut bien distinguer ce jaune de tous les autres jaunes, car il y a un jaune *bleuâtre* & un autre *brunet*, qui est propre à quantité de Glèbes *vitrioliques*. Les *Pyrites*, & les *Glèbes sulphureuses* sont d'un jaune clair ou pâle. Mais la *Marcasite*, proprement ainsi dite, est d'un *jaune lustré*, & marquée *en échiquier*. Le *jaune exhaussé* & le *jaune blanchâtre* est la couleur propre de la Mine d'*Or*. On trouve encore des Mines de Cuivre d'un Verd de mer, d'un bleu turquin, de rouges, de jaunes, d'un bleu varié, & d'autres qui sont de couleur fauve, de Musc, brun de caffé, ou rouges. La Mine d'*Etain* a des angles, & la couleur noire, brune, ou rouge tirant sur le noir. Celle d'*Argent* est ou noirâtre sans lustre, ou couleur d'acier lustrée, ou couleur de fer avec un lustre rougeâtre, ou grise foiblement lustrée, rarement de Couleur sombre, à demi-transparente comme de la Corne, & elle peut être coupée quand le métal est formé. L'*Or*, qui est toûjours tout formé, quand il est à découvert dans la pierrière, se conoît facilement à sa couleur jaune exhaussée, qui cependant est quelquefois assez pâle. Il est ordinairement posé sur du Quarz, ou aussi sur de la pierre cornée, & paroit en boutons, en grains, en feuilles, en veines, ou aussi comme s'il n'étoit qu'aspersé en poussière fine, ou comme de la graine de pavot. Il se trouve tantôt seul, tantôt mélangé avec de l'argent, avec du Cinabre, ou avec quelque autre matière pareille.

En faisant attention à ces caractères, on aprend enfin après une longue expérience à distinguer un peu les glèbes métalliques. Mais il y a encore quantité de mélanges & de mines ambiguës ou douteuses & de formes variantes, & en particulier plusieurs sortes de *Cobalt*, qu'il est difficile de de reconoître, outre qu'à l'egard des caractères que nous venons d'indiquer, il y a encore plusieurs exceptions à faire. Mais ces exceptions même constituent la rareté des pièces, & les Glèbes métalliques, où elles ont lieu, sont précisément celles que l'on s'efforce d'aquerir & de conserver dans les Cabinèts par préférence, au lieu qu'on s'attache moins aux glèbes ordinaires, qu'on abandonne au creusèt des Ouvriers, comme étant moins estimées.

Georg Wolffgang Knorr excud. Norib.

Es ist ietzo nur noch übrig, daß wir etwas von der Eintheilung der Metalle reden. Den Anfang machen einige Sachen, die theils als Mittel angesehen werden, die Metalle zu erzeugen, theils sich in Stuffenähnlichen Klumpen mit unter die Metallsammlungen einzufinden pflegen, als, Steinsalz ⊖, Vitriolerz ♁, Alaunschiefer ◯, Borax, Schwefelerz ♀, Kieß, Marquasit und Arsenic ☿. Alsdann folgen die **Metalle** selbst, die man, um von unten anzufangen, in halbe und ganze eintheilet. Die **Halbmetalle** lassen sich nicht hämmern, und verzehren sich im Tiegel. Dahin gehören alle Arten von **Kobald, Wißmuth** xx, **Zink, Antimonium** ♂, **Mercurius, oder Quecksilber** ☿. Die ganzen Metalle, welche sich alle hämmern lassen, werden wiederum eingetheilet in unvollkommene, die nicht im Feuer bleiben, und in vollkommene. Die **unvollkommenen Metalle** sind **Bley** ♄, **Zinn** ♃, **Eisen** ♂, und **Kupfer** ♀. Die vollkommenen Metalle aber sind solche, welche im Feuer nicht abnehmen, nemlich **Silber** ☽ und **Gold** ☉. Diesen wird zuletzt noch ein neu erfundener, aber rarer metallartiger Cörper beygefüget, welcher in weissen Körnern bestehet, und Platina del Pinto genennet wird. Es ist diese Platina fast so schwer wie Gold, und wird aus diesem Grunde dem Golde an die Seite gesetzet. Man kan aber dieses metallische Gemischschwer bekommen, und wird selbiges nur in dem Spanischen America bey Quito gefunden, es darf aber bey Lebensstraffe nicht ausgeführet werden.

Was inzwischen die verschiedenen Unterarten von den Stuffen jedes Metalls betrifft, so werden wir derselben bey den Figuren hinlängliche Erwehnung thun. Nur dies müssen wir noch zum voraus erinnern, daß wir nicht im Stande sind, das Vaterland und den Gehalt der abgebildeten Stuffen jedesmahl mit anzugeben, weil uns solches, wie es oft geschiehet, von vielen Stuffen unbekannt ist, oder weil die Nachrichten davon verlohren gegangen sind. Jedoch wollen wir es an allgemeinen Anmerkungen, soviel die vorgenommene Kürze erlaubet, nicht ermangeln lassen, und sehen uns nunmehro um, welche Stücke uns in den folgenden Kapfertafeln vorgezeiget werden.

TAB. E.

Fig. 1. Den Anfang in dieser Sammlung macht eine schöne Goldstuffe mit gediegenen Goldblätgen auf Amethystischen und Schmaragdischen, hin und wieder mit rothgüldischen Schwarzerz angeflogenen Quarz. Sie ist aus den Cremnitzer Bergwerken in Ungarn, und gewiß ein schönes Stück ihrer Art. Die hochgelbe Fläche, die sich an der Stuffe dem Auge gleich darbietet, ist das aus dem Quartz herausgetriebene Goldblech, welches oft so rein und biegsam ist, daß man es nicht schöner läutern könnte. Diese Goldbleche sind gemeiniglich so dick, wie Notenpapier, zuweilen aber auch wie ein Ducaten, und werden durch das Andringen der metallischen Goldsäfte herausgetrieben und fortgestossen, daß sie sich öfters in ziemlich grossen Flächen, oder Krausen, oder Riemen über das Gestein ausbreiten, und von demselben in die Höhe gehoben werden können. Manchmal schiesset das Gold in gediegenen kleinen Crystallen nesterweis an, oder lieget in dicken erhöheten Körnern in und auf dem Stein, wie es unter andern in Boza in einem geiblicht

---

Ce que nous avons à dire encore concerne la *division* des Métaux. Mais nous devons auparavant faire mention de quelques matières qu'on regarde en partie relativement aux métaux comme des moyens de génération, & qu'on a coûtume dans les Collections de ranger parmi les Métaux à cause de leur raport avec les Glèbes métalliques. Tels sont le sel-gemme ⊖, la Mine de Vitriol ♁, l'Alun feuilleté ◯, le Borax. Puis la Mine de Soufre ♀, les pyrites, la Marcasite, & l'Arsenic ☿. Après cela viennent les *Métaux*-même, qu'on divise, *à commencer par en bas*, en *Demi-metaux*, & en *Métaux entiers*. Les *demi-Métaux* sont ceux qu'on ne peut travailler au marteau, & qui se consument dans le Creuset. Telles sont toutes les espèces de *Cobalt*, de *Bismuth* xx, de *Zinc*, d'*Antimoine* ♂, de *Mercure* ou d'*Argent vif* ☿. On divise ensuite les *Métaux entiers*, qui sont tous malléables en *métaux imparfaits*, qui ne résistent pas au feu, & en *Métaux parfaits*. Les *imparfaits* sont le *Plomb* ♄, l'*Etain* ♃, le *Fer* ♂, & le *Cuivre* ♀. Enfin les *Métaux parfaits* sont ceux qui ne souffrent point de déchet au feu, c'est-à-dire l'*Argent* ☽, & l'*Or* ☉. Il y a encore une Matière métallique nouvellement découverte, mais rare, qui consiste en grains blancs, qu'on apelle *Platina del Pinto*. Cette *Platina* a la même pésanteur que l'or & par cette raison, on la range dans les Cabinets à côté de l'Or. C'est un Mélange métallique, qu' il est très-difficile de se procurer. On le trouve dans l'*Amérique* Espagnole, près de *Quito*, mais il est défendu d'en transporter hors du païs sous peine de mort.

A l'égard des Sous-espèces diverses, que les Glèbes de chaque Métal fournissent, nous en dirons le nécessaire toutes les fois que les Figures nous en donneront occasion. Nous devons cependant avertir nos Lecteurs qu'il ne nous a pas été possible d'indiquer toujours la Patrie de chaque Glèbe, & ce qu'elle contient, soit parcequ'on l'ignore, ce qui arrive souvent par raport à plusieurs Glèbes, soit parceque les informations se sont perduës. Mais nous ne manquerons pas de donner toutes les règles générales, & toutes les conoissances possibles, autant que la Loi que nous nous sommes imposée d'éviter toute prolixité nous le permettra. Voyons à présent les pièces figurées sur nos Planches.

PLANCHE E.

Figure 1. Nous mettons à la tête de cette Collection une belle *Mine d'Or* à feuilles vierges sur un *Quartz d'Amethyste & d'Emeraude*, où l'on voit çà & là des Commencemens d'une Mine d'Or rouge & noire. Elle nous est venuë des Mines de Cremnitz en *Hongrie* & c'est une pièce mignonne dans son espèce. Ce qu'on y remarque de couleur jaune exhaussée est une lame d'or, poussée hors du Quarz, aussi nette & flexible, que si l'or en avoit été afiné. Ces Lames d'Or ont ordinairement l'épaisseur d'un Papier de Musique, quelquefois celle d'un Ducat, & assez souvent par l'affluence des sucs métalliques d'Or, qui les poussent, elles s'étendent considérablement en frisures, ou en couroies, sur la Pierre qui les élève au dehors. Quelques fois cet Or vierge paroit en petits Cristaux, ou se forme en grains épais & élevez sur ou dans la Pierre, comme on le trouve à *Boza* dans une Pierre cornée, qui est d'un gris jaunâtre ; où il paroit en feuilles élégamment frisées en forme de

gelblicht grauen Hornstein gefunden wird; oder es hat auch zierlich gekrauste blumenförmige Blätter im grauen Horn, oder auch im Spath, wie in Abrugh-Bannya in Siebenbürgen. Der Quarz, aus welchem das Goldblättgen heraustritt, ist ein milchichter, wenig durchsichtiger Crystallinischer, jedoch unförmlicher Stein, welcher mit einem violetten und grünen metallischen Dunst einiger massen durchzogen ist. Es wird aber Amethystischer Quarz genennet, wann er violetfärbig ist, er heißt ein schmaragdischer Quarz, wenn er grünfärbig ist. Sonst trift man das Gold gerne in weißen Quarz, in blätterichten weißen Spath, in selenitischen grauen Spath, in blauen Hornstein, in Letten, im Sand, und auch bey andern Metallen, als Zinnober und Queckfilber, und in Silberstuffen, doch weniger bey andern Metallen an. Gleichwie es aber allezeit gediegen ist, so ist es niemahlen vererzt, oder innerlich mit einer Bergart verbunden, steckt aber auf das wenigste in ungemein feinen Körnchen, wie Mohnsaamen, sowohl im Gestein als andern Metallen eingesprengt, denn die Blätter und Knospen von Gold sind nur einzelne Fälle, wie denn auch die starken Goldadern in den Stuffen ziemlich rar sind. Das Waschgold aber ist nur zufällig in den Sand der Flüsse gerathen.

Man findet ferner an dieser Figur hin und her schwärzlichte Flecken, wo an etlichen Stellen sich auch ein blaßröthlichter Glanz zeiget. Es rühret dieses alles von dem Silber her, womit diese Stuffe angeflogen und umzogen ist. Wie aber das Silber, (welches wir hernach zeigen werden) unter andern auch in rothgülden Erz und schwarz Erz unterschieden wird, also ist von beyden eine Spur an dieser Stuffe zu sehen. Ohnerachtet nun das Silber in den Goldbergwerken Ursache ist, daß das Gold, wenn es viel Silber hält, sehr blaß wird, so ist doch durchgängig das Gold in den Ungarischen Gruben gelber als irgend ein Gold in Bergwerken, denn die Indianischen Bergwerke führen ein ungemein blasses und weißlichtes Gold.

Fig. 2. Eine andere Goldstuffe, die ebenfals aus Ungarn, und vermuthlich, soviel sich aus der Bergart beurtheilen lässet, aus Schemnitz ist, wird in dieser Figur vorgezeiget. Es hält nemlich dieselbe einige Goldzünglein mit angeflogenem Silber und Glaserz im grauen Spath. Diese Goldzünglein treten an zweyen Oertern nebeneinander, als dünne spitzige Bleche heraus, unten aber siehet man noch eine Stelle, wo etliche dicht beysammen liegende Körner vom eingesprengten Golde befindlich sind. Die übrige weißlichte Fläche ist der graue bröckelichte Spath, an welchem hin und her ein schwärzlichtes Silber angeflogen ist; die hintere schwarze Seite der Stuffe aber zeiget das Glanzerz oder Glaserz, welches eine Art von Silbererz ist, die hernach bey den folgenden Figuren soll beschrieben werden. Ob wir aber gleich hier des Silbers bey diesen zweyen Goldstuffen Erwehnung gethan haben, so ist doch zu wissen, daß den Stuffen jederzeit die Benennung von demjenigen Metall gegeben worden, dessen sie am reichsten sind, oder darauf sie in Bergwerken genutzet werden, ohnerachtet sich manchmahl in einem einzigen Gestein ein Gemische von dreyen und mehreren Erzen oder Metallen befindet.

de fleurs dans une corne grise, ou aussi dans le Spath, comme cela se voit à *Abrugh-Bannya* en *Transsylvanie.* Le Quarz sur lequel se voit cette petite Lame d'Or est une Pierre informe, laiteuse & peu transparente, de nature cristalline, qu'une vapeur métallique violette & verte paroît avoir imbibée, ce qui fait qu'on l'apelle *Quarz d'Amethyste,* quand la Pierre est violette, & *Quarz d'Emeraude* quand la Pierre est verte. Au reste on trouve assez communément l'Or dans le Quarz blanc, dans le Spath blanc feuilleté, dans le Spath gris sélénitique, dans la pierre cornée (*Lapides apyri*) bleue (*), dans l'Argile, dans le Sable, & quelquefois avec d'autres métaux, comme dans le Cinabre, dans le Mercure, & dans des Mines d'argent, mais moins dans d'autres métaux. Mais comme l'Or se trouve toûjours en état d'Or vierge, il n'est jamais mélangé avec la Pierre métallique, ni lié intérieurement avec aucune sorte de Mine. Tout au plus on le trouve comme aspersé en grains extrémement fins, comme de la semence de pavot, tant dans les Pierrières que dans d'autres métaux. Car les cas, où on le trouve en feuilles & en boutons, sont uniques, & il est aussi assez rare de le rencontrer en veines fortes dans les glèbes. Pour l'Or qu'on trouve dans le Sable des fleuves il n'y est répandu que par accident.

On trouve encore sur cette figure çà & là des taches noirâtres, où l'on observe aussi en quelques endroits un lustre pâle rougeâtre. Tout cela provient de l'argent, dont cette pierre metallique est imbibée. Car comme l'argent (ce que nous verrons plus bas) se divise en Mine noire & en Mine rouge, on voit sur celle-ci des traces de l'une & de l'autre. Or quoique l'argent, qui se trouve dans les Minières d'Or rende l'Or fort pâle, quand il contient beaucoup d'argent, il n'en est pas moins de fait que l'Or des *minières de Hongrie* est plus jaune que l'Or de quelque Minière que ce soit. Celui des *Indes* est très-pâle & blanchâtre.

Figure 2. Cette Figure dépeint une autre *Mine d'Or* de *Hongrie,* & qui, à en juger par ses Caractères metalliques, vient probablement des Minières de *Schemnitz.* On y observe quelques *languettes* d'or avec de l'argent *superficiel,* & de la Mine d'argent vitreuse sur du Spath gris. Ces Languettes d'Or paroissent en deux endroits, comme de petites lames minces & pointues, l'une à côté de l'autre, & l'on observe plus bas une place où la Mine est aspersée de quelques grains d'or fort serrez l'un contre l'autre. Le reste de la superficie blanchâtre de cette Glèbe métallique est le Spath gris brisé sur lequel il s'est attaché çà & là une simple couche ou exhalaison d'argent noirâtre. On voit sur la partie postérieure noire de la Glèbe de la Galène de plomb mineralisée ou de la Mine vitreuse, qui est une espèce de Mine d'argent, de laquelle nous parlerons à l'occasion des figures suivantes. Nous avons fait mention de l'*argent* en décrivant ces deux *Mines d'Or,* ce qui n'empêche pas qu'elles ne doivent être apellées *Mines d'Or,* parceque la dénomination des Mines se prend du Métal, qui y abonde le plus, ou auquel on butte le plus dans l'exploitation, quoiqu'une seule & même pierre renferme quelquefois un Mélange de trois sortes de Mines ou de Métaux, & quelquefois de davantage.

Figure

(*) *Lapides apyri* portent en françois le nom général de *Pierres refractaires.*

Fig. 3. Von den Goldstuffen kommen wir zu den Silberstuffen, und bemerken erstlich ihre mancherley Arten. Es giebt nemlich gediegenes und vererztes Silber. Das gediegene Silber, welches sehr häufig und manchmahl in sehr grosen Klumpen in den Bergwerken gefunden wird, sitzet in allerhand Gestalten, bald in, bald oben auf dem Gestein, und macht daselbst allerhand Berge, oder Hügel, Buckel, dünne Blätter, Crystalle, feinen Drat, oder Haare, Zähne, Bäumchen und dergleichen, wozu auch das bleyfärbige Glaserz kan gerechnet werden. Es ist von schwärzlichter Farbe, und zuweilen etwas gelblicht angelauffen. Es muß sich mit einem Messer schneiden lassen, wenn es gediegen seyn soll. Die Steinart, in welcher das Silber sitzet, ist ganz unbestimmt: denn es findet sich in allerhand Bergarten. Das vererzte Silber aber, das mit einer Bergart genau verbunden ist, wird in diese Hauptclassen eingetheilet: In weißgülden, rothgülden, schwarzgülden, und einige besondere Gewächse. Jede Classe hat ferner ihre Unterarten. Das weißgülden ist ein weißlichtes hellglänzendes Erz, und hat das Fahlerz, welches weiß und schwärzlich untermenget ist, wie auch das graue sogenannte Röschgewächse unter sich. Es ist durchgängig ein Gemische von Silber, Bley und Kupfer mit etwas Schwefel und Arsenic. Das rothgülden hat einen röthlichen Glanz, macht crystallinische und blumenförmige Figuren, die dick, oder dünn gegen das Gestein ansitzen, hält mit dem Silber auch Eisen und Arsenic, welches erstere ihm die rothe Farbe giebt. Es gehören dazu viele drusigte, würfelichte und eckigte, sowohl braune, als dunkelrothe und halbdurchsichtige Silbererze, wie auch die Typererze. Das schwarzgülden ist ein rusiges, rauhes, fast wie verwittertes unterirdisches Erz, und hält sich gerne in, zwischen und bey dem Bleyglanz auf. Die besonderen Gewächse sind das Hornerz, welches einem halb durchsichtigen gelblichten Horn ähnlich siehet, und sich schneiden und schmelzen lässet, sodann das Federerz, welches mit Spiesglas vererzet ist, und zarte Fasern hat. Ferner das Gänsekothigte Erz, welches ein Gemische von gediegenen und weißgülden Silbererz ist, zwischen welchen ein gelbes rusiges Wesen, und grünlichtes Gestein befindlich ist, welches von dem dabey sich aufhaltenden Eisen und Kupfertheilchen Zeugniß giebt. Uebrigens haben fast alle andere Arten der Metalle und Halbmetalle, ja sogar Kies und andere Gestein, Silber bey sich, so daß man Gold mit Silber, Kupfer mit Silber, auch Eisen, und vorzüglich Bley mit Silber findet. Dieses sey zu einiger Erläuterung der Silberstuffen genug, da wir hier kein System von den Metallen schreiben wollen.

Was nun gegenwärtiges gar schöne Stück betrift, welches wir in dieser Figur vor uns haben, so ist es das sogenannte Baumsilber, welches also gediegen von Natur aus dem Gestein heraustritt, und im Würtembergischen gefunden worden ist. Man ist bey dergleichen Stücken, wo man sie in den Cabinetten antrift, nicht ohne allen Zweiffel, ob nicht solchen baumförmigen Figuren in der ersten Hand etwas nachgeholfen seyn möchte, und wir wollen nicht läugnen, daß wir manchmahl in solchen Stücken Spuhren von einer Künstlers Hand angetroffen haben.

Im

G g

Figure 3. Des Mines d'Or nous venons aux *Mines d'argent*, dont il faut d'abord remarquer les diverses espèces. Il y a l'*Argent Vierge*, & de l'*Argent en Mine*. L'*Argent Vierge*, qu'on trouve en trés-grande quantité & même en trés-grosses Masses dans les Minières, se présente sous toutes sortes de figures, tantôt dans la pierre, tantôt sous la pierre, tantôt contre la pierre, & y forme des Montagnes, des Collines, des Boïtes, des Lames fines, des Cristaux, des fils fins qu'on apelle *argent capillaire*, des dents, des arbrisseaux, &c. où l'on peut aussi ranger la Mine vitreuse plombée, & alors elle est ordinairement de couleur noirâtre, couverte quelques fois d'un peu de jaunâtre. Il faut qu'on puisse le couper avec le couteau, s'il est véritablement vierge. La Pierre, où l'argent prend naissance, n'a point de détermination particulière, car on en trouve dans toutes sortes d'espèces de Minières. Quant à l'*Argent en Mine*, qui est intimément lié avec une espèce de Mine, on en a les Classes principales suivantes: La Mine d'Argent *blanche*, la Mine d'Argent *rouge*, la *Mine d'argent noire*, & quelques autres *Productions métalliques particulières*. Chaque Classe a ensuite ses Sous-espèces. Ainsi l'on trouve dans la *blanche*, qui est une Mine blanchâtre trés-brillante, la Mine *grise* mêlée de blanc & de noirâtre, & la *Cendrée*. On y observe en général un Mélange d'argent, de Plomb, & de Cuivre, avec un peu de Soufre & d'Arsenic. La Mine d'Argent *rouge* a un Lustre rougeâtre, & présente des figures cristallines ou formées en fleurs, qui, tantôt épaisses, tantôt minces, sont attachées contre la Pierre. Elle contient outre l'Argent aussi du Fer & de l'Arsenic, & c'est le prémier qui lui donne sa couleur rouge. Il faut ranger sous cette espèce quantité de Mines d'Argent glanduleuses, en figure de dez, à angles, tant brunes, que d'un rouge-foncé, & à demi-transparentes, comme aussi les *Mines tigrées*. La Mine d'Argent *noire* & fuligineuse est rude & presque semblable à une Pierre métallique informe gatée par l'inclémence de l'air. On la trouve le plus souvent dans ou entre la Galène, ou tout auprès. Les *Productions particulières* sont: la *Mine cornée*, qui ressemble a de la Corne jaunâtre à demi-transparente, qu'on peut couper & fondre, la *Mine d'Argent en plume*, liée avec la Mine d'Antimoine, & composée de filamens extrèmement fins; la mine *a fiente d'oye*, qui est un mélange d'Argent vierge & de Mine d'argent blanche. L'on y découvre entredeux une substance jaune fuligineuse & de la pierre verdâtre, ce qui décèle les particules de fer & de cuivre qui s'y trouvent. Au reste il est à observer qu'il y a de l'argent dans presque toutes les autres sortes de Métaux & de Démi-Métaux, & même dans les Pyrites, & dans d'autres Pierres, de sorte qu'on en trouve dans l'Or, dans le Cuivre, & dans le Fer, & principalement dans le Plomb. Cela suffit pour l'intelligence de ce qui est relatif aux Mines d'Argent, nôtre dessein n'étant pas de donner ici un sistème complet de la Métallurgie.

Venant donc à nôtre Figure, cette pièce est ce qu'on nomme l'*Argent arbusculaire*, qui croit ainsi *Vierge* naturellement hors de la pierre, & qu'on trouve dans le Duché de *Würtemberg*. Il n'est pas fort assûré qu'à l'égard de pareilles pièces, quand on en trouve ainsi de figure arbusculaire dans les Cabinets, on n'ait pas un peu aidé à la nature, & nous ne sçaurions disconvenir que nous croyons avoir trouvé quelques fois des marques propres à exciter ce soupçon. Mais quand la Nature

auroit

Im Fall aber auch dergleichen würklich also gefunden wird, so entstehet die Frage: ob diese Baum oder Pflanzenartige Structur eine eigenmächtige Vegetation des Silbers sey, oder ob sie in einer zufälligen Bildung des annoch flüßigen Silberdunstes, oder der metallischen Feuchtigkeit vermittelst einer gewissen Form oder Matrix bestehe? Zur Entscheidung dieser Frage haben wir anzumerken, daß man dem Mineralreich eine Art der Vegetation nicht absprechen könne, worunter wir aber keinen Umlauf, sondern nur blos ein Andringen der Säfte verstehen, die aber vermöge der Beschaffenheit ihrer innerlichen Theile, Salze oder dergleichen mit einer gewissen bildenden Kraft vergesellschaftet sind. Zum Beweiß beruffen wir uns auf die Cryftalle, auf die sogenannte Dendriten oder Bäumchensteine in Pappenheimer Schiefer, auf die Vegetation vom Todtenkopf des Vitriels, auf allerhand steinichte Excrescenzien oder Auswüchse, und endlich auch auf die Corallen, insoweit wir selbige als ein steinigtes Vegetabile und nicht etwa blos als einen Polypensaft ansehen. Da nun dieses zum Grunde lieget, so schliessen wir doch auch in den mehresten Fällen die zufällige Formirung dieser Figuren in einer gewissen Mutter oder Form nicht aus, sondern nehmen selbige bey jenem gar gerne an. Wir glauben also, wenn der mineralische reinste Silbersaft durch das Gebürge ziehet, und in demselben gewisse Ritzen und Löcher findet, daß dieselbige mineralische Feuchtigkeit bey der Reiffung oder Gerinnung die nehmliche Figur annehme, als welche zufällig in der Bergart offen, (klaffend oder gespalten) ist. Nachdem nun das Andringen des Saftes stark oder schwach ist, nachdem wird er auch weit, oder nicht weit aus dem Gestein heraus treten, oder sich innerhalb eines figurirten Steins nach der Lage der Ritzen bilden. Auf diese Weise müste denn folgen, daß, wenn eine Höhlung in einem Gestein röhrenförmig und oben etwas eingebrockelt ist, daß alsdann der metallische Saft eine baumförmige Gestalt mit einer Art Nebenzweige, Blätterchen und Schleferchen annehmen müßte. Ist hingegen nur eine blosse Ritze vorhanden, so werden es Blätter oder Bleche. Ist aber das Gestein nur porös, und mit vielen feinen Luftlöcherchen versehen, alsdann tritt ein so reines Silber, wenn es daselbst in Menge vorhanden ist, und einen starken Zuwachs bekömmt in Gestalt der Haare heraus, und weil diese Silberfäden zart sind, so krausen sie sich gerne um, vornehmlich wenn ein dagegen liegendes Gestein das gerade vor sich herausschiessen verhindert.

auroit produit en effet cet arbufte dans cet état, il resteroit toujours à aprofondir la queftion, fi la végétation de l'Argent dans cette forme d'Arbriffeau ou de Plante, lui eft propre, ou fi ce n'eft qu'une figure accidentelle produite par la Vapeur métallique encore liquide de l'Argent, ou par l'Humidité metallique qui renferme fes principes, au moyen d'une certaine forme ou matrice? Pour décider cette Queftion, il eft à remarquer qu'on ne fçauroit difputer au Règne minéral une efpèce de Végétation. Nous n'entendons nullement par là une Circulation, mais feulement un mouvement impulfif des fucs, qui eft accompagné d'une Vertu formatrice, au moyen de la qualité de fes parties intérieures telles que le Sel, & d'autres. Cette Conjecture eft apuyée fur ce qu'on obferve aux Criftaux, aux Dendrites, ou Pierres arborifées, à l'Ardoife de *Pappenheim*, à la Végétation du *Caput mortuum* du Vitriol, à toutes fortes d'excrefcences pierreufes, & enfin aux Coraux mêmes, autant que nous les confidérons comme des Végètaux pierreux, & non purement comme un fuc de Polypes. Cette fupofition établie, nôtre idée n'eft pas pour cela de rejetter la formation accidentelle de ces figures dans une certaine matrice dans la plûpart des cas, & nous l'adoptons au contraire en particulier dans celui dont il s'agit ici. Ainfi nôtre opinion eft que lorfque le fuc d'Argent minéral le plus pur, paffant par la pierrière, y trouve certaines fentes & cavitez, cette humeur minérale parvenant à fa maturité, & au point de fa coagulation, prend la même figure qu'elle a rencontrée par hazard dans l'efpèce de minière ouverte, béante, ou fendue, & qu'elle fe règle dans fa conformation en fortant de la pierre en figure haute ou baffe, felon la force du mouvement impulfif intérieur, fur la figure qui lui a été imprimée accidentellement au dedans de la pierre felon la pofition des fentes, ou des cavitez. La conféquence qui refulte de là c'eft que quand la Cavité de la pierrière fe trouve formée en tuyau, & un peu ébrèchée par le haut, alors le fuc métallique prend néceffairement la figure d'un arbriffeau avec des rameaux, des rejettons, & des feuilles, au lieu que fi ce n'eft qu'une fente, alors le Métal ne fe produit qu'en plaques, ou en lames. Mais quand la Pierrière n'eft que poreufe, qu'il s'y rencontre quantité de petits pores fins, que l'Argent pur s'y trouve en quantité, & que le mouvement impulfif eft fort, alors l'argent fort en forme de Cheveux, & comme ces fils d'argent font extrèmement déliez, ils fe recourbent, & fe frifent à leur pointe, fur tout quand quelque pierre directement opofée leur refifte.

Figure 4. Ein ähnliches auf dem Stein angeflogenes dendritisch gediegenes Silber, wird hier samt der Bergart vorgezeiget. Es lieget solches auf einem buntfärbigen blätterichten Spath in einem Ring, der sich um den erhabenen Theil der Bergart umschliesset, und über der niedrigen Fläche des Steins allenthalben lange Zinken oder Zweige abgiebt, die der Cryftallisation der Salze, oder dem Anschiessen der Salzcryftalle nicht ungleich siehet.

Fig. 5. Gegenwärtige Stuffe ist ein buntfärbiges Erz, mit vielen gelblicht angeflogenem gediegenem Silber aus Norwegen. Hin und wieder ist an der Oberfläche weißgülden und Schwarzerz zu sehen.

Figure 4. Un *Argent vierge* pareil *fuperficiel* formé en *Dendrite* paroît ici avec fa Mine. Il eft pofé fur un Spath de couleur variée, & feuilleté en forme d'anneau autour de la partie fupérieure de la pierre métallique, lequel pouffe de là fur la fuperficie inférieure de tous les côtez de longues ramifications, qui reffemblent affez à la Criftallifation des fels, ou à la manière dont les Criftaux falins s'attachent.

Figure 5. La Pierre métallique produite dans cette figure eft une *Mine de couleur variée couverte de beaucoup d'argent vierge jaunâtre fuperficiel.* On la tire de *Norvège.* On voit fur la fuperficie çà & là de la Mine d'argent blanche & de la noire.

Fig. 6.

Figure 6.

Knorr ad Nat fecit.

Fig. 6. Dasjenige Silberbäumchen von gediegenem Silber, ebenfals aus dem Würtembergischen, welches diese Figur vorstellet, wird nunmehro keine weitere Erklärung nöthig haben, da wir uns bey der *fig.* 3. solange aufgehalten, und das nöthige erörtert haben.

Fig. 7. Diese Stuffe ist eine derbe Glaßerzstuffe mit Silberschwärze und gewachsenem Haarsilber. Das Glaserz kömmt überhaupt dem gediegenen sehr nahe, wenn es sich ohne Gestein befindet, und nur mit Schwefel vererzet ist, da es denn einem geschmolzenen Zinn oder Bley nicht unähnlich siehet, wie es sich denn auch in dem Fall gleich dem gediegenen, hämmern und schneiden lässet, und sehr reichhaltig ist.

Es ist fast die ganze Oberfläche der Stuffe mit einem Glaßerz überzogen, hin und wieder aber in den Vertieffungen mit rußiger Schwärze ausgefület. Die Bergart ist derber Spath, und am Rande ist das gewachsene Silber in Gestalt gekrauster Haare allenthalben durchgedrungen.

Fig. 8. Gegenwärtige Figur zeiget uns eine Stuffe weißgülden Silbererz mit sehr schönen Crystallen und Haarsilber. Die ganze Masse ist weisgülden in einem Hornartigen mit Quarz und Spath durchsetzten Stein. Aus selbigem dringen durchsichtige, und zum Theil ins grüne spielende Schmaragdcrystallen, von unterschiedener Dicke und Grösse, jedoch alle sechseckicht hervor. Man muß aber diese Crystallen nicht mit jenen raren Silbercrystallen verwechseln, welche aus würklichen Silber bestehen, und mit weißglänzenden Silbercrystallen aus dem Quarz und zwischen andern kleinen Crystallen herauszutretten pflegen, doch selten sonderlich groß werden. Uebrigens siehet man an dem Fuß gegenwärtiger Crystallen unterschiedene Krausen abgebildet, diese sind nichts anders, als gediegen Haarsilber.

Fig. 9. Das rothgülden Erz, welches sehr häufig gefunden wird, ist nicht allezeit von einerley Gestalt und Röthe. Zuweilen ist ein Erz gleichsam nur mit einem röthlichten Glanz überzogen, zuweilen hat das dickaufgelegte Silber eine Blumenfigur mit rothen Strahlen, zuweilen aber, jedoch selten, zeiget sich auch das rothgüldisch Silber in hellrothen wie Granatstein glänzenden und halbdurchsichtigen Crystallinischen Würfeln, oder übereinander gelegten länglichten Vierecken, und von diesem wird uns in gegenwärtiger Figur ein besonderes schönes und rares Stück aus Annaberg, welches an einem Schmaragdflüßigen Quarz, als an einer Mutter sitzet, vorgesetzet. Durchgängig bricht man dieses dunkelrothe und fast durchsichtige Silbererz in ganzen Nestern, da denn zuweilen ziemlich grosse Klumpen dieser Art gefunden werden; Nur der Glanz, die Durchsichtigkeit, und die hohe Farbe sind nicht bey allen gleich schön, auch nicht allezeit so rein, und der Gehalt ist zuweilen sehr geringe. In dem Meißnischen Gebürge sind dergleichen Stuffen öfters gefunden worden.

TAB. E. I.

Fig. 1. Bißher haben wir einige Stücke von den Vollkommenen oder Feuerbeständigen Metallen betrachtet, nunmehro trift die Reihe auch die unvollkommenen, und zwar erstlich die Kupferstuffen. Das Kupfer ist theils gediegen, theils

Figure 6. Ceci est un *arbrisseau d'argent vierge* tiré du *Wirtemberg*, pareil à celui de la figure 3. que nous avons sufisamment décrit, ce qui nous dispense de nous arrêter à celui-ci.

Figure 7. Celle-ci est une *Mine vitreuse condensée, garnie de Noir d'Argent & d'Argent capillaire crû dessus.* En général la Pierre métallique vitreuse a beaucoup de raport avec la Mine d'Argent vierge quand elle n'est minéralisée qu'avec du soufre sans mélange de pierre; elle ressemble alors à de l'Etaim ou à du Plomb fondu. Aussi peut-on la travailler en ce cas au marteau, & la couper tout comme l'argent vierge. Cette Mine est très-riche.

Presque toute la surface de cette Pierre est couverte d'une Mine vitreuse. Çà & là les Enfoncemens sont remplis d'un Noir fuligineux. L'espèce de la Mine est un Spath condensé, & imbibé d'Argent qui en sort de toutes parts en forme de cheveux frisez.

Figure 8. La présente figure produit une *Mine d'argent blanche, garnie de très-beaux cristaux & d'argent capillaire.* Toute la Masse est blanche dans une Pierre cornée, mélangée de Quarz & de Spath. Il sort de cette Pierre des Cristaux d'Emeraude transparens où le Verd brille en partie, qui sont de diverse épaisseur & grandeur, mais tous hexagones. Il faut bien prendre garde de ne pas confondre ces Cristaux avec d'autres Cristaux rares, qui sont réellement de l'argent, *& qui sortent ordinairement du Quarz en Cristaux d'argent blancs & brillans entre d'autres petits Cristaux, lesquels Cristaux d'argent ne déviennent jamais fort grands. Au reste on voit au pied des Cristaux de nôtre figure diverses figures, qui ne sont autre chose que de l'*Argent capillaire vierge.*

Figure 9. La Mine d'Argent rouge n'a pas toûjours la même forme, ni la couleur égale. Quelquefois la Mine est simplement couverte d'un Lustre rougeâtre, d'autres fois c'est de l'argent posé en plaque épaisse en figure de fleur avec des rayons rouges, d'autres fois encore cette Mine d'argent rouge se produit en *Dez cristallins d'un rouge-clair, brillans & à demi-transparens comme des Grenats,* ou en quarrez oblongs couchez l'un sur l'autre. C'est de cette espèce qu'est la pièce de nôtre figure, qui est rare, & très belle. Elle vient d'*Annaberg*, où on la trouve posée sur un *Quarz flué d'Emeraude* comme sur une matrice. En général on exploite cette Mine d'argent, dont le rouge est foncé, & qui est presque transparente, en nids entiers, & il arrive quelques fois qu'on la trouve en assez grandes Masses, mais le Lustre, la Transparence, & la couleur exhaussée ne sont pas de beauté égale à toutes les pièces, ni de même netteté. Le Contenu est quelques fois bien peu de chose. On a trouvé souvent des Pierres métalliques de cette sorte dans les Montagnes de Misnie.

PLANCHE E. I.

Figure 1. Iusques ici nous avons considéré quelques pièces des *Métaux parfaits*, c'est-à-dire de ceux qui résistent au feu. Nous allons à présent voir ce que c'est que les *Métaux imparfaits*, & nous commencerons par les *Mines*

theils vererzet. Das gediegene ist entweder in Massa also gewachsen, und hat alsdann eine schwärzlich rothe Farbe, und findet sich in allerhand Gestalten, als Drusen, Blätter, Aeste,
Haaren, Körner, und dergleichen, oder es haben sich nur gewisse feine durch das Wasser aufgelösete Kupfertheilchen an einen andern Cörper präcipitiret, in welchem Fall das sogenannte
Cementenkupfer entstehet. Jedoch ist das gediegene Kupfer niemahlen so rein, als gediegen Silber, gleichwie auch dieses niemahlen so rein als gediegenes Gold ist.

Was hingegen das vererzte Kupfer anbelanget, so
hat man das weisse Kupfererz, das schwarze, das Lebererz,
den Kupferkieß, Kupfernickel und einige besondere Arten.
Jede Art lässet sich in Unterarten abtheilen. So ist unter dem
weissen Kupfererz, welches mit vielem Arsenic angefüllet
ist, auch das Fahlkupfererz, welches silberhaltig ist, und grau
aussiehet, zu setzen, wozu die sogenannten Stangengraupen
und Kornähren auch mit gerechnet werden können. Das
Schwarzerz, dessen Farbe blau ist, und dem sogenannten
Bleyweiß ähnlich siehet, kan unter sich alle die Arten haben, die stark
mit Eisen mineralisiret sind, als das glänzende Kupferglaserz und
dergleichen. Lebererz, dessen Farbe braun ist, kann die Pech-
erze, und Ocherartige Kupfererze, als Unterarten ansehen.
Kupferkieß, das voller Schwefel sitzet, schön glänzet, aber
dabey das ärmste Erz ist, giebt den Sammlungen ein schönes
Ansehen. Es lässet sich darunter das Pfauenschwanzige, Tau-
benhälsige und ander buntes Erz rechnen. Kupfernickel,
so von unbeständiger Farbe, nemlich, roth, gelb, grau, oder
dergleichen zu seyn pfleget, ist dem Kobald sehr verwandt, dem
man die Kupferbicken und andre geringe Arten zugesellen kan.
Besondere Arten aber machen die Kupfergrüne, das Sam-
meterz, der Malachie, das Bergblau, Lazurstein, und dergleichen aus.

Uebrigens trift man das Kupfer in allerhand Gestein an.
Hornstein und Spath ist die allergemeinste Mutter, darauf folgen Quarz, Schiefer und andere Bergarten, sodann Kalchsteine
und gewisse Erde. Endlich führen auch andere Metalle, als
Eisen, Zinn, Bley, Silber, wie auch die Halbmetalle oft
sehr vieles Kupfer bey sich.

Um aber nunmehro zu der Beschreibung der jetzigen Figur
zu kommen, so wird uns hier ein Stück gediegenes Kupfer
aus Ungarn vorgezeiget. Es ist schön Staudenförmig, gleichsam mit Knospen und Blättern gewachsen, dazu aber mit einer
derben Berggrüne angeflogen, so daß man das eigentliche Kupfer
nicht eher siehet, als bis man es irgendwo poliret, und die grüne
Haut abreibet. Den Ursprung dieser Staudenförmigen Figur
aber leiten wir aus eben den Gründen her, aus welchen wir bey
der vorigen Tafel fig. 3. das Gewächse des Baumsilbers erkläret
haben.

de Cuivre. Le Cuivre est ou *vierge* ou *mineralisé*. Le
Cuivre Vierge croit quelquefois en Masse, & est alors de
couleur rouge noirâtre. On le trouve en toutes sortes de
formes, telles que des glandes, des feuilles, des rameaux,
des cheveux, des grains, &c., ou ce ne sont que des particules fines de Cuivre dissoutes par l'eau, & précipitées
contre quelque autre corps, ce qui produit ce qu'on apelle
le *Cuivré cémenté*. Cependant le Cuivre vierge n'est jamais
aussi pur que l'Argent vierge, tout comme celui-ci n'a pas
la même pureté que l'Or vierge,

Quant au *Cuivre mineralisé*, on a la Mine de Cuivre
blanche, la *noire*, l'*hépatique*, (ou couleur de soie) les *Pyrites*, la *Mine d'Arsenic rouge*, (*) & quelques autres *espèces
particulières*. Chaque espèce a ensuite ses Sous-espèces.
Ainsi l'on doit compter au rang de la *Mine de Cuivre
blanche*, qui est mélangée avec beaucoup d'Arsenic, la
Mine de Cuivre blanchâtre obscure, ou grise, qui contient de
l'Argent, de même que ce qu'on apelle les *Barres gresillées*,
& les *Epis de blé*. La *Mine de Cuivre noire* dont la couleur
est bleuë, & qui ressemble à la Ceruse peut renfermer toutes les Sous-especes qui sont fortement mineralisées avec du
Fer, comme la *Mine vitreuse brillante*, & celles de pareille
Catégorie. L'on peut considérer comme des Sous-espèces
de la *Mine hépatique*, qui est brune, les Mines bitumineu-
ses, & les *Mines de cuivre ochreuses*. Les *Pyrites du Cuivre*
sont pleins de soufre. C'est de toutes les Mines la plus
pauvre, mais comme elle a beaucoup de brillant, elle sert
a décorer les Collections. Nous regardons comme des
Sous-espèces de cette Mine, les *Queuës de Paon*, les *Gorges
de Pigeon*, & d'autres *Pierres métalliques bariolées*. La *Mine
d'Arsenic rouge*, (**) dont la couleur varie, c'est-à-dire,
qui est tantôt rouge, jaune, grise, &c. a beaucoup de raport avec le Cobalt. On peut mettre dans le même rang
les Mines où le Cuivre ne se trouve qu'en grains separez &
autres moindres sortes. Les *espèces particulières* enfin, dont
nous avons parlé, sont le *Verd* de montagne, la Mine veloutée, la *Malachite*, le *Bleu de Montagne*, la *Mine de cuivre
azurée*, & d'autres pareilles.

On trouve au reste le Cuivre dans toutes sortes de
Pierrières. Sa Matrice la plus ordinaire est la Pierre cornée
& le Spath, après cela viennent le Quarz, l'Ardoise, &
d'autres espèces de Minières, & ensuite les Pierres calcaires,
& une certaine Terre. Enfin toutes sortes de Métaux,
comme le Fer, l'Etaim, le Plomb, l'Argent, de même
que les Demi-Métaux contiennent aussi souvent une grande
quantité de Cuivre.

Pour en venir enfin à nôtre figure, elle représente une
Glèbe de Cuivre vierge de Hongrie. Sa Figure en arbuste est charmante, & semble être sortie ainsi de terre
avec des boutons & des feuilles. Elle est couverte d'un
Verd de Montagne superficiel, qui empêche qu'on ne voye
le Cuivre propre, à moins qu'on ne le découvre quelque
part en polissant la pièce, & en la dépouillant de son Envelope verte. Nous dérivons l'Origine de cette figure arbusculaire des mêmes principes, que nous avons établis à
l'occasion de la troisième figure de la Planche précédente
en parlant de l'argent arbusculaire.

Figure 2.

(*) En latin *Cuprum Nicolai*.
(**) En latin *Cuprum Nicolai*,

Fig. 2. Ein ähnliches Stück gediegen Kupfer mit angeflogenen Goldblätlein und Berggrün ist an dieser Figur befindlich, und stammet gleichfals aus den Ungarischen Bergwerken her. Es ist nichts ungewöhnliches, daß man das Gold andern Erzen innerlich beygemischet finde, um so weniger darf man sich wundern, wenn es darauf angeflogen ist.

Fig. 3. Gleichwie jedes Bergwerk seine besondern Merkmahle an dem Erz zurücke lässet, und immer ein Metall vollkommener und anderst gefärbet aus einem Bergwerk kommt, als aus dem andern, so zeiget auch gegenwärtige Figur den grösten Unterschied des Vaterlandes an. Sie stellet nemlich Japanisch Kupfer vor, und hat überhaupt mit allem Japanischen Kupfer dieses gemein, daß es so roth, wie eine Stange Siegelwachs, und dabey stark Goldhaltig ist.

Fig. 4. Von den Kupferkiesen, die durchgängig vielen Schwefel halten, wird allhier ein besonders schönes Exemplar vorgestellet, welches der manchen bunten und spielenden Farben halber, Pfauenschwanz pfleget genennet zu werden. Diese Farben rühren ohnstreitig von dem besondern Gemische des Kupfers mit Eisen, Schwefel und Arsenic her, und glänzen mit besondern reizenden Pracht, indem sich alle Regenbogenfarben daran abbilden. Das Gestein, welches diese Stuffen ausmacht, ist durchgängig blätterichter Spath und Quarz, zuweilen mit Drusen besetzet. Es lässet sich aber der Gehalt überhaupt nicht wohl bestimmen, wenn die eigentlichen Nachrichten von den Bergwerken, wo dergleichen Erze probiret werden, mangeln. Denn in allgemeinen Ausdrucken zu behaupten, daß ein Erz zwischen zehn und achtzig Pfund halte, ist soviel als nichts gesaget, dahero wir lieber diesen an sich nützlichen und nöthigen Artikel, aus Mangel hinlänglicher und zuverläßiger Nachrichten, bey allen Stuffen mit Stillschweigen übergehen. Es ist uns auch das Vaterland dieser Stuffe unbekannt, ohnerachtet wir wohl wissen, daß dergleichen in Sachsen und Ungarn so prächtig, als irgendwo gefunden werden.

Fig. 5. Von dem Lebererz erscheinet allhier eine bräunlichte Kupferstuffe mit weissem Spath, auf welchem sich ein Marcasit angesetzet hat. Der Marcasit, welcher in einem schwefelichten Wesen bestehet, flieget wie ein Dunst an andere Körper an, und durchdringet selbige, wenn sie lucker sind. Dahero man auch andere Körper, als Versteinerungen, mit einem Marcasite, oder auch mit einem vitriolischen Wesen durchzogen oder angeflogen findet. Solcher Dunst giebt den Körpern, wo er sich angesetzet, eine gelbe, glatte und glänzende Oberfläche, die oft wie polirtes Meßing aussiehet, aber nichts weniger, als etwas metallisches in sich hält.

Fig. 6. Wir haben oben eines schwarzen Kupfererzes gedacht, und es zeiget sich hier eine Art davon, welche eigentlich das schwarze Kupferglas genennet wird. Es ist sehr reichhaltig, und giebt ein schönes Kupfer. Wie wir aber bey der vorigen Figur des Marcasits gedacht haben, also ist auch diese Stuffe reichlich damit angeflogen.

Figure 2. C'est une pièce de pareil *Cuivre vierge avec des paillettes d'Or & du Verd de Montagne superficiel,* qui nous vient aussi des Minières de *Hongrie.* Comme il n'est pas extraordinaire de trouver de l'Or mêlé à des Mines d'un autre Métal, on ne doit pas être surpris d'en rencontrer ici du *superficiel.*

Figure 3. Comme chaque Minière a ses Caractères particuliers, qu'on reconoit sur les Glèbes métalliques qu'on en tire, & qu'une Minière fournit toujours un Métal plus parfait qu'une autre, & diversement coloré, la Pièce que la présente figure dépeint annonce sa Patrie avec pompe. C'est du *Cuivre du Iapon,* qui a ceci de commun avec tous les Cuivres de cet Empire, c'est qu'il est rouge comme de la Cire d'Espagne, & qu'il contient beaucoup d'or.

Figure 4. Voici une Pièce des *Pyrites de Cuivre,* qui contiennent toûjours beaucoup de soufre. Elle est d'une beauté particulière. On l'apelle la *Queue de Paon* à cause des couleurs variées, qui y brillent. On doit attribuer sans aucun doute l'origine de ces couleurs aux divers mélanges du Cuivre avec le Fer, le Soufre, & l'Arsenic. Leur brillant est magnifique. On y voit toutes les couleurs de l'Arcen-ciel. La Pierrière, où l'on exploite cette mine, est généralement du Spath & du Quarz feuilleté, garnie par ci par là de Glandes. Quand on n'a aucune information des Minières, où se fait l'épreuve de cette mine, il n'est guères possible de déterminer ce qu'elle contient. Car ce n'est rien dire, que de s'arrêter dans les conjectures entre dix & quatrevingt Livres pésant sur le Quintal. Ainsi quelque utile, & quelque nécessaire qu'il soit d'avoir sur cet article des conoissances sures, nous aimons mieux le passer sous silence à chaque Glèbe, que de hazarder des assertions incertaines dans le tems que les informations certaines, & sur lesquelles on pourroit faire un fonds assûré, nous manquent. Nous ignorons aussi la Patrie de la présente Glèbe, quoique nous sçachions avec certitude qu'en *Saxe* & en *Hongrie* on en trouve de cette espèce d'aussi superbes qu'en quel païs que ce soit.

Figure 5. Ceci est une Glèbe brunette d'une *Mine de Cuivre hepatique* mêlée de Spath blanc, sur lequel s'est posé une Marcasite. La Marcasite compotée d'une substance sulphureuse s'envole comme une exhalaison sur d'autres corps qu'elle imbibe, quand ils sont poreux. Par la même raison on trouve sur d'autres Corps, comme sur des Petrifications une Marcasite, ou quelque autre substance vitriolique, qui les imbibe, ou qui s'y pose en Metal *superficiel.* Cette Exhalaison en s'attachant aux corps leur donne une superficie jaune, unie & luisante, qui reissemble souvent à du laiton poli, quoiqu'il n'y ait absolument rien de métallique.

Figure 6. Nous avons parlé plus haut d'une Mine de Cuivre noire, dont nous présentons ici une Glèbe. C'est ce qu'on apelle proprement la *Mine de Cuivre vitreuse noire.* Elle est très-riche, & le Cuivre en est beau. On y trouve quantité de cette Marcasite *Superficielle* dont il a été question dans la description de la figure précèdente.

Fig. 7. Das gemeinste Kupfererz; ist das gelbe, welches seines schwefelichten Gehalts halber auch Kupferkieß genennet wird, und wir finden in dieser Figur ein Exemplar davon. Sehr oft fallen dergleichen Kiesserze, wie diese, in das grüne, oder sind wohl gar mit einem rusigen gleichsam verwitterten Berggrün angeflogen. Das Gestein ist mehrentheils Spath, oder Hornstein.

Fig. 8. Ein röthliches Kupfererz mit einem sammetartigen Berggrün, im braunen blätterichten Spath, zeiget sich nun dem Auge, und ist eben die Art, welche Kupfernickel genennet, und sehr häufig bey dem Cobald gefunden wird, indem der viele Arsenic und Cobald ihm diese Farbe zu geben scheinet. Der Spath ist mit unordentlichen glänzenden Flächen, gleich einer Blende, durchsetzet, und der Gehalt des Kupfers ist geringe.

Fig. 9. Unter den besondern und nicht durchgängig gewöhnlichen Kupfererzen befinden sich auch der Lazurstein und Malachit. Jenen zeiget diese Figur, und diesen wird die folgende Figur vorstellen. Es ist also gegenwärtige Stuffe das sogenannte Lazurerz, und bestehet in einem quarzicht-spatigten, dichten und harten Gestein, welches mit Kupfer, so zugleich mit Vitriol aufgelöset ist, als mit einem Dunst innerlich durchzogen worden. Es nimmt eine unvergleichliche Politur an, und ist zuweilen mit Marcasitadern durchzogen, welche man nicht vor Gold, wie gemeiniglich geschiehet, ansehen muß. Es hat sich an diesem Exemplar, welches eine irreguläre Figur hat, ein strahlichtes Berggrün, welches wie Atlas anzusehen ist, angesetzet, und unten zeigen sich einige niedliche Crystallen.

Fig. 10. Besagter massen finden wir hier den Malachit, oder sogenannten Schreckenstein. Es lieget in demselben ein spatigtes Wesen zum Grunde, und ist nicht hart. Die Farbe ist Seegrün, zuweilen rein, zuweilen aber auch geädert und gefleckt, und ist vor nichts anders, als vor ein mit einem grünen Kupferdunst tingirtes Gestein anzusehen. Da er sich aber schön poliren lässet, auch lange so häufig und so groß nicht, als der Lazurstein gefunden wird, so hat man ihm einen Rang unter den undurchsichtigen Edelsteinen angewiesen.

TAB. E. II.

Fig. 1. Wir kommen nunmehro zu den Zinnstuffen, davon die vornehmsten Arten auf dieser Kupfertafel vorgezeiget werden. Man findet das Zinn niemahlen gediegen, sondern allezeit vererzt. Jedoch trift man zuweilen in unterirdischen Klüften ein geschmolzenes Zinn an, welches durch die unterirdische Hitze flüßig worden, und sich durch die Poros des Gesteins dergestalt durchgedrungen hat, daß es auswendig auf der Oberfläche in niedlichen runden Tropfen, wie glänzende Perlen, ansitzet, und dieses möchte man etwa vor ein gediegen Zinn ansehen, welches aber doch uneigentlich wäre, indem es durch die Natur so geschmolzen, nicht aber gewachsen ist.

Was die Zinnerze hingegen betrift, so hat man unter den gemeinsten Arten den sogenannten Zinnstein, welcher einem röthlichen Stein so vollkommen ähnlich siehet, daß man ihn vor keinen Metallhaltenden Stein ansehen sollte, woferne die

Schwere

Figure 7. La Glèbe, que la présente figure dépeint, est de la *Mine de Cuivre jaune*, qui est la plus commune de toutes, & à laquelle on donne aussi le nom de Pyrite de Cuivre, à cause de la quantité de parties sulphureuses qu'elle contient. Fort souvent ces Pyrites de Cuivre tombent dans le verd, ou sont couvertes d'un Verd de Montagne *superficiel* suligineux gaté par l'air. La Pierrière est ordinairement du Spath, ou de la Pierre cornée.

Figure 8. Ceci est une *Mine de Cuivre rougeâtre avec du Verd de Montagne* velouté dans du Spath brun feuilleté. C'est la même espèce à laquelle on donne le nom de Mine d'Arsenic rouge. (*) On la trouve en abondance auprès du Cobalt, qui joint à la quantité de l'Arsenic semble donner à cette Mine la couleur qu'elle a. Le Spath est parsemé comme une *Blende* de faces brillantes posées irrégulièrement. Cette Mine contient peu de métal.

Figure 9. La *Pierre d'Azur* & la *Malachite*, qui apartiennent encore aux Mines de Cuivre remarquables & rares, ne doivent pas être oubliées. Nous voyons la prémière, & la figure suivante dépeint l'autre. Cette *Mine d'Azur* est une Pierre dure & compacte, composée de Quarz & de Spath, & imbibée intérieurement de Cuivre dissout par le Vitriol, comme d'une vapeur. Cette Pierre est susceptible d'un poliment incomparable. On y remarque quelquefois des Veines de Marcasites, qu'il ne faut pas prendre pour de l'or, selon l'erreur commune. Il s'est posé sur la présente pièce, qui est de figure irrégulière, un Verd de Montagne raïonnant, qui ressemble à du satin. On observe au bas quelques Cristaux mignons.

Figure 10. Voici la *Malachite*, dont nous venons de faire mention. Une substance Spathique en fait le fonds. Elle n'est point dure. La Couleur en est un Verd de Mer, quelquefois pur, quelquefois veiné & tacheté, qui doit faire regarder cette Pièce comme une Pierre teinte par une Vapeur verte du Cuivre. Comme la Malachite est susceptible d'un beau poliment, & qu'on la trouve beaucoup plus rarement, & en plus petites pièces, que la Pierre d'Azur, en lui a accordé rang parmi les Pierres précieuses opaques.

PLANCHE E. II.

Figure 1. On trouve sur cette Planche les principales espèces des Mines d'Etaim. Ce Métal n'est jamais vierge, & par conséquent il est toûjours minéralisé. Il est vrai cependant qu'on rencontre quelques fois dans les fissures intérieures de la terre de l'Etaim fondu, devenu liquide par la chaleur d'un feu souterrain. Cet Etaim, pénétrant à travers les pores de la pierre, se produit sur la superficie en goutes mignonnes, semblables à des perles brillantes, & c'est ce que quelqu'un pourroit prendre pour de l'Etaim-vierge. Mais ce seroit improprement, puisqu'il n'est pas crû ainsi, & qu'il n'a pris cette forme qu'après avoir été fondu par une opération de la Nature.

Quant aux Mines d'Etaim, une des plus communes est ce qu'on apelle la *Pierre d'Etaim*, qui ressemble si parfaitement à une pierre ordinaire de couleur rougeâtre,

qu'on

(*) *Cuprum Nicolai.*

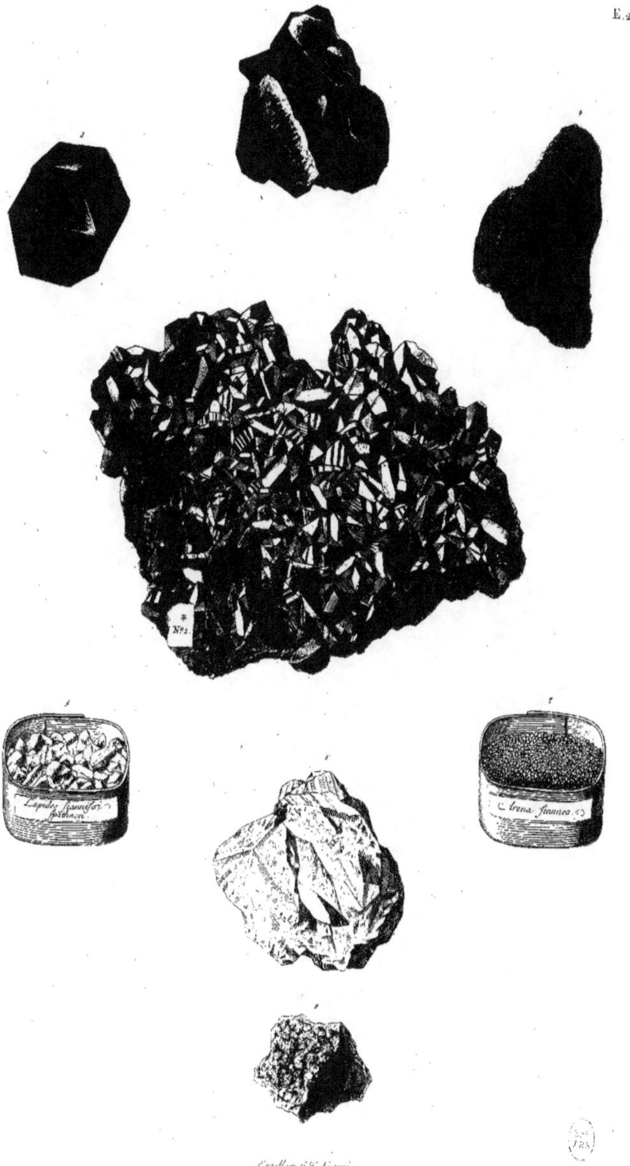

Crellius. & F. Kirnet.
11.

Schwere solches nicht verriethe; sie sind aber nicht reich. In diesen Steinen, die mehrentheils Horn- und Felsartig sind, steckt zugleich vieles Eisen, daher sie einem Ocker gleich sehen, und mit einer rusigen Schwärze angelauffen, oder durchzogen sind. Hierunter kan man auch die Granaten, als Steine, die etwas Zinn halten, zehlen; ferner auch den weissen Zinnstein, welcher in einem zinnhaltigen Spath bestehet, und nicht häuffig gefunden wird, wie auch den sogenannten Schirl und Wolfram, welches Erze sind, worinn Eisen und Zinn untereinander gemischet gefunden wird, davon der Schirl im Hornstein, und der Wolfram im Eisenstein steckt.

Nach dem Zinnstein folget ein besseres und reichhaltiges Zinnerz, welches Zwitter genennet wird. Dieses ist eckigt, gleichet den Crystallen, oder Quarzen, und ist schwarz, weißlicht, grau, blaulicht und von vermischten Farben. Die Crystallinischen Figuren liegen mehrentheils in unordentlichen Gestalten, als geschoben, in und übereinander, sind bald zugespitzet, bald flach, und sitzen mit den Wurzeln in einem Spath, oder Glimmer, oder Felsenstein, Nesterweise und zu ganzen Platten aneinander. Diese Art begreift den Zinnsand, oder die kleinen abgespühlten Graupen unter sich, die durch unterirdische Wasser von dem Gestein abgerieben, und unter Sand und Kieß geworffen werden.

Die beste und allerreichste Zinnart aber bestehet in den eigentlichen Zinngraupen, oder Crystallen, die theils reguläre theils irreguläre Ecken haben, und mehrentheils schwarz, öfters dunkelroth, zuweilen auch hellroth, selten aber durchsichtig sind, in welchem Fall man sie auch Zinngranaten nennet. Sie wiegen ungemein schwer, und der Centner hält oft bey achtzig Pfund. In selbigen steckt allerdings auch Eisen, und vieler Arsenic. Gar oft findet man solche Zinngraupen gar allein, ohne irgend an einer harten Mutter angewachsen zu seyn, in einem Steinmark, oder feinen thonartigen weissen Erde, die Mondmilch genennet wird, oder auch in einer blätterichten und schieferichten Blende liegen, und sind beträchtlich groß.

Um nun zu unseren Figuren zu kommen, so wird uns in gegenwärtiger eine ansehnliche Zwitterstuffe aus Engelland vorgezeiget. Es bestehet selbige in einer grossen Menge unordentlich über einander herliegenden vieleckigten Graupen von mittelmäßiger Größe, welche alle an einem festen, mit Eisen durchzogenen, grauen und röthlichen Gebürge, als an einer Mutter feste sitzen. Die Flächen der Graupen sind hin und wieder mit einer stahlblauen Farbe angelauffen, oder mit einem weissen Arsenicalischen Ruß überdeckt. Auf jeder Fläche zeigen sich viele parallel übereinander liegende Querlinien, die von dem blätterichten Anwuchs dieser Graupen zeugen.

Fig. 2. Von ganz anderer Beschaffenheit sind die eigentlichen Zinngraupen, davon wir in dieser Figur ein Exemplar aus Sachsen vor uns finden. Es ist nemlich diese eine von den reichhaltigen und edleren Arten. Die Farbe ist dunkelroth, und die ungleichförmige Crystalle liegen in Geschieben gegen- und übereinander. Die weissen Flächen sind nichts anders, als Arsenicalische Beschläge, die in freyer Luft aus der Masse herausdringen, und gleich einem Mehl an der Oberfläche hangen bleiben.

qu'on ne la prendroit jamais pour une Pierre métallique, si sa pésanteur ne la déceloit. Mais cette Mine n'est point riche. Ces Pierres, qui le plus ordinairement sont cornées, ou de nature de rocher, contiennent en même tems beaucoup du fer, ce qui les fait ressembler à de l'Ochre. Il s'y trouve un Noir fuligineux superficiel, dont elles sont quelquefois imbibées. On peut ranger dans la même Classe les Grenats, qui renferment quelque Etain, la *pierre d'Etaim* blanche, laquelle consiste en une Mine Spathique de ce Métal, qu'on ne rencontre pas souvent, de même que la *Roche de corne cristalisée* (*Schörl*), & la *Mine de Fer arsénicale*, (*Wolfram*), qui sont des Pierres métalliques, où l'on trouve du Fer & de l'Etaim entre-mêlé, sçavoir le *Schörl* dans de la Pierre cornée, & le *Wolfram* dans la Pierre de Fer.

Après la *Pierre d'Etaim* vient la *Mine d'Etaim cristallisée* préférable à la précédente & riche. Cette Mine est à angles comme les Cristaux, ou le Quarz. Elle est noire, blanchâtre, grise, bleuâtre, & de couleur mélangée. Les Figures cristallines fourrées les unes dans les autres, ou posées les unes sur les autres, sans aucun ordre ni régularité, tantôt pointuës, tantôt plattes, tiennent par leurs racines, à un *Spath*, à un *Mica*, ou à une Pierre de roche, en nids & en plaques entières. Cette espèce comprend aussi le *Sable d'Etaim*, ou ces petits grains que les eaux souterraines lavent & détachent de la Pierrière, & qu'elles entrainent parmi le Sable & le gravier.

La meilleure & la plus riche espèce des Mines de ce Métal, ce sont les *Cristaux d'Etaim*, dont les angles sont en partie réguliers & en partie tronquez; ils sont ordinairement noirs, assez souvent d'un rouge foncé, quelques fois d'un rouge clair, & rarement transparens, auquel cas on les apelle aussi des Grenats d'Etaim. Ces Cristaux sont extraordinairement pésans. Le Quintal rend souvent près de quatrevingt Livres. Ils contiennent aussi du fer & quantité d'arsenic. Fort souvent l'on trouve ces Cristaux d'Etaim tout seuls, sans qu'ils tiennent à aucune Matrice dure, simplement dans l'intérieur de quelque pierre, ou dans de la terre argileuse blanche & fine, qu'on apelle *Lait de la Lune*, ou en latin *Lac Lunæ*, ou dans quelque *Blende* feuilletée & écaillée. Ils sont d'une grandeur remarquable.

Venons à présent à nos figures. La prémière est une *Mine d'Etaim cristallisée* de grandeur considérable, qui nous est venüe d'*Angleterre*. Elle est composée d'une grande quantité de Cristaux de grandeur moïenne, lesquels tiennent tous à une Pierrière rougeâtre & grise comme à une Matrice. Les facettes de ces Cristaux sont teintes çà & là d'un bleu d'acier, ou couvertes d'une couleur arsénicale blanche fuligineuse. On voit sur chaque face plufieurs lignes transversales parallèles entremeldes qui indiquent l'accroissement feuilleté de ces Cristaux.

Figure 2. Les *Cristaux d'Etaim*, proprement ainsi dits, sont d'une toute autre qualité. La présente figure dépeint une de ces Mines, tirée de Saxe. C'est une des espèces riches & distinguées. La Couleur en est un rouge-foncé, & les Cristaux, qui sont de forme inégale s'y trouvent en couches pele-mêle en tout sens. Les faces blanches qu'on y voit ne sont que des enveloppes de l'Arsenic, qui sortent de la Masse, quand elle est à l'air, & s'attachent à la Surface en forme de farine.

Fig. 3. Eben dahin gehöret auch diese hellrothe, etwas durchsichtige, ansehnliche Graupe, welche ein reguläres Zwölfeck ausmachet, und wegen der Aehnlichkeit mit den Böhmischen Granaten ein Zinngranat genennet wird, wie man denn auch diese Art vorzüglich in den Böhmischen Bergwerken antrift.

Fig. 4. Man zehlet auch unter die gemeinen Zinnsteine den sogenannten Schirl, welcher ein Zinnhaltiger Hornstein ist, der nach Gelegenheit der verschiedenen Bergwerke, wo er gebrochen wird, allerhand Farbe führet. Der gegenwärtige ist graugrün und mit Zinnschwärze durchzogen.

Fig. 5. Es geschieht auch, daß das Zinn einen Spath durchziehet, dennoch aber denselben nicht sonderlich färbet, in welchem Fall es weisses Zinnerz genennet wird. Da nun der Spath oft sehr bröcklicht ist, so sondern sich denn gerne kleine Stüken von der Masse ab, und es sind die nehmlichen, welche in dieser Figur in einem Schächtelchen abgebildet sind.

Fig. 6. Dahingegen wird uns unter gegenwärtiger Nummer ein ganzes Stück eines solchen Zinnspathes vorgezeiget. Wie nun bekannt ist, daß es unförmlichen, blätterichten, und auch rhomboidalischen Spath giebt, also wird auch ein jeder leicht sehen, daß dieses Stück zu der letzten Art gehöre, an welcher sich nur hin und wieder etwas Zinnschwärze zeiget.

Fig. 7. Unter den Zinnzwitter werden auch die ganz kleinen Graupen mit begriffen, welche oft kaum im Gestein zu sehen sind, nichts destoweniger aber nach Verhältniß eben soviel Zinn halten als die grossen. Da nun diese kleine Graupen blos in dem Gestein, als in einer Mutter liegen, ohne sonderlich damit verwachsen zu seyn, so ist es leicht möglich, daß sie sich durch unterirdische Wasser, oder wenn der Stein verwittert, von der Mutter absondern, und nach einem gewissen Ort hingespühlet werden. Dieses heisset alsdann Zinnsand, und ist das nehmliche, was unter dieser Nummer in einer Schachtel vorgezeiget wird.

Fig. 8. Endlich erblicken wir noch in dieser Figur einen zinnhaltigen Eisenstein, welcher Wolfram genennet wird.

TAB. E. III.

Fig. 1. Von dem Zinn kommen wir zu den Bleyerzen, und geben davon vorläufig einige Erläuterung. Es sind nemlich die Bleystuffen in einem Cabinet durchgängig die schwersten, und ob wohl Gold und Queckfilber an sich schwerer, als Bley sind, so findet man beydes doch nicht so klumpenweise in einem Gestein, daß die Stuffe davon eine solche Schwere bekäme, als die Bleystuffen Verhältnißweise haben. Sodann halten auch die Bleystuffen etwas Silber, ja sie sind zuweilen sehr reich. Uebrigens aber ist das Bley mit Schwefel mineralisirt, hält fast 75. tt. im Centner, und bricht auch gerne bey andern Metallen, als Kupfer und Eisen, daher es öfters besondere Farben bekommt. Von vollkommenen gediegenen Bley ist nichts bekannt, es wäre denn, daß man gewisse Bleykörner, die man findet, dahin rechnen wollte,

Figure 3. Il faut regarder comme étant de la même catégorie le présent *Cristal* un peu transparent, & rouge-clair de couleur, qui forme un Dodecagone regulier. Comme il a beaucoup de ressemblance avec les Grenats de Bohême, on lui donne le nom de *Grenat d'Etaim*. Et en effèt les Minières de Bohême sont celles où l'on en trouve le plus.

Figure 4. On place aussi parmi les *pierres d'Etaim* communes la *Roche de corne cristallisée* (*Schörl* *) qui est une pierre cornée contenant de l'Etaim, laquelle, selon les différentes sortes de minières où on l'exploite, est de diverses couleurs. Celle ci est d'un gris-verd, & imbibée de Noir d'Etaim.

Figure 5. Il arrive aussi que l'Etaim passe au travers d'un *Spath* sans lui donner beaucoup de couleur, auquel cas on lui donne le nom de Mine d'Etaim blanche. Mais comme le Spath est le plus souvent facile à se briser, il se fait aisément que de petites pièces se détachent de la Masse, comme celles qu'on voit dans la petite boëte que nôtre figure dépeint.

Figure 6. Nous produisons ici une Glèbe entière de pareil *Spath d'Etaim*. L'on sçait qu'il y a du Spath informe, feuilleté, & du rhomboïdal. Un Connoisseur verra d'abord que celui-ci est de la dernière espèce. On y remarque seulement ça & là du Noir d'Etaim.

Figure 7. On range à l'espèce de la *Mine d'Etaim cristallisée* (**) les plus petits cristaux, qu'on a souvent peine à distinguer dans la pierre, & qui ne laissent cependant pas de contenir à proportion autant de métal que les grosses Glèbes. Comme ces petits Cristaux se trouvent posez sur la pierre comme sur leur matrice, sans y être intérieurement attachez, il arrive qu'ils s'en détachent facilement, soit par les eaux soûterraines qui y passent, soit que l'inclemence des Saisons gâte la pierre; & ces parcelles, ainsi entraînées par les eaux dans tel endroit que ce soit, s'apellent *Sable d'Etaim* tel qu'on le voit dans la boëte de nôtre figure.

Figure 8. Nôtre dernière Figure sur cette Planche représente une Pierre de Fer contenant de l'Etaim, qui s'apelle la *Mine de Fer arsénicale* (***).

PLANCHE E. III.

Figure 1. De l'Etaim nous venons aux *Mines de plomb*, dont nous allons donner préliminairement une explication générale. Les mines de plomb qu'on trouve dans les Cabinets sont communément les plus pésantes de toutes les Glèbes métalliques. Car quoique l'Or & l'argent vif aient de leur nature plus de poids que le plomb, les mines qu'on en trouve dans les pierrières ne renferment pas des Masses suffisantes pour égaler proportion gardée la pésanteur des Mines de plomb. Après cela ces dernières contiennent aussi quelque argent, & sont même quelques fois très riches. Au reste le Plomb est minéralisé avec le Soufre, & rend 75. tt. pour cent pésant. On le trouve assez

près

(*) En latin Corneus cristallisatus.
(**) *Minera cristallorum Stanni*, en allemand *Zinnzwitter*.
(‡ *) En allemand *Wolfram*, en latin *Spuma Lupi*.

wollte, welche aber mit oben erwehnten geschmolzenen Zinn, so sich Tropfenweise, wie Perlen am Gestein ansetzet, einerley Bewandtniß haben mögen.

Sonst findet sich das Bley in Erde und Stein, und auch ohne diese Bergart vererzt. Die Bleyerden sind äusserlich nur an der Schwere zu kennen; denn der Farbe nach sind sie allerhand andern Erdarten ähnlich, indem man weisse, graue, bleyfärbige, braune, dunkelrothe und schwarze, gelbe und grüne Bleyerden findet.

Die Steine, welche Bley halten, sind Spath und Crystalle, die in ordentlichen langen Piramiden von grüner, oder weißlichter Farbe, oder auch in vieleckigten Knospen auf Quarz gefunden werden.

Das an sich vererzte Bley aber wird Bleyglanz genennet, und solches ist entweder Grobspeisigt oder Klarspeisigt. Das erste hat die Bleywürfel und Knospen nebst den breitstrahlichten Bley unter sich, das andere aber enthält die körnigte, schmahlstrahlichte und auch die derben Arten unter sich, welche letztere Bleyschweif genennet werden. Alle diese Bleyglanzarten werden darum Glanz genennet, weil sie mit glatten Flächen spielen, die gleichsam poliret zu seyn scheinen. Weil sie aber allezeit Silberhaltig sind, oder weil Silberadern mit einzubrechen pflegen, so geschiehet es oft, daß diese Flächen mit Silberschwärze angeschmaucht sind, und in dem Fall wird es wohl Schwarzbley genennet.

Was nun diese erste Figur betrift, so zeiget sich allhier ein grobspeisiger, großwarziichter Bleyglanz. Es ist diese Art sehr reichhaltig, und giebt 60. bis 70. ℔. Bley vom Centner, da das übrige ein Gehalt von Schwefel ist. Man findet ihn reichlich in den Sächsischen und Böhmischen Bergwerken, und trift allezeit Silber darinnen an, obgleich der grobe Bleyglanz nicht soviel, als der andere von diesem edlen Metall zu halten pfleget. Die Würfel bestehen aus vielen übereinander gelegten dünnen Blätterchen, welche sich wie fein Papier übereinander scheinen geschoben zu haben, und glänzen wie ein neues und frisch geschmolzenes Bley, ausgenommen, daß die Flächen minder, oder mehr breitstrahlicht, und nicht ganz glatt sind. Die Bergart ist Quarz und gewürfelter Spath, von welchem letzteren in der Figur an dem untern Theil der Stuffe einige Lagen zu sehen sind.

Fig. 2. Eine andere Art von Bleyerz wird uns in dieser Figur vorgezeiget. Es ist solches ein Gemische von Glanz, Blätterspath, und Marcasit. Der Blätterspath zeiget sich unten, und die in dem schwärzlichten Erz befindliche gelbe Puncte sind nichts, als Marcasit, welcher die Zwischenräumchen ausgefüllet hat. Eben also findet man sehr oft auch Bley und Kupfer untereinander, oder Schichtweise in Spath eingespreuget, wobey durchgängig etliche Unzen Silber im Centner stecken, derglei-

près d'autres métaux, tels que le Cuivre & le Fer, qui lui prêtent souvent des couleurs particulières. Le Plomb absolument & parfaitement vierge est une chose inconnuë, à moins qu'on ne voulut prendre pour tel certains grains de plomb qu'on trouve, & qui ont vraisemblablement une origine pareille à celle de ces grains d'Etaim fondu qui s'attachent en forme de gouttes comme des perles sur les pierrières, comme nous l'avons vû-ci-dessus.

Le Plomb se trouve dans de la *Terre*, & dans de la *pierre*, où il est mineralisé de soi-même, sans être attaché à aucune sorte de Minière. Les *Mines de plomb terreuses* ne peuvent être reconnuës extérieurement que par leur pésanteur, car par la Couleur elles ressemblent à toute autre sorte de terre. On en voit de blanches, de grises, de couleur de plomb, de brunes, de couleur rouge-foncée, de noires, de jaunes & de vertes.

Les *Pierres* qui contiennent du Plomb sont du *Spath* & des *Cristaux*, formez en longues Piramides regulières de couleur verte ou blanchâtre, ou aussi en boutons polygones sur du Quarz.

Le Plomb mineralisé de soi-même s'apelle *Galène*, qui est ou à gros cubes ou à petits cubes. Il faut ranger dans la prémière espèce la *Galène à cubes*, les *boutons*, & le *Plomb à rayons larges*. L'autre espèce renferme la *Galène grainelée*, celle dont *les raïons sont étroits*, & d'autres sortes denses, qui portent le nom de *Mine de plomb sulphureuse & arsenicale* (*). On a affecté en Allemagne à toutes ces espèces de *Galènes* le nom de *Glanz*, qui signifie *Lustre* ou *Brillant*, à cause de leurs facettes unies qui jouent, & semblent avoir été polies exprès. Comme toutes ces Galènes tiennent de l'argent, & que quelques fois il s'y trouve des veines d'argent formées, il arrive que l'on y rencontre aussi une teinture de Noir d'argent, & alors on les apelle *Mine de Plomb noire*.

Nôtre prémière figure ici est de *la Galène à grands cubes*. Cette espèce est très-riche & rend 60. à 70. ℔. par Quintal; le surplus du poids est du Soufre. On en trouve abondamment dans les Minières de *Saxe* & de *Bohème* & l'on y rencontre toûjours de l'argent, quoique la Galène à grands cubes en tienne ordinairement moins que l'autre. Les Cubes sont composez de quantité de petites feuilles minces, posées l'une sur l'autre comme du Papier fin, & brillent comme du Plomb tout neuf, qu'on viendroit de fondre, excepté que les raïons des facettes sont plus ou moins larges, & que les facettes ne sont pas absolument unies de tout point. L'espèce de la Mine est du Quarz & du Spath en cubes, duquel dernier on peut voir quelques couches au bas de la glèbe que nôtre figure représente.

Figure 2. Voici une autre sorte de *Mine de Plomb*, qui est un mélange de Galène, de Spath feuilleté, & de Marcasite. Le Spath feuilleté se voit en bas, & les points jaunes, qu'on remarque sur la Glèbe noirâtre, ne font autre chose que la marcasite qui a rempli les petits intervalles vuides. L'on trouve aussi trés-souvent du Plomb & du cuivre entremêlé de cette façon, ou mélangé au Spath en couches.

(*) En latin *Plumbago*, en all. *Bleyschweif*.

German column (left):

dergleichen in Italien und besonders im Neapolitanischen ziemlich häufig gefunden wird.

Fig. 3. Gegenwärtige Stuffe zeiget einen klarspeisigen, kleinwürfelichten Bleyglanz im quarzigten Spath. Es gehet diese Art von dem großwürflichten Glanz nur darinnen ab, daß die geschobene Vierecke und deren Blätterchen kleiner, derber und mehr Silberhaltig sind.

Fig. 4. Es ist bey fig. 2. erinnert worden, daß es auch Gemische vom Bley und Kupfer gebe. Wenn man durch die Nachbarschaft dieser beyden Metalle der mineralische Dunst des einen sich mit dem andern verbindet, und ihn gleichsam tingiret, so entstehet ein Gemische, wobey ein Metall von dem andern die Farbe annimmt. Einen Beweiß davon leget diese Figur vor Augen. Denn sie zeiget uns ein grünes Bleyerz im braun angelauffenen grauen Spath. Diese grüne Farbe stammet wohl von nichts anders, als von den Kupfertheilen her, die sich in die Bleyhaltige Masse eingezogen und damit verbunden haben.

Fig. 5. Eben also findet sich in dieser Figur eine gelbgrüne, krausigt gewachsene Bleystuffe, dessen Gehalt sehr reich ist. Die Bergart ist Quarz, und scheinet bey der inneren Vermischung der Mineralischen Theile etwas zu der krausigten Gestalt beygetragen zu haben.

Fig. 6. und 7. Es ist nicht nöthig, daß die metallischen Dünste allezeit durch ein festes Gestein ziehen; sondern sie können sich auch mit blosser Erde vermengen, und daselbst reichlich abgeleget werden, welche alsdenn **metallische Erden** heissen. Wie nun die Erden vielerley Farben von den metallischen Dünsten annehmen, und zum Exempel, von Eisen, schwarz, blau, röthlich, oder gelb und ockerfärbig, vom Kupfer aber gelb, blau, oder grün werden, also bekommen sie zwar erstlich ihre Benennung nach der Farbe desjenigen Metalls so sie tingiret hat. Wenn aber ausser dieser Farbe sich noch ein Metall in grosser Menge in die Erdmasse gezogen hat, so bekommt sie den Namen von dem meisten Gehalt. Von solcher Art sind die in diesen beyden Figuren vorgezeigte eisenschüssige **Bergerden**, deren Gehalt an Bley so ergiebig ist, daß man wohl 50. ℔. aus dem Centner schmelzen kan. In den Lothringischen Bergwerken werden sie mehr, als anderwerts gefunden. Man hat von diesen Erden anzumerken, daß die metallischen Theile darinnen zum Theil frey liegen, und sich wie ein feiner Glanz darinnen zeigen, zum Theil aber sich auch also mit dem feinen Erdstaub innerlich vererzet haben, daß man zuweilen mit blossen Augen nichts metallisches wahrnimmt, sondern es nur an der Schwere merket. Da auch die metallische Theile allezeit ein leimichtes Wesen bey sich führen, welches die Massen hart und dicht macht, so hat man sich nicht zu verwundern, warum diese Erde mehrentheils in steinharten Brocken gefunden wird.

Fig. 8. Ob wohl die Farben durchgängig ein Kennzeichen eines Metalls sind, so ist es nicht nur möglich, daß ein gewisses Metall eine falsche Farbe habe, nachdem es nemlich durch andere Dünste tingiret worden, wie wir bey den zweyen letzten Figuren gesehen haben; sondern es kan sogar ohne alle Farbe, weißlicht

French column (right):

couche. Le Quintal rend communément quelques onces d'argent. L'*Italie*, & en particulier le Royaume de *Naples* fournissent assez abondamment de cette espèce de Mine.

Figure 3. Ceci est une *Galène à petits cubes* ou *grainelée*, sur du *Spath mêlé de Quarz*. Elle ne diffère de la Galène à grands cubes qu'en ce que ses Quarrez oblongs, & leurs feuilles, ont moins de grandeur, plus de densité, & qu'elle tient plus d'argent.

Figure 4. Nous avons dit cy-dessus en parlant de la figure 2. qu'on a des mélanges de Plomb & de Cuivre. Ce qui en est une suite, c'est que quand ces deux Métaux s'avoisinent, & que la vapeur métallique de l'un s'attache à l'autre, & le teint pour ainsi dire, il en resulte un mélange par lequel l'un prend la couleur de l'autre. La Glèbe de nôtre figure en est une preuve, car on y remarque une *Mine de Plomb verte* sur du Spath gris, qui a une teinture de brun. Cette couleur verte ne provient sans doute que des particules de Cuivre, qui se sont insinuées dans la Masse de la Mine de plomb, & s'y sont attachées.

Figure 5. La même opération a lieu à l'égard de la présente figure qui dépeint une *Mine de Plomb de forme frisée d'un jaune tirant sur le verd*, qui est fort riche. L'espèce de la Minière est du Quarz, où le mélange intérieur des parties minérales paroit avoir contribué en partie à la frisure.

Figure 6. & 7. Il n'est pas justement nécessaire que les Vapeurs metalliques passent toûjours par une pierre compacte. Elles peuvent aussi s'insinuer dans des Terres simples ordinaires, & y laisser un riche dépôt. Alors ces *Terres* s'apellent *métalliques*, qui prennent diverses couleurs des vapeurs métalliques, comme par exemple du Fer le noir, le bleu, le rougeâtre, le jaune, & l'Ocre; du Cuivre le jaune, le bleu, ou le verd, & on donne en ce cas aux terres la dénomination du métal qui les a teintes. Mais quand outre cette couleur quelque autre Metal s'insinue en grande quantité dans cette Masse terreuse, alors on la nomme selon le métal dont elle tient le plus. De cette sorte sont les *Mines de Plomb terreuses* un peu mêlées de fer, que les deux figures 6. & 7. dépeignent. On en tire par la fusion jusques à 50. ℔. par Quintal. On trouve plus de ces Glèbes dans les Minières de *Lorraine* qu'autrepart. A l'egard de ces Terres, il y a une observation à faire, c'est que les parties métalliques s'y trouvent en partie détachées, de sorte qu'elles y paroissent comme de la Galène fine, & qu'en partie elles y sont tellement mineralisées avec une fine poussiere terreuse, qu'il n'est pas possible d'y remarquer, sans loupe, quelque chose de métallique, qui ne se décèle que par la pesanteur. Et comme les Parties métalliques sont toûjours accompagnées de quelque substance argileuse, laquelle durcit & condense les masses, on ne doit pas être surpris que ces Terres se trouvent souvent en Glèbes dures comme roche.

Figure 8. Quoiqu'en général les Couleurs soient un des caractères distinctifs des Métaux, il peut néanmoins arriver non seulement que l'un ou l'autre prenne une fausse couleur, selon les vapeurs étrangères qui les teignent, comme nous l'avons vû aux deux dernières figures, mais il est outre cela encore

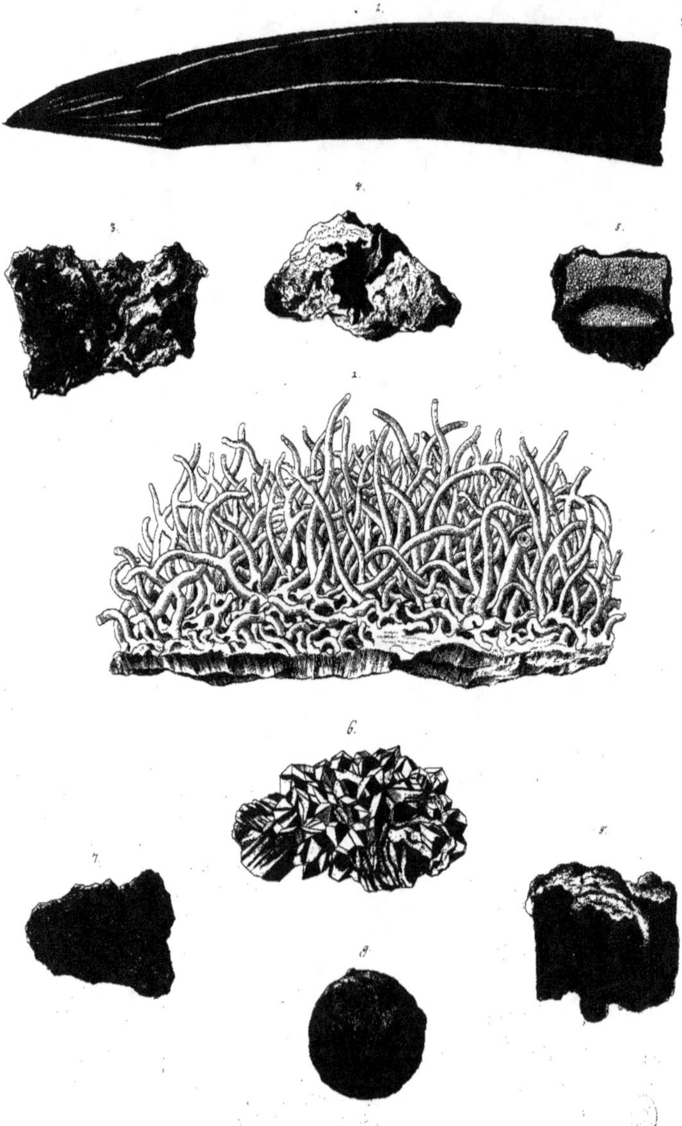

licht, oder auch wohl durchsichtig erscheinen. Eben so wie es ein durchsichtig Hornsilber, auch wohl, ob gleich selten, Hornkupfer, durchsichtiges Zinnerz und dergleichen giebt, so hat man auch weisses Bley, weisses Eisen, und dergleichen. Es rühret dieses entweder von einer nicht genugsamen, oder allzuvielen Auflösung der metallischen Theile her; denn derselben Grade bestimmen die Farben, wie an dem Goldpurpur und anderen Auflösungen der Metalle zu ersehen ist. Im Fall nun die Natur dieses Werk vornimmt, so liefert sie uns die Erze in einer ungewöhnlichen Gestalt. Einen Beweiß davon giebt uns die gegenwärtige Figur. Denn es wird uns daselbst ein weisser strahlichter Bleyspath vorgezeiget, dergleichen auf dem Harze gebrochen wird. Aeusserlich ist nichts, als ein bloser Spath zu sehen, die Masse aber ist gegen den anderen Spath zu rechnen, viel schwerer, und giebt dadurch ein Metall, das darinnen in Menge verborgen lieget, zu erkennen.

Fig. 9. Man hält gegenwärtige **Bleykörner** vor gediegen, nur aber ist dabey anzumerken, daß sie schwerlich also wachsen, vielmehr sind sie vor geschmolzene Bleykörner, oder Tropfen zu halten, welche, woferne sie nicht gar durch Menschenhände in diesen Zustand versetzet worden, wenigstens eine gewisse Schmelzung durch unterirdische Feuer zum Grunde haben, wodurch das Bley aus seiner Mutter herausgetrieben worden, und sich in Körnern von dem Gestein abgesondert hat.

Fig. 10. Den Beschluß macht ein dunkelfärbiger und schwerer, jedoch durchsichtiger **Bleycrystall**, welcher säulenförmig, sechseckigt, und zugespitzet ist. An der Wurzel desselben zeigen sich etliche vieleckigte Bleyknospen, welche die natürliche Farbe des Bleyes haben, und mit glänzenden Flächen versehen sind.

TAB. E. IV.

Fig. 1. Wir kommen nunmehro zur Betrachtung der **Eisenstuffen**, und wollen ebenfals eine kurze Anweisung von derselben Arten geben. Man hat nehmlich lockere, eisenhaltige **Erden**, eisenhaltige **Steine**, und endlich würkliche **Stuffen**. Die Eisenerden sind entweder solche, da unter anderer reiner Erde, oder Sand, auch Eisentheilchen liegen, oder solche, wo das aufgelöste Eisen innerlich mit den Erdtheilchen verbunden ist. Es gehören vorzüglich dahin der Eisenocker von gelber oder rother Farbe; sodann der Eisenglimmer von röthlicher oder grauer Farbe, davon der erste Eisenram, und der andere Eisenmann heisset.

Unter den **Eisensteinen** giebt es weiche und feste. Die weichen sind der gemeine Röthel, der Smirgel, der weisse Eisenspath und die weisse sogenannte Eisenblüthe, von welchen die ersten unförmlich sind, der Spath aber blättericht und die Eisenblüthe ästig ist. Die harten Eisensteine sind, der weisse Eisenstein, das Cristallinische Eisen, die Eisendrusen, der gemeine, dunkelgraue, blaue, gelbe, oder rothe Eisenstein, der Braunstein, der schwärzlich-graue Magnetstein, der schwarzblaue Basalt, oder Buchbinderstein, die Ruhriemen, welche in dicken bläulichtbraunen, und zugleich ockerhaften, harten unförmlichen

---

encore de fait que quelques fois les métaux n'ont point de couleur du tout, & ne font que blanchâtres ou transparens. Ainsi l'on voit de l'argent corné transparent, & de même, quoique rarement, du Cuivre corné, de la Mine d'Etaim transparente, &c. L'on trouve pareillement du Plomb blanc, du Fer blanc, & ainsi d'autres métaux. Cela provient de la Solution des parties métalliques, ou insufisante, ou qui a été poussée au delà des bornes. Car les dégrez de cette Solution décident de la couleur, comme on en a l'exemple à l'Or pourpré, & à d'autres solutions de métaux. Quand la nature opère de cette façon, elle produit les mines en formes extraordinaires. C'est dequoi la présente figure fournit une preuve. Nous y voyons un *Spath de Plomb blanc à rayons* qu'on exploite dans les minières du *Harz*. Au dehors on n'aperçoit que du simple Spath, mais la Masse en est beaucoup plus pésante que d'autre Spath, ce qui indique que quelque métal s'y trouve renfermé en quantité.

Figure 9. Ce qu'on voit ici font des *grains* que quelques uns croient être du *Plomb vierge*. Nous ne sommes pas de ce sentiment, comme nous l'avons dit plus haut. Il est beaucoup plus vraisemblable que ces Gouttes ou ces Grains ont été fabriquez ainsi par main d'homme, ou que quelque feu souterrain les a produits en fondant quelque Masse de Plomb & la faisant sortir ainsi en grains de la pierrière, qui en étoit la matrice.

Figure 10. Nous faisons la Clôture de cette Planche par un *Cristal de Plomb* pésant, & de couleur obscure, transparent pourtant, formé en colonne hexagone, qui se termine en pointe. On remarque à la racine quelques boutens de plomb polygones, qui ont la couleur naturelle du plomb & des facettes brillantes.

PLANCHE E. IV.

Figure 1. Il est question sur cette Planche des *Mines de Fer*, des espèces desquelles il est juste de donner aussi une courte information préliminaire. On a d'abord des *Terreaux* laches, *qui tiennent du fer*, ensuite des *Pierres* qui *tiennent du Fer*, & enfin de *véritables mines de Fer*. Les *Terres ferrugineuses* font de deux fortes, sçavoir celles où des particules de fer se trouvent mêlées avec d'autre Terre pure, ou avec du sable, & celles où du Fer dissous est intérieurement lié avec les particules terreuses. Il faut mettre dans cette catégorie préférablement le *Sil*, ou l'*Ochre martial* jaune ou rouge; le *Mica ferrugineux* rougeâtre ou gris; dont on apelle le prémier le *Mica ferrugineux rouge* (*) & l'autre la *Mine de fer livide* (**).

Les *Pierres ferrugineuses* font ou *molles*, ou *compactes*. Les *molles* font: la *Rubrique*, ou l'*Ochre rouge*, l'*Emeril*, le *Spath ferrugineux blanc*, & la *Mine de fer blanche*, dont les prémières font informes, le *Spath feuilleté*, & la *Mine de fer blanche ramifiée*. Les *Pierres ferrugineuses compactes* font: les *Pierres ferrugineuses blanches*, le *Fer cristallisé*, la *fleur de fer*, la *Mine ferrugineuse glandulaire*, la *Pierre de fer commune gris-brune, bleuë, jaune, ou rouge*, la *Magnésie*, l'*Aimant d'un gris-noirâtre*, le *Basaltes* d'un bleu tirant sur le noir, les

Ii 2

Courroies

(*) En latin *Mica ferrea rubra*, en allemand *Eisenram*.
(**) En latin *Minera ferrea livida*, en allemand *Eisenmann*.

förmlichen und dicken Scherben und Trümmern bestehet, und der Morastsein, der in Sümpfen lieget, auswendig so muzig aussiehet, und inwendig eine blaue Farbe, wie angelaffener Stahl hat, dabey aber grobkörnicht und aus vielen Steinge-mischen zusammengesetzet, und mit den durch das Wasser aus-gelöseten Eisentheilchen innerlich tingiret ist. Alle diese Arten, davon die meisten arm sind, werden viel auf der Oberfläche des Erdreichs, oder wenigstens nicht tief unter der Erde gefunden, den Magnetstein ausgenommen, welcher auch in der Tiefe stecket.

Die übrigen ordentlichen Eisenstuffen werden etwas tiefer, jedoch auch nur mehrentheils aus Flötzgebürgen gebrochen. Ihre Hauptarten sind, das gediegene Eisen, welches aber äusserst selten gefunden wird, der Blutstein, das graue Eisen-erz, das blaue Erz, das figurirte Eisenerz, und die oben auf der Erde und im Sand oft gefundene Eisenbohnen. Wir müssen aber jede Art und derselben Unterarten noch etwas genauer beschreiben, soviel nemlich nöthig ist, um sie in Cabinetten nach dem blosen äusserlichen Ansehen etwas von einander zu unter-scheiden.

Der Blutstein ist ein rothes, bald fein, bald grobstrahl-lichtes und sehr reichhaltiges Eisenerz, dessen Strahlen aus ge-wissen inneren Puncten nach der Oberfläche ausgehen. Ist nun die Oberfläche kolbicht, oder kugelförmig, schwarz, glatt und glänzend, so heisset das Eisenerz ein Glaskopf. Macht aber eine obere Seite eine blaue, gleichsam polirte, und wie ein Spiegel glänzende Fläche aus, alsdann wird es ein Eisenspie-gel genennet, welcher durch keine menschliche Hand nachzu-ahmen ist. Denn schleift man diesen Glanz herunter, so ist man nicht im Stande denselben wieder anzubringen. Es giebt auch eben dergleichen Kupferspiegel, und wir halten diese Spie-gel vor metallische Dünste, die auf einmahl durch eine Kälte, gleich dem Glateise geronnen, und an der Fläche hangen ge-blieben sind. Wenn kein Spiegel und keine Strahlen vorhan-den, so ist es Rotherz.

Das graue Eisenerz, das am häufigsten gewonnen wird, und die Helfte Eisen im Centner hält, siehet inwendig des vielen Arseniks halber etwas weißlicht aus, und hat glänzende Puncten. Zuweilen sitzen in diesem Erze gewisse Nester, die ein anderes blätterichtes, oder faserichtes, oder knospichtes Erz ent-halten, das noch reicher, als der übrige Theil der Stuffe ist. Es gehören auch dahin das schwarze Erz und Eisen-Pecherz.

Das blaue Eisenerz hat allerhand Gewebe, ist inwen-dig stahlblau, und manchmahl regenbogenfärbig, ob es gleich auswendig nur eine braune Farbe hat. Man hat davon das schuppichte, würfelichte, oder auch derbe Stahlerz und das Braunerz.

Courroies de Vache, (*) qui consistent en pièces brisées in-formes dures & ochreuses de couleur bleuâtre tirant sur le brun, & la *Pierre ferrugineuse mineralisée dans du bmon,* qui paroit sale en dehors, & qui est au dedans de couleur bleuë semblable à celle de l'Acier damasquiné; celle-ci est à gros grains, composée de plusieurs mélanges pierreux, & teinte intérieurement par les particules de fer que l'eau a dissoutes. Toutes ces espèces, dont la plûpart tiennent peu de métal, se trouvent sur la surface de la terre, ou du moins peu avant sous la terre, excepté l'Aimant que l'on ne rencontre qu'en creusant profondément.

Les autres *mines ferrugineuses ordinaires* ne se trou-vent qu'en creusant fort avant, & l'on ne parvient à les exploiter que dans les Montagnes nouvelles (**). Leurs espèces principales sont: le *Fer vierge,* qui est d'une rareté extrème, l'*Hématite,* la *Mine de Fer grise,* la *Mine bleuë,* la *Mine de Fer figurée,* & la *Mine limoneuse en globules* (***) qu'on trouve fréquemment sur la terre, & dans le sable. Il faut pourtant dire quelque chose de plus détaillé de cha-que espèce, & de leurs sous-espèces, autant s'entend qu'il est nécessaire pour pouvoir les distinguer par leurs dehors dans les Cabinets.

La *Pierre hématite,* qu'on apelle aussi *Pierre Sanguine* est une Mine de Fer trés-riche rouge à rayons tantôt fins, & tantôt gros. Ces raions partent de certains points inté-rieurs allant de là à la superficie. Quand cette superficie est de figure massive, ou Sphérique, noire, unie & brillante, on donne à la Mine en Allemagne le nom de *Glaskopf.* Mais quand cette surface est bleuë, comme polie, & resplendis-sante comme un miroir, on l'apelle la *Mine de fer spéculaire,* dont aucun Art n'est capable d'imiter le Lustre. Car quand on émoule ce brillant, il n'est plus possible de le rétablir. On a de pareilles Mines de cuivre spéculaires, & nous som-mes du sentiment que cette superficie resplendissante pro-vient de vapeurs métalliques qu'un froid subit a coagulées tout d'un coup sur la Mine à l'instar du Verglas, & qui y sont demeurées attachées dans cet état. Quand il n'y a ni miroir, ni raions, c'est simplement de la *Mine de fer rouge.*

La *Mine de Fer grise,* qu'on exploite en plus grande abondance, & qui rend cinquante Livres par Quintal est un peu blanchâtre au dedans, & a des points étincelans, ce qui provient de la quantité d'Arsenic qui s'y trouve. On rencontre quelques fois dans cette mine de certains nids d'une autre Mine, qui est feuilletée ou filamenteuse, ou nouëuse, & encore plus riche que celle dans laquelle elle est renfermée. Il faut mettre dans ce rang la *Mine noire* & la *Mine resineuse de fer.*

La *Mine de Fer bleuë* est tissuë de toutes sortes de façons. L'intérieur en est bleu d'Acier, & l'on y observe aussi quelques fois les couleurs de l'Arc-en-Ciel, quoi qu'elle ne soit que brune au dehors. On a de cette espèce la *Mine à écailles,* celle à *cubes,* ou la *Mine d'Acier com-pacte,* ou *solide* de même que la *brune,* ou la *Magnésie.*

Les

(*) En allemand *Kuhriemen.*
(**) *Flötz-geburge.* Voyez cy-dessus pag. 104. note (*) la remar-que sur ce terme.
(***) En allemand *Eisenbohnen,* en latin *Minera ferri subaquosa globosa.*

Figurirte

Figurirte Eisenerze sind jede Eisenerze, die einen ganz besonderen Wuchs an der Oberfläche haben, ob sie gleich zuweilen, (der inneren Vererzung nach,) zu den vorigen Arten gerechnet werden könnten. So giebt es zapfigte, oder Stalacktitische Auswüchse, welche Bärentazen heissen; körnichte, welche Erbsensteine genennet werden; krausichte, die man ebenfals Drusen nennet, (jedoch von den steinigten Eisendrusen zu unterscheiden sind) röhrenförmige, welche Orgelpfeiffen heissen. Sodann hat man auch faserichte, haarichte, Blätter- und netzförmige und gleichsam wollichte Oberflächen, davon etliche nur eine berauchte Schwärze, oder Aschgraue Farbe, andere einen funkelnden Glanz zeigen, manchmal aber wegen vielerley dazu gekommenen metallischen Dünsten mit bunten Farben prangen.

Es ist noch das Bohnenerz übrig. Dasselbe ist ein Eisen, das in ein nicht sehr hartes Gestein vererzet ist. Es bestehet blos in Körnern, Erbsen, oder Bohnen, welche von Caffebrauner Farbe, und dabey reichhaltig sind. Vor nicht langer Zeit hat man sie auch in Africa am Vorgebürge der guten Hofnung im Sand gefunden, da sie sonst schon lange in Hessen und Böhmen bekannt gewesen. Manche sehen den Bohnen so ähnlich, daß man sie würcklich davor halten würde, zumahl sie auch an einer Seite eine Knospe sitzend haben, welche dem Keim, womit die Bohnen in der Hülse angewachsen sind, nicht unähnlich siehet. Unter diese Classe könnte man in den Cabinetten der äusserlichen Aehnlichkeit halber auch rechnen, die Eisenkugeln, Eisennieren, Eisengranaten und Eisenbrode, welche Benennungen sich selbst erklären, da sie von der Aehnlichkeit hergenommen sind.

Jedoch es wird nun Zeit, daß wir zu den Figuren selber schreiten, da denn diese erste Figur uns eine vortreffliche dickästig gewachsene weisse Eisenblüthe zeiget. Wir nennen sie dickästig, denn es giebt auch dünnästige, zart in einander geschlängelte, auch wohl umgekrauste Eisenblüthen, sodann weiss zum Unterschied anderer, die eine graue, oder eine schwefelgelbe, oder auch schwarze Farbe haben. Mit Recht mögen wir auch dieses Stück vor ein vortreffliches Stück halten, denn es giebt überhaupt nicht viele dergleichen, und wann man sie auch hat, so sind sie mehrentheils nicht so groß, oder nicht so gut verwahret, daß fast alle Aestgen, wie an dieser, ganz geblieben wären. Man hat aber übrigens diese sogenannte Blüthen vor metallische Excrescenzen zu halten, die sich in Eisenbergwerken finden, und würcklich auch Eisenhaltig sind. Auswendig schlingen sich die Aeste wunderbar durcheinander und verliedern sich mit einander, und die feinen Theilchen glänzen in der Sonne, wie gebrochener feiner Canarienzucker. Inwendig bey dem Anbruch erblicket man allezeit eine Menge glänzender Strahlen, die aus dem Mittelpunct nach dem Umkreiß zu lauffen. Die Mutter, oder das Gestein, worauf die Eisenblüthe sitzet, ist ein schwarzgrauer Eisenstein, mit einem Saalbande. In Steyermark werden viele Arten angetroffen, und da die Eisenbergwerke daselbst mit einem Kalchstein überdecket sind, so kan man diese sogenannte Eisenblüthen mit Recht vor Kalchartige Tropfsteine halten, die mit vielen Eisentheilchen geschwängert sind.

Fig. 2. Der Blutstein, davon wir in dieser Figur ein schönes Stück vor uns sehen, ist, wie oben gemeldet, entweder grob- oder feinstrahlicht: aber es giebt auch Abweichungen in

Ansehung

Les *Mines de Fer figurées* sont toutes celles dont la superficie représente quelque figure particulière, quoiqu'en examinant leur Minéralisation intérieure on pût les mettre au rang des espèces précédentes. Ainsi l'on en trouve, qui sont formées en glaçons de goutière, ou en Stalactites, qu'on apelle *Pattes d'Ours*, de grainées, qu'on apelle *Pierres en forme de pois*, de frisées qu'on apelle aussi *glandes*, mais qu'on doit cependant distinguer des *Glandes de fer* pierreuses; des Pierres à tuyau, qu'on apelle *Flutes d'Orgue*: enfin on a encore des Mines filamenteuses, à poils, à feuilles, à rêts, & quelques fois en superficies laineuses, dont quelques unes sont de Couleur cendrée couverte d'un Noir fuligineux clair, & d'autres ont un Lustre étincelant, & sont décorées avec cela de couleurs variées, que des vapeurs métalliques survenuës produisent.

On a encore la Mine ferrugineuse des Fèves. C'est un Fer qui se trouve mineralisé dans une Pierre peu dure. Il ne consiste qu'en grains, pois, ou fèves d'un brun de Caffé. Cette espèce de Mine est riche. Il n'y a pas fort long-tems qu'on en a trouvé en *Afrique* dans le Sable près du *Cap de bonne espérance*, mais elle étoit déjà conuë depuis longtems en *Hesse* & en *Bohème*. Ces grains ressemblent quelquefois si parfaitement à des *fèves*, qu'à la vûë on s'y tromperoit, d'autant plus qu'ils ont au côté un petit bouton tout pareil à ce germe par lequel la fève est attachée à son écosse. Vû la figure extèrieure on pourroit à cause de la ressemblance ranger à cette Classe dans les Cabinets les *Globules de fer*, les *Rognons de fer*, les *Grenats de fer*, les *Pains de fer*, dénominations, qui s'expliquent d'elles mêmes par les figures.

Mais il est tems d'en venir à nos figures. La *prémiére* qui se présente ici est une *Mine de fer blanche fleurie à rameaux épais* d'une beauté incomparable. Nous avons dit à *rameaux épais*, pour distinguer cette espèce d'une autre, dont les *rameaux* sont *minces*, deliez, & finement entrelacez les uns dans les autres, soit en ligne serpentine soit par des frisures. Et nous l'apellons *blanche* pour qu'on ne la confonde pas avec d'autres, dont la couleur est cendrée, ou jaune de soufre, ou quelques fois noire. Cette glèbe mérite l'épithète d'incomparable, partcequ'en prémier lieu on n'en trouve guère de pareilles, & qu'en second lieu ou elles ne sont pas de cette grandeur, ou les rameaux sont moins bien conservez qu'à celle-ci, à laquelle ils sont presque tous entiers. Ces Fleurs ainsi nommées sont des Excrescences métalliques, qu'on trouve dans des Minières de Fer, & qui tiennent effectivement du fer. Au dehors les rameaux sont merveilleusement entremelez & entrelacez. Les parties les plus fines de la Glèbe brillent au Soleil comme des morceaux brisez de Sucre fin de Canarie. En en rompant un morceau on aperçoit toûjours au dedans une quantité de rayons brillans, qui vont du centre à la périphéric. La Matrice ou la Pierrière, sur laquelle on rencontre cette Mine blanche à fleurs, est une Pierre ferrugineuse d'un gris noirâtre avec un Ourlet de séparation. On en trouve plusieurs espèces dans la Stirie, & comme dans ce pais-là les Minières de Fer sont couvertes de Pierre calcaire, on pourroit avec raison donner à ces prétendues Fleurs de fer le nom de Stalactite calcaire imprégnée de quantité de particules de fer.

Figure 2. L'*Hématite*, que cette Figure dépeint est une belle pièce. On en trouve comme nous l'avons dit plus haut à gros raïons, & à raïons fins. Mais cette Pierre varie

aussi

Anfehung der Farbe, denn einige find Zinnoberroth, andere Schwarzroth, oder Blutroth, noch andere Purpurfärbig. Der gegenwärtige ift der feinftrahlichte, fchwarzrothe und reichhaltigfte Blutftein, der über 80. ℔. Eifen im Centner hält, und in der Medicin als ein anhaltend Mittel gebraucht wird.

Fig. 3. Ferner zeiget fich allhier ein **buntfärbiges, grün angelauffenes**, und mit einem Ockerbefchlage überzogenes **graues Eifenerz**. Es ift diefes Erz ziemlich gemein. Doch die bunten Farben daran find nicht fehr häufig. Der Gehalt ift anfehnlich.

Fig. 4. Eben fo reich ift auch diefes **derbe Braunerz**, welches faft allenthalben einen dicken Ockerbefchlag hat. Es ift inwendig ftahlfärbig, oder blaulicht, und ftammet aus einem Schwedifchen Bergwerk her.

Fig. 5. Ein feltenes Gewächfe ift das **körnige Erz**. Denn es beftehet gleich dem Erbfenftein in einer Maffe von runden Körnern, die wie kleiner Schrot ausfehen, dichte aneinander liegen, an Eifen reichhaltig, und zuweilen mit bunten Farben Striemen weiffe durchzogen find. Die äuffere Rinde diefer unförmlichen Maffe ift glatt, und einem braunen und feften Eifenftein fehr ähnlich.

Fig. 6. Das **fpathige Eifenerz** richtet fich nach der natürlichen Befchaffenheit der Spathe, wie wir in diefer Figur erfehen. Es ift nemlich zum Theil breitftrahlicht, zum Theil blättericht, zum Theil würfelicht, und wir finden diefe Gefchiebe faft in einer Maffe. Einige Spitzen find faft halbdurchfichtig, und buntfärbig.

Fig. 7. Es gehöret diefes Stück zum Theil mit unter das **Bohnenerz**, indem fich hier eine Menge groffer Eifenhaltiger Erbfen in einer etwas lockeren Steinart, als in ihrer Matrice befinden. Es ift faft nichts anders zu glauben, als daß fich die metallifchen Dünfte allhier in den Zwifchenräumchen in Tropfen fammten, und alfo erhärten. Die Maffe ift übrigens mit Ocker durchzogen, und hält lange foviel Eifen nicht, als die Erbfen felbft. Zum Theil aber könnte man auch diefes Stück zu derjenigen Art rechnen, die wir in der fig. 5. vor uns fehen, wenigftens fcheinen die Körner mit jenen einerley Entftehungsart zu haben.

Fig. 8. Noch ein **fpathförmiges Eifenerz** zeiget fich in diefer Figue, welches fich von dem unter Nummer 6. befindlichen Eifenfpath darinnen unterfcheidet, daß es erftlich breitftrahlicht, fodann oben mit einer kraufigten Rinde verfehen, und übrigens von braungelber Farbe ift.

Fig. 9. Die gegenwärtige **rothe Eifenkugel** ift inwendig grau und blaulicht, und hat einige Aehnlichkeit mit den Eifen-Nieren. Sie find oft fo hart, daß man fie kaum mit einen Hammer von einander bringen kan, hingegen nicht allezeit gleich rund, fondern höckericht und fchief. Gleichwie fie nicht häufig gefunden werden, fo kan man fie auch wegen ihres wenigen Gehaltes nicht auf Eifen nutzen. Es giebt aber gewiffe drufigte Kugeln, dergleichen in der Gegend von Turnau gefunden werden, deren Gehalt ergiebiger ift. Solche find braun, von dem Mittelpunct aus ftrahlicht, und der Umfang wird aus lauter würfelichten Spitzen zufammen gefetzet, die nach dem Mittelpunct zu fpitzig auslauffen, und fich leichte von einander abfondern, fo daß, wenn man mit einem Hammer auf folche Kugeln fchläget, fie in Traubenkörnern ähnlichen Trümmern mit einer langen Spitze,

auffi rélativement à la couleur. On en a d'un rouge de Cinnabre, d'autres d'un rouge tirant fur le noir, ou couleur de fang, & d'autres encore couleur de Pourpre. Celle-ci eft la *Pierre hématite riche à raïons fins d'un rouge tirant fur noir*, qui rend 80. ℔. par Quintal, & dont on fe fert dans la Médecine comme d'un Aftringent.

Figure 3. On voit dans cette figure une *Glèbe de fer grife, bariolée, avec une teinture de verd & couverte d'une Envelope d'Ochre*. Cette Mine eft affez commune, mais les couleurs variées qu'on aperçoit à la préfente Glèbe le font moins. Elle tient beaucoup de métal.

Figure 4. La *Magnéfie folide* qui fe préfente ici eft tout auffi riche, & couverte prefque par tout d'un Ochre épais. Elle eft au dedans couleur d'acier ou bleuâtre, & provient d'une Minière de *Suède*.

Figure 5. Cette figure repréfente une *Mine grainée*, qui eft une production rare de la Nature. Elle eft compofée d'une Maffe de grains ronds, femblable à la Pierre aux pois, qui fe préfentent en dragée ferrée, tenant beaucoup de Métal, & étant marquez quelquefois de couleurs variées en rayes, ou ftries. L'Ecorce extérieure de ces Maffes informes eft unie, & fort femblable à une Pierre ferrugineufe, brune, & compacte.

Figure 6. La *Mine de fer Spathique* fe règle fur les qualitez naturelles du Spath, fur lequel elle fe trouve, comme on le voit à la préfente glèbe, dont une partie eft marquée de raïons larges, une autre eft feuilletée, une autre à cubes & nous trouvons prefque toutes ces formes dans une même Maffe. Quelques pointes font prefque tranfparentes & bariolées.

Figure 7. Cette pièce parpît apartenir en partie à l'efpèce des *Mines aux feves*, car on y trouve une quantité de grands pois, qui tiennent du fer, mineralifez dans une efpèce de Pierre peu dure, comme dans une matrice. Il y a très-grande aparence que les Vapeurs métalliques fe raffemblent ici en forme de gouttes, & s'y durciffent. La Maffe en eft imbibée d'Ochre, & tient beaucoup moins de fer que les pois-même. Mais on pourroit auffi ranger cette glèbe à l'efpèce dont nous avons parlé *figure* 5., du moins les grains de celle-ci paroiffent-ils avoir la même origine que ceux de celle-là.

Figure 8. Voici encore une *Mine de fer Spathique*, qui diffère du Spath ferrugineux que nous avons décrit à la *Figure* 6. en ce que les raïons font larges, & qu'elle eft couverte en haut d'une écorce frifée en angles, au refte de couleur brune tirant fur le jaune.

Figure 9. Le *Globe ferrugineux rouge* repréfenté ici eft intérieurement gris & bleuâtre, reffemblant un peu aux Rognons de fer; ces globes font quelques fois d'une telle dureté, qu'à peine les peut-on brifer à coups de marteau. Leur rondeur n'eft pas toûjours égale, car ils font quelques fois raboteux, & obliques. Comme on ne les trouve pas en quantité, & qu'ils tiennent peu de métal, ils font de peu de raport. Mais il y a de ces Globes glanduleux, & on en trouve en particulier dans la contrée de *Thurnau*, qui tiennent davantage de Métal. Ceux-ci font bruns, raïonnez depuis le centre, & la périphèrie en eft toute compofée de pointes cubiques, qui s'étendent en pointes vers le centre & fe féparent aifément de leur Maffe. Car d'un coup de marteau qu'on donne fur le globe ces pointes tombent

Spize, die nach dem Mittelpunct der Kugel gieng, und mit einer kurzen, die nach auffen zu gekehret stund, zerfallen.

en forme de grains de raisin, avec la pointe qui étoit tournée du côté du centre du Globe & une autre oposée & plus courte, tournée vers le dehors.

TAB. E. V.

PLANCHE E. V.

Fig. 1. Bißher haben wir die ganzen Metalle, und zwar erst die vollkommene, oder Feuerbeständige, als Gold und Silber, sodann auch die unvollkommene, als Kupfer, Zinn, Bley und Eisen betrachtet. Es ist also noch übrig, etwas von den Halbmetallen zu reden, und dazu ist diese Kupfertafel gewidmet. Wir treffen aber nur zwey Arten auf derselben an, als Quecksilber und Spießglaß, von welchen wir gewiß sind, daß die Figuren dergleichen Stuffen vorstellen sollen. Es sind aber noch drey andere Massen unter Nummer 9. 10. und 11. auf dieser Tafel befindlich, davon wir in Ermanglung der Originale nichts gewisses bestimmen können; dahero wir von solchen nur muthmaßlich etwas erwähnen, zuförderst aber jene Halbmetalle beschreiben wollen.

Was nun das Quecksilber überhaupt betrift, so ist dieses ein sonderbares vollkommen flüßiges und dabey schweres Metall, welches gediegen, oder vielmehr rein, und denn auch ververzt angetroffen wird. Das reine Quecksilber kommt in zweyerley Gestalten vor, erstlich als eine in Höhlen zusammen geloffene flüßige Masse, die mit nichts untermenget ist, und also geschöpft und genutzet werden kan, und dieses wird Jungfern Quecksilber genennet; sodann als glänzende Silberpuncte, welche in einer Bergart stecken, und wie Mohnsaamen darinnen zerstreuet liegen. Diese glänzenden Puncte sind ebenfals reines Quecksilber, welches durch die feinsten Poros des Gesteins durchdringet, und annoch in abgesonderte Tröpfgen, die oft so klein wie der feinste Sand sind, darinne hangen bleibet. In diesem Fall nennet man es wohl gediegen Quecksilber, wiewohl es das nemliche Jungfern Quecksilber in einer zerstreueten Gestalt ist.

Vererztes Quecksilber aber wird nur auf eine Art gefunden, die Vererzung geschiehet nemlich mit Schwefel; und in diesem Fall bekommt es einen ganz andern Namen, und heisset Zinnobererz. Diese Erze sind mehrentheils roth, doch ist die Farbe bey einigen mehr, als bey andern erhöhet, und dieser Unterscheid entstehet nur von dem Verhältniß des Schwefels gegen dem Quecksilber, denn je mehr Schwefel vorhanden ist, desto dunkler wird die Farbe, so daß sie zulezt ins braune, ja wohl gar in das schwärzlichte übergehet. Jedoch giebt es auch Quecksilberhaltige graue Erden, dergleichen in Lothringen gefunden werden, die sich durch ihre Schwere erkennen lassen.

Nach dieser kurzen Nachricht wird nun ein jeder gleich schliessen können, daß das in dieser ersten Figur in einer Dose abgebildete flüßige und silberglänzende Wesen, nichts anders, als das zusammengeflossene Jungfern-Quecksilber vorstellen soll, dergleichen die ungarischen Quecksilbergruben öfters in ziemlicher Menge zu geben pflegen.

Fig. 2. Gleich darauf folget eine Zinnoberstuffe aus Ungarn, welche in nichts anders, als in einem mit Schwefel vererzten Quecksilber bestehet, wie wir schon gleich vorher erinnert haben. Je grösser also die Menge des Schwefels ist, je mehr ist dieses Erz auf Zinnober zu nutzen. Sind aber mehrere Quecksilbertheile, dergleichen sich oft auf sechs bis sieben Achtel belauffen, vorhanden, so wird vorzüglich auf Quecksilber gearbeitet.

Figure 1. Nous avons parlé jusques ici des. *Métaux entiers*, c'est-à-dire des *Métaux parfaits*, ou qui résistent au feu, tels que l'*Or* & l'*Argent*, & des *imparfaits*, qui sont le *Cuivre*, l'*Etain*, le *Plomb*, & le *Fer*. Voyons à présent ce que c'est que les *Demi-Métaux*. C'est à quoi la présente Planche est destinée. Nous n'y en trouverons cependant que *deux Espèces*, à sçavoir le *Mercure* & l'*Antimoine*, desquelles nous sommes certains que les figures de la Planche représentent des Glèbes. Quant aux trois Masses, qu'on y voit sous les Numero 9. 10. & 11., nous ne pouvons pas en parler avec la même certitude, parceque nous n'en possédons pas les Originaux. Nous ne pouvons donc à cet égard hazarder que nos conjectures. Mais commençons par décrire les demi-Métaux, où nos Conoissances sont sûres.

A l'égard du *Mercure* on en peut dire en général que c'est un Métal particulier, parfaitement fluide, & trés pésant. Il est ou *Vierge*, ou pour mieux dire *pur*, ou *minéralisé*. Le *Mercure*, ou l'*Argent vif pur* se présente sous deux sortes de formes. L'une est une Masse fluide sans aucun mélange, qui se rassemble dans des cavitez d'où on peut la puiser pour en faire usage, & c'est ce qu'on nomme le *Mercure Vierge*; ensuite on le trouve aussi en points brillans comme de l'argent attachez à quelque Mine, où ils sont dispersez comme de la graine de pavot. Ces points brillans sont aussi du *Mercure pur*, qui perce à travers les pores les plus fins de la pierre, & laisse derrière lui des particules aussi petites que le Sable le plus fin. En ce cas on l'apelle aussi du *Mercure en masse*, quoique ce soit proprement le même *Mercure vierge* dispersé.

Le *Mercure minéralisé* ne se trouve que d'une seule façon, c'est quand il est minéralisé avec du soufre, & alors on lui donne un tout autre nom, car en ce cas on l'apelle *Mine de Cinnabre*. Ordinairement ces Mines sont rouges, mais la couleur en est plus ou moins exhaussée, selon la quantité de soufre qui y est entrée; car plus il y a de soufre plus la couleur est foncée, jusques à en devenir enfin brune, & même noirâtre. Cependant on trouve encore des *Terres grises*, comme par exemple en *Lorraine*, qui tiennent du *Mercure*, & qu'on peut reconoitre à leur pesanteur.

Après cette courte information préliminaire il n'y aura personne qui ne juge que cette substance fluide d'un brillant argentin que nôtre figure prémière représente ici dans une boëte est du *Mercure Vierge*, qui s'est rassemblé, ainsi que nous l'avons dit. On le trouve dans les Mines de *Hongrie*, qui en rendent souvent une assez grande quantité.

Figure 2. Ce qui suit immédiatement est une *Glèbe de Cinnabre de Hongrie*, qui n'est véritablement que du Mercure minéralisé avec le soufre, comme nous venons de le dire. Plus le Soufre prédomine, plus on tire du Cinnabre de la Mine. Mais quand c'est la quantité du Mercure qui prédomine, ce qui va souvent à six ou à sept huitièmes sur le Total, alors l'on travaille préférablement à en retirer le Mercure.

Fig. 3. In dieser Figur zeiget sich vererztes und auch gediegenes Queckſilber zugleich in einer Maſſe. Es beſtehet nemlich der gröſſere Theil der Maſſe in einem Zinnobererz, zwiſchen welchem ſich das Jungfern = Queckſilber hin und wieder in Ritzen ergoſſen hat.

Fig. 4. Ein ſehr reichhaltiges Zinnobererz, welches nemlich mehr auf Zinnober genutzet werden kan, und deſſen Beſtandtheile mehr Schwefel ſind, wird uns in dieſer Figur vorgeſtellet, und damit haben wir auch die fürnehmſten Arten geſehen, zumahl ſich hin und wieder an dieſer Stuffe auch ſogar das reine Zinnober, oder Bergzinnober zeiget. Die übrigen Arten der Queckſilber und Zinnober Stuffen die hin und wieder in Cabinetten vorgezeiget werden, ſind keine weſentlich unterſchiedene Stücke, ſondern nur zufällige Veränderungen, wenn ſich nemlich das Queckſilber, oder Zinnober in Quarz, Hornſtein, oder irgend einer anderen Bergart eingeſprenget hat, oder wenn demſelben Eiſen, oder Kupfer iſt beygemiſchet worden.

Fig. 5. Von dem Queckſilber kommen wir zu einem andern Halbmetalle, nemlich dem Spiesglaß, und es iſt billig, daß wir auch hier vorher eine ſehr kurze Erläuterung geben. Das Spiesglaß oder Antimonium iſt ein ſtahlfärbiges, glänzendes und mehrentheils ſtrahlicht, (oder auch ſpieſicht gewachſenes Erz, welches in einer Vererzung von Schwefel und einem glaßartigen Weſen beſtehet, ſo daß man es im eigentlichen Verſtande nicht gediegen nennen kan. Es finden ſich folgende Arten: Strahlichtes Spiesglaßerz, und dichtes Erz. Das ſtrahlichte hat folgende Unterarten: Grobſtrahlichtes, oder Grobſpeiſigtes, ſodann zartſtrahlichtes, oder feinſpeiſigtes, (welche beyde eine Bleyfarbe haben,) und rothes ſtrahlichtes Erz, wie auch Spiesglasblüthe. Das dichte Spiesglaßerz iſt zartkörnicht, oder breitblättericht, in beyden Fällen aber derb, dichte, Bleyfärbig und mit einem Glanz verſehen; man muß es aber nicht mit demjenigen ausgeſeichten Spiesglaß, welches antimonium crudum genennet, und alſo in der Handlung gebraucht wird, verwechſeln.

Dieſem zufolge zeiget ſich in dieſer fünften Figur eine kleine grobſpeiſigte, oder grobſtrahlichte Spiesglaß-Stuffe, deſſen Strahlen aus lauter dicken und gleichſam aneinander getätteten Nadeln beſtehen. Dieſe Nadeln haben nicht allezeit einerley Richtung, ſondern liegen bald ſchief, bald quer durch einander, zuweilen ſammlen ſich auch alle Spitzen in einem Mittelpunct, und nicht ſelten findet man dieſe Maſſen mit einer ſtahlblauen, oder bunten Regenbogenartigen Farbe angeflogen, ſo vermuthlich vom Vitriol herrühret, und überaus niedlich anzuſehen iſt. Zwiſchen dieſen Spieſſen oder Nadeln trift man leere Höhlung an, die einen unvergleichlichen und gleichſam glatt polirten Glanz haben.

Fig. 6. Gegenwärtige Stuffe iſt eine ganze Maſſe von dicht aneinander liegenden grobſpeiſigten Strahlen mit einem ockerhaften Beſchlag, doch ohne Gebürge, und findet ſich dergleichen oft in groſſen Klumpen, wenn aber Gebürge vorhanden, ſo ſtecken die Spieſſe etwas einzeln auf eine ganz wunderbare Art in allerhand Lagen quer durch das Geſtein, und machen hin und wieder zierliche Neſter in denſelben. Die Nadeln ſind Bleyfärbig, und glänzen wie Silber.

Fig. 7. Unter dem ſtrahlichten Erz ſtehet auch noch die Spiesglasblüthe, und beſtehet ſelbige, wie wir an dieſer Figur erſehen, in nichts anders, als in ungemein feinen, und zartſtrahlichten, auch manchmahl wollichten Auswüchſen vom Spiesglaß, welche insgemein rothfärbig, oder auch blau und zuweilen bunt ſind, und ſich oben auf dem Geſtein öfters wie Sterne bilden, dergleichen ſich hier an der Zahl drey auf einem derben

Figure 3. La préſente figure dépeint une *Glèbe*, qui renferme dans une même Maſſe du *Mercure mineraliſé* & du *Mercure Vierge*. C'eſt à dire que la plus grande partie de la Glèbe eſt une Mine de Cinnabre, dans les fiſſures de laquelle du Mercure Vierge a coulé çà & là.

Figure 4. Ceci eſt une *Mine de Cinnabre très-riche*, c'eſt à dire qui rend le plus en Cinnabre, & dans la Compoſition de laquelle il entre le plus de ſoufre. Au moien de cette Glèbe le Lecteur aura vû les principales eſpèces de ce Demi-Metal, puis qu'on y voit même du *Cinnabre* tout pur ou *natif*. Les autres eſpèces de Mercure ou Mines de Cinnabre, qu'on montre dans les Cabinets, ne diffèrent eſſenciellement en rien de celles dont nous avons ſait mention. Si on y remarque quelques variations, elles ne ſont qu'accidentelles, comme par exemple quand le Mercure ou le Cinnabre s'eſt attaché à du Quarz, à une Pierre cornée, ou à quelque autre ſorte de Pierre minerale, ou quand il s'y trouve quelque mélange de ſer ou de cuivre.

Figure. 5. Nous paſſons donc à un autre *Demi-Métal*, qui eſt l'*Antimoine*, duquel il eſt juſte de donner auſſi une courte information préliminaire. L'*Antimoine* eſt un Mineral de couleur d'acier, brillant, formé ordinairement à raions ou en pointes, qui conſiſte en une Mineraliſation de Souſre & d'une ſubſtance vitreuſe, de ſorte que dans le ſens propre on ne peut jamais lui donner l'épitète de Vierge. On en a les eſpèces ſuivantes: La *Mine d'Antimoine à raions*, & la *Mine d'Antimoine ſolide*. Les Sous-eſpèces de l'*Antimoine à rayons* ſont: l'*Antimoine à gros raions ou à groſſes ſtries, à raions fins ou à ſtries déliées*, (leſquelles deux ſortes ſont couleur de plomb), la *Mine rouge à raions*, & la *fleur d'Antimoine*. La *Mine d'Antimoine ſolide* eſt ou à *grains fins, ou à écailles larges*. Dans les deux cas elle eſt denſe, compacte, couleur de plomb, & luſtrée. Il faut prendre garde à ne pas confondre cette Mine avec l'Antimoine criblé, & qu'on apelle *Antimonium crudum*, qui ſe trouve chez les Droguiſtes.

Enſuite de cette inſtruction préliminaire on voit que cette cinquième figure dépeint une petite *Mine à groſſes ſtries*, ou *à gros raions*, qui ne conſiſtent qu'en des eſpèces d'aiguilles épaiſſes, attachées l'une à l'autre comme par un Maſtic. Ces aiguilles ne ſe trouvent point rangées du même biais, mais elles ſont poſées l'une ſur l'autre, tantôt en ligne oblique, tantôt en ligne tranſverſale, & quelquefois elles ſe réüniſſent toutes dans un même point. Il n'eſt pas rare de rencontrer ſur ces Maſſes un Bleu d'acier, ou paroiſſent les couleurs variées de l'Ar-en-ciel en forme de vapeur métallique ſuperficielle, ce qui probablement provient du Vitriol, & produit un très-bel effet a la vûe. Entre ces aiguilles il y a des cavitez vuides où l'on obſerve un luſtre incomparable, qui ſemble avoir été poli exprès.

Figure. 6. Cette figure repréſente une Maſſe entière de ces gros raions, ou de ces aiguillons epais, couverte d'une Terre ochreuſe, mais ſans mélange de minière, qu'on trouve ſouvent en gros monceaux: mais au cas qu'il y ait de la minière, alors les aiguilles ſe trouvent diſperſées par pièces çà & là dans la pierre en toutes ſortes de poſitions ſingulières, & y forment des nids mignons. Elles ſont couleur de plomb, & brillent comme de l'argent.

Figure 7. Nous comptons auſſi les *fleurs d'Antimoine* parmi les Mines à raions. Cés fleurs ne ſont autre choſe que des Excreſcences d'Antimoine extrêmement fines, à rayons minces, qui ſont quelques fois laineuſes. Leur couleur eſt ordinairement rouge, ou bleuë, ou bariolée. Elles ſe préſentent ſouvent ſur la Glèbe en forme d'étoile, comme on en voit ici trois, ſur une Mine d'Antimoine ſolide
attachée

derben Spießglaßerz mit quarzigten Gebürge zeigen. Sehr oft ist diesen Stuffen auch etwas Gold beygemischet.

Fig. 8. Endlich stellet noch diese Figur ein **rothes Spießglaßerz** dar, welches nur in der Farbe von dem vorigen abgehet; denn es ist eben so, wie die ersten Arten, strahlicht, jedoch sind die Strahlen feiner und dichter, und glänzen in niedlichen Strichen. Die rothe Farbe mag wohl mehrentheils von dem vielen Eisen, das damit vergesellschaftet ist, herrühren, gleichwie denn auch diese Art der Spießglaßerze, nach Art der Eisenerze und besonders der Blutsteine, zuweilen einen Spiegel haben, auch öfters sich in vielerley Gestalten und Figuren zeigen, und mit einer helleren oder dunklern Röthe gefärbet sind.

Fig. 9. 10. und 11. Diese drey Stücke sind uns in Ermangelung der Originale, oder wegen ihres zweydeutigen Ansehens, unbekannte Stuffen. Sollen wir etwas vermuthen, so sind es vielleicht dreyerley **Cobaldhaltige Erze**, und in dieser Hypothese wollen wir nur überhaupt etwas weniges von den Cobalderzen sagen. Man verstehet nemlich ein gewisses Minerale darunter, welches ein metallisches Ansehen hat, und beym schmelzen ein blaues Glas giebt. Aeusserlich ist es schwer, oder wohl gar nicht zu kennen, sondern bey der Probe muß erst erhellen, von welcher Gattung es sey. Denn man findet weisse, graue, braune, grüne, schwarze, gelbe, bleyfärbige, auch bunte Cobalderze. Sie halten zuweilen Eisen, Kupfer, oder Silber, sind häufig mit Arsenic vermenget, werden im Spath, Hornstein und in anderen Stein, wie auch Erdarten gefunden, haben allerhand Gestalten, und sind knospicht, drusicht, quarzig, crystallinisch, schiefericht, blätterich, brechen in derben Stücken, in Schichten, und auch in einem mulmichten und verwitterten Wesen, bestehen auch oft nur in Beschläge, zuweilen kan man sie gar nicht vom Wismuth, Weißguldenerz, oder Mißpickel unterscheiden, dahero ihre Bestimmung schwer fällt.

Wir wollen aber dem hochgeschätzten Leser in Ansehung der in der fig. 9. abgebildeten Stuffe diejenige hochgeneigte Nachricht nicht vorenthalten, welche uns von dem Herrn Besitzer des Originals, dem Herrn Pfarrer Daniel Sprünglin in Stettlen bey Bern, auf geschehenes Ansuchen der Verleger (nachdem wir schon unsere Gedanken davon oben beyläufig geäussert haben) zu Handen gekommen. Sie gehet nehmlich dahin: „Daß das „ Original zuverläßig eine Wißmuthstuffe sey, daran der Wiß- „ muth durch ein gelindes Feuer in Tropfen zusammen geflossen ist, „ welcher in der Figur durch gelbweisse, glänzende, tropfenförmige „ Stellen sehr gut vorgestellet wäre, mithin sey diese Stuffe nicht „ also natürlich gewachsen, sondern habe ein gelindes Feuer aus- „ gestanden."

Aus dieser Nachricht erhellet also, daß wenigstens der Wißmuth einen grossen Theil der Stuffe ausmache. Da wir aber oben schon erinnert, daß man manche Cobalderze dem äusserlichen Ansehen nach nicht vom Wißmuth unterscheiden kan, (denn es giebt Wißmuth ohne Cobald, und denn auch Cobaldstuffen, die dem Wißmuth ähnlich sehen, ohne daß sonderlich vieler Wiß- muth darinnen enthalten wäre, ja sogar die ohne allen Wißmuth, und ganz rein sind,) so ist nur die Feuerprobe am besten im Stande, zu entscheiden, ob dergleichen Stuffen Cobald halten, oder nicht. Denn woferne Cobald darinnen ist, so muß dergleichen Erz mit Borax geschmelzet, die Cobaldischen Theile durch ein blaues Glas verrathen.

---

attachée à une Miniere de Quarz. Très-souvent il s'y rencontre un petit mélange d'Or.

Figure 8. Enfin nous produisons encore dans la présente figure une *Mine d'Antimoine rouge*, qui ne diffère des précédentes que par la couleur, car celle-ci a aussi ses rayons, comme les autres, cependant les raïons de la dernière sont plus fins, plus compactes, & brillent davantage. La Couleur rouge provient principalement, à ce que nous croyons, de la quantité de fer, qui entre dans la composition de cette mine. Et de fait cette espèce de Mine d'Antimoine a quelque fois un miroir, tout comme les mines de fer, & particulièrement la pierre hématite, & se présente de même sous toutes sortes de formes & de figures, comme aussi sous des couleurs tantôt plus tantôt moins exhaussées.

Figure 9. 10. & 11. Nous avons déjà dit cy-dessus que faute d'avoir vû les Originaux de ces trois glèbes nous n'en pouvons rien avancer avec certitude. Leur extérieur nous paroit équivoque. S'il nous est permis de hazarder à cet égard quelque conjecture, nous croions que ce sont trois *Mines de Cobolt* diverses, & en laissant là cette hypothèse pour ce qu'elle est, nous en prendrons seulement occasion de dire en général quelque chose du *Cobolt*. Le *Cobolt* est donc un certain Minéral, qui a un extérieur métallique, & qui produit un Verre bleu, quand on le fond. Il est difficile, pour ne pas dire impossible, de le reconoître par ses Caractères extérieurs. Ce n'est qu'on en faisant l'épreuve qu'on peut se convaincre de quelle sorte il est. On trouve des Mines de Cobolt blanches, de grises de brunes, de vertes, de noires, de jaunes, de couleur de plomb, & de bariolées. Elles tiennent quelquefois du fer, du cuivre, de l'argent, & sont toujours fort mélangées d'arsenic. On les rencontre dans le Spath, dans la Pierre cornée, & dans d'autres espèces de Terres & de Pierres. Leur forme est très-variée: elles sont tantot boutornées, glanduleuses, en Quarz, en Cristaux, écaillées, feuilletées: on les exploite en pièces solides, en couches, & aussi en une substance terreuse gatée: quelque- fois ce n'est qu'une Couleur superficielle, & quelquefois il n'est pas possible de distinguer ces glèbes ni du Bismuth ni de la Mine d'argent blanche, ni de la Mine d'Arsenic blanche, de sorte qu'il est difficile d'en déterminer quelque chose avec certitude.

Quant à la *Figure* 9., dont nous avons dit cy-dessus quelque chose en général, nous ne dissimulerons pas à nos Lecteurs l'information qu'en a donnée Monsr. *Sprünglin*, Pasteur de *Stettlen* près de *Berne*, Possesseur de la Pièce ori- ginale, à nos Editeurs à leur Prière. „L'Original, dit-il, est „ très-certainement une Mine ou Glèbe de *Bismuth*, dont le „ Bismuth s'est fondu en gouttes, par quelque feu doux, „ Cela, ajoute Monsr. *Sprünglin*, est très-bien représenté dans „ la figure par les taches de couleur blanche tirant sur le „ jaune, & brillantes, qu'on y remarque, ce qui prouve „ que cette Glèbe n'est pas crüe naturellement ainsi, mais „ qu'elle a passé par un feu modéré."

Cette explication admet du moins que le *Bismuth* forme une grande partie de cette Glèbe. Nous avons déjà dit cy- dessus qu'il y a des Mines de *Cobalt* qu'on ne peut pas di- stinguer du *Bismuth* par leurs marques extérieures; car on trouve du Bismuth sans Cobalt, & l'on rencontre aussi des Mines de Cobalt, qui ressemblent au Bismuth, sans qu'il y ait beaucoup de Bismuth. Quelques fois même c'est du pur Cobalt, sans aucun Bismuth. Ainsi l'épreuve du feu peut seule décider si ces sortes de Glèbes tiennent du Cobalt ou non. Car s'il y a du Cobalt on n'a qu'à fondre la Mine avec du *Borax*, pour que le Cobalt se décèle par une Vitrification bleuë.

Inzwischen gehet die Meinung eines schätzbaren Freundes und grossen Kenners, dessen Urtheil wir in der Naturgeschichte hoch schätzen, in Ansehung der fig. 10. und 11. dahin: „Daß, „da die Cobalterze zuweilen einen gelben Beschlag geben, die „fig. 10. sowohl der Farbe, als Structur nach einem reguli„nischen Cobalderze gleich sehe; hingegen sey fig. 11. wohl vor „nichts anders, als vor eine sogenannte sandaraca nativa, die „uneigentlich ein auripigmentum nativum genennet wird, (in„dem das würkliche auripigmentum nativum von anderer Na„tur ist) zu halten: denn ob es wohl ganz gelbe Cobalde giebt, „so sind doch solche so selten, daß aus vielen Umständen zu zwei„feln ist, ob das Original ein dergleichen Stück gewesen.„

Hiemit endigen sich die Figuren im Mineralreich. Es man„geln zwar noch die Beschreibungen von den eigentlichen Wißmuth„Zink- Galmey- Arsenic- Schwefel- und Vitriolstufen, aber unsere Absicht erlaubet uns nicht, auch von diesen Stücken besonders zu reden. Es ist schon hin und wieder bey Gelegenheit der andern Stuffen von diesem und jenen die Rede gewesen, und wir glauben dem Verlangen der Leser, bey der Betrachtung der Figuren, ein hinlängliches Genügen geleistet zu haben, so weit es nemlich mit der Absicht dieses Werkes übereinstimmet, und man von uns mit Recht fordern kan. Diejenigen, welche Lust haben, die vortreflichsten Abbildungen von Stuffen zu sehen, und durch eine lehrreiche Beschreibung derselben unterrichtet zu werden, haben die ausnehmende Arbeit des berühmten Herrn Hofrath Schmiedels vor sich, welches uns um so mehr beweget, in diesem Fach nicht weitläuftiger zu seyn.

* * *

Wir beschliessen hiemit den ersten Theil dieses Werkes, um den Liebhabern einstweilen einen vollständigen Band in die Hände zu liefern. Die folgende Classen, welche den zweyten Theil ausmachen sollen, von welchem auch bereits vieles fertig und ausgearbeitet da lieget, sind ungemein reich, so daß man leicht vermuthen kan, der zweyte Theil werde nicht nur die Stärke dieses ersten Theils bekommen, sondern auch denselben wohl übersteigen. Denn ausser dem Fach der Krebse, Seesterne, Fische, Vögel und Amphibien, die in dem zweyten Theil vorkommen werden, ist insbesondere das Fach der vierfüßigen Thiere ein Hauptgegenstand unserer Bemühung, da dasselbe so wenig von andern Schriftstellern mit illuminirten Kupfertafeln vorgestellet worden, und wir glauben damit den Liebhabern keinen Mißfallen zu verursachen, wenn dasselbige Fach das stärkste in dem zweyten Theile werden mögte, zumahlen wir es in Ansehung einer guten Auswahl der Hauptarten nicht an der gehörigen Vorsorge werden ermangeln lassen.

Ende des
ersten Theils.

Nous croions cependant devoir inferer ici encore le sentiment d'un grand Conoisseur en tout ce qui est relatif à l'Histoire naturelle, dont par consequent les Décisions en pareille matière méritent d'être respectées. Il croit que comme les Mines du *Cobalt* ont quelque fois une Envelope jaune, on peut admettre que la Figure 10. ressemble à une *Mine de Cobalt*, qui renferme un Regule, mais il est aussi du sentiment que la Figure 11. n'est autre chose, que ce qu'on apelle le *Sandaraque naturel*, auquel on donne improprement le nom d'*Orpin naturel* (car le *véritable Orpin naturel* est d'une autre nature). Ce sentiment est apuié sur ce que quoiqu'on ne puisse disconvenir qu'il y a du *Cobalt absolument jaune*, cela est cependant si rare, qu'on est autorisé à douter par plusieurs raisons que l'Original de nôtre figure en soit une pièce.

Ici finissent nos figures relatives au Règne mineral. Si nous n'avons rien dit separément des Mines de Bismuth, de Zinc, de Pierre calaminaire, d'Arsenic, de Soufre, & de Vitriol, c'est-que ces parties-là n'entrent pas principalement dans le Plan du présent Ouvrage, & que d'ailleurs nous en avons parlé occasionnellement autant qu'il étoit nécessaire en décrivant d'autres Glèbes. Nous croions avoir rempli par-là le but que nous nous sommes proposé, & satisfait à tout ce qu'un Lecteur raisonnable peut exiger de nous, d'autant plus, que ceux qui souhaiteront d'avoir là-dessus des informations plus amples, & de voir des figures de glèbe magnifiques, peuvent consulter sur cette matière l'Ouvrage incomparable du celebre *Conseiller Aulique Schmiedel*, ce qui nous dispense de nous étendre davantage ici là-dessus.

* * *

Pour satisfaire plûtôt à l'impatience des Amateurs & pour nous donner à nous-même la satisfaction de leur présenter un Volume complet, nous trouvons à propos de finir ici ce prémier Tome, d'autant plus que les matières qui nous restent donneront tout au moins la même grandeur au second, qui est reservé à la description des Cancres, des Etoiles marines, des Poissons, des Oiseaux, & des Amphibies. Nous en viendrons ensuite aux Quadrupèdes, qui sont un des principaux objèts de nôtre travail, auquel nous emploierons d'autant plus d'attention & de soins, que d'autres Auteurs en ont peu aporté sur cet Article, sur lequel on a fourni si peu de figures enluminées, si propres à donner au Lecteur une idée juste de chaque chose. Nous esperons qu'il nous sçaura quelque gré de cet arrangement, vû sur tout qu'à l'égard des espèces principales nous nous attacherons scrupuleusement à ne choisir que les pièces dignes d'être placées dans un Cabinet.

FIN DU
TOME PREMIER.

Register   TABLE

<table>
<tr><th>

Register

derer in diesem ersten Theil befindlichen

Abbildungen.

</th><th>

TABLE

DES FIGURES CONTENUES DANS CE PREMIER VOLUME.

</th></tr>
<tr><td>

✱ ✱ ✱ ✱ ✱ ✱ ✱ ✱ ✱ ✱ ✱ ✱ ✱ ✱ ✱

A. Coralle.

</td><td>

✱ ✱ ✱ ✱ ✱ ✱ ✱ ✱ ✱ ✱ ✱ ✱ ✱ ✱ ✱

A. CORAVX.

</td></tr>
</table>

<table>
<tr><td>Eine</td><td>L l 2</td><td>Un</td></tr>
</table>

B. Schnecken und Muscheln.	LIMACONS & MOULES.
Tabula. Figura.	**Planches. Figures.**

C. Schnet-   C. PAPIL-

E. Metalle.

E. METAUX.

www.ingramcontent.com/pod-product-compliance
Lightning Source LLC
LaVergne TN
LVHW010958180726
843502LV00004B/1239